Fachqualifikation für

- ## Sport- und Fitnesskaufleute
- ## Sportfachleute

von

Jürgen Baumann

Petra Leicht

Annegret Wieck

Wilfried Wiltfang

Die vorliegende **Fachqualifikation für Sport- und Fitnesskaufleute** orientiert sich am Rahmenlehrplan der Kultusministerkonferenz für den Ausbildungsberuf **Sport- und Fitnesskaufmann/Sport- und Fitnesskauffrau** und deckt die berufsspezifischen Inhalte aller dort festgelegten zwölf Lernfelder ab. Weiterhin erfüllt dieses Buch alle Anforderungen, die im Rahmenlehrplan der Berufsgruppe **Sportfachmann/Sportfachfrau** für die ersten zwei Ausbildungsjahre sowie für das Lernfeld 9 formuliert sind.

Das Lehrbuch vermittelt ausschließlich berufsspezifisches Fachwissen, dessen Verständnis in großen Teilen das kaufmännische Basiswissen voraussetzt. Zur umfassenden Erarbeitung des prüfungsrelevanten Lernstoffs sollten die Auszubildenden deshalb zusätzlich den Band **Basisqualifikation für die neuen Dienstleistungsberufe** (ISBN 978-3-8045-5620-1) heranziehen.

Entsprechend enthält das vorliegende Lehrbuch zahlreiche Querverweise auf diesen Band, die es den Auszubildenden ermöglichen, das jeweils benötigte Grundlagenwissen gezielt zu erschließen und nachzuschlagen.

Die Behandlung der einzelnen Themen wird durch praxisbezogene Einstiegssituationen eröffnet, die einen Bezug zum alltäglichen Arbeitsumfeld der Auszubildenden herstellen. Durch eine Vielzahl von Beispielen wird den Auszubildenden die nötige Orientierung gegeben. Fachbegriffe sind hervorgehoben und gesondert definiert.

Alle Übungsaufgaben in diesem Lehrbuch beziehen sich auf den zu vermittelnden Stoff nach dem Rahmenlehrplan und orientieren sich am Schwierigkeitsgrad der IHK-Abschlussprüfungen. Die Aufgaben beziehen sich sowohl auf die grundlegenden als auch auf die fachspezifischen Inhalte.

Da einige Angaben in diesem Lehrbuch – beispielsweise die Beitragssätze zur Sozialversicherung und die Einkommensteuersätze – abhängig von politischen Entscheidungen sind, ist es ratsam, sich mithilfe von allgemein zugänglichen Medien über etwaige Änderungen zu informieren.

Wir sind für Anregungen und konstruktive Kritik dankbar und wünschen den Auszubildenden wie den zuständigen Fachlehrern viel Spaß und Erfolg bei der Ausbildung.

Frühjahr 2008   Die Autoren

1. Auflage, 2008
Druck 1, Herstellungsjahr 2008
© Bildungshaus Schulbuchverlage
Westermann Schroedel Diesterweg
Schöningh Winklers GmbH
Postfach 33 20, 38023 Braunschweig
Telefon: 01805 996696   Fax: 0531 708-664
service@winklers.de
www.winklers.de
Lektorat: Dr. Ute Gräber-Seißinger, Bad Vilbel
Druck: westermann druck GmbH, Braunschweig
ISBN 978-3-8045-**5622**-5

Auf verschiedenen Seiten dieses Buches befinden sich Verweise (Links) auf Internetadressen.

Haftungshinweis: Trotz sorgfältiger inhaltlicher Kontrolle wird die Haftung für die Inhalte der externen Seiten ausgeschlossen. Für den Inhalt dieser externen Seiten sind ausschließlich deren Betreiber verantwortlich. Sollten Sie bei dem angegebenen Inhalt des Anbieters dieser Seite auf kostenpflichtige, illegale oder anstößige Inhalte treffen, so bedauern wir dies ausdrücklich und bitten Sie, uns umgehend per E-Mail davon in Kenntnis zu setzen, damit beim Nachdruck der Verweis gelöscht wird.

Inhaltsverzeichnis

Zur Einleitung: Das Berufsbild Sport- und Fitnesskauffrau/-kaufmann 7

1 Den Betrieb erkunden und darstellen

1.1 Unternehmensformen in der Sport- und Fitnesswirtschaft 9
1.1.1 Einzelunternehmung 9
1.1.2 Gesellschaft des bürgerlichen Rechts 10
1.1.3 Gesellschaft mit beschränkter Haftung 10
1.1.4 Eingetragener Verein 11
1.2 Strukturen des Sports in Deutschland 14
1.2.1 Kommerzielle und gemeinnützige Sportbetriebe 14
1.2.2 Unternehmensleitbilder in der Sport- und Fitnessbranche 17
1.2.3 Wirtschaftliche, soziale und ökologische Unternehmensziele 17
1.3 Unternehmensorganisation 18
1.3.1 Aufbauorganisation 18
1.3.2 Ablauforganisation 20
1.4 Präsentation des Ausbildungsbetriebs 21
1.4.1 Betriebserkundung 21
1.4.2 Rollenverhalten in der Teamarbeit 24
1.4.3 Präsentation 24

2 Die Berufsausbildung selbstverantwortlich mitgestalten

2.1 Das duale Ausbildungssystem 28
2.1.1 Berufsbildungsgesetz und Ausbildungsordnung 28
2.1.2 Rahmenlehrplan 29
2.2 Ausbildungsvertrag und Jugendarbeitsschutzgesetz 31
2.2.1 Zustandekommen des Ausbildungsvertrags 31
2.2.2 Beginn und Ende von Arbeitsverhältnissen 32
2.3 Interessenvertretung der Arbeitnehmer und Mitbestimmung 33
2.4 Arbeitnehmerschutzgesetze 34
2.5 Sozialversicherung 35
2.6 Private Altersvorsorge 35
2.6.1 Voraussetzungen für eine staatliche Förderung 36
2.6.2 Form und Höhe der staatlichen Förderung 36
2.7 Selbstorganisation des Lernens 37
2.7.1 Kommunikation und Lernen 37
2.7.2 Unterrichts-, Lern- und Arbeitsformen 37

3 Geschäftsprozesse erfassen und auswerten

3.1 Inventur, Inventar und Bilanz 42
3.1.1 Inventur 42
3.1.2 Inventar 43
3.1.3 Bilanz 47
3.1.4 Bilanzkennziffern 48
3.2 Aufbewahrungspflichten 50
3.3 Bestandskonten 50
3.3.1 Kontenrahmen und Kontenplan 50
3.3.2 Bestandsveränderungen 53
3.3.3 Einfache Buchungssätze 54
3.3.4 Von der Eröffnungsbilanz zur Schlussbilanz 56
3.4 Erfassung erfolgswirksamer Vorgänge 57
3.4.1 Erfolgskonten buchen und abschließen 57

3.4.2 Gewinn-und-Verlust-Rechnung abschließen und auswerten 60
3.5 Buchung von Waren und Vorräten 61
3.5.1 Handelswaren 61
3.5.2 Vorräte 63
3.6 Zusammengesetzte Buchungssätze 65
3.7 Umsatzsteuer 67
3.7.1 Grundlagen 67
3.7.2 Vorsteuerüberhang/Umsatzsteuerzahllast 73
3.8 Kassenbuch 74
3.9 Buchung von Löhnen und Gehältern 77
3.9.1 Fall 1: Voll sozialversicherungspflichtige Arbeitnehmer 77
3.9.2 Fall 2: Minijobber 79
3.10 Besonderheiten beim Einkauf 80
3.10.1 Bezugskosten 80
3.10.2 Preisnachlässe beim Waren- und Dienstleistungsbezug 82
3.11 Jahresabschluss 85
3.11.1 Planmäßige Abschreibungen 85
3.11.2 Geringwertige Wirtschaftsgüter 91
3.11.3 Bewertung von Vorräten und Handelswaren 92
3.11.4 Zeitliche Abgrenzungen 94

4 Märkte analysieren und Marketinginstrumente anwenden
4.1 Der Rahmen: Marktwirtschaft und Wirtschaftspolitik 99
4.1.1 Der Wirtschaftskreislauf 99
4.1.2 Das ökonomische Prinzip 99
4.1.3 Märkte und Preisbildung 100
4.1.4 Wirtschaftsordnung 101
4.1.5 Wirtschaftspolitische Ziele 104
4.1.6 Angebots- und nachfrageorientierte Wirtschaftspolitik 108
4.1.7 Geldpolitik 109
4.2 Markt und Marketing 109
4.2.1 Methoden der Marktforschung 109
4.2.2 Marketingstrategien und absatzpolitische Instrumente 112
4.2.3 Marketingmix 115

5 Leistungsangebot erstellen und Werbekonzept entwickeln
5.1 Das Leistungsangebot des eigenen Betriebes analysieren 117
5.1.1 Eine SWOT-Analyse erstellen 117
5.1.2 Preis- und Beitragsstrukturen gestalten 119
5.2 Werbung konzipieren und kontrollieren 120
5.2.1 Werbeziele 120
5.2.2 Werbebudget 120
5.2.3 Zielgruppen 121
5.2.4 Werbebotschaft 121
5.2.5 Werbeträger und Werbemittel 122
5.2.6 Streugebiet 123
5.2.7 Werbeerfolgskontrolle 123
5.2.8 Gesetzliche Beschränkungen von Werbung 124

6 Sachleistungen beschaffen
6.1 Bedarfsermittlung 125
6.2 Von der Bezugsquellenermittlung bis zur Bestellung 125
6.2.1 Recherche von Bezugsquellen 125

56224

6.2.2 Form, Arten und Inhalte von Anfragen 126
6.2.3 Form und Inhalt eines Angebots 126
6.2.4 Angebotsprüfung und Angebotserstellung 127
6.2.5 Form und Inhalt einer Bestellung 129
6.3 Verträge, Rechts- und Geschäftsfähigkeit 129
6.4 Störungen beim Kaufvertrag 131
6.4.1 Rechte des Käufers bei mangelhafter Lieferung 131
6.4.2 Rechte des Käufers bei Nicht-Rechtzeitig-Lieferung 134
6.4.3 Rechte des Gläubigers bei nicht rechtzeitiger Zahlung des Schuldners 136
6.5 Gewährleistung und Garantie 138
6.6 Zahlungsverkehr 140
6.6.1 Halbbare Zahlungsformen 140
6.6.2 Bargeldlose Zahlungsformen 141
6.7 Lagerwirtschaft 146

7 Dienst- und Sachleistungen anbieten

7.1 Dienst- und Sachleistungen in der Sport- und Fitnessbranche 147
7.1.1 Verkaufsgespräch 147
7.1.2 Kaufmotive 151
7.1.3 Kommunikationsmodelle 151
7.2 Allgemeine Geschäftsbedingungen 154
7.2.1 Zweck 155
7.2.2 Gesetzliche Regelung 155
7.2.3 Wirksamkeit 156
7.3 Qualitätsmanagement 157
7.4 Konflikt- und Beschwerdemanagement 158

8 Sportliche und außersportliche Veranstaltungen organisieren

8.1 Planung und Durchführung 159
8.1.1 Rahmenbedingungen 159
8.1.2 Konzepterstellung 160
8.1.3 Konzeptumsetzung 160
8.1.4 Durchführung 160
8.1.5 Auswertung 160
8.2 Technische und rechtliche Vorgaben 161
8.3 Projektmanagement 162
8.4 Personaleinsatzplan 163
8.5 GEMA 164
8.6 Kooperationspartner 165
8.7 Hygienevorschriften 165
8.8 Umweltschutz 166
8.9 Verkehrssicherungspflichten 167
8.10 Mitarbeiterhaftung 168
8.11 Finanzierung 169
8.11.1 Sponsoring 169
8.11.2 Fördermittel 169

9 Kunden und Mitglieder sportfachlich betreuen und beraten

9.1 Physiologische Grundlagen des Trainings 170
9.1.1 Herz-Kreislauf-System 170
9.1.2 Haltungs- und Bewegungsapparat 172
9.1.3 Energiestoffwechsel 181
9.2 Beratungsgespräch und Anamnese 184

9.2.1 Bedarfsermittlung und Risikocheck 184
9.2.2 Muskelfunktionsprüfung nach Janda 185
9.2.3 PWC-Test 185
9.3 Trainingsplanung und Trainingskonzepte 186
9.3.1 Aufwärmen 186
9.3.2 Reduktionstraining und Shaping 187
9.3.3 Kraftausdauertraining 188
9.3.4 Pulmonales Ausdauertraining 189
9.3.5 Muskelaufbautraining 189
9.3.6 Schnellkrafttraining 190
9.4 Ernährungsempfehlungen 192
9.4.1 Kohlenhydrate 192
9.4.2 Fette 193
9.4.3 Eiweiße 193
9.4.4 Vitamine 193
9.4.5 Mineralstoffe und Spurenelemente 193
9.4.6 Wasser 193

10 Investitionsentscheidungen vorbereiten und Finanzquellen erschließen

10.1 Investitions- und Finanzierungsplanung 194
10.2 Kredit und Kreditkosten 195
10.3 Skonto oder Kontokorrentkredit ausnutzen? 196
10.4 Leasing oder Ratenkredit? 196

11 Geschäftsprozesse erfolgsorientiert steuern

11.1 Kosten- und Leistungsrechnung 198
11.1.1 Grundlagen 198
11.1.2 Kostenartenrechnung 198
11.1.3 Kostenstellenrechnung 201
11.1.4 Kostenträgerrechnung 203
11.2 Controlling 205
11.2.1 Strategisches Controlling 206
11.2.2 Operatives Controlling 215

12 Personalwirtschaftliche Aufgaben wahrnehmen

12.1 Mitarbeiter in der Sport- und Fitnessbranche 222
12.1.1 Arbeitnehmer und ehrenamtlich Tätige 223
12.1.2 Honorarkräfte und geringfügig Beschäftigte 224
12.1.3 Befristete und unbefristete Arbeitsverhältnisse 226
12.2 Personalbedarfs- und -einsatzplanung 227
12.3 Arbeitsvertrag 228
12.4 Entgeltabrechnung 228
12.5 Rechtliche Rahmenbedingungen von Arbeitsverhältnissen 234
12.5.1 Arbeitnehmerschutzgesetze 234
12.5.2 Interessenvertretung der Arbeitnehmer 236
12.5.3 Arbeitszeugnis 236
12.5.4 Tarifvertrag 237

Anhang 238
Stichwortverzeichnis 239
Bildquellenverzeichnis .... U III

56226

Zur Einleitung:
Das Berufsbild Sport- und Fitnesskauffrau/-kaufmann

Sport ist ein Wirtschaftsfaktor, Sport ist ein Phänomen der modernen Welt. Es wird immer mehr Sport aus den unterschiedlichsten Motiven betrieben. Sport ist aus unserer modernen Lebenswelt nicht mehr wegzudenken. Aber Sport ist nicht nur ein modernes Phänomen, sondern er lässt sich bis in die Urgeschichte der Menschheit zurückverfolgen. Auf alten chinesischen Vasen finden wir Abbildungen von Fußballspielern, die Ureinwohner Südamerikas spielten basketball- und fußballähnliche Spiele. Dies alles sind Anzeichen dafür, dass es den Homo ludens, den spielenden Menschen, seit den Anfängen der Menschheitsgeschichte immer schon gab.

Mit dem Beginn der Industriegesellschaft entwickelte sich der moderne Sport. Sport in der heutigen Zeit ist ein Abbild der Industriegesellschaft. Prinzipien aus dem Arbeitsleben wie Leistung und Konkurrenz bestimmen auch das sportliche Handeln mehr oder weniger stark.

Im heutigen Sinn umfasst der Begriff **Sport** allgemein alle mit körperlicher Bewegung verbundenen spielerischen Tätigkeiten, die der Fitness, dem Wohlbefinden, der Gesundheitsförderung und der Freizeitgestaltung, im professionellen Hochleistungsbereich hingegen vorwiegend der Zuschauerunterhaltung und dem Erwerb dienen.

Der Ausbildungsberuf Kauffrau/-mann in der Sport- und Fitnesswirtschaft ist auf das Engagement der Sportverbände und der Großsportvereine zurückzuführen. Deren wichtigstes Anliegen war und ist, das dort vorherrschende Ehrenamt durch mehr Professionalität auf der Ebene der kaufmännischen Sach- und Verwaltungsarbeit zu ergänzen. Der kommerzielle Bereich des Sports, wie etwa die Fitnessstudios und Wellness-Einrichtungen, wurde zwar auch als potenzieller Anbieter von Ausbildungsstellen angesehen, er stand aber bei der Planung dieses Berufbildes nicht im Mittelpunkt.

In der Realität sieht es allerdings bei der Besetzung von Ausbildungsplätzen genau umgekehrt aus. Den Sportvereinen bis hin zu den Spitzenverbänden sowie den Sportbünden fehlen oft die Wirtschaftskraft, die Flexibilität und das moderne Management, die notwendig sind, um die Chancen aufzugreifen, die dieses neue Berufsbild für sie eröffnen könnte.

Private Anbieter im Sport- und Fitnesssektor haben jedoch sehr schnell begriffen, dass kaufmännische Fähigkeiten vor allem im Bereich der Kundenbetreuung von großem Nutzen sind. Betrachtet man die Chancen der künftigen Sport- und Fitnesskaufleute von dieser Warte aus, so schlummern bei kommerziellen ebenso wie bei nichtkommerziellen Anbietern, das heißt den Vereinen, erhebliche Potenziale.

Sport- und Fitnesskaufleute sind somit moderne Dienstleister in einem zurzeit wachstumsorientierten, starken Veränderungen unterworfenen Tätigkeitsfeld. Ihre Einsatzmöglichkeiten sind regional unterschiedlich und abhängig von der Einwohnerstruktur an den Standorten der Arbeitgeber und von der Beschaffenheit der Nachfrageseite, das heißt von den Bedürfnissen und Erwartungen der Nachfrager. Arbeiten Sport- und Fitnesskaufleute in den Großstädten überwiegend in Fitnessstudios, so sind Einsatzorte in den Tourismusregionen eher Hotels für gehobene Ansprüche, Golfclubs und Reiterhöfe. Für dieses Berufsbild wird ein außerordentliches Maß an Flexibilität, gekoppelt mit einem hohen Maß an Identifikation mit dem eigenen Beruf und dem eigenen Unternehmen, vorausgesetzt.

Der Beruf eröffnet viele Einsatzmöglichkeiten in Einrichtungen der Sport- und Fitnesswirtschaft, die auch Teil der Freizeitwirtschaft ist:

▶ Sport- und Fitnesskaufleute planen und organisieren Dienstleistungen, Geschäftsprozesse und Verwaltungsvorgänge in den unterschiedlichen Arbeitsgebieten der Sport- und Fitnesswirtschaft.

▶ Haupteinsatzorte sind Fitnessstudios, Hotels mit eigener Fitnessanlage, Fremdenverkehrsvereine, Wassersportzentren, Golfclubs, Reiterhöfe, Tennisanlagen sowie Vereine mit den unterschiedlichsten Sportangeboten.

▶ In diesen Betrieben arbeiten sie in der Beschaffung und der Verwaltung und bieten Produkte und Dienstleistungen an. Sie führen eigenständig Kalkulationen durch, arbeiten im betrieblichen Finanz- und Rechnungswesen und sind in der Lage, personalwirtschaftliche Vorgänge zu betreiben.

▶ Neben diesen Routineaufgaben wirken sie bei der Vor- und Nachbereitung verschiedener Events oder Veranstaltungen mit.

Im Regelfall wird von den Arbeitgebern erwartet, dass Sport- und Fitnesskaufleute neben ihrer kaufmännischen Qualifikation auch eine sportliche Qualifikation nachweisen können. Der Einsatz von Sport- und Fitnesskaufleuten beschränkt sich nicht nur auf die kaufmännische Seite, sondern sie sollen auch in der Lage sein, definierte Trainingseinheiten zu leiten und zu überwachen. Ihre Tätigkeit bildet folglich die Schnittstelle zwischen dem klassischen kaufmännischen Beruf und dem Trainer.

56228

1 Den Betrieb erkunden und darstellen

Zum Einstieg

Anne Knuth besucht die zehnte Klasse der städtischen Realschule in Greifswald. Trotz sehr guter Leistungen hat sie sich entschieden, nicht weiter zur Schule zu gehen, sondern eine Berufsausbildung zu machen. Für sie steht seit einiger Zeit fest, dass es eine Ausbildung im Sport- und Fitnessbereich sein muss, da sie schon immer Hobby und Beruf miteinander verknüpfen wollte. Auf einer Informationsveranstaltung der örtlichen Arbeitsagentur hatte Anne erfahren, welche Unternehmen in ihrer Stadt eine Ausbildung zum Sport- und Fitnesskaufmann anbieten. Nachdem sie anschließend zwei Praktika durchlaufen hatte – das erste bei einem Greifswalder Großverein, der Hochschulsportgemeinschaft Universität Greifswald, das zweite bei einem Sport- und Gesundheitszentrum, der Ares GmbH –, bewarb sie sich um einen Ausbildungsplatz bei der Ares GmbH. Aufgrund ihrer guten Leistungen während des Praktikums wurde sie dort eingestellt.

Schon während des Praktikums konnte Anne sich einen guten Einblick in das Angebot des Unternehmens verschaffen. Allerdings hatte sie sich noch keine Vorstellung von der Rechtsform des Unternehmens gebildet. Ihr war lediglich klar, dass die Ares GmbH, anders als der Großverein, ein kommerziell geführtes Unternehmen ist.

Anne überlegt sich, wie sie ihren Ausbildungsbetrieb im Rahmen einer Belegarbeit oder eines Vortrags in der Schule vorstellen sollte. Zunächst hat sie sich die folgenden Punkte notiert:

▶ Welche Rechtsformen sind in der Sport- und Fitnesswirtschaft verbreitet?
▶ Gibt es auch so genannte Non-Profit-Unternehmen?
▶ Wie sieht die Organisation eines durchschnittlichen Fitnessstudios aus?
▶ Welche Dienstleistungen bietet mein Unternehmen an?
▶ Gibt es Kooperationspartner?
▶ Wie kann ich mich über andere Betriebe informieren?
▶ Wie sollte ich die Ergebnisse meiner Arbeit präsentieren?

1.1 Unternehmensformen in der Sport- und Fitnesswirtschaft

1.1.1 Einzelunternehmung

Zum Einstieg

Gerhard Müller ist Sport- und Fitnesskaufmann und hat im Lauf seines Berufslebens mehrere Trainerlizenzen erworben. Nun möchte er sich selbstständig machen und sein eigenes Fitnessstudio gründen. Es soll den Namen „Sportfrei" bekommen.

BASISWISSEN
Unternehmensformen
Kapitel 1,
Abschnitt
1.2.2, S. 40 f.

AUFGABEN

1. Welche Gründe sprechen dafür, dass Gerhard Müller die Form der Einzelunternehmung wählen sollte?
2. Muss Gerhard Müller seine Einzelunternehmung in das Handelsregister eintragen lassen?
3. Welche Voraussetzungen sollte Gerhard Müller mitbringen?
4. Was könnte Gerhard Müller dazu veranlassen, seine Einzelunternehmung in ein Gesellschaftsunternehmen umzuwandeln?

1.1.2 Gesellschaft des bürgerlichen Rechts

BASISWISSEN
Unternehmensformen
Kapitel 1,
Abschnitt
1.2.2, S. 42
QUELLEN
§§ 705–740
BGB

Zum Einstieg

Gerhard Müller möchte sein Unternehmen nicht mehr alleinverantwortlich führen. Zusammen mit seinem Freund Hans-Georg Schwarzenbeck möchte er aus seiner Einzelunternehmung eine Gesellschaft mit beschränkter Haftung (GmbH) machen.

AUFGABEN

1. Welchen Rechtsstatus hat die durch die Umgründung entstandene GmbH bis zum Eintrag ins Handelsregister?
2. Wie sieht die Gewinn- und Verlustbeteiligung innerhalb der GbR aus?
3. Nennen Sie weitere Beispiele für eine GbR.

1.1.3 Gesellschaft mit beschränkter Haftung

BASISWISSEN
Unternehmensformen
Kapitel 1,
Abschnitt
1.2.2, S. 44 ff.
QUELLEN
GmbH-Gesetz

Zum Einstieg

Gerhard Müller und Hans-Georg Schwarzenbeck haben drei Monate für die Gründung der GmbH benötigt. Nun ist die Sportfrei ins Handelsregister eingetragen. Sie firmiert jetzt unter dem Namen Sportfrei GmbH. Gerhard besitzt 60 %, Hans-Georg 40 % der Geschäftsanteile. Während die beiden auf die gemeinsame Zukunft als Unternehmer anstoßen, stellen sie fest, dass die Gründung einer GmbH zwar recht kompliziert, andererseits aber dennoch die in Deutschland mit Abstand beliebteste Unternehmensform ist.

AUFGABEN

1. Erläutern Sie die Gründungsphasen bei einer GmbH.
2. Gerhard und Hans-Georg sind jeweils Gesellschafter und Geschäftsführer. Erklären Sie die Aufgaben, Rechte und Pflichten dieser Organe.
3. Unter welchen Bedingungen kann im Fall der GmbH ein Aufsichtsrat gebildet werden? Wann muss ein Aufsichtsrat gebildet werden? Nennen Sie hierfür die Rechtsgrundlagen.
4. Gerhard und Hans-Georg haben die Rechtsform der GmbH gewählt, um nicht mehr unbeschränkt zu haften. Unter welchen Bedingungen würden sie dennoch unbeschränkt mit ihrem Privatvermögen haften?
5. Seit dem 5. November 2002 ist es innerhalb der Europäischen Union möglich, eine englische Limited Company (Ltd.) zu gründen. Stellen Sie die Vor- und Nachteile beider Unternehmensformen dar und bewerten Sie beide Unternehmensformen aus betriebswirtschaftlicher Sicht.

1.1.4 Eingetragener Verein

In der Sport- und Freizeitwirtschaft gibt es verschiedene Unternehmensformen. Im privatwirtschaftlichen Bereich sind das vor allem die GmbH und die Einzelunternehmung. Die Frage, welches Gewicht in dieser Branche Non-Profit-Unternehmen haben, ist nicht eindeutig zu beantworten. Beispielsweise spielen Non-Profit-Unternehmen in Form von gemeinnützigen Gesellschaften mit beschränkter Haftung allenfalls eine untergeordnete Rolle. Zählt man jedoch auch die eingetragenen Vereine zu den Non-Profit-Unternehmen, so ändert sich das Bild ganz erheblich.

> BASISWISSEN
> Unternehmensformen
> Kapitel 1,
> Abschnitt
> 1.2.2, S. 51
> QUELLEN
> §§ 21–79
> BGB

Ein **Non-Profit-Unternehmen** ist eine Institution in Form einer Gesellschaft, eines Vereins, einer Stiftung oder eines Verbandes, die keine kommerziellen (gewinnorientierten) Interessen verfolgt, sondern deren Existenz auf gemeinnützigen, sozialen, kulturellen oder wissenschaftlichen Motiven beruht.

Non-Profit-Unternehmen erhalten im Regelfall auf Antrag vom Finanzamt das Attribut der Gemeinnützigkeit und kommen so in den Genuss von Steuervorteilen.

In der Unternehmenslandschaft in Deutschland gibt es gemeinnützige GmbHs, die einen ähnlichen Status wie der eingetragene Verein haben. In der Sport- und Fitnessbranche spielen sie jedoch nur eine unwesentliche Rolle. Was Non-Profit-Unternehmen betrifft, sind in der Sport- und Fitnessbranche fast ausschließlich ideelle Vereine tätig.

Tabelle 1.1 fasst die Gemeinsamkeiten und Unterschiede zwischen der GmbH und dem eingetragenen Verein zusammen.

Kriterium	GmbH	e. V.
Gründung	– Gründungskosten einer GmbH (Notar, Registergericht, Bekanntmachungen) ab 1.000,00 € – Notar erforderlich (Beurkundung; bei kleinen GmbHs, die keine Immobilien mit einbringen, reicht zukünftig eine notarielle Beglaubigung)	– Gründungskosten, d. h. Kosten der notariellen Beurkundung und Beratung bezüglich der Satzung – Notar erforderlich – mindestens sieben Gründungsmitglieder
Rechtsform	juristische Person	juristische Person
Firmierung	– Firmenzusatz „GmbH" – Firmenausschließlichkeit sollte bei der zuständigen Industrie- und Handels- beziehungsweise Handwerkskammer geprüft werden.	Einzigartigkeit des Vereinsnamens
Erlangung der Rechtsfähigkeit	Eintrag ins Handelsregister	Eintrag ins Vereinsregister
Genehmigung nach Gewerberecht erforderlich?	ja	nein

Kriterium	GmbH	e.V.
Industrie- und Handelskammer	Mitgliedschaft erforderlich	Mitgliedschaft nicht erforderlich, allerdings Einbezug der IHK, wenn der Verein ausbildet
Berufsgenossen-schaft	Anmeldung erforderlich	Anmeldung nur erforderlich, wenn Personen hauptamtlich beschäftigt werden
Besteuerung	Gewerbesteuer und Körperschaft-steuer	Gewerbesteuer und Körperschaft-steuer
Buchführung und Prüfung	nach den Vorschriften von HGB und GmbH-Gesetz	nach Abgabenordnung Jahres-abschluss, Gewinn-und-Verlust-Rechnung. In regelmäßigen Abständen wird extern die Gemeinnützigkeit geprüft.
Organe	– Gesellschafterversammlung – Geschäftsführung – ggf. Aufsichtsrat	– Mitgliederversammlung – Vorstand
Vermögensbindung	Ausschüttung von aufgelösten Rücklagen möglich	Gewinne fließen dem Vereinsver-mögen zu.
Kapitalausstattung	– Mindestkapital erforderlich (10.000,00 €, bei einer „Mini-GmbH" 1,00 €) – Bareinlage oder Sacheinlage (zusätzliche Kosten durch Wertgutachten)	kein Mindestkapital erforderlich (Finanzierung über die Mitglieds-beiträge, ggf. Spenden u. a.)
Aufnahme neuer Gesellschafter/ Mitglieder	Notar erforderlich	regelt die Satzung
Gesellschafterver-trag	ja	nein
Satzung	nein	– Mindestinhalte: Zweck, Name und Sitz des Vereins – weitere Inhalte: Ein- und Austritt, Beiträge, Bildung des Vorstands, Voraussetzungen für die Einberufung von Mit-gliederversammlungen, Form der Einberufung, Beurkundung von Beschlüssen
Vertretung	Geschäftsführer	Vorstand
Beendigung	Liquidation	Auflösung auf Antrag

Tabelle 1.1: GmbH und eingetragener Verein – Gemeinsamkeiten und Unterschiede

562212

Organe

Zum Einstieg

Während ihres Praktikums bei der Hochschulsportgemeinschaft Greifswald war Anne an der Vorbereitung der jährlichen Mitgliederversammlung beteiligt. Sie ist zwar selbst Mitglied in einem Verein, jedoch wurde ihr erst jetzt bewusst, wie aufwändig und kompliziert die Einberufung und Durchführung einer solchen Versammlung sein kann.

Grundsätzlich gilt: Die Mitgliederversammlung ist oberstes Organ eines eingetragenen Vereins, weil sie über Fragen entscheiden kann, die nicht in der Satzung oder in Gesetzen geregelt sind. Weiterhin kann sie über alle Angelegenheiten entscheiden, die nicht dem Vorstand übertragen sind.

Hauptaufgabe der Mitgliederversammlung ist die Wahl oder Bestellung des Vorstandes. Dieser besteht normalerweise aus mehreren Personen. Der Vorstand ist Geschäfts- oder Vertretungsorgan des Vereins und vertritt diesen gerichtlich wie außergerichtlich.

Die Mitgliederversammlung muss einberufen werden, wenn

- es das Interesse des Vereins erfordert,
- der durch die Satzung bestimmte Teil oder, falls eine solche Bestimmung fehlt, eine Minderheit von 10 % der Mitglieder dies unter Angabe des Zwecks und der Gründe fordert.

Entscheidungen der Mitgliederversammlung können dem Vorstand übertragen werden, jedoch nur über eine Beschlussfassung im Wege einer Abstimmung.

Haftung

Begeht ein Vorstandsmitglied beispielsweise einen Unterlassungsfehler, so wird der Verein nach § 31 BGB so gestellt, als habe er die zur Schadensersatzpflicht begangene Handlung selbst zu verantworten.

Rechte und Pflichten der Mitglieder

Die Mitgliedschaft ist der Inbegriff der Rechte und Pflichten, die sich aus den Beziehungen zwischen dem Verein und seinen Mitgliedern ergeben. Die Mitgliedschaft ist personenrechtlich geprägt. Sie ist weder übertragbar noch erblich. Die wesentlichen Rechte und Pflichten von Mitgliedern sind

- das Recht auf Teilnahme an der Vereinsverwaltung mit Stimmrecht;
- das aktive und passive Wahlrecht zu den Ämtern des Vereins;
- das Recht, an Veranstaltungen des Vereins teilzunehmen;
- das Recht, die Sachen des Vereins zum Gebrauch für die Mitglieder zu nutzen;
- die Beitragspflicht.

Die Mitgliedschaft wird per Aufnahmeantrag erworben, eine Ausnahme bilden die Gründungsmitglieder. Art, Personenkreis und Umfang der Neuaufnahmen können in der Satzung bestimmt werden. Es besteht kein Rechtsanspruch auf Aufnahme in einen

Verein. Die Beitragspflicht erlischt bei Eröffnung des Auflösungsverfahrens. Die Mitgliedschaft endet mit Vereinsaustritt, Tod oder Ausschluss aus wichtigem Grund, wie Nichtzahlung der Beiträge oder grobe Pflichtverletzung.

AUFGABEN

1. Welchen Mindestinhalt muss die Satzung eines Vereins haben?
2. Welche weiteren Bestimmungen soll die Satzung beinhalten?
3. Welche Organe des Vereins sind zwingend vorgeschrieben?
4. Wer vertritt den Verein nach außen?
5. Nennen Sie jeweils drei Rechte und Pflichten eines Vereinsmitgliedes.
6. Wodurch wird eine Vereinsmitgliedschaft beendet?

1.2 Strukturen des Sports in Deutschland

1.2.1 Kommerzielle und gemeinnützige Sportbetriebe

Sport wird heute noch immer überwiegend in Vereinen betrieben. Dies gilt vor allem für die Mannschaftssportarten. Generell lassen sich die Vereine in drei Gruppen einteilen:

▶ kleine Vereine mit bis zu 300 Mitgliedern, in denen meist nur eine Sportart betrieben wird. Diese Vereine leben vom Einsatz ihrer ehrenamtlichen Funktionäre und aktiven Mitglieder und haben aufgrund ihrer Struktur, das heißt ihrer überschaubaren Mitgliederanzahl und ihres klar abgegrenzten Angebots, nach wie vor eine gute Zukunftsperspektive;

▶ mittlere Vereine mit 300 bis zu 1 000 Mitgliedern und einem Angebot von bis zu sechs Sportarten, wobei es sich meist um Varianten einer Grundsportart handelt;

▶ multifunktionale Großvereine mit mehr als 1 000 Mitgliedern. Sie sind breiten- und leistungssportlich orientiert und führen ein vielschichtiges Sportangebot. Die gesellschaftliche Anerkennung im Leistungssportbereich führt zu einem guten Image der gesamten Organisation in der Öffentlichkeit, das erfahrungsgemäß neue Mitglieder anzieht, die sich in den allgemeinen Freizeitsportgruppen betätigen. Vereine dieser Art verfügen über mindestens drei bis fünf hauptamtliche Mitarbeiter, die in der Verwaltung sowie als Trainer eingesetzt werden.

Beispiele ▶ Kleine, mittlere und große Vereine

▶ **Kleiner Verein:** Ein Fußballverein führt Mannschaften in allen Altersgruppen.

▶ **Mittlerer Verein:** Ein Schwimmverein, der ursprünglich nur Leistungsschwimmen und Wasserball angeboten hat, bietet zur Mitgliederbindung heute auch Aqua-Gymnastik, Schwimmunterricht für alle Altersgruppen und Babyschwimmen an. Im Winter führt er spezielle Gruppenkurse zur allgemeinen Fitness durch.

▶ **Großverein:** Die Hochschulsportgemeinschaft Universität Greifswald ist leistungs- und breitensportlich orientiert. Sie bietet Leichtathletik, Judo, Taekwondo, Turnen, Schwimmen, Handball, Volleyball, Fußball sowie Hockey an. Hinzu kommen diverse neue Trendsportarten wie Nordic Walking und Aqua-Gymnastik. Diese neuen Sportarten werden den klassischen Sportarten innerhalb der Abteilungen zugeordnet, zum Beispiel wird Nordic Walking der Leichtathletik zugeordnet. Die Freizeit- oder Breitensportler sollen über ihre Mitgliedsbeiträge den Leistungssport mitfinanzieren und fördern.

Mittelgroße Vereine werden künftig mit organisatorischen Herausforderungen konfrontiert, da neue oder verbesserte Serviceleistungen vor dem Hintergrund der gestiegenen Ansprüche der sportlich Aktiven nicht mehr ausschließlich von ehrenamtlichen Mitarbeitern erbracht werden können. Heutigen Ansprüchen gerecht zu werden, heißt für die Vereine auch, sich in einigen Bereichen vom Ehrenamt aufs Hauptamt umzustellen. Mittelgroße Vereine stehen jedoch vor dem Problem der in einem solchen Fall sprunghaft steigenden Personalkosten. Da das Angebot begrenzt ist, halten sich der Mitgliederzulauf und damit auch der Zuwachs der Beitragseinnahmen in Grenzen. Folglich werden von offizieller Seite auch weniger Fördermittel ausgereicht. Dies bedeutet, dass die Finanzierung einer hauptamtlichen Stelle für Vereine dieser Größenordnung eine Illusion bleibt. (Mehr dazu in Lernfeld 10, Abschnitt 10.1.4, öffentliche Förderung.)

Damit alle Vereine eine Chance bekommen, gefördert zu werden, benötigen sie eine funktionierende Selbstverwaltung. Am 20. Mai 2006 schlossen sich der Deutsche Sportbund (DSB) und das Nationale Olympische Komitee (NOK) zum Deutschen Olympischen Sportbund (DOSB) zusammen. Der DOSB ist eine regierungsunabhängige Dachorganisation des deutschen Sports. Seine Aufgaben sind im Wesentlichen die folgenden:

▶ Durchführung von alters- und geschlechtsunabhängigen Programmen zur Förderung des Breitensports,

▶ intensive Förderung des Spitzensports,

▶ Engagement gegen Drogenmissbrauch und andere Manipulationen,

▶ Hilfestellung beim Bau von Sportstätten,

▶ Erstellen von Ausbildungsangeboten,

▶ Förderung des Ehrenamtes,

▶ Zusammenarbeit mit Institutionen wie Parteien, Kirchen, Gewerkschaften und Arbeitgeberverbänden,

▶ internationale Zusammenarbeit innerhalb der Europäischen Union.

Das oberste Organ des DOSB ist der Bundestag. Dieser besteht aus

▶ Vertretern der 16 Landessportbünde,

▶ Vertretern der 55 Spitzensportverbände (zum Beispiel Deutscher Fußballbund, Deutscher Handballbund),

▶ Vertretern der elf Sportverbände mit besonderen Aufgaben,

▶ Vertretern der sechs Verbände für Wissenschaft und Bildung,

▶ Vertretern der zwei Förderverbände,

▶ dem Vorsitzenden der Ständigen Konferenz der Landessportbünde,

▶ dem Vorsitzenden der Ständigen Konferenz der Spitzensportverbände,

▶ den Vorsitzenden der Bundesausschüsse,

▶ dem Präsidium des DOSB.

Die Beschlussfassung über grundsätzliche Fragen und Angelegenheiten erfolgt in der Mitgliederversammlung des Bundestages. Die Aufgabe des Hauptausschusses liegt darin, über Angelegenheiten zu beraten, die von grundsätzlicher Bedeutung sind. Die Aufgabe der Ständigen Konferenzen besteht in der Ausübung des ihnen durch die Satzung und die Ordnungen übertragenen Vorschlags- und Wahlrechts zur Besetzung von Positionen in den Bereichen Leistungs- und Breitensport.

In den letzten fünf Jahrzehnten hat sich in Deutschland der Trend verstärkt, sportliche Angebote auch außerhalb von Vereinen wahrzunehmen. Gründe hierfür liegen zum einen in der mangelnden Individualität der Vereine – beispielsweise gibt es im Verein immer festgeschriebene Trainingszeiten und häufig auch nur ein sehr einseitiges Angebot –, zum anderen sind die potenziellen Adressaten wesentlich anspruchsvoller als noch vor 50 Jahren.

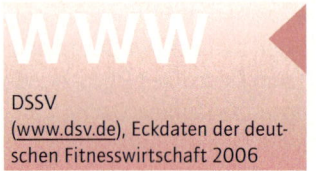

DSSV
(www.dsv.de), Eckdaten der deutschen Fitnesswirtschaft 2006

Das Jahr 2006 bedeutete für die Fitnessbranche in Deutschland eine Trendwende. Nach Angaben des Deutschen Sport Studio Verbands e.V. (DSSV) konnte nach vier Jahren stetig rückläufiger Anlagenzahl erstmals wieder ein leichter Anstieg von 5 512 auf 5 565 Studios verbucht werden. Weiterhin lässt sich eine Angleichung der Studiodichte in Ostdeutschland feststellen. Beispielsweise nahm in Mecklenburg-Vorpommern die Zahl der Anlagen zwischen 2002 und 2006 um 20 % zu. Schließlich wächst auch die Bedeutung der so genannten Ketteninhaber: Der Anteil der Kettenanlagen, die nicht von einem Inhaber, sondern von einem angestellten Geschäftsführer geleitet werden, ist mittlerweile auf gut 25 % gewachsen. Generell kann man davon ausgehen, dass rund fünf Millionen Menschen in Deutschland in einem Fitnessstudio im Durchschnitt zweimal pro Woche trainieren.

Unabhängig von regionalen Unterschieden fallen die Branchenprognosen optimistisch aus, da alle Anbieter, ob unabhängige Einzelunternehmen oder Mitglieder von Ketten, für 2007 einen positiven Trend erwarten. Dieser Trend bezieht sich nicht nur auf die kommerziell geführten Studios, sondern auch auf andere Einrichtungen wie Hotels mit Fitness- oder Wellnessanlagen. (Die letztgenannten Einrichtungen sind in den oben angegebenen Zahlen nicht enthalten.)

AUFGABE

Wägen Sie die Vor- und Nachteile einer Vereinsmitgliedschaft gegenüber einer Mitgliedschaft in einem kommerziell geführten Sportstudio für die folgenden Alters- und Personengruppen ab:

▶ Kinder von 8 bis 12 Jahren

▶ Jugendliche von 14 bis 18 Jahren

▶ Frauen zwischen 25 und 30 Jahren

▶ Männer ab 45 Jahre

▶ Frauen ab 45 Jahre

▶ Senioren über 60 Jahre

1.2.2 Unternehmensleitbilder in der Sport- und Fitnessbranche

Zum Einstieg

Nach Beendigung ihrer Probezeit bekommt Anne Knuth bei der Ares GmbH einen neuen Aufgabenbereich zugewiesen. Neben der bisherigen Tätigkeit in der Buchhaltung soll sie aufgrund ihrer Erfahrung als Trainerin eigenständig eine Tanzgruppe übernehmen. Im Studio wird ihr schnell klar, dass der Erfolgsdruck höher ist als in ihrem Verein, in dem sie bisher ebenfalls Traineraufgaben wahrgenommen hat. Dies liegt unter anderem daran, dass die Ansprüche der Kursteilnehmer höher sind, weil diese im Studio einen höheren Beitrag zahlen müssen als im Verein. Da Anne sich häufig mit anderen Auszubildenden über ihre Tätigkeit austauscht, wird ihr schnell deutlich, dass Einrichtungen des Sports außerordentlich unterschiedlich sein können. Nachdem der Kurs recht gut angelaufen ist, beschließt die Geschäftsleitung, ein Unternehmensleitbild zu erstellen. Im Rahmen ihrer Aufgabe, den eigenen Betrieb zu erkunden und darzustellen, soll Anne an diesem Projekt beteiligt werden.

> **BASISWISSEN**
> Unternehmensziele und Unternehmensleitbild Kapitel 1, Abschnitt 1.1.1

AUFGABEN

1. Skizzieren Sie die wesentlichen Merkmale eines Projekts.
2. Was bedeuten die Begriffe Corporate Behaviour und Corporate Identity?
3. Erstellen Sie ein Leitbild für Ihren Ausbildungsbetrieb.

> **BASISWISSEN**
> Was ist ein Projekt? Kapitel 2, Abschnitt 2.3.1

1.2.3 Wirtschaftliche, soziale und ökologische Unternehmensziele

Zum Einstieg

Die Ares GmbH ist sehr engagiert, was den Umgang mit den eigenen Mitarbeitern angeht. Ihr vorrangiges Ziel ist es, die Personalfluktuation so gering wie möglich zu halten. Obwohl sich Sebastian Rehberg, ebenso wie Anne Knuth Auszubildender bei der Ares GmbH, noch im dritten Ausbildungsjahr befindet, hat sein Chef ihm schon mitgeteilt, dass er ihn nach der Abschlussprüfung übernehmen will. Nicht zuletzt um Sebastian dauerhaft einen Arbeitsplatz zu garantieren, wurde ein neues Tätigkeitsfeld geschaffen. Er soll künftig sämtliche Kurse im Ausdauer- und Kampfsportbereich eigenständig organisieren und teilweise auch leiten.

> **BASISWISSEN**
> Unternehmensziele und Unternehmensleitbild Kapitel 1, Abschnitt 1.1.1

AUFGABEN

1. Grenzen Sie strategische Ziele von operativen Zielen ab. Nennen Sie Beispiele.
2. Nennen Sie Beispiele für
   ▶ wirtschaftliche, soziale und ökologische Ziele,
   ▶ indifferente, komplementäre und konkurrierende Ziele.
   Versuchen Sie, die verschiedenen Arten von Zielen am Beispiel Ihres Ausbildungsbetriebes deutlich zu machen.
3. Nennen Sie die vier Schritte zur Zielerreichung.

1.3 Unternehmensorganisation

1.3.1 Aufbauorganisation

Zum Einstieg

Tim Tauglich ist seit zwei Jahren Auszubildender bei der Sportfrei GmbH. Wie jeder andere Stelleninhaber im Betrieb hat auch er bestimmte Befugnisse, die sich aus seinem Aufgabenbereich ergeben. Aus der Aufgabenanalyse ergeben sich die Merkmale der Einordnung seiner Stelle in die Aufbauorganisation der Sportfrei GmbH. Im Lauf seiner bisherigen Ausbildung hat Tim gelernt, wer ihm Weisungen geben darf und wie die Kommunikationswege im Betrieb angeordnet sind. Er weiß die übergeordneten und untergeordneten Stellen einzuordnen und kennt die Betriebshierarchie seines Unternehmens.

BASISWISSEN

Unternehmensorganisation
Kapitel 1,
Abschnitt
1.1.2

Aufbauorganisation
Kapitel 1,
Abschnitt
1.1.3

Die Aufbauorganisation eines Unternehmens regelt seine internen Strukturen. Der Betrieb wird in verschiedene Einheiten (Stellen und Abteilungen) gegliedert, die jeweils verschiedene Aufgaben erfüllen. Hierdurch entsteht ein System von Instanzen und Kommunikationswegen. Die betrieblichen Einheiten werden nach Maßgabe der betrieblichen Ziele und der daraus abgeleiteten Aufgaben koordiniert.

Schaubild 1.1 gibt ein Beispiel für die Aufbauorganisation eines Sportstudios mit Rehabilitationszentrum wieder.

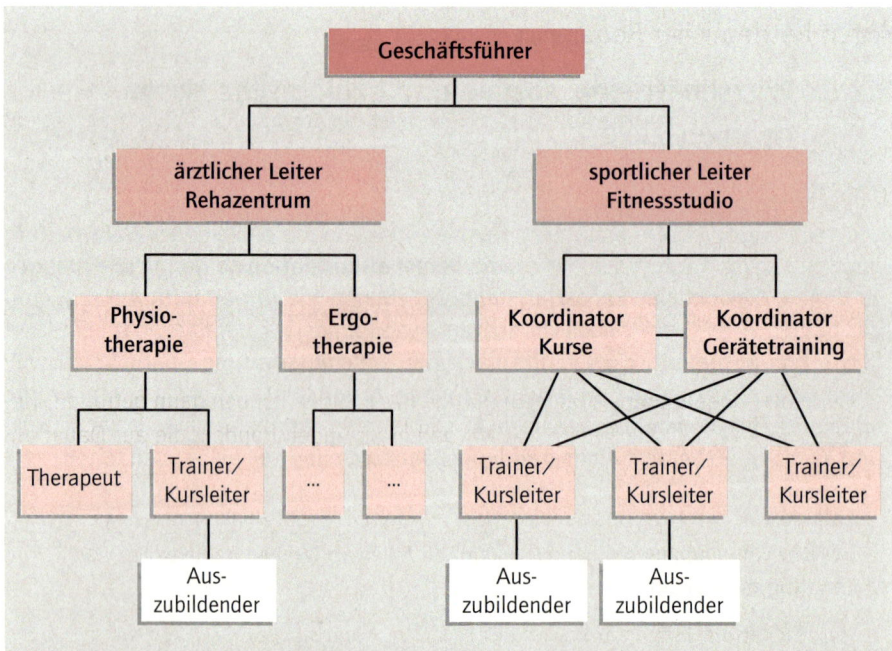

Schaubild 1.1: Mögliche Aufbauorganisation in einem Sportstudio mit Rehabilitationszentrum

Beispiel ► Betriebliche Instanzen und Kommunikationswege

Hans Kroll, 52 Jahre alt, leicht übergewichtig, hat einen Herzinfarkt erlitten. Er war im Krankenhaus und anschließend in einem Rehabilitationszentrum zur Heilbehandlung. Nun will er sein Leben umstellen, den Ratschlägen seiner Ärzte folgen und mehr für sich und seinen Körper tun. Sport in einem Reha-Sportverein kommt für ihn nicht infrage, da er beruflich stark eingebunden ist und nicht regelmäßig zu festgelegten Zeiten trainieren kann. Von seinem Hausarzt hat er jedoch erfahren, dass das Ares Sport- und Gesundheitszentrum genau für seine Zielgruppe Kurse unter medizinischer Betreuung anbietet. Um keine Zeit zu verlieren, geht er sogleich in das Studio und schildert Anne Knuth sein Problem. Anne schaut nach, wann der nächste Termin für einen Eingangscheck frei ist. Da es sich hier um einen besonders gelagerten Fall handelt, muss Anne sich gleich an den Leiter des Rehabilitationszentrums wenden. Bei einer normalen Neuaufnahme mit Eingangscheck hätte sie sich an ihren Ausbildungsleiter wenden müssen. Sie notiert den Termin und gibt Herrn Kroll einen Erinnerungszettel mit. Danach informiert sie den Leiter des ambulanten Rehabilitationszentrums, Dr. Hammer, über die Anamnese des Neumitglieds. Am nächsten Tag führt Dr. Hammer den Eingangscheck durch.

Im Rahmen einer hierarchischen Aufbauorganisation muss sich ein Mitarbeiter grundsätzlich bei Fragen und Problemen zunächst an seinen direkten Vorgesetzten wenden, es sei denn, es gibt (wie in dem obigen Beispiel) besondere Anweisungen oder auf dem normalen Dienstweg kann keine Lösung gefunden werden.

Arten betrieblicher Regelungen

Wie in jedem Wirtschaftszweig ist es auch in der Sport- und Freizeitwirtschaft unabdingbar, die Aufgaben und Zuständigkeitsbereiche der einzelnen Mitarbeiter eindeutig zu ordnen und festzulegen, um auf diese Weise eine systematische Strukturierung der Arbeitsabläufe zu erreichen. Dies bedeutet, dass durch die Betriebsorganisation ein System von Regeln geschaffen werden muss, das einen ordnungsgemäßen Betriebsablauf jederzeit garantieren soll.

> BASISWISSEN
> Unternehmensorganisation/Organisationsgrundsätze
> Kapitel 1,
> Abschnitt
> 1.1.2

Grundsätzlich lassen sich drei verschiedene Arten betrieblicher Regelungen unterscheiden:

1. **Generelle Regelungen.** Allgemein gültige Regelungen können dann getroffen werden, wenn es sich um gleichartige Aufgabenstellungen handelt, die auf Dauer angelegt sind und sich regelmäßig wiederholen.

2. **Fallweise Regelungen, auch Disposition genannt.** Diese Regelungen sind erforderlich, wenn allgemein gültige Regelungen zu ergänzen sind, zum Beispiel zum Umgang mit Reklamationen in einem Sport- und Fitnessstudio.

3. **Improvisation.** Häufig treten am Arbeitsplatz unerwartete Ereignisse ein, die ein sofortiges Handeln erfordern. Nicht planbare Umstände wie zum Beispiel der Ausfall einer Kursleiterin oder einer Mitarbeiterin am Tresen erfordern die Kompetenz des Vorgesetzten oder eines anderen Mitarbeiters, unverzüglich über den Einsatz einer Vertretung zu entscheiden.

BASISWISSEN
Ablauforgani-
sation/Orga-
nisationsent-
wicklung
Kapitel 1,
Abschnitt
1.1.4

Lernende Organisation

In der modernen betrieblichen Organisationslehre wird von jedem Mitarbeiter erwartet, dass er interne Arbeitsabläufe ständig infrage stellt mit dem Ziel, sie zu verbessern. Wandel soll nicht als störend empfunden werden, sondern als positives Ereignis, das letztendlich den Fortbestand des Betriebes in einem Umfeld sichert, das sich ebenfalls permanent verändert.

AUFGABEN

1. Erläutern Sie den Unterschied zwischen der Aufbau- und der Ablauforganisation.
2. Nennen Sie Beispiele für die Stellen- und Abteilungsbildung.
3. Was ist eine Anamnese?
4. Untersuchen Sie die betrieblichen Regelungen in Ihrem Ausbildungsbetrieb. Welche Arten von Regelungen sind dies? Nennen Sie Beispiele.
5. Stellen Sie sich vor, Sie arbeiteten derzeit in Ihrem Betrieb an der Rezeption und wären in erster Linie für die An- und Abmeldung der Mitglieder, die Annahme und Weiterleitung von Telefonaten, die Bearbeitung von Beschwerden und die Herausgabe von Getränken und kleinen Speisen zuständig. Welche der genannten Tätigkeiten sind generell geregelt, in welchen Fällen hätten Sie Entscheidungsspielräume? Welche Situationen sind denkbar, in denen Sie improvisieren müssten?
6. Da die Kunden in letzter Zeit vermehrt Kritik am Personal der Sportfrei GmbH geübt haben, hat sich das Betriebsklima vehement verschlechtert. Die Kritik bezieht sich vor allem auf die betriebsinternen Arbeitsabläufe, beispielsweise sind die Trainer nicht immer pünktlich, die sanitären Anlagen nicht ausreichend gereinigt. Anstatt nach den Ursachen für die Mängel zu forschen, werfen sich die Mitarbeiter gegenseitig vor, schlampig gearbeitet zu haben. Die Geschäftsleitung ist mit dieser Situation überfordert, da bisher alles wie von selbst lief. Sie weiß nur, dass sich die Organisation verbessern muss. Welches Vorgehen können Sie der Geschäftsleitung empfehlen?

BASISWISSEN
Ablauforgani-
sation
Kapitel 1,
Abschnitt
1.1.4

1.3.2 Ablauforganisation

In der Ablauforganisation werden Arbeitsabläufe zeitlich und räumlich so geordnet, dass der Betriebszweck bestmöglich erfüllt werden kann. Durch die Ablauforganisation werden Vorgehensweisen und Arbeitsteilung innerhalb des Betriebes deutlich.

AUFGABEN

1. Erstellen Sie für das oben geschilderte Beispiel der Aufnahme des Neumitglieds Hans Kroll (S. 19) ein Flussdiagramm.
2. Worin besteht die Aufgabe der Ablauforganisation?
3. Der Geschäftsführer Volker Lustig erhält eine Mahnung über eine noch offene Rechnung von 750,00 € für Nahrungsergänzungsmittel. Er ist darüber verwundert, da er die Rechnung nie gesehen hat. Herr Lustig beauftragt Tim Tauglich, herauszufinden, was mit dieser Rechnung geschehen ist.
   a) Wie würden Sie an Tims Stelle vorgehen? An welchen Stellen oder in welchen Abteilungen könnten Fehler gemacht worden sein, die zu dieser Panne geführt haben?
   b) Erstellen Sie einen Ablaufplan, der dafür sorgt, dass derartige Mängel vermieden werden.

4. Sie sind Mitarbeiter in einem Studio, das verschiedene Kurse (Jazzdance, Nordic Walking, Selbstverteidigung) anbietet. Weiterhin geben Sie Anleitung zu Cardiotraining (individuell) und Gerätetraining. Ihr Studio hat drei Trainer für jedes Angebot und zwei Mitarbeiter in der Verwaltung, die als Fitnesstrainer einspringen können. Erstellen Sie einen Kursplan für eine Woche und berücksichtigen Sie dabei, dass jeder Kurs mindestens zweimal pro Woche angeboten wird.

1.4 Präsentation des Ausbildungsbetriebs

BASISWISSEN
Präsentation
Kapitel 2,
Abschnitt
2.2.2

Zum Einstieg

Wie jede(r) Auszubildende(r) hat Anne Knuth zum Abschluss des ersten Ausbildungsjahres die Aufgabe, ihren eigenen Betrieb im Rahmen eines Referats oder einer Hausarbeit zu präsentieren. Der Zeitpunkt für die Präsentation ist gekommen, wenn der Auszubildende seinen Betrieb so weit erkundet hat, dass er in der Lage ist, den Adressaten die Eigenarten der Organisation und Arbeitsweise von Betrieben der Sport- und Fitnessbranche vorzustellen. Auf diese Weise gewinnen alle Schüler eines Jahrgangs einen Eindruck von den Gemeinsamkeiten und Unterschieden der Betriebe in ihrer Branche.

AUFGABE

Erstellen Sie einen Arbeitsplan für Ihre Präsentation und arbeiten Sie entscheidende Kriterien einer gelungenen Präsentation Ihres Betriebes unter Marketingaspekten heraus.

1.4.1 Betriebserkundung

Es gibt mehrere Möglichkeiten, den eigenen Betrieb zu erkunden und sich ein Bild von ihm zu machen:

▶ im Rahmen einer gezielten Führung durch einen Mitarbeiter, der den Betrieb gut kennt und alle Bereiche und Personen vorstellen kann;

▶ durch die Lektüre von Informationsbroschüren, Flyern oder einer Betriebszeitung;

▶ über die Website des Unternehmens;

▶ im Rahmen der Ausbildung, indem der Auszubildende alle Abteilungen des Unternehmens durchläuft.

Bei der Erkundung des Ausbildungsbetriebes gilt es, systematisch vorzugehen. Eine Strukturierungshilfe bietet die weiter unten wiedergegebene Checkliste. Diese Liste hilft dabei, den Betrieb kennen zu lernen, sie lenkt den Blick auf unternehmensspezifische Eigenheiten und dient dazu, das Leistungsspektrum des Unternehmens sowie die entsprechenden Tätigkeiten aufzuzeigen.

Checkliste Betriebserkundung

Der Fragenkatalog umfasst eine Reihe von Begriffen, die vielleicht bislang noch unbekannt sind. Die Begriffe werden in diesem Buch beziehungsweise im Band **Basisqualifikation** erläutert. Um sich einen ersten Überblick über ein Unternehmen zu verschaffen, ist es nicht notwendig, alle Details sofort zu beantworten.

Name der Einrichtung: ....

1. **In welcher Rechtsform wird das Unternehmen betrieben?**

   Wem gehört der Betrieb? Was sind seine Aufgaben? Wer entscheidet darüber, wie er seine Aufgaben erfüllt?

2. **Wie ist das Unternehmen aufgebaut (Organisationsstruktur)?**

   Welche Abteilungen/Arbeitsbereiche gibt es (Fachabteilungen/Disziplinen)? Welche Verantwortlichkeiten sind festgelegt und wer ist wem gegenüber weisungsbefugt (Organigramm)?

3. **Wie sehen die Informations- und die Kommunikationswege im Unternehmen aus?**

   Wie wird die Zusammenarbeit abgestimmt (Besprechungen, schriftliche Anweisungen, Rundschreiben)? Welche Kommunikationstechnik wird eingesetzt (Telefon, Intranet, Internet, E-Mail, Fax, Hauspost)?

4. **Welche Aufgaben haben die verschiedenen Fachabteilungen?**

   Welche Aufgaben fallen an? Welche Routineaufgaben gibt es? Welche Mitarbeiter erledigen die verschiedenen Aufgaben?

5. **Welcher rechtliche Rahmen ist für die Einrichtung maßgeblich?**

   Welche allgemeinen, welche besonderen Gesetze sind von Bedeutung? Beispiele: Bürgerliches Gesetzbuch (BGB), Handelsgesetzbuch (HGB), Sozialgesetzbuch (SGB), Bundesdatenschutzgesetz (BDSG), Arbeitsrecht (Jugendarbeitsschutzgesetz – JArbSchG, Mutterschutzgesetz – MuSchG)

6. **Wie fügt sich das Unternehmen in die Sport- und Freizeitwirtschaft ein?**

   Welche Aufgaben übernimmt der Betrieb oder Verein innerhalb der Sport- und Freizeitwirtschaft? Gibt es Kooperationspartner und Sponsoren? Welche Art von Personal ist erforderlich?

7. **Welche wirtschaftliche Bedeutung hat das Unternehmen in seiner Region?**

   Gibt es Mitbewerber vor Ort oder handelt es sich um einen Monopolisten? Wie geht das Unternehmen in der jeweiligen Situation damit um? Wie groß ist das Unternehmen (Beschäftigtenzahl)?

8. **Hat das Unternehmen ein schriftlich festgelegtes Leitbild, das für alle Beschäftigten gültig ist?**

   Gibt es eine Philosophie? Hat sich die Sichtweise des Unternehmens in den letzten Jahren gewandelt?

9. **Welches sind die wirtschaftlichen, sozialen, humanitären und ökologischen Ziele des Unternehmens?**

---

10. **Gibt es eine Zertifizierung oder Vorkehrungen zur Qualitätssicherung der angebotenen Leistungen?**

Welche Maßnahmen sind geplant oder getroffen worden, um eine Zertifizierung zu erreichen?

11. **Auf welchem Markt ist das Unternehmen tätig?**

Zielmarkt(-segmente), Vermarktung der Produkte/Dienstleistungen? Welche Kommunikationsformen und -mittel stehen im Unternehmen zur Verfügung?

12. **Welche Verträge werden im Unternehmen geschlossen?**

Mit Beschäftigten, Lieferanten, Mitgliedern? Dienstverträge/Werkverträge? Was geschieht bei Vertragsstörungen? Wie wird mit dem Vertragspartner eine Einigung geschaffen?

13. **Wie werden für den Betrieb beschaffte Waren gelagert?**

Gibt es besondere Lagerungsvorschriften (zum Beispiel für Reinigungsmittel oder Nahrungsergänzungsmittel)? Wie wird das Lager organisiert und gepflegt? Arbeitet das Unternehmen mit Lagerkennziffern? Sind Entsorgungs- und Hygienevorschriften einzuhalten?

14. **Wie ist das Leistungsangebot im Hinblick auf Qualität und Kundenzufriedenheit zu bewerten?**

Gibt es ein Beschwerdemanagement? Gibt es Kundenbindungskonzepte?

15. **Wer haftet, wenn es im Unternehmen zu Rechtsverstößen kommt?**

Wofür haftet der Träger, für welche Schäden haftet er den Mitarbeitern gegenüber und für welche den Kunden/Mitgliedern gegenüber? Wer trägt die Beweislast?

16. **Welche Daten werden im Unternehmen gebraucht?**

Wie werden Mitgliederdaten erfasst? Wie werden diese Daten archiviert und gesichert/geschützt (vor unbefugtem Zugriff, vor Naturgefahren)?

17. **Wie werden die Daten verschlüsselt?**

18. **Wie sieht das Dokumentationssystem aus?**

Wird eine spezielle Software verwendet? Werden Trainingsakten geführt?

19. **Wie ist das Qualitätsmanagement in der Einrichtung beschaffen?**

20. **Wie funktioniert die Personalabteilung im Unternehmen?**

Welches sind die Aufgaben der Personalabteilung? Welchen tariflichen Bestimmungen unterliegt das Unternehmen? Wie werden Arbeitsverhältnisse beendet? Gibt es Fort- und Weiterbildungsangebote für die Mitarbeiter?

21. **Wie finanziert sich das Unternehmen?**

Gibt es Unterstützung vom Land oder vom Bund (Förderungsgrundsätze)? Stammen die Finanzmittel überwiegend von den Eigentümern des Unternehmens oder überwiegend von Fremdkapitalgebern?

22. **Feedback aus der Sicht des/der Auszubildenden!**

Entspricht das Unternehmen meinen Erwartungen? Was gefällt mir? Was ist zu verbessern? Verbesserungsvorschläge!

BASISWISSEN
Projektma-
nagement
Kapitel 2,
Abschnitt 2.3

AUFGABE

Suchen Sie ein Fitnessstudio in Ihrer Nähe aus, das eine Homepage besitzt, und wenden Sie den Fragenkatalog zur Unternehmenserkundung an.

1.4.2 Rollenverhalten in der Teamarbeit

BASISWISSEN
Teambildung
und Team-
arbeit
Kapitel 2,
Abschnitt 2.4

Soll ein Projekt oder ein Auftrag von einem Team durchgeführt werden, so stellen sich im Laufe der Zusammenarbeit typische Verhaltensmuster der einzelnen Gruppenmitglieder ein. In der Soziologie und der Psychologie spricht man von gruppendynamischen Prozessen. Diese Prozesse finden immer statt, unabhängig davon, ob sich die Gruppenmitglieder kennen oder nicht.

Im Regelfall stellt sich relativ schnell heraus, wer innerhalb einer Gruppe bereit ist, Verantwortung zu übernehmen, oder wer sich bei der Lösung eines Problems eher im Hintergrund hält. Im Idealfall sollte sich jedes Gruppenmitglied entsprechend der ihm zugedachten Aufgabe verhalten. Hier spielt der Führungsstil, unter dem die Gruppe arbeiten will, eine große Rolle.

BASISWISSEN
Führungsstile
Kapitel 6,
Abschnitt
6.4.4

AUFGABE

Arbeiten Sie am Beispiel einer Präsentation als Gruppenarbeit die typischen Merkmale der Ihnen bekannten Führungsstile heraus.

1.4.3 Präsentation

Eine Präsentation ist die Vermittlung von Informationen an andere. Für die Form der Präsentation ist die Art des Publikums von entscheidender Bedeutung. Handelt es sich beispielsweise um

▶ Auszubildende aus der eigenen oder aus fremden Berufsschulklassen?
▶ Berufsschullehrer?
▶ Besucher eines Tages der offenen Tür der Berufsschule?
▶ Leser eines Zeitungsartikels in der lokalen Presse über neue Berufsbilder?
▶ Besucher eines Messestandes der Industrie- und Handelskammer?

Formen von Präsentationen sind unter anderem

▶ Ausstellung,
▶ Vortrag,
▶ Referat,
▶ Bericht,
▶ Erklärung,
▶ Promotion.

BASISWISSEN
Präsenta-
tionen am
Beispiel von
PowerPoint
Kapitel 2,
Abschnitt
2.1.2

Zur Unterstützung einer Präsentation können verschiedene Medien eingesetzt werden. In der heutigen Zeit werden vor allem die digitalen und multimedialen Möglichkeiten der modernen Computerwelt zu Präsentationszwecken eingesetzt.

Inhaltliche Gesichtspunkte

Die sieben wichtigsten inhaltlichen Kriterien der Gestaltung einer Präsentation sind

▶ **der Informationsgehalt.** Hier geht es in erster Linie darum, welche Inhalte in der Präsentation vermittelt werden sollen;

▶ **der Schwierigkeitsgrad.** Der Schwierigkeitsgrad der Informationen ergibt sich aus der Menge und Detailliertheit der Informationen. Das Publikum braucht einen „roten Faden", um komplexen Inhalten folgen zu können;

▶ **die Verständlichkeit für das Publikum.** Die Inhalte der Präsentation sollten dem Vorwissen des Publikums angepasst sein. Fremdwörter, spezielle Begriffe und Abkürzungen sollten also nur dann verwendet werden, wenn sich die Präsentation an ein Fachpublikum richtet. Anderenfalls sollten Fachtermini oder Abkürzungen vermieden oder während der Präsentation erklärt werden;

▶ **die Beschränkung auf das Wesentliche.** Nur die wichtigsten und prägnanten Informationen sollten vermittelt werden. Dabei sollten Fakten und Kernaussagen im Vordergrund stehen;

▶ **ein angemessener Umfang.** Der Umfang einer Präsentation sollte dem Anlass entsprechend angepasst sein. Beispielsweise sollte eine Präsentation für einen Messebesuch nicht länger als zehn Minuten dauern, da Messebesucher in der Regel unter Zeitdruck stehen und an einem einzigen Tag viele verschiedene Informationen sammeln;

▶ **die sachliche Richtigkeit.** Sie muss unbedingt gegeben sein. Es kann rechtliche Konsequenzen nach sich ziehen, wenn Unwahrheiten weitergegeben werden. Der seriös handelnde Vortragende muss sich von der Richtigkeit des Inhalts selbst überzeugen;

▶ **der selbstständige Umgang mit Material.** Er sollte vorher ausgiebig geübt werden. Es ist unprofessionell, wenn die Präsentation stockt, weil das Material nicht vorbereitet ist oder die Handhabung unsicher wirkt. Es macht beispielsweise keinen guten Eindruck, wenn die Funktionsweise eines Indoor-Bikes demonstriert wird und der Vortragende selbst nicht weiß, wie er es handhaben muss.

Visualisierung

Wie gut die Inhalte einer Präsentation vom Publikum aufgenommen werden, hängt ganz wesentlich davon ab, wie die Präsentation über das Auge des Zuhörers wahrgenommen wird. Die sieben wichtigsten optischen Kriterien sind

▶ **die Anschaulichkeit.** Sie wird von der Darstellungsform der Präsentation bestimmt, das bedeutet von der Art und Weise, wie die Informationen präsentiert werden;

▶ **die Symbolik.** Bei der Anwendung von Symbolen geht es darum, bestimmte Inhalte mithilfe von Piktogrammen (Bildern) oder Grafiken herauszustellen. Diese Gestaltungselemente (auch Eyecatcher genannt) setzen besondere Signale, um auf wichtige Informationen aufmerksam zu machen;

▶ **das Layout/Design.** Beim Layout oder Design sind die eigene Kreativität und Ideenreichtum gefragt. Denkbar ist auch, dass der Auftraggeber bestimmte Aspekte des Layouts vorgegeben hat. Das kann zum Beispiel ein Firmenlogo sein, das in der gesamten Präsentation zu sehen sein muss, oder die Verwendung bestimmter Farben;

▶ **die Übereinstimmung von Form und Inhalt.** Bei einer Präsentation sollen die Form und der Inhalt zueinanderpassen. So ist es zum Beispiel sinnvoll, bei Geschäftspräsentationen dezente und warme Farben zu verwenden. Bei einer Messepräsentation kommen dagegen durchaus kräftige und leuchtende Farben infrage, die dazu geeignet sind, auch den flüchtigen Beobachter auf das Produkt aufmerksam zu machen;

▶ **kontrastreiche Farben.** Der Kontrast zwischen Hintergrund- und Schriftfarbe ist für das Auge wichtig. Damit die Augen beim Lesen nicht über Gebühr beansprucht werden, ist es sinnvoll, helle und dunkle Farbtöne, die sich klar voneinander absetzen, zu kombinieren;

▶ **die Lesbarkeit der Schrift.** Die in der Präsentation verwendete Schrift sollte nach Art und Größe gut lesbar sein. Es ist sinnvoll, eine serifenfreie (schnörkelfreie) Schriftart wie zum Beispiel Arial zu verwenden. Die Buchstaben sind klarer gezeichnet und optisch besser lesbar. Die Schriftgröße ist ebenfalls sorgsam auszuwählen, damit auch weit entfernt sitzende Zuschauer die Präsentation verfolgen können;

▶ **die sinnvolle Anordnung der Informationseinheiten.** Der Aufbau der Informationseinheiten sollte klar strukturiert sein. Dies kann durch unterschiedliche Methoden erreicht werden, etwa durch die Verwendung von bestimmten Farbnuancen oder von Illustrationen wie zum Beispiel Fotos, Flussdiagrammen oder Grafiken.

Vortragstechnik

Neben den inhaltlichen und den optischen Kriterien spielt auch die Vortragstechnik eine wichtige Rolle. Sie bestimmt ganz wesentlich, ob die Informationen, die vermittelt werden sollen, auch in der gewünschten Weise vom Publikum aufgenommen werden. Zur Vortragstechnik gehören

▶ **die Körperhaltung.** Der Vortragende sollte – unabhängig davon, ob er steht oder sitzt – auf eine gerade und aufrechte Position gegenüber dem Publikum achten;

▶ **der Blickkontakt mit dem Publikum.** Der Blickkontakt ist das wichtigste Mittel, um in einer Präsentation mit dem Publikum zu kommunizieren. Mit einem gezielten Augenzwinkern an der richtigen Stelle schafft man es, die Zustimmung des Publikums zu gewinnen, ohne dass man ein Wort sagen muss;

▶ **die Lautstärke.** Die Präsentation muss in einer angemessenen Lautstärke erfolgen. Dabei kommt es vor allem darauf an, wo sie stattfindet. Der Vortragende muss wissen, ob ihm ein Mikrofon zur Verfügung gestellt wird oder ob er ohne Verstärker auskommen muss. Oberstes Gebot ist, dass alle Teilnehmer der Präsentation folgen können;

▶ **die Gestik und Mimik.** Sie bestimmen wesentlich die Lebendigkeit einer Präsentation und damit die Aufrechterhaltung der Aufmerksamkeit des Publikums. Die Gebärden und die Mimik, das heißt Bewegungen der Arme und Hände und Änderungen des Gesichtsausdrucks, sollten das Gesagte und Gezeigte unterstreichen.

562226

Teamauftritt

Wird die Präsentation von mehreren Teammitgliedern gemeinsam durchgeführt, so ist vor allem auf die drei folgenden Punkte zu achten:

▶ **Gleichmäßige Rollenverteilung.** Eine gleichmäßige Verteilung der Rollen macht die Präsentation für das Publikum abwechselungsreicher, ermüdende Monologe (Einzelvorträge) werden vermieden.

▶ **Verhältnis Spezialisten/Alleskönner.** Das Verhältnis zwischen den Spezialisten (Fachleuten) und den Alleskönnern (Allroundern) sollte ausgewogen sein. Wenn die Teamstruktur dies allerdings nicht zulässt, muss zumindest darauf geachtet werden, dass nicht nur Alleskönner oder nur Spezialisten im Team sind.

▶ **Abstimmung der Einzelbeiträge.** Die Einzelbeiträge müssen genauestens abgestimmt (synchronisiert) werden, um den Fluss der Präsentation aufrechtzuerhalten. Gerade dieser Aspekt einer Präsentation muss ständig geübt und wiederholt werden.

Gesamteindruck

Die Präsentation sollte mit einer kurz gefassten Erläuterung des Nutzens für das Publikum abgeschlossen werden.

Das Feedback (Rückmeldung) des Publikums kann

▶ Fragen zum Verständnis oder zum Inhalt enthalten;

▶ der Applaus sein, durch den es seine Wertschätzung für die Präsentation zum Ausdruck bringt;

▶ darin bestehen, dass das Publikum zu Kunden wird, die das angebotene Produkt kaufen.

AUFGABEN

1. Welche Punkte sollten im Zusammenhang mit Präsentationen im Team beachtet werden?
2. Welche Vorteile bietet die Arbeit in einem Team?
3. Diskutieren Sie, warum Betriebe Teamfähigkeit als Schlüsselqualifikation fordern.
4. Welche Präsentationsform ist für Sie die am besten geeignete, um die Ergebnisse zu vermitteln, die Sie erarbeitet haben? Begründen Sie Ihre Wahl.

2 Die Berufsausbildung selbstverantwortlich mitgestalten

2.1 Das duale Ausbildungssystem

Zum Einstieg

Tim ist im zweiten Jahr seiner Ausbildung zum Sport- und Fitnesskaufmann; er ist im Fitnessstudio Sportfrei GmbH angestellt. Zurzeit arbeitet er in der allgemeinen Verwaltung des Unternehmens. Dort wird auch Maja Ritter beschäftigt, die allerdings eine Ausbildung zur Kauffrau für Bürokommunikation absolviert. Tim und Maja unterhalten sich über ihre Ausbildungsberufe und suchen nach Gemeinsamkeiten und Unterschieden.

2.1.1 Berufsbildungsgesetz und Ausbildungsordnung

BASISWISSEN
Das duale Ausbildungssystem
Kapitel 1, Abschnitt 1.3.1
Das Berufsbildungsgesetz
Kapitel 1, Abschnitt 1.3.3
QUELLE
Berufsbildungsgesetz

In Deutschland sind die Ausbildungsverhältnisse im Regelfall nach dem dualen Ausbildungssystem gestaltet. Das heißt, die praktische Seite der Ausbildung findet in einem Betrieb, der theoretische Teil in der Berufsschule statt. Die Ordnung der Berufsausbildung ist im Berufsbildungsgesetz (BBiG) geregelt.

In der Rechtsvorschrift des § 4 BBiG ist die Anerkennung von Ausbildungsberufen festgelegt. Das zuständige Fachministerium ist berechtigt, die staatliche Anerkennung von Ausbildungsberufen auszusprechen. Für jeden anerkannten Ausbildungsberuf gibt es eine Ausbildungsordnung, auf deren Grundlage die Ausbildung erfolgt. Auf diese Weise ist eine einheitliche und geordnete Berufsausbildung gewährleistet.

Gemäß § 5 BBiG gelten für Ausbildungsordnungen die folgenden Mindeststandards:

1. Bezeichnung des Ausbildungsberufs;
2. Ausbildungsdauer, mindestens zwei, maximal drei Jahre;
3. bestimmte berufliche Fertigkeiten, Kenntnisse und Fähigkeiten;
4. Anleitung zur sachlichen und zeitlichen Gliederung des Ausbildungsgangs;
5. Prüfungsanforderungen.

Neben den Ausbildungsstätten Betrieb und Berufsschule besitzen die zuständigen Kammern – je nach der Art des Ausbildungsberufs ist dies entweder die Industrie- und Handelskammern oder die Handwerkskammern – für die Berufsausbildung eine besondere Bedeutung. Die Aufgaben der Kammern sind unter anderem:

► Prüfung der Eignung von Betrieben zur Ausbildung,
► Beratung der Auszubildenden und der Betriebe,
► Überwachung der Ausbildungsbetriebe,
► Regelung und Überwachung der Berufsausbildung,

▶ Führen des Verzeichnisses der Berufsausbildungsverhältnisse einschließlich Änderungen und Löschungen,

▶ Bildung der Prüfungsausschüsse und Durchführung der Prüfungen.

BASISWISSEN
Der Ausbildungsvertrag
Kapitel 1,
Abschnitt
1.3.2

Das Ausbildungsverhältnis wird wie jedes Arbeitsverhältnis vertraglich geregelt. Der Berufsausbildungsvertrag wird zwischen dem Auszubildenden und dem ausbildenden Unternehmen geschlossen. Rechtsgrundlage ist § 10 BBiG. Der Ausbilder hat sofort nach Vertragsschluss die Eintragung des Berufsausbildungsvertrags in das Verzeichnis der Berufsausbildungsverhältnisse bei der zuständigen Kammer zu beantragen (§ 36 Abs. 1 BBiG).

Um beiden Vertragspartnern Rechtssicherheit zu geben, besteht nach § 11 BBiG die Pflicht des Ausbildenden zunächst darin, unverzüglich nach Abschluss des Ausbildungsvertrags die wesentlichen Inhalte der Ausbildung schriftlich niederzulegen. Hierzu gehören

▶ Bezeichnung des Ausbildungsberufs,

▶ Beginn und Dauer der Berufsausbildung,

▶ Ausbildungsmaßnahmen außerhalb der Ausbildungsstätte,

▶ Dauer der regelmäßigen täglichen Arbeitszeit,

▶ Dauer der Probezeit (ein bis vier Monate),

▶ Zahlungsweise und Höhe der Vergütung,

▶ Dauer des Urlaubs,

▶ Möglichkeiten und Bedingungen einer Kündigung des Ausbildungsverhältnisses,

▶ Hinweise auf Tarifverträge, Betriebs- oder Dienstvereinbarungen, die auf das Ausbildungsverhältnis anzuwenden sind.

2.1.2 Rahmenlehrplan

Die theoretische Ausbildung in der Berufsschule richtet sich nach dem Rahmenlehrplan, der für den Ausbildungsberuf erstellt wurde. In der Berufsschule werden allgemein bildende von berufsspezifischen Unterrichtsfächern unterschieden. Die berufsspezifischen Unterrichtsfächer sind nach Lernfeldern gegliedert, die innerhalb eines jeden Ausbildungsberufs eigene Inhalte umfassen. Alle Lernfelder eines Ausbildungsberufes sind im Rahmenlehrplan zusammengefasst, der von der ständigen Konferenz der Kultusminister und Senatoren der Länder (KMK) beschlossen wird.

AUFGABEN

1. Nennen Sie fünf Mindestanforderungen, die die Ausbildungsordnung eines Ausbildungsberufs erfüllen muss.

2. Für ein Ausbildungsverhältnis tragen Ausbildungsbetrieb, Berufsschule und IHK eine besondere Verantwortung. Analysieren Sie das Schaubild 2.1 und übertragen Sie die dort dargestellten Sachverhalte auf Ihre Ausbildungssituation.

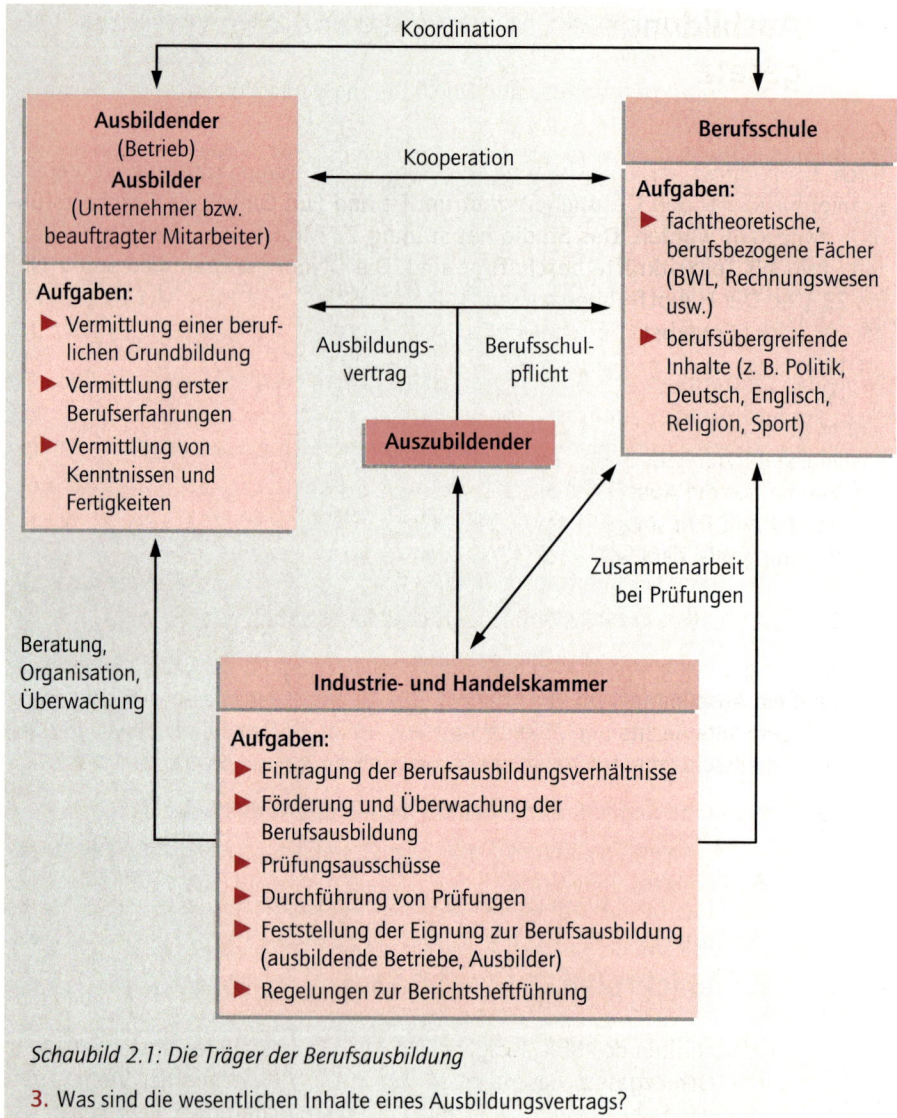

Schaubild 2.1: Die Träger der Berufsausbildung

3. Was sind die wesentlichen Inhalte eines Ausbildungsvertrags?

2.2 Ausbildungsvertrag und Jugendarbeitsschutz-gesetz

Zum Einstieg

Nach Beendigung ihrer Ausbildung zur Sport- und Fitnesskauffrau ist Verena Kramer im Sport- und Gesundheitszentrum Fit and Fun GmbH als Geschäftsführerin angestellt worden. Das Studio hat ständig 22 Mitarbeiter, die teils als Vollzeit-, teils als Teilzeitkräfte beschäftigt sind. Die Öffnungszeiten sind von 7 Uhr bis 23 Uhr. Die Hauptfrequenzzeiten liegen normalerweise zwischen 10 Uhr und 14 Uhr (nicht Erwerbstätige) und zwischen 19 Uhr und 23 Uhr (überwiegend Berufstätige). Es wird im Zweischichtsystem gearbeitet und zur Arbeitszeit gehören je eine halbe Stunde Vor- und Nachbereitungszeit. Es besteht kein Tarifvertrag und es gibt keinen Betriebsrat. Auf der letzten Gesellschafterversammlung wurde beschlossen, zwei neue Auszubildende zum Sport- und Fitnesskaufmann einzustellen. Verena hat die Ausschreibung der Ausbildungsstelle im Internet auf der Website von Fit and Fun sowie in der örtlichen Tageszeitung veröffentlicht. Daraufhin hat sie eine große Zahl von Bewerbungen erhalten.

2.2.1 Zustandekommen des Ausbildungsvertrags

Ein Ausbildungsvertrag ist eine Analogie zum Arbeitsvertrag mit der Besonderheit, dass er sich auf ein Ausbildungsverhältnis bezieht, das für beide Vertragspartner besondere, gesetzlich geregelte Rechte und Pflichten mit sich bringt. Diese sind vor allem im BBiG, im Jugendarbeitsschutzgesetz und in der Berufsschulverordnung fixiert.

Der Ausbildungsvertrag wird, wenn zwei übereinstimmende Willenserklärungen vorliegen, zwischen dem Ausbilder und dem Auszubildenden geschlossen. Ist der Auszubildende noch nicht voll geschäftsfähig, müssen die gesetzlichen Vertreter den Vertrag mitunterzeichnen (§ 11 Abs. 2 BBiG). Genau wie ein Arbeitsvertrag ist der Ausbildungsvertrag ein Dienstvertrag im Sinne des § 611 des Bürgerlichen Gesetzbuches (BGB), weil der Auszubildende einer abhängigen Beschäftigung nachgeht und der Arbeitgeber sich zur Zahlung einer Vergütung verpflichtet.

Während die Vorschriften des BBiG lediglich den Ausbildungsrahmen abstecken, greift das Jugendarbeitsschutzgesetz wesentlich stärker in die Autonomie der Vertragsparteien ein. Das Jugendarbeitsschutzgesetz gilt für alles beschäftigten Personen unter 18 Jahren, das heißt für alle Kinder und Jugendlichen.

BASISWISSEN
Rechtliche Rahmenbedingungen der Unternehmensführung
Kapitel 1, Abschnitt 1.2.1
Der Ausbildungsvertrag
Kapitel 1, Abschnitt 1.3.2

QUELLE
§§ 104–251 und §§ 611–630 BGB

BASISWISSEN
Das Jugendarbeitsschutzgesetz
Kapitel 1, Abschnitt 1.3.4

QUELLE
Jugendarbeitsschutzgesetz

AUFGABEN

1. Versetzen Sie sich in Verenas Situation, nachdem diese die Bewerbungsunterlagen erhalten und eine Reihe von Bewerbern zum Vorstellungsgespräch eingeladen hat. Aufgrund der Gespräche hat Verena die folgenden fünf Bewerber in die engere Wahl gezogen:

   ▶ Christina Hermann, 16 Jahre, sehr guter Realschulabschluss, Trainerlizenz Jazzdance;

   ▶ Hajo Schmidt, 17 Jahre, guter Realschulabschluss, 1. Dan Jiu-Jitsu;

   ▶ Karlheinz Blumberg, 22 Jahre, abgebrochenes Studium der BWL (drittes Semester), seit vier Jahren Mitglied in ihrem Studio;

   ▶ Raimund Scholze, 28 Jahre, ehemaliger Bundeswehrsoldat, sportlich sehr interessiert;

▶ Verena Wessels, 18 Jahre, gutes Abitur, Trainerlizenz Breitensport.

Entscheiden Sie sich an Verenas Stelle für einen der fünf genannten Kandidaten. Beachten Sie dabei die Bestimmungen des Jugendarbeitsschutzgesetzes. Begründen Sie Ihre Wahl.

2. Annika Junghans (17 Jahre) möchte eine Ausbildung zur Sport- und Fitnesskauffrau machen. Sie hat lange gesucht und gehofft. Nun hat sie endlich Glück gehabt: Kevin Kellermann, Inhaber der Firma Multifit, hat sie aus über 50 Bewerbern ausgewählt und ihr einen Ausbildungsplatz in seiner Multifunktionsanlage angeboten. Zeitgleich mit der Zusage hat sie einen weiteren Brief bekommen, in dem ihr ein Ausbildungsplatz zur Groß- und Außenhandelskauffrau offeriert wird. Am Abend berät sich Annika mit ihren Eltern. Diese ziehen eine Ausbildung in einem örtlichen Großhandelsbetrieb vor, Annika möchte aber lieber Sport- und Fitnesskauffrau werden. Kann sie alleine entscheiden, welche Ausbildung sie machen wird, oder müssen die Eltern mit ihrer Wahl einverstanden sein?

3. Um welche Vertragsart handelt es sich bei einem Ausbildungsvertrag?

2.2.2   Beginn und Ende von Arbeitsverhältnissen

> **BASISWISSEN**
> Der Arbeitsvertrag
> Kapitel 1,
> Abschnitt
> 1.3.5

Inhalt und Form eines Arbeitsvertrags sind bis auf einige Ausnahmen (beispielsweise im Fall einer Anstellung im öffentlichen Dienst) nicht vorgeschrieben. Sie sind somit vor allem von den betriebsinternen Gegebenheiten des Unternehmens und dem Profil der Stelle abhängig. Gesetzliche Bestimmungen, gültige Tarifverträge und Inhalte von Betriebs- oder Dienstvereinbarungen sind Mindestbestimmungen und dürfen als solche nicht zum Nachteil des Arbeitnehmers unterschritten werden.

Auch wenn die Gestaltung des Arbeitsvertrags relativ frei ist, so ist doch der Arbeitgeber nach § 2 Nachweisgesetz (NachwG) verpflichtet, spätestens nach Ablauf eines Monats nach dem Beginn des Arbeitsverhältnisses die wesentlichen Vertragsbedingungen schriftlich niederzulegen und das von ihm unterzeichnete entsprechende Dokument dem Arbeitnehmer auszuhändigen.

AUFGABEN

1. Überprüfen Sie, gegen welche gesetzlichen Regeln die Vertragspartner (Arbeitgeber/Arbeitnehmer) in den folgenden Fällen verstoßen haben könnten. Alle Arbeitnehmer sind bei der Fit and Fun GmbH beschäftigt.

   a) Karin Müller, Büroangestellte und Trainerin, verkauft als freie Handelsvertreterin außerhalb ihrer Dienstzeit Fitnesszubehör an andere Studios und an Mitglieder des eigenen Studios.

   b) Hajo Schmidt gibt Selbstverteidigungskurse in der Volkshochschule.

   c) Christina Hermann erscheint dauernd unpünktlich zum Berufsschulunterricht.

   d) Udo Heitkamp beteiligt sich an dem neu gegründeten Tennis- und Freizeitzentrum AS 2000 KG und versucht, Studiomitglieder zum Wechsel zu bewegen.

2. Verletzungen arbeitsrechtlicher Verbote und Pflichten können arbeitsrechtliche Konsequenzen nach sich ziehen. Welche Maßnahmen darf der Arbeitgeber ergreifen, wenn ein Arbeitnehmer seine Pflichten verletzt?

3. Anne Knuth ist nach bestandener Abschlussprüfung von ihrem Ausbildungsbetrieb, der Ares GmbH, als Sport- und Fitnesskauffrau übernommen worden. Trotz relativ guter Bezahlung fühlt sie sich bei ihrem Arbeitgeber nicht mehr wohl, da sie von allen Kollegen und von der Geschäftsführung als „ewiger Lehrling" behandelt wird. Sie hat sich bei einem Konkurrenzunternehmen im selben Ort beworben und kann zum nächstmöglichen Termin

zu den gleichen Bedingungen als Sport- und Fitnesskauffrau anfangen. Was muss Anne bei der Beendigung des Arbeitsverhältnisses mit der Ares GmbH beachten?

4. Die Geschäftsleitung der Ares GmbH ist über die Kündigung von Anne sehr verärgert und weigert sich, ihr ein qualifiziertes Zeugnis auszustellen. Kann Anne dennoch auf einem Zeugnis bestehen? Auf welche gesetzliche Regelung kann sie verweisen? Was ist bei der Ausstellung eines Zeugnisses generell zu beachten?

5. Anne bekommt ihr Zeugnis von der Ares GmbH. Bei der Lektüre entdeckt sie die folgende Formulierung: „Neben ihrer stets guten Einsatzbereitschaft stach Frau Knuth vor allem auch durch ihre Pünktlichkeit hervor." Prüfen Sie, ob dieser Satz rechtlich zulässig ist.

6. Zum Zeitpunkt ihrer Kündigung hat Anne noch einen Resturlaubsanspruch von fünf Tagen. Die Geschäftsleitung ist der Meinung, dass ihr dieser Urlaub nicht mehr zustehe. Nehmen Sie zu dieser Ansicht Stellung.

7. Anne hatte kurz nach ihrer Übernahme aus dem Ausbildungsverhältnis eine Fachtrainerlizenz erworben. Die Lehrgangsgebühr von 1.500,00 € hatte der Arbeitgeber gezahlt. Im Gegenzug hatte er mit Anne eine Klausel als Anhang zu ihrem Arbeitsvertrag vereinbart, die sie dazu verpflichtet, die Lehrgangsgebühr zu erstatten, wenn sie nicht mindestens zwei Jahre im Unternehmen arbeitet. Seitdem ist ein halbes Jahr vergangen. Muss Anne die Lehrgangsgebühren zumindest teilweise erstatten?

2.3 Interessenvertretung der Arbeitnehmer und Mitbestimmung

Zum Einstieg

In Tims Ausbildungsbetrieb sind ständig 18 Angestellte beschäftigt. Während einer Weihnachtsfeier diskutieren die Mitarbeiter, ob es nicht sinnvoll wäre, einen Betriebsrat zu haben, da mithilfe dessen Mitwirkung einige Arbeitsabläufe effektiver organisiert werden könnten. Zum Beispiel würde die Urlaubsplanung erst dann gültig, wenn der Betriebsrat ihr zustimmt. Gerade hier hat es in der Vergangenheit des Öfteren Irritationen und Unruhe gegeben. Nach einer längeren Diskussion kommen die Kolleginnen und Kollegen zu dem Schluss, dass sie wegen der geringen Betriebsgröße kein Mitbestimmungsorgan benötigen. Dies wird vor allem durch den Hinweis eines hauptamtlichen Trainers untermauert. Dieser wirft ein, dass zwar alle Betriebe mit über 1 000 Mitarbeitern einen Betriebsrat haben, dass dies jedoch für Betriebe mit bis zu 20 Mitarbeitern nur in 4 von 100 Fällen gilt.

BASISWISSEN
Interessenvertretung der Arbeitnehmer
Kapitel 1, Abschnitt 1.3.9
Mitbestimmung
Kapitel 1, Abschnitt 1.3.10

Das Betriebsverfassungsgesetz (BetrVG) von 1952 beziehungsweise von 1972 wird häufig von Arbeitgebern als reines Machtinstrument der Arbeitnehmer angesehen, jedoch bietet es für beide Interessengruppen im Betrieb auch Chancen, da es Instrumente für einen innerbetrieblichen Interessenausgleich bereitstellt.

QUELLE
Betriebsverfassungsgesetz

Allgemein sind Betriebsräte unter anderem zuständig für die Überwachung der Einhaltung der Rechtsnormen und arbeitsrechtlicher Grundsätze, die zugunsten von Arbeitnehmern gelten. Dies, und das ist ein häufig genannter Kritikpunkt der Arbeitgeber, geschieht immer zulasten des Arbeitgebers, da dieser die anfallenden Kosten zu tragen hat (§ 40 BetrVG).

<table>
<tr><td>

BASISWISSEN
Qualitätsma-
nagement
Kapitel 5,
Abschnitt 5.3

</td></tr>
</table>

Andererseits liegen hier, insbesondere für moderne Dienstleistungsbetriebe, auch große Chancen. Allein bei der Durchführung eines Qualitätsmanagements kann ein Betriebsrat eine sehr große Hilfe sein, da er in vielen Bereichen mitwirkt, die für die Erstellung eines Qualitätsmanagement-Handbuchs relevant sind. Hier geht es speziell um die Gestaltung der Arbeitsplätze, die Überwachung der Einhaltung von Vorschriften des Arbeitsschutzes und den betrieblichen Umweltschutz. Im Rahmen des Qualitätsmanagements kann der Betriebsrat von Arbeitgeberseite in die Pflicht genommen werden, ohne dass hier Mehrkosten für das Unternehmen entstehen.

Letztendlich spielt die gesetzliche Mitbestimmung in Unternehmen der Freizeitwirtschaft eher eine untergeordnete Rolle, da es sich in der Regel um kleine Betriebe oder Organisationseinheiten handelt.

AUFGABEN

1. Durch die plötzliche Kündigung eines Mitarbeiters kommt es bei der Fit and Fun GmbH zu einem Engpass im Vertretungsplan während der Haupturlaubszeit. Da erst einmal kein Mitarbeiter bereit ist, auf seinen Urlaub zu verzichten, um so die Vertretung abzusichern, streicht die Geschäftsführerin Verena Kramer allen Mitarbeitern den Urlaub und verhängt eine Urlaubssperre aus betrieblichen Gründen. Die Mitarbeiter reagieren verstimmt, zumal einige einen Urlaub fest gebucht haben. Ihr Betrieb hat mehr als 20 Mitarbeiter und vor kurzem wurde ein Betriebsrat gebildet.
   a) Wie viele Mitglieder hat der Betriebsrat?
   b) Welche Möglichkeiten hat der Betriebsrat, um die Interessen der Mitarbeiter bestmöglich zu wahren?
   c) Welche Lösungsmöglichkeiten sehen Sie?
2. Nachdem Felix Müller mehrfach zu spät gekommen ist, hat er von seinem Arbeitgeber eine mündliche Abmahnung erhalten. Im Gespräch mit Kollegen erfährt Herr Müller, dass es im Unternehmen Brauch sei, mündliche Abmahnungen ohne Kenntnis des Arbeitnehmers in der Personalakte zu dokumentieren. Daraufhin möchte er die Personalakte einsehen. Hat er das Recht dazu?

<table>
<tr><td>

BASISWISSEN
Arbeitneh-
merschutz-
gesetze
Kapitel 1,
Abschnitt
1.3.6

</td></tr>
</table>

2.4 Arbeitnehmerschutzgesetze

AUFGABEN

1. Erstellen Sie eine Übersicht über die Ihnen bekannten Gesetze zum Schutz von Arbeitnehmern.
2. Aufgrund von Unterrichtsausfall erhält die Auszubildende Nicole Runge im Rahmen ihres Blockunterrichts nur 32 statt 38 Unterrichtsstunden. Nicole ist 20 Jahre alt und der Arbeitgeber verlangt nun, dass sie diese sechs Stunden in der nachfolgenden Woche nacharbeitet. Ist dies rechtens?
3. Philipp Schmitz ist aufgrund eines Sportunfalls schwerbehindert. Er befindet sich in der Ausbildung zum Sport- und Fitnesskaufmann in einem Wellnesshotel. Laut Arbeitsvertrag steht ihm ein Jahresurlaub von 26 Tagen zu. Zufällig erfährt er über seine Krankenkasse, dass er ein Recht auf fünf weitere Urlaubstage haben soll. Ist die Auskunft der Krankenkasse richtig?
4. In welchem Regelwerk finden sich gesetzliche Vorschriften zur Gestaltung von Arbeitsplätzen für Arbeitnehmer?
5. Was gehört Ihrer Ansicht nach zu einem gut gestalteten Arbeitsplatz? Gestalten Sie einen Arbeitsplatz in der Verwaltung einer Sport- und Freizeiteinrichtung.

2.5 Sozialversicherung

Zum Einstieg

Während seiner Ausbildung durchläuft Tim Tauglich auch die Abteilung Lohn- und Personalwesen. Er führt eigenständig Lohnberechnungen durch und führt die Steuern und Sozialversicherungsbeiträge ordnungsgemäß an die Sozialversicherungsträger und das Finanzamt ab. Tim weiß, dass der Anteil der älteren Menschen an der Bevölkerung in den letzten Jahren stets gestiegen ist. Aufgrund dessen drängen sich ihm einige Fragen auf:

▶ Welchen Einfluss hat der demografische Faktor auf das gesamte Sozialversicherungssystem?

▶ Ist das derzeitige Sozialversicherungssystem ein Auslaufmodell? Oder wird es auch künftig noch mehr oder weniger unverändert bestehen?

▶ Was heißt eigentlich Solidarprinzip?

▶ Was kann ich als einfacher Azubi für meine Altersvorsorge tun?

> **BASISWISSEN**
> Rahmenbedingungen der Personalwirtschaft Kapitel 6, Abschnitt 6.1.1
> Sozialversicherungsrecht Kapitel 6, Abschnitt 6.3

AUFGABEN

1. Erläutern Sie die wichtigsten Merkmale des Sozialversicherungssystems in der Bundesrepublik Deutschland und wägen Sie die Chancen und Risiken für die Zukunft ab.
2. Was versteht man unter dem Solidarprinzip?
3. Welchen Einfluss hat der demografische Faktor auf unser Rentensystem?
4. Nennen Sie Faktoren, die unser Sozialversicherungssystem negativ beeinflussen.

2.6 Private Altersvorsorge

Zum Einstieg

Obwohl Tim erst 19 Jahre alt ist, beschließt er, einen Teil seines Einkommens für seine spätere Rente zu sparen. Seine Großeltern haben sich zudem bereiterklärt, ihn dabei zu unterstützen, bis er die Ausbildung beendet und eine passende Anstellung gefunden hat.

Die Lebenserwartung steigt stetig, denn mehr und mehr Menschen leben gesundheitsbewusst und sind bestrebt, sich körperlich fit zu halten. Sport- und Fitnesskaufleute werden im täglichen Arbeitsleben mit genau dieser Personengruppe konfrontiert.

Man geht mittlerweile davon aus, dass die gesetzliche Rente in Zukunft nur noch rund 50 % des letzten Nettoeinkommens erreichen wird. Die Folgen dieser Entwicklung sollte jeder für sich individuell mildern, indem er rechtzeitig beginnt, für seinen Ruhestand finanziell vorzusorgen. Der Staat hat im Jahr 2002 die gesetzlichen Grundlagen dafür verbessert und unterstützt jeden, der privat vorsorgt. Die so genannte Riester-Rente fördert er mit direkten Zulagen und Steuerentlastungen.

2.6.1 Voraussetzungen für eine staatliche Förderung

Alle Pflichtversicherten in der gesetzlichen Rentenversicherung, alle Beamten, die Ehepartner der angegebenen Gruppen und auch nicht berufstätige Erziehende während der ersten drei Lebensjahre des Kindes werden im Rahmen der Regelungen zur Riester-Rente vom Staat gefördert.

Eine Riester-Rente kann bei allen privaten Versicherern abgeschlossen werden, es sollte aber darauf geachtet werden, dass der Versicherer zertifiziert ist und den gesetzlichen Richtlinien entspricht, die die Voraussetzungen für die Förderung bilden. Trifft dies zu, dann ist eine lebenslange Rente garantiert, auf Wunsch des Versicherten auch schon ab dem 60. Lebensjahr.

2.6.2 Form und Höhe der staatlichen Förderung

Der Staat beteiligt sich an dem privaten Rentenvertrag durch jährliche Zulagen. Hinzu kommt, dass für jedes kindergeldberechtigte Kind eine Kinderzulage gezahlt wird.

Beispiele ▶ Staatliche Zulagen im Rahmen der Riester-Rente

> ▶ Grundzulage im Jahr 2007: 114,00 € jährlich, Kinderzulage pro Kind 138,00 € jährlich
> ▶ Grundzulage ab 2008: 154,00 € jährlich, Kinderzulage: pro Kind 185,00 € jährlich

Um die Zulagen zu erhalten, muss der Versicherte einen Antrag bei seinem Versicherungsunternehmen stellen. Bei der Steuerbemessung erkennt das Finanzamt den gezahlten Beitrag inklusive gezahlter Zulagen als Sonderausgaben an. Ist die Steuerersparnis höher als die vom Staat gezahlte Zulage, wird die Differenz im Zuge des Steuerbescheids gutgeschrieben. Im Jahr 2007 belief sich der steuerbegünstigte jährliche Höchstbeitrag auf 1.575,00 €, ab dem Jahr 2008 beträgt er 2.100,00 €.

Wird ein Versicherter arbeitslos, so wird die Riester-Rente nicht auf das Arbeitslosengeld II angerechnet. Weiterhin gilt: je früher man mit dem Aufbau des Vermögens für eine Riester-Rente beginnt, desto mehr staatliche Förderung bekommt man und umso höher ist die spätere Rente.

AUFGABEN

1. Warum sollte man sich schon als junger Mensch um seine Alterssicherung kümmern?
2. Beschreiben Sie die Art der staatlichen Förderung bei der Riester-Rente.

2.7 Selbstorganisation des Lernens

Zum Einstieg

Die Zwillinge Antje und Sven Heidtkamp haben vor einigen Wochen ihre Berufsausbildung begonnen. Antje ist in der Ausbildung zur Sport- und Fitnesskauffrau
bei der Alpha Sport Center GmbH. Sven will ebenfalls Sport- und Fitnesskaufmann
werden. Er hat bei der Fit und Funny GmbH einen Ausbildungsplatz gefunden.
Nachdem nun auch die Berufsschule angefangen hat, unterhalten sich die beiden
über ihre Schulen und darüber, wie der Unterricht dort aufgebaut ist. Dabei stellt
sich heraus, dass Sven viele Themen im Rahmen von Projekten gemeinsam mit
Mitschülern erarbeitet und die Ergebnisse mit seinem Team präsentiert. Antje ist
mit dieser Form des Unterrichtes gar nicht vertraut, bei ihr findet nur Frontalunterricht statt. Sie überlegt, ob es nicht sinnvoller wäre, wenn diese Unterrichtsform
auch in ihrer Klasse praktiziert würde.

2.7.1 Kommunikation und Lernen

Ausbildungsinhalte werden nicht nur vermittelt, sondern müssen auch verstanden und
verinnerlicht werden. Dazu gibt es verschiedene Möglichkeiten, die im Idealfall bereits
in der Grundschule eingeübt werden. Jeder muss für sich selbst entscheiden, wie er am
besten lernt. Das sture Aufnehmen und Auswendiglernen von Fakten ist nicht jeder-
manns Sache. Das Lernen in der Gruppe fällt in der Regel leichter, als allein zu lernen. So
finden wir eine bunte Mischung aus verschiedenen Methoden. Oft helfen Eselsbrücken
oder Merksätze, um sich bestimmte Inhalte leichter zu merken. Wenn die Eselsbrücken
allerdings aus persönlichen Erinnerungen bestehen, sind sie nur Einzelnen dienlich.

> BASISWISSEN
> Kommunika-
> tion
> Kapitel 2,
> Abschnitt 2.2

Je nachdem, für welche Methode sich eine Schule oder eine Lehrkraft entschieden hat,
liegt es an dem Lernenden, die Inhalte aufzunehmen, zu verstehen und zu vertiefen.
Grundsätzlich gilt jedoch, dass die Lernmotivation gestärkt wird, wenn verschiedene
Unterrichtsmethoden abwechselnd eingesetzt werden.

AUFGABEN

1. Was bedeutet der Begriff Kommunikation?
2. Erklären Sie das Grundmodell der Kommunikation.
3. Erklären Sie, was bei der Sendung einer Nachricht passiert.
4. Oftmals scheitert die Kommunikation und es kommt zu Missverständnissen oder Streit, die
   die Verständigung und das Lernen behindern. Nennen Sie die elf Todsünden der Kommunikation.

2.7.2 Unterrichts-, Lern- und Arbeitsformen

Allgemein lassen sich einige wichtige Unterrichts- und Lernmethoden beschreiben. Zuerst muss der Lerninhalt strukturiert werden. Hierzu bietet der Ausbildungsrahmenplan
ein grobes Konzept. Er ist sachlich und zeitlich gegliedert. Dann liegt es an den Lehrkräf-
ten, die Inhalte zu vermitteln. Dies geschieht in unterschiedlicher Form:

▶ Frontalunterricht,

▶ handlungsorientiertes Lernen,

▶ Teamarbeit,

▶ Einzelprojekt.

Frontalunterricht

Beim Frontalunterricht kommt es vor allem darauf an, so viel wie möglich mitzuschreiben und sich bei Verständnisfragen an die Lehrkraft zu wenden. Schwierig ist oft die Kombination von Zuhören, Mitschreiben und Nachdenken/Fragen stellen. Erleichterungen schaffen hier schriftliche Unterrichtsmaterialien und die Arbeit mit Schaubildern.

Der Vorteil des Frontalunterrichts besteht darin, dass die Vermittlung der Unterrichtsinhalte einer klaren Gliederung folgen kann und dass zeitliche Vorgaben eingehalten werden können. Nachteilig ist der hohe Anspruch an Aufmerksamkeit und Konzentrationsfähigkeit der Zuhörer.

Handlungsorientiertes Lernen

Handlungsorientiertes Lernen gibt sehr viel Raum für praktische Anschauung. Es wird eine Lernsituation dargestellt, in der ein Problem zu lösen ist oder eine Aufgabe gestellt wird. Von Vorteil für die Lernenden ist es, dass sie ihre Fähigkeiten einsetzen und eigene Erfahrungen mit in die Problemlösung einfließen lassen können. Nachteilig an dieser Form des Lernens ist die hohe Vorbereitungszeit des Lehrenden. Darüber hinaus ist es oft schwer, die Wissensvermittlung klar sachlich und zeitlich zu gliedern. Andere Themenbereiche greifen in die Problemlösung mit ein und sind, gerade bei heterogenen Gruppen, mitunter schwer zu integrieren.

BASISWISSEN
Teambildung
und Teamarbeit
Kapitel 2,
Abschnitt 2.4
Projektmanagement
Kapitel 2,
Abschnitt 2.3

Teamarbeit

Zur gemeinsamen Erarbeitung eines Themas werden Teams gebildet, die aus zwei oder mehr Personen bestehen können. Diese Lernmethode schafft in der Regel eine lockere, lernfreundliche Atmosphäre und verlangt eine hohe Eigenverantwortung der Lernenden. Nachteilig ist, dass die Schüler nur beschränkt individuelle Leistungsnachweise erbringen können. Einzelne können sich in der Gruppe der Arbeit entziehen, ohne dass es dem Lehrenden auffällt.

BASISWISSEN
Präsentation
Kapitel 2,
Abschnitt
2.2.2
Präsentationen am
Beispiel von
PowerPoint
Kapitel 2,
Abschnitt
2.1.2

Einzelprojekt

Im Rahmen der Arbeit an einem Einzelprojekt kann jeder seine Fähigkeiten und seinen Leistungswillen zeigen, insbesondere, indem er der Lerngruppe nach Abschluss des Projekts die Ergebnisse seiner Projektarbeit präsentiert. Dies schafft für die Lehrkraft eine gute Grundlage zur Leistungsbeurteilung. Andererseits fehlt dem Lernenden die Möglichkeit zur Auseinandersetzung mit anderen Teilnehmern und deren Meinungen. Er ist auf sich allein gestellt und steht auch bei Problemen alleine da.

562238

AUFGABEN

1. Was bedeutet der Begriff Präsentation?

2. Welche Schritte gehören zu den Vorüberlegungen zur Erarbeitung einer Präsentation?

3. Nennen Sie den Unterschied zwischen Hauptinformation und Begleitinformation.

4. Zur Gestaltung des Ablaufs einer Präsentation gibt es grundsätzlich vier verschiedene Möglichkeiten, die in der nachfolgenden Tabelle aufgeführt sind. Wie lassen sich diese kurz bezeichnen? Vervollständigen Sie die Tabelle, indem Sie jeder Vorgehensweise die korrekte Bezeichnung zuordnen. Verwenden Sie dazu die folgenden Bezeichnungen:

steigende Reihe	fallende Reihe
dramatisierende Reihe	Pro und Kontra

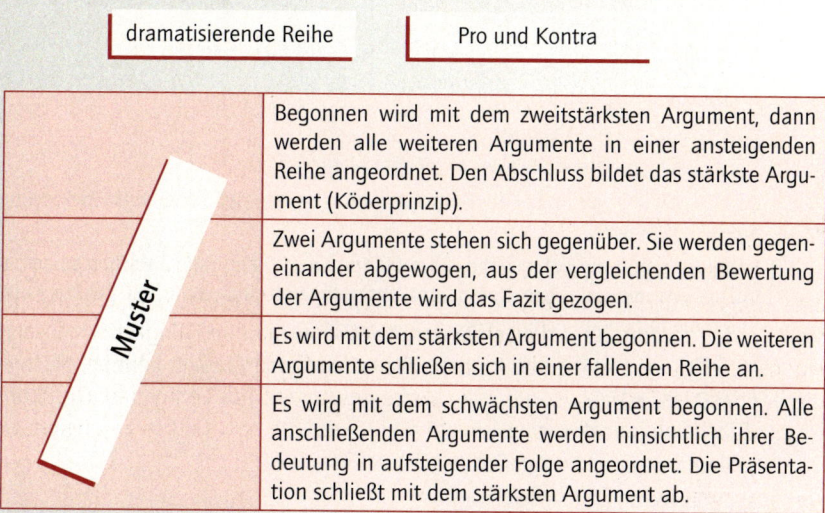

Muster	Begonnen wird mit dem zweitstärksten Argument, dann werden alle weiteren Argumente in einer ansteigenden Reihe angeordnet. Den Abschluss bildet das stärkste Argument (Köderprinzip).
	Zwei Argumente stehen sich gegenüber. Sie werden gegeneinander abgewogen, aus der vergleichenden Bewertung der Argumente wird das Fazit gezogen.
	Es wird mit dem stärksten Argument begonnen. Die weiteren Argumente schließen sich in einer fallenden Reihe an.
	Es wird mit dem schwächsten Argument begonnen. Alle anschließenden Argumente werden hinsichtlich ihrer Bedeutung in aufsteigender Folge angeordnet. Die Präsentation schließt mit dem stärksten Argument ab.

5. Nennen Sie die sechs wichtigsten Regeln für den Vortrag eines Referats.

6. Ordnen Sie die Medien Sportgerät, DVD, Tafel und CD den in der folgenden Tabelle genannten Mediengruppen zu.

Auditive Medien	
Haptische Medien	
Audiovisuelle Medien	*Muster*
Visuelle Medien	

7. Was ist ein Projekt?

8. Nennen Sie die Merkmale eines Projekts nach DIN 69 901.

9. Ordnen Sie die folgenden Projektphasen gemäß ihrer korrekten zeitlichen Reihenfolge:

▶ Planungsphase

▶ Durchführungsphase

▶ Kontroll- und Abschlussphase

▶ Definitionsphase

10. Beschreiben Sie die drei Ebenen des Projektmanagements.

11. Was ist Projektmanagement?

12. Was kennzeichnet interne Projekte, was im Vergleich dazu externe Projekte?

13. Nennen Sie Anforderungen, die ein Projektziel erfüllen muss.

14. Wofür steht die Abkürzung PSP?

15. Was ist ein Netzplan?

16. Welche Aufgaben fallen in der Kontroll- und Abschlussphase eines Projekts an?

17. Was versteht man unter einem Team?

18. Ordnen Sie die Entwicklungsphasen eines Teams in der richtigen zeitlichen Abfolge:
    - ▶ Leistungsphase
    - ▶ Organisationsphase
    - ▶ Konfliktphase
    - ▶ Orientierungsphase

19. Was ist ein Kick-off-Meeting?

20. Nennen Sie typische Rollen der Mitglieder eines Teams.

21. Diskutieren Sie, warum bei der Kommunikation im Internet Sicherheitsaspekte eine wichtige Rolle spielen.

22. Betrachtet man die Fähigkeiten eines Menschen, so kann man zwischen seiner sozialen und seiner methodischen Kompetenz unterscheiden. In welche der beiden Kategorien fallen die folgenden Fähigkeiten?

    a) Kommunikationsfähigkeit

    b) Selbstsicherheit

    c) Moderationsmethoden

    d) Situationsgerecht reagieren

    e) Visualisierungstechniken

    f) Präsentationstechniken

    g) Rhetorik

    h) Nonverbale Kommunikation

3 Geschäftsprozesse erfassen und auswerten

Das im Folgenden beschriebene, fiktive Sport- und Fitnessstudio, die Body-Fit GmbH mit Sitz in Hof, bildet den Bezugsrahmen für die in diesem Lernfeld dargestellten Inhalte.

Die Body-Fit GmbH wurde vor drei Jahren gegründet. Neben der Fitness-Arena, in der 32 Trainingsgeräte auf zwei großzügigen Trainingsflächen zur Verfügung stehen, gibt es zum Training des Herz-Kreislauf-Systems einen Cardiobereich. Hier stehen sieben Fahrradergometer, fünf Crosstrainer, drei Laufbänder und fünf Stepper bereit. Vor kurzem wurde das Angebot des Studios um Spinning erweitert. Für diese Kombination aus Ausdauersport und Entspannung wurden 15 Spinning-Bikes erworben. In einem gemütlichen Gymnastikraum mit Schwingboden macht Aerobic sehr viel Spaß; der Gymnastikbereich bietet wechselnde Kurse an.

Zur Entspannung vom Arbeitsalltag steht ein aufwändig gestalteter Wellness- und Erholungsbereich zur Verfügung. Er umfasst eine Kräutersauna (90 °C), eine indianische Schwitzhütte und eine Lichttherapiesauna (85 °C). Außerdem garantieren fünf Kabinen im Solarium nahtlose Bräune.

Selbstverständlich dürfen auch Physiotherapie und Massage nicht fehlen. Hier haben sich die Gründer der Body-Fit GmbH jedoch zu einem außergewöhnlichen Schritt entschlossen. Anstatt die notwendigen Fachkräfte fest anzustellen, wurden entsprechende Räume eingerichtet, die in regelmäßigem Rhythmus an verschiedene selbstständige Physiotherapeuten und Masseure/Masseurinnen vermietet werden. Auf diese Weise können auch exotischere Techniken wie Klangschalenmassage angeboten werden. Mit den jeweiligen Mietern wird ein Vertrag geschlossen, der neben der Raummiete auch die Beteiligung an den Kosten für Werbung und ähnliche Leistungen, die dem Studio als Ganzem zugutekommen, regelt.

Komplettiert wird das Angebot des Studios durch ein Bistro, in dem Snacks und verschiedene Getränke angeboten werden. Fitnessriegel und verschiedene Nahrungsergänzungspräparate können hier auch zur Mitnahme erworben werden. Zusätzlich stehen verschiedene Zeitschriften, Bücher und Trainings-DVDs zum Verkauf.

Die Body-Fit GmbH hat 420 Mitglieder, die einen monatlichen Beitrag von 55,00 € entrichten. Außerdem können Tageskarten zum Preis von 12,00 € erworben werden, als Zehner-Tageskarten zum Gesamtpreis von 80,00 €. Selbstverständlich können Interessierte die Aerobic-Kurse auch einzeln buchen. Für die anderen Leistungen gibt es eine Preisliste.

Neben den beiden mitarbeitenden Gesellschaftern beschäftigt die Body-Fit GmbH eine kaufmännische Teilzeitkraft (30 Wochenarbeitsstunden), die für Aufgaben wie Verwaltung, Buchhaltung und Anmeldungen von Mitgliedern oder Kursteilnehmern zuständig ist. Vier Minijobber betreuen Bistro und Verkauf, die Leitung der Aerobic- und sonstigen Kurse obliegt Honorarkräften. Da die kaufmännische Teilzeitkraft ihre Arbeitszeit familienbedingt reduzieren möchte, wurde im vergangenen Herbst der Auszubildende zum Sport- und Fitnesskaufmann, Klaus Helmchen, eingestellt. Zurzeit wird ein zusätzlicher Trainer gesucht, der eine Vollzeitstelle besetzen soll. Die Reinigung der Räumlichkeiten wird aus Kostengründen nicht mehr mit eigenem Personal durchgeführt, sondern von einem ortsansässigen Dienstleistungsunternehmen.

3.1 Inventur, Inventar und Bilanz

3.1.1 Inventur

Zum Einstieg

Klaus Helmchen hat im September mit der Ausbildung zum Sport- und Fitnesskaufmann im Studio Body-Fit GmbH in Hof begonnen. Bereits wenige Wochen nach Beginn der Ausbildung beauftragt ihn einer der Inhaber des Studios damit, anhand von ausgedruckten Computerlisten die Bestände an Fitnessriegeln, Nahrungsergänzungspräparaten sowie Zeitschriften und Trainings-DVDs mit den entsprechenden Sollzahlen abzugleichen. Klaus, der in der Berufsschule gelernt hat, dass solche Aufgaben zur Inventur gehören, fragt sich, weshalb er bereits im Oktober damit beginnen muss. Schließlich, so überlegt er, ist das Geschäftsjahr bei Body-Fit mit dem Kalenderjahr identisch, der Bilanzstichtag somit der 31. Dezember. Er bittet seinen Chef um eine Erklärung.

Für Unternehmen der Sport- und Fitnesswirtschaft gelten – wie für alle Unternehmen der freien Wirtschaft – für die Buchführung die Vorschriften des Handelsgesetzbuchs (HGB) sowie der Steuergesetze und Steuerrichtlinien.

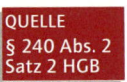

So legt das HGB auch fest, dass ein Geschäftsjahr zwölf Monate nicht überschreiten darf, hingegen nicht mit dem Kalenderjahr identisch sein muss.

Heute ist bei der Mehrheit der Unternehmen das Geschäftsjahr mit dem Kalenderjahr identisch, weil dies viele Vorgänge vereinfacht. So sind etwa Steuer- und andere Termine stets am Kalenderjahr ausgerichtet. Erfolgt die Gründung eines Unternehmens während des Jahres, so spricht man vom ersten Jahr als „Rumpfgeschäftsjahr".

Im HGB ist festgelegt, dass jeder Kaufmann zu Beginn seines Handelsgewerbes seine Vermögensgegenstände und Schulden nach Art, Menge und Wert genau zu verzeichnen hat. Gleiches muss er zum Schluss eines jeden Geschäftsjahres und bei Aufgabe seines Geschäfts tun.

Da dies je nach Größe des Unternehmens beziehungsweise nach dem Umfang der Bestände mehr oder weniger zeitaufwändig ist, bietet das HGB dem Unternehmer gewisse Erleichterungen, die Inventurvereinfachungsverfahren. Voraussetzung für deren Anwendung ist die Einhaltung der in Schaubild 3.1 zusammengefassten Grundsätze ordnungsmäßiger Buchführung (GoB).

Grundsätze ordnungsmäßiger Buchführung

▶ Klare und übersichtliche Buchführung (§ 145 Abs. 1 Abgabenordnung [AO],
§ 238 Abs. 2 Satz 3 HGB)
  – Buchung entsprechend dem Beleg
  – keine Buchung ohne Beleg
▶ vollständige, richtige, zeitgerechte, geordnete Buchführung
(§ 146 AO, § 239 HGB, § 246 HGB)
▶ Vollständigkeit, Verrechnungsverbot (§ 246 Abs. 1 und 2 HGB)
  – Erfassung aller Geschäftsfälle
  – Posten der Aktivseite dürfen nicht mit Posten der Passivseite, Aufwendungen
    nicht mit Erträgen verrechnet werden.
▶ geordnete Buchführung
Buchungen nach einem festgelegten, für Dritte nachvollziehbaren System
(§ 145 Abs. 1 AO, § 238 Abs. 1 HGB)
▶ Aufzeichnungen in einer lebenden Sprache
(§ 146 Abs. 3 AO, § 239 Abs. 1 Satz 1 HGB)
▶ Abkürzungen, Ziffern und Symbole sind eindeutig definiert
(§ 146 Abs. 3 Satz 3 AO, § 239 Abs. 1 Satz 2 HGB)
▶ keine Korrekturen, die den ursprünglichen Inhalt unleserlich machen
(§ 146 Abs. 4 AO, § 238 Abs. 3 HGB)
▶ Aufbewahrungspflichten (§ 147 AO, § 257 HGB)

Schaubild 3.1: Übersicht über die Grundsätze ordnungsmäßiger Buchführung

---

Für die Inventur existieren keinerlei Formvorschriften. So können unternehmenseigene Listen ebenso verwendet werden wie im Handel angebotene Vordrucke (zum Beispiel von Zweckform). Ziel der Inventur ist die Erstellung des Inventars.

AUFGABEN

1. Warum müssen Unternehmen eine Inventur durchführen?
2. Gibt es verschiedene Inventurarten? Wenn ja, welche sind dies und wofür können sie bei der Body-Fit GmbH angewendet werden?
3. Eine Inventur kann zu unterschiedlichen Zeitpunkten durchgeführt werden. Erläutern Sie die einzelnen Möglichkeiten.
4. Welches Inventurvereinfachungsverfahren bietet sich für die Body-Fit GmbH an? Beschreiben Sie dieses mit eigenen Worten.

BASISWISSEN
Daten betrieblicher Prozesse
Kapitel 5, Abschnitt 5.1.2
Inventur und Bilanz
Kapitel 5, Abschnitt 5.1.3

3.1.2 Inventar

Während bei der Inventur die Vermögensgegenstände und Schulden nur nach Art und Menge erfasst werden, kommt beim Inventar noch der Wert hinzu.

Innerhalb der Kategorien Vermögen und Verbindlichkeiten wird nochmals unterschieden. Das Vermögen wird in Anlage- und Umlaufvermögen unterteilt und nach Geldnähe beziehungsweise zunehmendem Liquiditätsgrad geordnet. Als Hilfestellung bei dieser Unterteilung und Reihenfolge kann die Gliederung der Bilanz herangezogen werden.

QUELLE
§ 266 HGB

Zu beachten ist hier, dass diese Gliederung die Barmittel in der Reihenfolge Kassenbestand, Guthaben bei Kreditinstituten und Schecks ordnet und somit in diesem Fall nicht streng dem Grundsatz der Liquidität folgt. Das liquideste Barmittel ist der Kassenbestand, da er sofort als Bargeld verfügbar ist. Bei den Verbindlichkeiten wird nach Restlaufzeit in langfristige (mehr als fünf Jahre), mittelfristige (ein Jahr bis fünf Jahre) und kurzfristige (weniger als ein Jahr) Schulden unterteilt.

In Sport- und Fitnessstudios lassen sich die meisten im Rahmen der Inventur erfassten Gegenstände eindeutig den Unterposten des Inventars zuordnen. Vorsicht geboten ist lediglich bei isotonischen und anderen Getränken sowie Nahrungsergänzungspräparaten. Sind diese zur Verwendung im studioeigenen Bistro bestimmt, dann handelt es sich um Vorräte, sind sie hingegen für den Verkauf vorgesehen, sind es Handelswaren. Zu den Vorräten zählen auch Gegenstände wie Obst oder Gemüse, also Nahrungsmittel, die in verarbeitetem Zustand (beispielsweise als Salat) im Bistro verkauft werden. Diese Aufteilung sorgt nicht nur gemäß den Grundsätzen ordnungsmäßiger Buchführung für Übersichtlichkeit, sondern stellt zugleich bei der späteren Übernahme der Daten der Finanzbuchhaltung in die Kosten- und Leistungsrechnung eine wesentliche Erleichterung dar.

AUFGABE

Der Auszubildende Klaus Helmchen erhält von seinem Chef die Aufgabe, die kaufmännische Teilzeitkraft Susanne Wenigwort zu unterstützen und anhand von Belegen und Inventurlisten ein vollständiges und korrektes Inventar zu erstellen sowie das Reinvermögen zu ermitteln.

Susanne hat Klaus das folgende vorläufige Inventar (Tabelle 3.1) sowie die Inventurliste (Tabelle 3.2) ausgedruckt und ihm dabei den folgenden Tipp gegeben: Jede Änderung oder Ergänzung des Inventars hat Einfluss auf zwei seiner Positionen.

Inventar der Body-Fit GmbH am 31. Dezember 20..		
Posten (Art, Menge)	**€**	**€**
A. Vermögen		
I. Anlagevermögen		
1. Bebautes Grundstück, Fabrikzeile 21, 95028 Hof		1.046.900,00
2. Gebäude Fabrikzeile 21, 95028 Hof		315.000,00
3. Studioausstattung		
4. Fuhrpark		
– BMW 7er-Reihe, HO-XM 54	25.000,00	
– Ford Mondeo, Kombi, HO-FG 75	9.000,00	34.000,00
5. Büroausstattung lt. Anlage		9.500,00
II. Umlaufvermögen		
1. Vorräte lt. Anlage		300,00
2. Waren		
3. Forderungen aus Lieferung und Leistung		
– Reuben AG, Selb (Cardiotraining für Mitarbeiter)	7.500,00	
– AOK Hof (Rückenschule für Mitglieder)	4.356,00	
– Mitgliedsbeiträge lt. Anlage	7.700,00	
– Miete für Massageraum lt. Anlage	1.350,00	

Posten (Art, Menge)	€	€

4. Bankguthaben
   – Postbank Hof lt. Kontoauszug
   – Kreis- und Stadtsparkasse Hof
     lt. Kontoauszug
	15.000,00	

5. Kassenbestand		1.100,00
Vermögen insgesamt		
B. Verbindlichkeiten		

I. langfristige Schulden
    Hypothek bei der Kreis- und Stadtsparkasse Hof
    lt. Kontoauszug und Darlehensvertrag
		800.000,00

II. kurzfristige Verbindlichkeiten
    1. Verbindlichkeiten aus Lieferung und Leistung
       lt. Anlage
		58.700,00

2. Sonstige Verbindlichkeiten lt. Anlage		29.600,00
Summe der Verbindlichkeiten		
C. Reinvermögen (Eigenkapital)		
Vermögen insgesamt		
Summe der Verbindlichkeiten		
Reinvermögen		

Tabelle 3.1: Vorläufiges Inventar der Body-Fit GmbH

Inventurliste vom 16. Oktober 20..		
Bezeichnung	**Menge**	**Einzelpreis in €**
Rudergerät Skull	5 Stück	879,00
Seated Leg Curl	5 Stück	1.892,00
Seated Shoulder Press	5 Stück	1.790,00
Bauchmaschine mit Steckgewichten	7 Stück	1.535,00
Vertical Chest Press	5 Stück	1.890,00
High + Low Pulley	5 Stück	2.766,00
Fahrradergometer „Ergotour Silver"	7 Stück	1.139,00
Crosstrainer „Wonderwalk XTV 19"	5 Stück	1.109,00
Laufbänder „Marathon 95S37"	3 Stück	1.169,00
Powerstepper	3 Stück	479,00
Gymnastikmatten „Airex Coronella"	20 Stück	90,00
Spinning-Räder	15 Stück	999,00
Trainings-DVD „Rückenschule"	10 Stück	37,94
Trainings-DVD „Stretching – leicht gemacht"	7 Stück	25,65
Trainings-DVD „Bodybuilding für Einsteiger"	3 Stück	29,95

Tabelle 3.2: Inventurliste der Body-Fit GmbH vom 16. Oktober 20..

Susanne gibt Klaus noch die folgenden zusätzlichen Informationen:

▶ Die Ausstattung des Sauna- und Massagebereichs sowie des Bistros hat einen Gesamtwert von 159.000,00 €.

▶ Der Wert der zum Verkauf für den heimischen Gebrauch bestimmten Nahrungsergänzungsprodukte beträgt 650,00 €.

▶ Drei Belege wurden im Inventar noch nicht berücksichtigt (siehe die Schaubilder 3.2 bis 3.4).

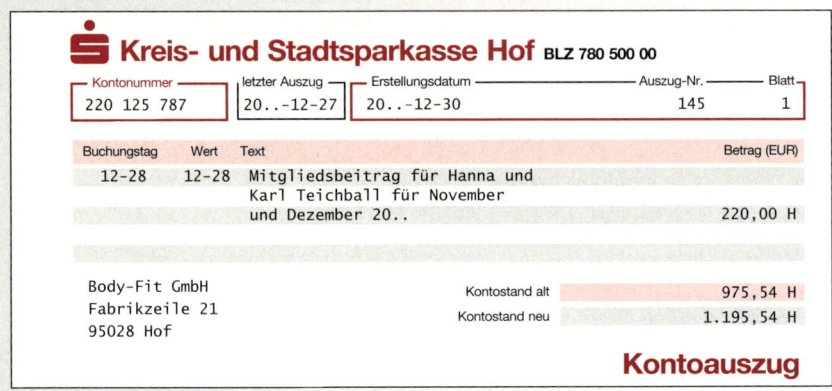

Schaubild 3.2: Kontoauszug der Kreis- und Stadtsparkasse Hof

Schaubild 3.3: Eingangsrechnung von Rundum fit

Schaubild 3.4: Ausgangsrechnung Body-Fit GmbH

Lösen Sie die Aufgabe an Klaus' Stelle.

3.1.3 Bilanz

Zum Einstieg

Nachdem der Auszubildende Klaus Helmchen das Inventar der Body-Fit GmbH aufgestellt hat, fragt er Susanne Wenigwort, was weiter damit geschieht. Sie erklärt ihm, es bilde die Grundlage für die Bilanz.

Wie zur Erstellung des Inventars, so ist der Unternehmer (Kaufmann) auch zur Aufstellung der Bilanz gesetzlich verpflichtet. Die Bilanz wird, ebenso wie das Inventar, zur Geschäftseröffnung und zum Abschluss jeden Geschäftsjahres erstellt.

QUELLE
§ 242 HGB

Neben den Grundsätzen ordnungsmäßiger Buchführung, welche für Inventar und Bilanz gleichermaßen gelten, gibt es für die Bilanz weitere handelsrechtliche Vorschriften. Die Bilanz ist in deutscher Sprache und Euro aufzustellen und vom Kaufmann unter Angabe des Datums zu unterschreiben. Bei mehreren persönlich haftenden Gesellschaftern, zum Beispiel bei einer OHG, müssen alle Gesellschafter unterschreiben.

QUELLE
§§ 244 und
245 HGB

Das Wort Bilanz (von ital. bilancia = Waage) bringt bereits den wichtigsten Grundsatz zum Ausdruck: Die Bilanz muss im Gleichgewicht sein, das heißt, die Summen auf beiden Seiten müssen identisch sein.

AUFGABEN

1. Die Bilanz wird in Kontenform erstellt. Erläutern Sie diese Aussage.
2. Benennen Sie die Seiten der Bilanz und ordnen Sie die Positionen des Inventars zu.
3. Zur Verdeutlichung erstellt Susanne Wenigwort mit dem Auszubildenden Klaus von Hand die Bilanz der Body-Fit GmbH zum 31. Dezember 20… Grundlage bildet das von Klaus erstellte Inventar. Erstellen Sie diese Bilanz unter Beachtung aller Formvorschriften.

3.1.4 Bilanzkennziffern

Die Aussagekraft einer Bilanz liegt nicht so sehr in den einzelnen Positionen und deren Wert in Euro, sondern vielmehr im Verhältnis bestimmter Positionen zueinander. Einige dieser Kennzahlen betrachten die Vermögensstruktur (Aktiva), andere die Kapitalstruktur (Passiva), eine dritte Gruppe das Verhältnis von Vermögen und Kapital. Diese Verhältniszahlen können für das eigene Unternehmen über mehrere Jahre beobachtet werden, um Veränderungen aufzuzeigen. Oder sie werden mit branchenüblichen Werten verglichen, um die Situation des eigenen Unternehmens besser einschätzen zu können.

Die wichtigsten Bilanzkennzahlen mit Bezug auf die Aktivseite der Bilanz sind die Anlagenintensität und die Umlaufsintensität.

$$\text{Anlagenintensität} = \frac{\text{Anlagevermögen}}{\text{Gesamtvermögen}} \cdot 100$$

$$\text{Umlaufsintensität} = \frac{\text{Umlaufvermögen}}{\text{Gesamtvermögen}} \cdot 100$$

BASISWISSEN
Grundbegriffe der Kosten- und Leistungsrechnung Kapitel 5, Abschnitt 5.2.2

Je mehr Anlagevermögen in einem Unternehmen vorhanden ist, desto höher sind die fixen Kosten. Hohe Fixkosten erfordern auf der Erlösseite entsprechend hohe Umsätze. In schwachen Geschäftsjahren führen hohe Fixkosten unvermeidlich zu einer Minderung des Gewinns; unter Umständen wird überhaupt kein Gewinn erwirtschaftet, sondern es entsteht ein Verlust.

Beispiel ▶ Fixe Kosten in einem Fitnessstudio

Die Body-Fit GmbH besitzt verschiedene Trainingsgeräte und eine Computeranlage. Diese Gegenstände müssen abgeschrieben, gewartet und versichert werden. Außerdem fallen auf die dem Fuhrpark zugehörigen Pkw Abschreibungen und Kraftfahrzeugsteuern an. Sofern für die Anschaffung von Gegenständen des Anlagevermögens Kredite aufgenommen wurden, muss die Firma Zinsen zahlen. Alle genannten Aufwendungen und Zahlungen laufen weiter, auch wenn die Body-Fit GmbH keinen einzigen Kunden hat.

Die wichtigsten Kennzahlen mit Bezug auf die Passivseite der Bilanz sind die Eigenkapitalquote und die Fremdkapitalquote.

$$\text{Eigenkapitalquote} = \frac{\text{Eigenkapital}}{\text{Gesamtkapital}} \cdot 100$$

$$\text{Fremdkapitalquote} = \frac{\text{Fremdkapital}}{\text{Gesamtkapital}} \cdot 100$$

562248

Diese Quoten geben Auskunft über die finanzielle Abhängigkeit eines Unternehmens. Eine hohe Eigenkapitalquote bedeutet finanzielle Unabhängigkeit. Eine hohe Fremdkapitalquote bedeutet hingegen, dass das Unternehmen stark von Kreditgebern, das heißt zum Beispiel von Banken und Lieferanten, abhängig ist.

Die bisher genannten Kennzahlen betrachten jeweils eine Seite der Bilanz. Der größte Teil der Bilanzkennziffern betrachtet jedoch die Verhältnisse von Vermögen und Kapital, setzt also Positionen auf der Aktivseite mit Positionen auf der Passivseite miteinander in Beziehung. Deshalb spricht man auch von „horizontalen Kennzahlen". Eine solche Kennzahl ist der Anlagendeckungsgrad.

$$\text{Anlagendeckungsgrad} = \frac{\text{Eigenkapital}}{\text{Anlagevermögen}} \cdot 100$$

Er gibt Auskunft darüber, wie viel Anlagevermögen durch Eigenkapital gedeckt (finanziert) ist. Ein Anlagendeckungsgrad von 42 % bedeutet, dass von jedem Euro Anlagevermögen 42 Cent durch eigenes Kapital finanziert sind, 58 Cent durch Fremdkapital. Je höher der Anlagendeckungsgrad, desto geringer ist die Abhängigkeit des Unternehmens von Kreditgebern. Reicht das Eigenkapital nicht aus, um das Anlagevermögen zu decken, so sollte auf jeden Fall die Summe aus Eigenkapital und langfristigem Fremdkapital dafür ausreichen, um ein gewisse Unabhängigkeit zu gewährleisten.

Eine weitere horizontale Kennzahl ist der Barliquiditätsgrad.

$$\text{Barliquiditätsgrad} = \frac{\text{flüssige Mittel}}{\text{kurzfristige Verbindlichkeiten}} \cdot 100$$

Diese Kennziffer gibt Auskunft darüber, ob die flüssigen Mittel (Kasse, Bankguthaben und Schecks) ausreichen, um die kurzfristigen Verbindlichkeiten (zum Beispiel Verbindlichkeiten aus Lieferung und Leistung, Verbindlichkeiten gegenüber dem Finanzamt und den Sozialversicherungsträgern) zu begleichen. Beträgt der Liquiditätsgrad mindestens 100 %, so kann das Unternehmen seinen laufenden Zahlungsverpflichtungen nachkommen, ohne zusätzliche Barmittel beschaffen zu müssen.

AUFGABEN

Ermitteln Sie anhand der Bilanz der Body-Fit GmbH die folgenden Bilanzkennziffern:

▶ Anlagenintensität

▶ Umlaufsintensität

▶ Eigenkapitalquote

▶ Fremdkapitalquote

▶ Anlagendeckungsgrad

▶ Barliquiditätsgrad

3.2 Aufbewahrungspflichten

Jeder Unternehmer (Kaufmann) ist nicht nur verpflichtet, Bücher zu führen, sondern im Sinne einer ordnungsmäßigen Buchführung diese auch über einen bestimmten Zeitraum aufzubewahren. Für Sport- und Fitnessstudios bedeutet dies, dass Inventare, Eröffnungsbilanzen und Jahresabschlüsse zehn Jahre aufbewahrt werden müssen. Gleiches gilt für Handelsbücher, zum Beispiel das Wareneingangs- und das Warenausgangsbuch, und für Buchungsbelege. Bei doppelter Buchführung werden keine separaten Handelsbücher geführt, da diese Aufzeichnungen durch entsprechende Buchungen belegt werden.

Weiterhin sind empfangene Handelsbriefe und Wiedergaben der abgeschickten Handelsbriefe aufzuheben, und zwar sechs Jahre.

> **Handelsbriefe** sind Schriftstücke, die ein Handelsgeschäft betreffen, zum Beispiel Angebote, Kaufverträge, Auftragsbestätigungen, Umsatzsteuervoranmeldungen, Mahnungen und Materialentnahmescheine.

Die Aufbewahrungsfrist beginnt mit dem Kalenderjahr, in dem das Inventar aufgestellt, der Handelsbrief abgeschickt oder empfangen wurde.

Beispiel ▶ Handelsgesetzliche Aufbewahrungsfrist

> Die Body-Fit GmbH hat einem ihrer Mitglieder, das versäumt hat, die monatliche Mitgliedsgebühr zu überweisen, am 15. August 2007 eine Mahnung geschickt. Die Aufbewahrungsfrist für das Mahnschreiben beginnt am 1. Januar 2008 und endet am 31. Dezember 2013.

Eröffnungsbilanzen und Abschlüsse müssen in Papierform, alle anderen Unterlagen dürfen in digitalisierter Form aufbewahrt werden.

3.3 Bestandskonten

3.3.1 Kontenrahmen und Kontenplan

Zum Einstieg

Klaus Helmchen ist seit der vorhergegangenen Woche mit Aufgaben der Finanzbuchhaltung befasst. Bisher hat er die eingegangenen Belege mit dem Eingangsstempel versehen und auf rechnerische Richtigkeit geprüft. Ab heute soll er sie auch vorkontieren. Susanne Wenigwort erklärt ihm, dass er zur Vorkontierung die Nummern der jeweils betroffenen Buchungskonten auf die Belege schreiben muss. Klaus ist verwirrt. Kann es denn sein, dass alle Belege mit den Konten der Body-Fit GmbH bei Sparkasse, Bank und Postbank zu tun haben?

Den einzelnen Posten der Bilanz entsprechen in der Buchführung Konten. Im Grunde ist jedes dieser Konten eine Art Tabelle, in der alle Zu- und Abgänge eingetragen werden. Die Lieferung der Kudzu-Tabletten ist ein Zugang auf dem Konto „Warenbestand (3900)", der Verkauf von drei Packungen an eines der Mitglieder ein Abgang von diesem Konto (Schaubild 3.5).

Soll	Warenbestand (3900)		Haben
Einkauf von Kudzu-Tabletten 15 Packungen à 14,60 €	219,00 €	Verkauf von Kudzu-Tabletten 3 Packungen à 30,00 €	90,00 €

Schaubild 3.5: Bestandskonto „Warenbestand"

Die Grundsätze der ordnungsmäßigen Buchführung verlangen Klarheit und Übersichtlichkeit; deshalb wird für jede Bestandsart ein eigenes Bestandskonto eingerichtet. Je größer und diversifizierter ein Unternehmen, desto mehr Bestandskonten hat es anzulegen und zu führen.

Zur Vereinfachung der Buchführung arbeiten Unternehmen mit definierten Kontenrahmen und Kontenplänen. Obwohl es für bestimmte Branchen jeweils spezielle Kontenrahmen gibt, so zum Beispiel für Speditionen, Industriebetriebe, Kfz-Betriebe, Hotels, Unternehmen des Groß- und Außenhandels (Tabelle 3.3), lassen sich alle Kontenrahmen auf eines von zwei grundlegenden Prinzipien zurückführen, die Prozess- oder die Abschlussgliederung.

Kontenklasse	SKR 03	SKR 04	Groß- und Außenhandel
0	Anlage- und Kapitalkonten	Anlagevermögenskonten	Anlage- und Kapitalkonten
1	Finanz- und Privatkonten	Umlaufvermögenskonten	Finanzkonten
2	Abgrenzungskonten	Eigenkapitalkonten	Abgrenzungskonten
3	Wareneingangs- und Bestandskonten	Fremdkapitalkonten	Wareneingangskonten Warenbestandskonten
4	Betriebliche Aufwendungen	Betriebliche Erträge	Konten der Kostenarten
5		Betriebliche Aufwendungen	Konten der Kostenstellen
6		Betriebliche Aufwendungen	Konten für Umsatzkostenverfahren
7	Bestände an Erzeugnissen	Weitere Erträge und Aufwendungen	
8	Erlöskonten		Warenverkaufskonten
9	Vortragskonten, statistische Konten	Vortragskonten, statistische Konten	Eröffnungs- und Abschlusskonten

Tabelle 3.3: Kontenrahmen SKR 03, SKR 04 und für Groß- und Außenhandel

Bei der Abschlussgliederung (SKR 04), die in der Regel von Kapitalgesellschaften verwendet wird, spiegelt der Kontenrahmen den Aufbau der Bilanz wider. Die Prozessgliederung (SKR 03) entspricht dem betrieblichen Ablauf; Kontenpläne nach diesem Prinzip werden in der Regel in kleinen und mittelständischen Unternehmen eingesetzt. Nach welchem Kontenrahmen sich ein Unternehmen richtet, kann es frei entscheiden. Es ist sogar möglich – wenn auch eher unwahrscheinlich –, dass ein Unternehmen einen individuellen Kontenrahmen erstellt.

Alle Kontenrahmen sind in zehn Kontenklassen unterteilt, jede Kontenklasse in Kontengruppen, die Kontengruppen wiederum in Kontenarten und Kontenunterarten. Die Kontonummern der Buchhaltung sind deshalb mindestens vierstellig.

Beispiel ▶ Kontensystematik in der Buchführung

Die Body-Fit GmbH zieht den Kontenrahmen für Groß- und Außenhandelsunternehmen heran. Sie unterteilt die Kontengruppe „Banken" der Kontenklasse „Finanzkonten" in die Kontenarten „Kreditinstitute" und „Postbank". Die Kontenart „Kreditinstitute" wiederum gliedert sie in die Kontenunterarten „Kreis- und Stadtsparkasse Hof" und „Dresdner Bank Hof". Das letztgenannte Unterkonto trägt die Nummer 1311 = Dresdner Bank Hof (Schaubild 3.6).

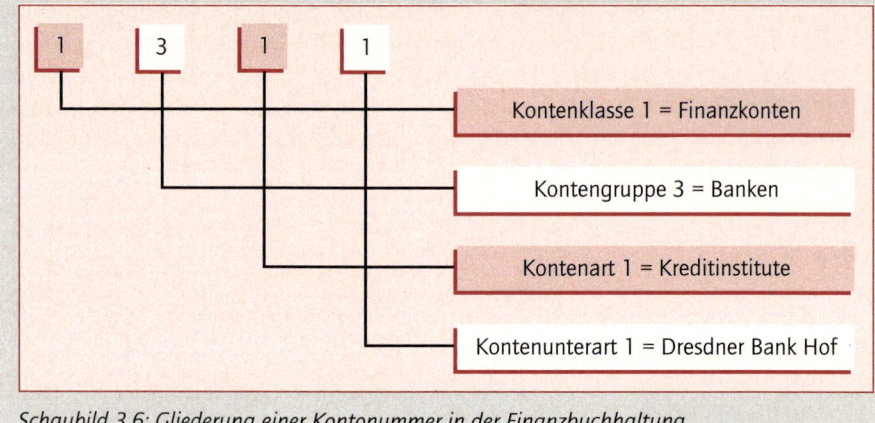

Schaubild 3.6: Gliederung einer Kontonummer in der Finanzbuchhaltung

Sollten die vier Stellen einer Kontonummer nicht ausreichen, um das Konto zu definieren, so können die Kontonummern erweitert werden. Die meisten elektronischen Buchhaltungsprogramme lassen Erweiterungen auf bis zu acht Stellen problemlos zu.

Notwendig sind Erweiterungen der Kontonummern vor allem bei den Forderungen und Verbindlichkeiten aus Lieferung und Leistung. Im Kontenrahmen sind hier nur Sammelkonten aufgeführt. Im Kontenrahmen für den Groß- und Außenhandel sind dies „1010 Forderungen aus Lieferung und Leistung" und „1710 Verbindlichkeiten aus Lieferung und Leistung". In der betrieblichen Praxis bekommt jedoch jeder Kunde (Debitor) und jeder Lieferant (Kreditor) eine eigene Kontonummer; diese Kontonummern müssen zur Unterscheidung mindestens fünfstellig sein.

Beispiel ▶ Individuelles Konto innerhalb des Sammelkontos „Forderungen aus Lieferung und Leistung"

Jutta Möckel ist Mieterin der Massageräume der Body-Fit GmbH. Für sie hat die Firma das Konto mit der Nummer 10108 angelegt.

Ein kompletter Kontenrahmen besteht aus 9999 Konten. Nicht in jedem Unternehmen werden alle diese Konten benötigt. Unternehmen erstellen daher einen spezifischen Kontenplan, das heißt, aus dem Kontenrahmen werden nur die tatsächlich benötigten Konten übernommen und im Bedarfsfall ergänzt.

562252

3.3.2 Bestandsveränderungen

Zum Einstieg

In der Berufsschule hat Klaus von Bestandsveränderungen gehört, kann aber mit diesem Begriff nichts Genaues anfangen. Außerdem hat der Lehrer, der das Fach Rechnungswesen unterrichtet, davon gesprochen, dass jede Bestandsveränderung sich auf die Bilanz auswirkt. Er hat von Aktiv- und Passivtausch, von Bilanzverlängerung und Bilanzverkürzung gesprochen.

> **BASISWISSEN**
> Bestands-
> änderungen
> und deren
> Erfassung auf
> Konten
> Kapitel 5,
> Abschnitt
> 5.1.4

AUFGABEN

1. Erklären Sie die folgenden Begriffe und verdeutlichen Sie sie durch jeweils ein Beispiel:

   ▶ Bestandsveränderung   ▶ Bilanzverlängerung

   ▶ Aktivtausch   ▶ Bilanzverkürzung

   ▶ Passivtausch

2. Ordnen Sie die in der folgenden Tabelle aufgeführten Geschäftsfälle gemäß ihrer Bilanzwirkung ein.

Geschäftsfall	Aktiv-tausch	Passiv-tausch	Aktiv-Passiv-Mehrung (Bilanzver-längerung)	Aktiv-Passiv-Minderung (Bilanzver-kürzung)	€
Einzahlung von Bargeld auf das Konto bei der Postbank	?	?	?	?	1.000,00
Bezahlung der Rechnung des Großhandels „Rund um fit" durch Überweisung vom Konto bei der Kreis- und Stadtsparkasse Hof	?	?	?	?	219,00
Tilgung eines Darlehens	?	?	?	?	20.000,00
Jutta Möckel zahlt die Rechnung für die Nutzung des Massageraums in bar.	?	?	?	?	720,00
Kauf eines PC für den Auszubildenden Klaus Helmchen auf Rechnung	?	?	?	?	999,00
Barabhebung vom Konto bei der Postbank	?	?	?	?	1.600,00
An Mitglieder werden gebrauchte Rudergeräte verkauft. Die Zahlungen erfolgen durch Banküberweisung auf das Konto bei der Kreis- und Stadtsparkasse Hof.	?	?	?	?	3.000,00

Geschäftsfall	Aktiv-tausch	Passiv-tausch	Aktiv-Passiv-Mehrung (Bilanzver-längerung)	Aktiv-Passiv-Minderung (Bilanzver-kürzung)	€
Barkauf von Saunaaufgüssen auf einer Fachmesse	?	?	?	?	85,00
Kauf eines Schreibtischs für den Auszubildenden auf Rechnung	?	?	?	?	275,00
Barkauf von Ordnern und Zubehör für die Ablage	?	?	?	?	56,00
Nach Erhalt der Rechnung zahlen Mitglieder durch Überweisung auf das Konto bei der Kreis- und Stadtsparkasse Hof.	?	?	?	?	1.200,00
Die Rechnung für den PC wird per Überweisung vom Konto bei der Postbank beglichen.	?	?	?	?	999,00
Ein Lieferant wandelt eine Verbindlichkeit aus Lieferung und Leistung der Body-Fit GmbH in ein Darlehen um.	?	?	?	?	25.000,00
Für den Auszubildenden wird ein Lehrbuch zum Thema Rechnungswesen gekauft und bar bezahlt.	?	?	?	?	34,95

3.3.3 Einfache Buchungssätze

Zum Einstieg

Der Auszubildende Klaus ist immer noch damit beschäftigt, die einzelnen Buchungsbelege vorzukontieren. Zwar ist nun die Frage der Kontonummern geklärt, aber er hat noch nie etwas von „doppelter Buchführung" gehört. Und sagt Susanne nicht immer „keine Buchung ohne Gegenbuchung"? Damit Klaus das System der doppelten Buchführung besser versteht, gibt ihm Susanne eine Liste mit Geschäftsfällen. Klaus soll die jeweiligen Buchungssätze bilden und korrekt notieren. Abschließend schärft sie ihm noch ein, dass jeder Buchungssatz stets lautet: SOLL-Konto an HABEN-Konto! Zwecks Arbeitserleichterung überlegt sich Klaus zunächst die einzelnen Schritte zum Erstellen des Buchungssatzes:

▶ Welche Konten werden benötigt?

▶ Auf welchen Konten nimmt der Bestand zu, auf welchen nimmt er ab?

▶ Handelt es sich dabei um Aktiv- oder Passivkonten?

▶ Bei welchem Konto betrifft der Vorgang die Soll-, bei welchem die Habenseite?

▶ Wie lautet der Buchungssatz?

AUFGABEN

1. Erläutern Sie das System der doppelten Buchführung.

2. Definieren Sie den Begriff „Buchungssatz".

3. Nennen Sie die verschiedenen Bücher der Finanzbuchhaltung.

4. Bilden Sie zu den nachfolgenden Geschäftsfällen Buchungssätze und tragen Sie die Buchungssätze in ein Journal ein. Verfahren Sie dabei nach dem im folgenden Beispiel wiedergegebenen Muster.

Beispiel ▶ Eintrag von Buchungssätzen in das Grundbuch

Die Firma Body-Fit GmbH kauft bei einem ortsansässigen Bürobedarfsgeschäft ein Laminiergerät und zahlt den Kaufpreis von 109,00 € in bar.

Grundbuch

Nr.	Buchungssatz	Soll	Haben
1	Betriebs- und Geschäftsausstattung (0330)	109,00 €	
	an Kasse (1510)		109,00 €

a) Einzahlung von Bargeld auf das Konto bei der Postbank Hof (1.000,00 €)

b) Bezahlung der Rechnung des Großhandels „Rund um fit" durch eine Überweisung vom Konto bei der Kreis- und Stadtsparkasse Hof (219,00 €)

c) Tilgung eines Darlehens bei der Kreis- und Stadtsparkasse Hof (20.000,00 €)

d) Jutta Möckel zahlt die Rechnung für die Nutzung des Massageraums in bar (720,00 €).

e) Kauf eines PC für den Auszubildenden Klaus Helmchen beim örtlichen Computerfachgeschäft auf Rechnung (999,00 €)

f) Barabhebung vom Konto bei der Kreis- und Stadtsparkasse Hof (1.600,00 €)

g) Barkauf von Saunaaufgüssen auf einer Fachmesse (85,00 €)

h) Kauf eines Schreibtischs für den Auszubildenden bei „Büro-Hirte" auf Rechnung (275,00 €)

i) Kauf von Ordnern und Zubehör, Barzahlung (56,00 €)

j) Nach Erhalt der Rechnung zahlen Mitglieder durch Überweisung auf das Konto der Body-Fit GmbH bei der Kreis- und Stadtsparkasse (1.200,00 €).

k) Die Body-Fit GmbH begleicht die Rechnung für den PC per Überweisung von ihrem Konto bei der Postbank Hof (999,00 €).

l) Ein Lieferant wandelt eine Verbindlichkeit aus Lieferung und Leistung der Body-Fit GmbH in ein Darlehen um (25.000,00 €).

m) Für den Auszubildenden wird das Lehrbuch „Basisqualifikation für die neuen Dienstleistungsberufe" in der Buchhandlung am Turm gekauft und bar bezahlt (34,95 €).

n) Die Body-Fit GmbH verkauft ihren Ford Mondeo, Kombi, an das Mitglied Karl Teichball auf Rechnung (12.000,00 €).

o) Barabhebung vom Konto bei der Postbank Hof (14.500,00 €)

p) Als Ersatz für den Ford kauft die Body-Fit GmbH bei Automobil-Kaiser einen Fiat Kombi (HO-UT 49) und zahlt bar (10.500,00 €).

q) Karl Teichball zahlt die Rechnung für den Ford Mondeo in bar (12.000,00 €).

r) Einzahlung auf das Konto der Body-Fit GmbH bei der Kreis- und Stadtsparkasse Hof (1.000,00 €)

s) Susanne Wenigwort bestellt bei einem Fachbuchverlag je ein Exemplar „Wichtige Steuerrichtlinien" und „Wichtige Steuergesetze" auf Rechnung (17,80 €).

t) Der Rechnungsbetrag wird vom Verlag per Lastschrift vom Konto der Body-Fit GmbH bei der Kreis- und Stadtsparkasse Hof eingezogen (17,80 €).

3.3.4 Von der Eröffnungsbilanz zur Schlussbilanz

Das Vorkontieren, das Versehen der einzelnen Belege mit den jeweils benötigten Kontonummern und Beträgen, ist für Klaus mittlerweile kein Problem mehr. Ihm ist auch bewusst, dass jeder Geschäftsfall zwei Bestandskonten berührt. Nur den Zusammenhang zwischen den Beständen der Konten und der Bilanz kann er noch nicht ganz nachvollziehen.

Nach der Eröffnung werden die einzelnen Bestandskonten während des laufenden Geschäftsjahres durch verschiedene Geschäftsfälle immer wieder berührt. Jedes Mal, wenn dies der Fall ist, wird auf den Konten der Eintrag des entsprechenden Betrags in Euro vollzogen. Der Eintrag erfolgt auf der Soll- oder auf der Habenseite, je nachdem, ob es sich um ein Aktiv- oder Passivkonto handelt und ob der Bestand zu- oder abnimmt.

Da jeder Geschäftsfall zwei Konten berührt, wird auf den Konten nicht nur der Bestand, sondern auch das jeweilige Gegenkonto eingetragen. Auf diese Weise sind Buchungsvorgänge später im Sinn einer ordnungsmäßigen Buchführung problemlos nachvollziehbar.

Am Ende des Geschäftsjahres werden die einzelnen Bestandskonten abgeschlossen. Beim Abschluss wird der Schlussbestand, das heißt die Differenz zwischen den in Euro ausgewiesenen Summen der Soll- und auf den Habenseiten ermittelt (Schaubild 3.7). Buchhalterisch spricht man vom Saldieren der Konten, den Schlussbestand bezeichnet man auch als Saldo.

Soll		Kasse (1510)		Haben
Eröffnungsbilanzkonto (9100)	2.000,00 €	Betriebs- und Geschäftsausstattung (0330)		235,00 €
Ford. a. LL (1010)	485,00 €	Bank (1310)		1.500,00 €
Warenbestand (3900)	87,00 €	Schlussbilanzkonto (9400)		837,00 €
	2.572,00 €			**2.572,00 €**

Schaubild 3.7: Bestandskonto Kasse als T-Konto

AUFGABEN

1. Beschreiben Sie die Schritte bei der Eröffnung der Bilanz.
2. Eröffnen Sie die Bilanz der Body-Fit GmbH.
   a) Nutzen Sie hierfür das Eröffnungsbilanzkonto (9100).
   b) Tragen Sie die dazu notwendigen Buchungssätze in das Grundbuch ein.
   c) Erstellen Sie die notwendigen T-Konten.
   d) Schließen Sie das Eröffnungsbilanzkonto (9100) ab.
3. Welchen Saldo hat das Eröffnungsbilanzkonto? Wie kommt dieser zustande?
4. Tragen Sie die Buchungssätze aus der Aufgabe 2 b) und den Aufgaben 4 a) bis 4 t) aus dem Abschnitt 3.4 (Einfache Buchungssätze) in die T-Konten ein.
5. Schließen Sie die einzelnen T-Konten ab.
   a) Bilden Sie die Buchungssätze für die Schlussbestände und tragen Sie diese in das Grundbuch ein.
   b) Schließen Sie das Schlussbilanzkonto (9400) ab.
6. Erstellen Sie die Schlussbilanz unter Beachtung aller Formvorschriften.

3.4 Erfassung erfolgswirksamer Vorgänge

3.4.1 Erfolgskonten buchen und abschließen

Zum Einstieg

Zu den Aufgaben des Auszubildenden Klaus gehört neben der rechnerischen Prüfung der Belege auch die Vorkontierung. Da in den letzten Tagen immer wieder Belege auf Klaus' Schreibtisch gelandet sind, die er keinem Bestandskonto zuordnen konnte, so zum Beispiel die Telefonrechnung, hat ihm Susanne Wenigwort erklärt, dass es in der Buchführung nicht nur Bestandskonten, sondern auch Erfolgskonten gibt. Diese würden überdies im betrieblichen Alltag bei Buchungsvorgängen wesentlich öfter angesprochen als die Klaus schon bekannten Bestandskonten.

> BASISWISSEN
> Buchung auf Erfolgskonten Kapitel 5, Abschnitt 5.1.5

AUFGABEN

1. Welche Arten von Erfolgskonten gibt es? Nennen Sie für jede Art drei Beispiele.
2. Erläutern Sie den Zusammenhang zwischen Erfolgs- und Bestandskonten.
3. Nennen Sie die grundlegenden Regeln für die Buchung der Erfolgskonten.
4. Ermitteln Sie für die in der nachfolgenden Tabelle aufgeführten Geschäftsvorfälle, welche Konten für die Buchung verwendet werden.

Geschäftsfall	Bestandskonten	Bestands- und Erfolgskonten	€
Einzahlung von Bargeld auf Konto bei der Postbank	?	?	1.000,00
Bezahlung der Rechnung des Großhandels „Rund um fit" durch Überweisung vom Konto bei der Kreis- und Stadtsparkasse Hof	?	?	219,00
Tilgung eines Darlehens	?	?	20.000,00

Geschäftsfall	Bestands-konten	Bestands- und Erfolgs-konten	€
Jutta Möckel zahlt die Rechnung (Miete) in bar.	?	?	720,00
Kauf eines PC für den Auszubildenden Klaus Helmchen auf Rechnung	?	?	999,00
Barabhebung vom Konto bei der Kreis- und Stadt-sparkasse Hof	?	?	1.600,00
Rechnungen für Mitgliedsbeiträge werden erstellt.	?	?	3.000,00
Barkauf von Saunaaufgüssen auf einer Fachmesse	?	?	85,00
Kauf eines Schreibtischs für den Auszubildenden auf Rechnung	?	?	275,00
Barkauf von Ordnern und Zubehör für die Ablage	?	?	56,00
Nach Erhalt der Rechnung zahlen Mitglieder durch Überweisung auf das Konto der Body-Fit GmbH bei der Postbank Hof.	?	?	1.200,00
Die Body-Fit GmbH begleicht die Rechnung für den PC per Überweisung von ihrem Konto bei der Kreis- und Stadtsparkasse Hof.	?	?	999,00
Ein Lieferant wandelt eine Verbindlichkeit aus Lieferung und Leistung der Body-Fit GmbH in ein Darlehen um.	?	?	25.000,00
Für den Auszubildenden wird ein Lehrbuch zum Thema Rechnungswesen gekauft und bar bezahlt.	?	?	34,95
Die Body-Fit GmbH verkauft an Mitglieder ge-brauchte Rudergeräte gegen Rechnung.	?	?	3.000,00

5. Bilden Sie für die folgenden Geschäftsfälle die Buchungssätze und tragen Sie diese in ein Journal ein.

   a) Die Kfz-Versicherung für den BMW der 7er-Reihe wird per Lastschrift vom Konto der Body-Fit GmbH bei der Postbank abgebucht. Die Firma zahlt halbjährlich 1.200,00 €.

   b) Die Kreis- und Stadtsparkasse Hof belastet laut Kontoauszug das Konto der Body-Fit GmbH mit Kontoführungsgebühren von 23,50 €.

   c) Carina Hupflich, die den Kurs „Aerobic für junge Mütter" geleitet hat, übergibt Susanne Wenigwort ihre Rechnung über 125,00 €.

   d) Ein Beleg über den Kauf von Postwertzeichen im Wert von 24,65 € geht ein.

   e) Die Firma erhält die Rechung für ihr Inserat in der Sonderbeilage der Frankenpost zum Thema „Wellness in Oberfranken" über 14.325,89 €.

   f) Die Stadtwerke buchen die monatliche Abschlagszahlung für Strom und Wasser vom Konto der Body-Fit GmbH bei der Kreis- und Stadtsparkasse Hof ab (350,00 €).

   g) Der Chef holt 5 000 Visitenkarten (mit Logo, Adresse und Kontaktdaten) bei der Drucke-rei Wenger ab und zahlt die Rechnung bar (154,68 €).

   h) Hanno Hofstätter erhält von der Body-Fit GmbH eine Rechnung über die Miete des Massageraumes (480,00 €).

562258

i) Susanne Wenigwort übergibt Klaus Helmchen den folgenden Beleg:

```
Buchhandlung am Turm
Poststraße 33
95032 Hof


20..-12-20  14:53    Frau Weber

01 Einführung in die
   Rechnungslegung
   nach IFRS         49,95 €

   gesamt           49,95 €

   gegeben          50,00 €
   Rückgeld          0,05 €
```

j) Das Finanzamt Hof schickt den Bescheid über die Kraftfahrzeugsteuer für den Fiat Kombi HO-UT 49 (547,14 €).

k) Vom Konto der Body-Fit GmbH bei der Kreis- und Stadtsparkasse Hof wird per Lastschrift der Rechnungsbetrag für das Vollabo der Frankenpost für das zweite Quartal des Jahres eingezogen (47,56 €).

l) Klaus Helmchen schreibt Rechnungen über Mitgliedsbeiträge (17.160,00 €).

m) Am 21. Juli wurden vier Tageskarten à 12,00 € verkauft (48,00 €).

n) Im Posteingang befindet sich die Rechnung der Telefongesellschaft für den Monat Juni (154,89 €).

o) Klaus Helmchen fährt mit dem Ford Mondeo, Kombi, zum Tanken und zahlt bar (68,87 €).

p) Der vierteljährliche Beitrag zur Firmenhaftpflichtversicherung ist fällig. Der Betrag wird per Lastschrift vom Konto bei der Postbank eingezogen (21.546,00 €).

q) Die Bestellung über Papier, Ordner, Trennstreifen, Kugelschreiber und Briefumschläge DIN lang bei Office-im-Web wird geliefert. Die Rechnung beläuft sich auf 354,65 €.

r) Die Body-Fit GmbH plant, an der diesjährigen Oberfrankenausstellung in Bayreuth teilzunehmen. Für den Entwurf zur Gestaltung des Messestandes sowie des benötigten Werbematerials stellt die Grafikwerkstatt Tauperlitz eine Rechnung über 5.645,00 €.

s) Das Gehalt für Susanne Wenigwort und Klaus Helmchen wird vom Konto bei der Kreis- und Stadtsparkasse Hof überwiesen (2.360,00 €).

t) Ein Kassenbeleg des Bürobedarfshändlers Büro-Beyer geht ein. Er weist einen Kauf von Laminierfolien zum Preis von 23,41 € aus.

6. Richten Sie die T-Konten ein, die für die in Aufgabe 5 aufgeführten Geschäftsfälle notwendig sind. Verwenden Sie hierbei die Kontonummern aus dem Kontenrahmen. Legen Sie, falls notwendig, die entsprechende Kontenunterart an.

7. Übertragen Sie die Buchungssätze vom Journal in die T-Konten.

8. Schließen Sie die Erfolgskonten ab. Verfahren Sie dabei nach dem im folgenden Beispiel (Schaubild 3.8) wiedergegebenen Muster.

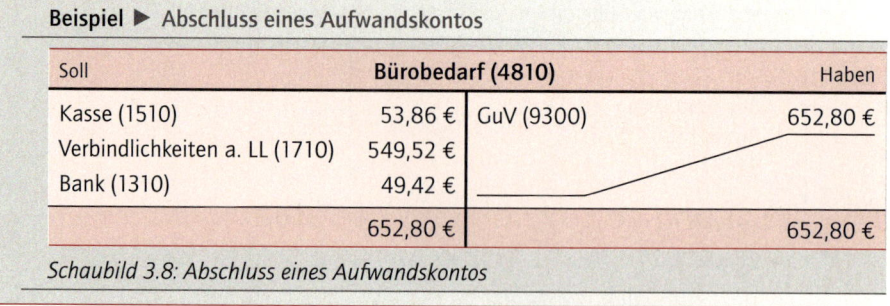

Beispiel ▶ Abschluss eines Aufwandskontos

Soll		Bürobedarf (4810)	Haben
Kasse (1510)	53,86 €	GuV (9300)	652,80 €
Verbindlichkeiten a. LL (1710)	549,52 €		
Bank (1310)	49,42 €		
	652,80 €		652,80 €

Schaubild 3.8: Abschluss eines Aufwandskontos

3.4.2 Gewinn-und-Verlust-Rechnung abschließen und auswerten

Wie aus der Bilanz, so lassen sich auch aus der Gewinn-und-Verlust-Rechung (GuV) Informationen als Grundlage für unternehmerische Entscheidungen entnehmen.

Reingewinn/Reinverlust

Die augenfälligste Information ist der Saldo des GuV-Kontos (9300). Er gibt Auskunft darüber, ob und in welcher Höhe in dem Geschäftsjahr ein Gewinn oder ein Verlust eingetreten ist.

Für jeden Unternehmer ist ein Gewinn mit Sicherheit ein angenehmeres Ergebnis als ein Verlust. Da es sich beim Saldo der GuV aber um einen absoluten Betrag handelt, hat er keine allzu hohe Aussagekraft. Deshalb zieht man zur Beurteilung des unternehmerischen Erfolgs weitere Kennzahlen heran. Auch hier gilt – wie bei den Bilanzkennziffern –, dass erst ein Vergleich (entweder mit den branchenüblichen Kennzahlenwerten oder mit den eigenen Kennzahlen der vergangenen Jahre) eine gehaltvolle Aussage erlaubt.

Umsatzrentabilität

$$\text{Umsatzrentabilität} = \frac{\text{Jahresüberschuss}}{\text{Umsatz}} \cdot 100$$

Die Umsatzrentabilität oder Gewinnquote ist ebenfalls eine Kennzahl, zu deren Ermittlung ausschließlich Informationen aus der GuV herangezogen werden. Sie zeigt, wie viel Gewinn mit einem Euro Umsatzerlös erzielt wurde.

Beispiel ▶ Umsatzrentabilität

Eine Quote von 15,5 % gibt an, dass mit jedem Euro Umsatz ein Gewinn von 15,5 Cent erwirtschaftet wurde.

Eigenkapitalrentabilität

$$\text{Eigenkapitalrentabilität} = \frac{\text{Jahresüberschuss}}{\text{Eigenkapital}} \cdot 100$$

Die Eigenkapitalrentabilität eines Unternehmens gibt an, welcher prozentuale Gewinn auf das Eigenkapital entfällt, das heißt, wie hoch sich das Eigenkapital verzinst hat.

AUFGABEN

1. Ermitteln Sie das Jahresergebnis der Body-Fit GmbH. Hat die Firma einen Gewinn erwirtschaftet oder einen Verlust erlitten? In welcher Höhe?

2. Ermitteln Sie die Umsatz- und die Eigenkapitalrentabilität der Body-Fit GmbH. Das Eigenkapital beträgt 873.875,80 €.

3.5 Buchung von Waren und Vorräten

Besondere Beachtung gilt bei der buchhalterischen Zuordnung und Erfassung den Waren. In Sport- und Fitnesstudios können dies zum einen Vorräte, zum anderen so genannte Handelswaren sein.

3.5.1 Handelswaren

Handelswaren sind Waren, die im Unternehmen nicht verarbeitet, sondern unverändert weiterverkauft werden.

Beispiele ▶ Handelswaren in der Sport- und Fitnesswirtschaft

▶ Bücher
▶ Zeitschriften
▶ Kosmetikartikel
▶ Nahrungsmittelergänzungen
▶ Getränke
▶ Sportbekleidung

Für diese Warengruppe bietet der Kontenrahmen für den Groß- und Außenhandel separate Konten, und zwar in der Kontenklasse 3. Hier finden sich sowohl die Konten für den Wareneinkauf als auch die Konten für den Warenbestand (Schaubild 3.9).

Kontenklasse 3		
Wareneinkaufskonten		
Warenbestandskonten		
30	Sammelkonto Waren	
	3010	Wareneingang
	3020	Warenbezugskosten
	3050	Rücksendungen an Lieferanten
	3060	Nachlässe von Lieferanten
	3070	Lieferantenboni
	3080	Lieferantenskonti
31	Warengruppe I	
32	Warengruppe II	
33	Warengruppe III	
34	Warengruppe IV	

Kontenklasse 3	
Wareneinkaufskonten Warenbestandskonten	
35 **Warengruppe V**	
38 **Wareneingang aus innergemeinschaftlichem Erwerb**	
3800	Wareneingang aus innergemeinschaftlichem Erwerb
39 **Warenbestände**	
3910	Warengruppe I
3920	Warengruppe II
3030	Warengruppe III
3940	Warengruppe IV
3950	Warengruppe V
3960	Warengruppe VI

Schaubild 3.9: Kontenklasse 3 im Kontenrahmen für den Groß- und Außenhandel

Jeder Einkauf von (Handels-)Waren wird während des laufenden Geschäftsjahres auf das Konto Wareneingang (3010) gebucht. Dieses wiederum wird am Ende des Geschäftsjahres im Gewinn-und-Verlust-Konto (9300) abgeschlossen. Auf diesem Konto findet also eine große Zahl von Buchungen statt.

Kommen in einem Unternehmen Einkäufe unterschiedlicher (Handels-)Waren vor, so ist es sinnvoll, diese Wareneingänge auf getrennten, gruppenweise geordneten Konten zu erfassen.

Beispiel ▶ Erfassung von Handelswaren in einem Fitnessstudio

> ▶ Warengruppe I (31)   Bücher und Zeitschriften
> ▶ Warengruppe II (32)   Nahrungsergänzungsmittel
> ▶ Warengruppe III (33)   Getränke
> ▶ Warengruppe IV (34)   Sweatshirts
>
> Der Einkauf von Getränken wird auf dem Konto Wareneingang der Warengruppe III gebucht. Dieses Konto hat die Nummer 3310. Die ersten beiden Stellen nennen die Warengruppe, die letzten beiden Stellen die Kontenart. Fallen für diese Getränke Bezugskosten (zum Beispiel Frachtgebühren) an, so lautet die Kontonummer für deren Buchung 3320. Das Sammelkonto Wareneingang (3010) wird im Regelfall nicht mehr gebucht. Eine Ausnahme bilden solche seltenen Fälle, in denen die eingekauften Handelswaren keiner der bestehenden Warengruppen zugeordnet werden können.

Die Trennung nach Warengruppen ist nicht nur wegen der Übersichtlichkeit der Buchführung angeraten, sondern führt auch bei der Übernahme dieser Daten in die Kosten- und Leistungsrechnung zu einer erheblichen Arbeitserleichterung.

Die Regelungen für die Kontenklasse 3, den Wareneinkauf, gelten auch für die Kontenklasse 8, den Warenverkauf. Das heißt, jedem Wareneinkaufskonto muss ein Warenverkaufskonto gegenüberstehen.

562262

In der Kontenklasse 3 gibt es neben den Konten für den Wareneingang auch Konten für die Warenbestände, ebenfalls nach Warengruppen unterteilt. Im betrieblichen Alltag werden diese Bestandskonten nur zweimal im Geschäftsjahr buchhalterisch angesprochen. Eine dieser Situationen ist die Eröffnung der Bilanz, die andere die Aufstellung der Schlussbilanz. Da diese (Handels-)Waren zum Bilanzstichtag nicht alle gänzlich ausverkauft sind, müssen bei der Inventur die noch vorhandenen Bestände erfasst und als Schlussbestand auf den jeweiligen Konten gebucht werden.

3.5.2 Vorräte

Ebenso wie die (Handels-)Waren bedürfen auch die Vorräte, das heißt solche Gegenstände, die nach einer Weiterbe- oder -verarbeitung verkauft werden, im Rahmen der Buchführung einer besonderen Beachtung.

Beispiele ▶ Vorräte in der Sport- und Fitnesswirtschaft

▶ Getränke
▶ Nahrungsergänzungsmittel
▶ Obst
▶ Kaffee

Diese Gegenstände werden, teils nach Zubereitung, in einem studioeigenen Bistro oder einer Bar verkauft.

Hier empfiehlt sich im Sinne der Übersichtlichkeit eine Trennung von den Konten der (Handels-)Waren. Hierfür kann in der Kontenklasse 3 eine Warengruppe reserviert werden. Ist dies aufgrund der Vielfalt der Waren nicht möglich, so kann ohne Weiteres der Kontenrahmen ergänzt und eine Kontengruppe „Vorräte" eingerichtet werden, die sowohl Bestands- als auch Eingangskonten umfasst. Einmal eingerichtet, ist im betrieblichen Alltag lediglich darauf zu achten, dass die Buchung der jeweiligen Konten konsequent eingehalten wird.

Wenn ein anderer Kontenrahmen genutzt wird, ist es sinnvoll, beim Umlaufvermögen die Warenvorräte gesondert zu buchen; denkbar ist hier die Trennung in Getränke, Lebensmittel, Nahrungsergänzungsprodukte und Handelswaren. Neben diesen Bestandskonten finden sich die ensprechenden Aufwands- und Ertragskonten.

AUFGABEN

Bilden Sie zu den folgenden Geschäftsfällen die Buchungssätze und tragen Sie diese in ein Journal ein. Legen Sie dazu die Zugehörigkeit der Artikel zu den einzelnen Warengruppen fest, überlegen Sie, wie viel verschiedene Wareneingangs- und Erlöskonten benötigt werden, und legen Sie nach Bedarf zusätzliche Konten an.

a) Der Obst- und Gemüsegroßhändler Luigi Postenone aus Feilitzsch, der täglich frische Ware für die Zubereitung der Snacks zum Verkauf in unserem Bistro liefert, bringt die Quartalsrechnung vorbei (2.648,75 €).

b) Die Firma verkauft die Bücher *30 Minuten Stretching* und *Bodybuilding für Frauen* an das Mitglied Caroline Meyer. Die Zahlung erfolgt in bar (65,47 €).

c) Der Chef hat im Antalya-Markt (Großhandel) eine größere Lieferung verzehrfertig abgepackter Kefir- und Molke-Getränke geordert. Diese sind zum direkten Verkauf an Studiogäste bestimmt. Der Postbote bringt die Rechnung (654,89 €).

d) Klaus Helmchen wird zu Suon Long, dem Betreiber eines Obst- und Gemüsegeschäfts, geschickt. Dort gibt es zurzeit besonders schmackhafte Ananas, die frisch zu Saft gepresst im Bistro verkauft werden. Klaus zahlt bar (89,45 €).

e) Versuchsweise hat die Body-Fit GmbH einige Produkte der Kosmetikserie „Le Beau" ins Angebot aufgenommen. Es handelt sich hier um eine speziell für den Fitnessbereich entwickelte Serie von Herrenkosmetika. Der Handelsvertreter hat eine Rechnung über 786,45 € ausgestellt.

f) Im Bistro wurden 30 Gläser frisch gepressten Ananassaftes ausgeschenkt. Der Preis pro Glas beträgt 2,20 €. Alle Kunden haben bar bezahlt.

g) Eine Rechnung der Quellwasser Fuchs AG geht ein (die Halbliterflaschen gehen in den Direktverkauf, die übrigen dienen zum Ausschank im Bistro):

Quellwasser Fuchs AG   **Im Hahnenhof 23–25**
                                                   06132 Halle

Fuchs AG • Im Hahnenhof 23–25 • 06132 Halle

Body-Fit GmbH
Fabrikzeile 21
95028 Hof

Rechnungsnummer:	B 454/78744
Kundennummer:	26082
Lieferdatum:	20..-06-27
Rechnungsdatum:	20..-06-27

Rechnung

Pos.	Anz.	Gebinde	Artikel	Einzelpreis (€)	Gesamtpreis (€)
01	30	12 à 0,5 l	Mineralwasser Physalis-Mango	10,64	319,20
02	15	12 à 0,7 l	Mineralwasser Apfel-Limette	9,45	141,75
03	10	12 à 0,5 l	Mineralwasser Kirsche-Sanddorn	9,78	97,80
04	20	12 à 0,7 l	Mineralwasser Kirsche-Sanddorn	8,76	175,20
					733,95

Zahlbar bis 13. Juli 20.. ohne Abzug.

h) Die Produkte der Kosmetikserie „Le Beau" verkaufen sich sehr gut. Die Body-Fit GmbH hat bisher eingenommen

▶ in bar 562,12 €,

▶ auf Rechnung 452,00 €.

i) Die Bareinnahmen aus dem studioeigenen Bistro für Salate und andere kleine Speisen belaufen sich auf 879,35 €.

j) Der Buch-Großhändler hat eine Rechnung eingereicht. Die gelieferten Bücher sind ausschließlich zum Weiterverkauf bestimmt (1.786,78 €).

562264

3.6 Zusammengesetzte Buchungssätze

Zum Einstieg

Inzwischen ist Klaus mit den täglichen Routinearbeiten in der Buchhaltung schon recht vertraut. Susanne Wenigwort ist deshalb der Meinung, er könne die nächste Hürde meistern. Sie gibt ihm nun Belege, bei deren Buchung mehr als zwei Konten angesprochen werden. Bevor Klaus sich an die Arbeit begibt, hat sie noch einen Rat für ihn: Er soll stets darauf achten, dass die Summen auf der Soll- und der Habenseite jedes Buchungssatzes gleich sind.

Beispiel ▶ Bilden von zusammengesetzten Buchungssätzen

Die Body-Fit GmbH kauft bei einem ortsansässigen Bürobedarfsgeschäft ein Laminiergerät zu 109,00 € sowie Briefumschläge, Laminierfolien und Ordner. Den gesamten Rechnungsbetrag von 178,35 € zahlt sie bar.

Grundbuch

Nr.	Buchungssatz	Soll	Haben
1	Betriebs- und Geschäftsausstattung (0330)	109,00 €	
	Bürobedarf (4810)	69,35 €	
an	Kasse (1510)		178,35 €

AUFGABEN

Erstellen Sie für die folgenden Geschäftsfälle und Belege die entsprechenden Buchungssätze und tragen Sie diese in ein Journal ein.

a) Die KK Körperkultur GmbH & Co. KG hat die folgende Rechnung eingereicht:

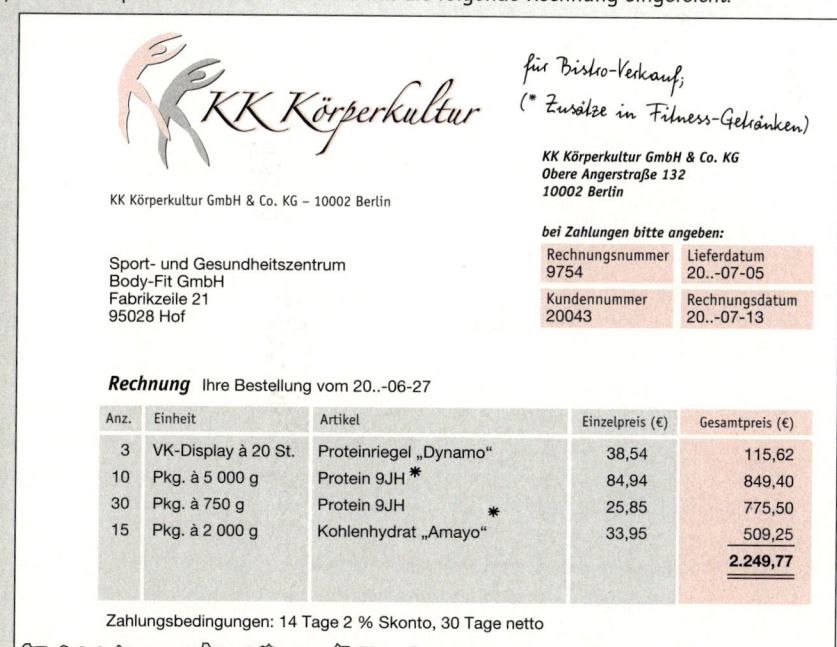

b) Die Body-Fit GmbH plant ihre Vergrößerung durch Erschließung eines neuen Standortes. Zu diesem Zweck wird am Stadtrand von Plauen ein unbebautes Grundstück im Wert von 348.000,00 € erworben. Die Bezahlung erfolgt gegen Bankscheck Kreis- und Stadtsparkasse Hof über 148.000,00 €; der Rest wird vom Konto bei der Postbank Hof überwiesen.

c) Sabine Wärmoch kauft eines der Spinning-Räder aus dem Besitz der Body-Fit GmbH. Sie leistet eine Anzahlung von 150,00 € in bar. Über den Restbetrag von 500,00 € stellt die Body-Fit GmbH eine Rechnung aus.

d) Bisher ist jeder Arbeitsplatz mit einem Personal Computer ausgestattet. Die Geräte sind nicht einheitlich und es handelt sich durchweg um ältere Modelle. Nun werden vier neue Computer sowie ein Farblaserdrucker gekauft. Die Zahlung des Rechnungsbetrags von 17.844,00 € wird aufgeteilt: 1.459,50 € werden sofort vom Konto bei der Kreis- und Stadtsparkasse Hof überwiesen, 6.783,00 € vom Konto bei der Postbank Hof. Für den Rest räumt der Lieferant ein Zahlungsziel von 60 Tagen ein.

e) Die Body-Fit GmbH bezahlt die Rechnung ihres Notars für Dienstleistungen im Zusammenhang mit dem Grundstückskauf (1.200,00 €) per Banküberweisung, und zwar je zur Hälfte vom Konto bei der Dresdner Bank und der Kreis- und Stadtsparkasse Hof.

f) Der Chef kauft für alle Firmenautos neue Winterreifen, die gleich montiert werden. Außerdem lässt er bei jedem Auto einen Wintercheck durchführen. Die Rechnung bezahlt er wie folgt: 75,00 € in bar, den Restbetrag von 312,45 € mit der Firmenkreditkarte von der Kreis- und Stadtsparkasse Hof.

g) Der Bistrobereich der Body-Fit GmbH wurde umgestaltet. Dazu wurden unter anderem bei Allround-Möbel neue Stühle und Tische gekauft. Die Rechnung wird durch Überweisung vom Konto bei der Sparkasse (345,00 €) und bei der Dresdner Bank (453,00 €) beglichen.

h) Im Zuge der Umgestaltung des Bistrobereichs wurde auch das Parkett abgeschliffen und neu versiegelt. Die Firma Rappe, Hof, bestand darauf, dass 424,00 € des Rechnungsbetrags von insgesamt 1.824,00 € sofort bar bezahlt werden. Über den Restbetrag stellt sie eine Rechnung aus.

i) Ebenfalls für den Bistro-Bereich wurden Pflanzen gekauft. Die Gärtnerei Hutter erhielt zum Rechnungsausgleich einen Verrechnungsscheck über 245,00 € und eine Barzahlung von 35,00 €.

j) Im Zuge der Umgestaltung des Bistro-Bereichs wurde das Porzellangeschirr ersetzt. Die Rechnung der ortsansässigen Porzellanfabrik über 978,54 € wird durch Überweisung beglichen. Dazu werden 500,00 € vom Konto bei der Sparkasse überwiesen, der Rest vom Konto bei der Dresdner Bank.

k) Die Buchhandlung am Turm hat die folgende Rechnung eingereicht (die Bücher über Vitamindrinks und das Säuren-Basen-Gleichgewicht sind zum Verkauf bestimmt):

3.7 Umsatzsteuer

3.7.1 Grundlagen

Zum Einstieg

Klaus Helmchen ist nun schon seit einigen Wochen in der Buchhaltung der Body-Fit GmbH beschäftigt. Bei der rechnerischen Prüfung der Eingangsrechnungen fällt Klaus stets die Position Mehrwertsteuer auf. Manchmal werden 7 % ausgewiesen, manchmal 19 %. Klaus hat inzwischen festgestellt, dass auch die Ausgangsrechnungen der Body-Fit GmbH Mehrwertsteuer enthalten. Ihn irritiert allerdings, dass er im Kontenplan kein entsprechendes Buchhaltungskonto findet. Und außerdem spricht Susanne Wenigwort doch meist von Vorsteuer und Umsatzsteuer. Gestern hatte sie keine Zeit für Klaus, denn die Umsatzsteuer-Voranmeldung für das Finanzamt musste vorbereitet und versendet werden. Heute packt Klaus die Gelegenheit beim Schopf und bittet Susanne um Erklärungen.

> **BASISWISSEN**
> Die Umsatzsteuer
> Kapitel 5, Abschnitt 5.1.5, S. 354 ff.

Zwar liegt Deutschland mit einem Mehrwertsteuersatz von 19 %, gemessen an den anderen Staaten Europas, immer noch im unteren Drittel der Skala. Gleichwohl zählt die Mehrwertsteuer mit einem Aufkommen von 108 Mrd. € (Stand 2005) zu den bedeutendsten staatlichen Einnahmequellen. Es handelt sich hier um eine so genannte Gemeinschaftsteuer, also eine Steuer, die nach Artikel 106 des Grundgesetzes zwischen dem Bund, den Ländern und den Kommunen aufgeteilt wird. Die Verteilung zwischen Bund und Ländern regelt ein Bundesgesetz, die Zuteilung an die Kommunen legen die Länder aufgrund eines spezifischen Schlüssels fest (Schaubild 3.10).

> **BASISWISSEN**
> Mehrwertsteuersätze in der Europäischen Union, Schaubild 5.12, Seite 356

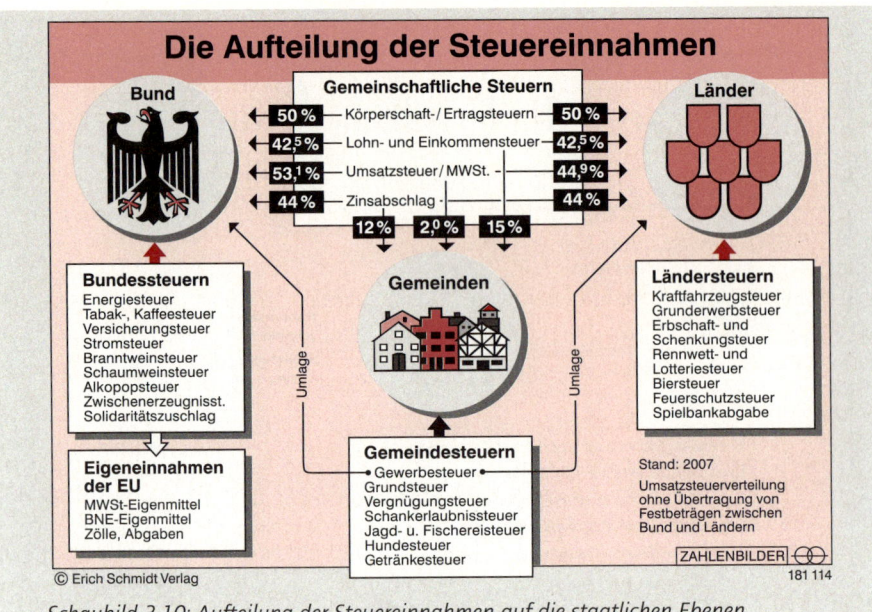

Schaubild 3.10: Aufteilung der Steuereinnahmen auf die staatlichen Ebenen

Steuern lassen sich je nach Betrachtungsweise unterschiedlich kategorisieren – in direkte und indirekte Steuern, Bundes-, Landes-, Gemeinde- und Gemeinschaftsteuern, Besitz-, Verkehr- und Verbrauchsteuern (Schaubild 3.11). Die Mehrwertsteuer ist eine Verkehrsteuer, da Vorgänge des Wirtschaftsverkehrs, das heißt Umsätze, besteuert werden; sie ist eine indirekte Steuer, da die Besteuerung nicht direkt, sondern indirekt durch die Belastung des Konsums erfolgt; und sie ist eine Verbrauchsteuer, da sie vom Endverbraucher (Privatperson) getragen wird.

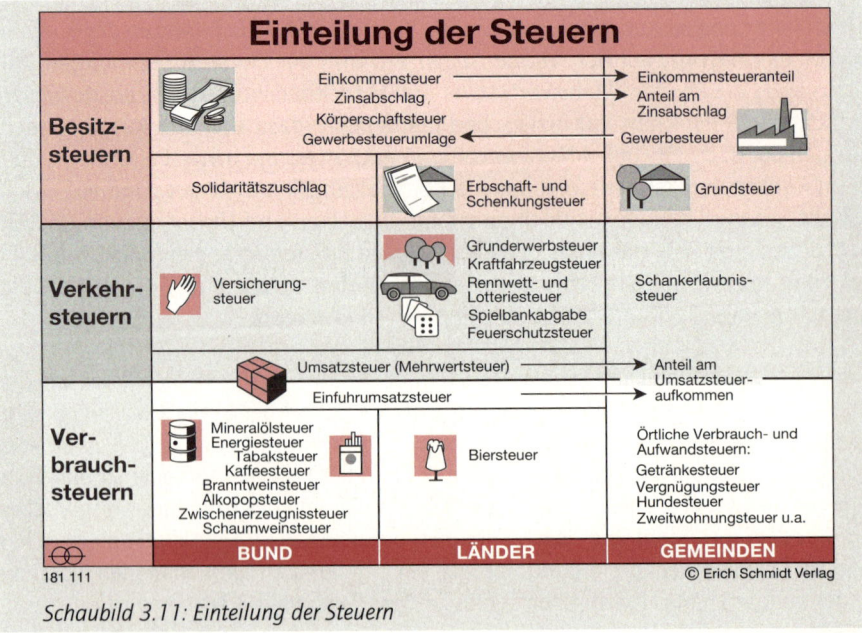

Schaubild 3.11: Einteilung der Steuern

Da es technisch nicht praktikabel ist, die Mehrwertsteuer beim Konsumenten zu erheben, ist Steuerschuldner der Unternehmer, der einen Umsatz ausführt. Man spricht hier von einem durchlaufenden Posten, da der Unternehmer die eingenommene Mehrwertsteuer (Umsatzsteuer) an den Staat abführen muss, die ausgegebene Mehrwertsteuer (Vorsteuer) vom Staat erstattet bekommt. Die Mehrwersteuer hat somit keinen Einfluss auf den unternehmerischen Erfolg. Dies spiegelt sich in der Buchführung darin wider, dass es sich bei den Konten „Vorsteuer" (Kontengruppe 14) und „Umsatzsteuer" (Kontengruppe 18) um Bestandskonten handelt.

In Rechnungen über Lieferungen und Leistungen muss in der Regel die Mehrwertsteuer gesondert ausgewiesen werden. Eine Ausnahme bilden die so genannten Kleinbetragsrechnungen.

Beispiel ▶ Mehrwertsteuerausweis in Kleinbetragsrechnungen

Die Body-Fit GmbH bietet seit Neuestem mittwochs vormittags Tai-Chi an. Den Kurs leitet der Sportstudent Mario Opstein, der erstmals für Body-Fit arbeitet. Klaus Helmchen prüft gerade die Rechnung von Herrn Opstein und ihm fällt auf, dass keine Mehrwersteuer angegeben ist. Susanne Wenigwort erklärt Klaus, dass die Mehrwersteuer in bestimmten Fällen nicht extra ausgewiesen werden muss. Ist der Rechnungsbetrag einschließlich Umsatzsteuer nicht höher als 150,00 €, handelt es sich also steuerlich gesehen um eine Kleinbetragsrechnung, so reicht die Angabe des Steuersatzes. Auf der Rechnung von Mario Opstein, die sich auf 130,90 € beläuft, reicht deshalb der Hinweis, dass im Rechnungsbetrag 19 % Mehrwertsteuer enthalten sind.

Mario Opstein
Studentenberg 27
95030 Hof

5. September 20..

Sport- und Gesundheitszentrum
Body-Fit GmbH
Fabrikzeile 21
95028 Hof

Rechnung Nr. 001/20..

Für den Tai-Chi-Unterricht am 1., 8., 15., 22. und 29. August d. J.
über insgesamt 10 Stunden zu je 11,00 € berechne ich Ihnen   **130,90 €**

In diesem Betrag sind 19 % USt enthalten.

In Deutschland werden zwei Mehrwertsteuersätze angewandt, der Normalsatz von 19 % und der ermäßigte von 7 %. Letzterer gilt beispielsweise beim Einkauf von Büchern, Zeitungen und anderen Druck-Erzeugnissen sowie den meisten Arten von Lebensmitteln, außerdem bei Planzen und Schnittblumen. Bei Büchern, Zeitungen und anderen Druck-Erzeugnissen ist der Steuersatz beim Verkauf ebenfalls ermäßigt. Für Lebensmittel gelten unterschiedliche Regelungen (Tabelle 3.4).

Art der Lieferung	Beispiel	Einkauf	Verkauf
Nahrungsmittel	Langusten, Hummern, Austern, Schnecken	19 %	19 %
	Brot, Brötchen, Fleisch, Gemüse, Obst, Nüsse, Eier, Honig, Quark, Jogurt, Käse, Butter, Gewürze usw.	7%	zum Verzehr an Ort und Stelle: 19 % zum Mitnehmen: 7 %
Getränke	Mineralwasser, alkoholische Getränke, Softdrinks, Säfte, isotonische Getränke	19 %	19 %
	Leitungswasser, Milch, Milchmischgetränke	7 %	19 %
	Kaffee, Tee	7 %	zum Verzehr an Ort und Stelle: 19 % zum Mitnehmen: 19 %

Tabelle 3.4: Ermäßigter Mehrwertsteuersatz beim Ein- und Verkauf von Lebensmitteln

Für die Zuordnung des Mehrwertsteuersatzes beim Verkauf kann man die folgende Faustregel aufstellen: Auf alle Lebensmittel (einschließlich Kaffee, Tee und Milchgetränke, ausgenommen Langusten, Hummern und Ähnliches), die zubereitet und auf Geschirr zum Verzehr an Ort und Stelle angeboten werden, werden 19 % Mehrwertsteuer berechnet. Nicht zubereitetes Obst (zum Beispiel ganze Äpfel oder Bananen) kann der Kunde mitnehmen, weshalb im Verkauf 7 % Mehrwertsteuer anfallen.

AUFGABEN

1. Erklären Sie den Begriff Mehrwertsteuer und verdeutlichen Sie an einem Beispiel, wie Mehrwertsteuer entsteht. Führen Sie die hierzu notwendigen Berechnungen durch.

2. Bei der Mehrwertsteuer handelt es sich um eine indirekte Steuer. Was bedeutet das?

3. Nennen Sie jeweils drei Beispiele für Güter oder Dienstleistungen, für die 7 % und 19 % Mehrwertsteuer gelten.

4. Gibt es Güter oder Dienstleistungen, die nicht der Mehrwertsteuer unterliegen? Wenn ja, welche?

5. Wann spricht man von Vorsteuer und wann von Umsatzsteuer? Erläutern Sie die Zusammenhänge anhand eines Beispiels.

6. Erstellen Sie zu den folgenden Geschäftsfällen die notwendigen Buchungssätze. Berechnen Sie die Höhe der Vor- oder Umsatzsteuer gemäß den jeweiligen Angaben.

   a) Von der Wisch flott OHG, dem mit der Reinigung des Studios beauftragten Unternehmen, erhält die Body-Fit GmbH die Rechnung für die Leistungen des zweiten Quartals 20.. . Der Bruttorechnungsbetrag beträgt 1.864,55 €.

   b) Die Rechnung für das Jahresabo der Fachzeitschrift *Unternehmensführung aktuell* ist eingegangen. Sie beträgt brutto 168,00 €.

   c) Laut Kontoauszug der Kreis- und Stadtsparkasse Hof werden für den vergangenen Monat Kontoführungsgebühren berechnet, und zwar 45,68 €.

562270

d) Die Body-Fit GmbH erhält eine Rechnung über brutto 1.798,33 € von Kelch & Hager, Steuerberater.

e) Susanne Wenigwort erstellt die Beitragsrechnungen für die Mitglieder für den Monat August. Der Gesamtbetrag lautet netto 19.411,76 €.

f) In einer Duschkabine mussten schadhafte Fliesen ausgewechselt werden. Die Firma Kachelmann schickt eine Rechnung über brutto 648,25 €.

g) Da in der Fitnessbranche viele englische Bezeichnungen üblich sind und Klaus in Englisch Schwächen hat, bezahlte der Chef ihm einen Englischkurs bei der Volkshochschule. Klaus hat gegen Quittung bar bezahlt. Die Kursgebühr beträgt 95,00 €.

h) Durch den Verkauf von Produkten der Kosmetikserie „Le Beau" hat die Body-Fit GmbH laut Belegen brutto 108,29 € eingenommen.

i) Um wichtige Ereignisse im Studio dokumentieren zu können, wird eine Digitalkamera benötigt. Da es beim Fachhändler heute ein Sonderangebot gibt, wird Klaus Helmchen mit dem notwendigen Bargeld zum Einkaufen geschickt. Die Kamera kostet brutto 238,00 €.

j) Für die Nutzung des Massageraumes berechnet die Body-Fit GmbH Jutta Möckel 430,00 €.

k) Von den bei der Body-Fit GmbH verwendeten Gymnastikmatten „Airex Coronella" mussten drei Stück ersetzt werden. Die Eingangsrechnung beträgt netto 270,00 €.

l) An den vergangenen beiden Samstagen ist in der Frankenpost die Stellenausschreibung für den Trainer (Vollzeit) erschienen. Der Verlag berechnet brutto 285,00 €.

m) Das Mitglied Juliana Dulischewska hat die ausgetauschten Gymnastikmatten für ihren Trainingsraum zu Hause gekauft. Sie hat bar bezahlt, und zwar netto 150,00 €.

n) Auf die Stellenausschreibung haben sich 30 Bewerber/-innen gemeldet. Die 20 Personen, die nicht in die engere Auswahl kamen, erhalten per Post ihre Unterlagen zurück. Klaus Helmchen hat die Briefe zur Post gebracht. Das Porto hat er bar bezahlt. Die Quittung lautet auf 29,00 €.

o) Von der Trainings-DVD *Rückenschule* wurden zwei Stück bar verkauft. Die DVD ist mit 44,98 € ausgepreist.

p) Susanne Wenigwort hat die Rechnung der Aerobic-Trainerin Sylvie Hankwart für den letzten Kurs erhalten. Frau Hankwart bittet ausnahmsweise um Barzahlung. Da sie nur diesen einen Kurs abhält, bleibt ihr Jahresumsatz unter 17.500,00 €. Die Honorarrechnung beträgt 144,00 €.

q) Das Mitglied Otto Meishuber hat zwei Packungen Kudzu-Kapseln gekauft und bar bezahlt. Die Packung ist mit 39,75 € ausgepreist.

r) Es wurden verschiedene Zeitschriften verkauft. Die Gesamteinnahme beläuft sich auf brutto 32,40 €.

s) Im Bistro der Body-Fit GmbH wurden acht Flaschen Mineralwasser Physalis-Mango verkauft. Der Verkaufspreis pro Flasche beträgt netto 2,50 €.

t) Dem heute gelieferten Büromaterial liegt eine Rechnung über netto 123,45 € bei.

7. Der Chef der Body-Fit GmbH hat im örtlichen Großmarkt eingekauft. Klaus Helmchen hat die folgende Liste erhalten und soll zur Übung den jeweiligen Steuersatz ergänzen. Unterstützen Sie Klaus bei seiner Aufgabe.

Artikel	ermäßigter Steuersatz (7%)	normaler Steuersatz (19 %)
Tomaten (für Salate, Sandwiches usw.)	?	?
Kaffee (zur Zubereitung und zum Verkauf im Bistro)	?	?
Lufterfrischer für Sanitärräume	?	?
Papierservietten für Bistro	?	?
Tabs für den Geschirrspüler im Bistro	?	?
Putenfleisch (für Salate, Sandwiches usw.)	?	?
Obst (teilweise für Salate, aber auch zum Einzelverkauf)	?	?
Kaffeesahne für Bistro	?	?
Reinigungsmittel für Bistro und Küche	?	?
Zucker für Bistro	?	?
Allzwecktücher für Küche und Bistro	?	?
Dinkelkekse für Bistro	?	?
Dessertschalen und Dessertlöffel für Bistro	?	?
Blumenvasen	?	?
Gewürzgurken (für Sandwiches usw.)	?	?
H-Milch für Bistro	?	?
Sekt für Bistro	?	?
Gießkanne für Büro	?	?
Mikrowellenreiniger für Küche	?	?
Kleiderbügel für Umkleideräume	?	?

8. Die eingekauften Lebensmittel sind zur Verarbeitung und zum Weiterverkauf im Bistro bestimmt. Bei einigen Lebensmitteln ändert sich jedoch möglicherweise der Steuersatz. Legen Sie fest, zu welchem Steuersatz die Lebensmittel verkauft werden, und begründen Sie Ihre Entscheidung.

Artikel	Steuersatz		Begründung
	7 %	19 %	
Tomaten (für Salate, Sandwiches usw.)	?		?
Kaffee (zur Zubereitung und zum Verkauf im Bistro)	?		?
Putenfleisch (für Salate, Sandwiches usw.)	?		?
Obst (teilweise für Salate, aber auch zum Einzelverkauf)	?		?
Kaffeesahne für Bistro	?		?
Zucker für Bistro	?		?
Dinkelkekse für Bistro	?		?
Gewürzgurken (für Sandwiches usw.)	?		?
H-Milch für Bistro	?		?
Sekt für Bistro	?		?

562272

3.7.2 Vorsteuerüberhang/Umsatzsteuerzahllast

Zu bestimmten, von der Finanzbehörde je nach Umsatz festgelegten Terminen muss der Unternehmer seine Umsatzsteuer-Voranmeldung abgeben. Obwohl der Name vermuten lässt, dass es hier nur um Umsatzsteuer geht, sind in dieses Formular auch die Vorsteuerbeträge detailliert einzutragen (Schaubild 3.12).

Steuerpflichtige Umsätze

(Lieferungen und sonstige Leistungen einschl. unentgeltlicher Wertabgaben)

zum Steuersatz von 19 % ....

zum Steuersatz von 7 % ....

Umsätze, die anderen Steuersätzen unterliegen ....

Abziehbare Vorsteuerbeträge

Vorsteuerbeträge aus Rechnungen von anderen Unternehmen (§ 15 Abs. 1 Satz 1 Nr. 1 UStG), aus Leistungen im Sinne des § 13a Abs. 1 Nr. 6 UStG (§ 15 Abs. 1 Satz 1 Nr. 5 UStG) und aus innergemeinschaftlichen Dreiecksgeschäften (§ 25b Abs. 5 UStG) ....

Vorsteuerbeträge aus dem innergemeinschaftlichen Erwerb von Gegenständen (§ 15 Abs. 1 Satz 1 Nr. 3 UStG) ....

Schaubild 3.12: Auszüge aus dem Formular zur Umsatzsteuer-Voranmeldung 2007

Die den steuerpflichtigen Geschäftsfällen entsprechenden Belege werden nicht zusammen mit der Umsatzsteuer-Voranmeldung beim Finanzamt eingereicht, sondern erst mit der Umsatzsteuererklärung zum Geschäftsjahresende.

Da die Unterlagen der Buchhaltung dem Finanzamt gegenüber als Nachweis dienen, wird bei jedem steuerpflichtigen Vorgang entweder ein Vorsteuer- oder ein Umsatzsteuerkonto angesprochen. Kontenrahmen weisen mindestens zwei Vorsteuerkonten und zwei Umsatzsteuerkonten auf, jeweils eines für den ermäßigten und eines für den normalen Steuersatz. Im Kontenrahmen für den Groß- und Außenhandel sind dies „1410 Vorsteuer Normalsteuersatz" und „1420 Vorsteuer ermäßigter Steuersatz" sowie „1810 Umsatzsteuer Normalsteuersatz" und „1820 Umsatzsteuer ermäßigter Steuersatz".

Der Abschluss der Vorsteuer- und der Umsatzsteuerkonten erfolgt gegeneinander. Zuerst wird das wertmäßig kleinere der beiden Konten abgeschlossen. Im Normalfall ist dies das Konto „Vorsteuer". Der Saldo dieses Kontos wird auf das Konto „Umsatzsteuer" gebucht (Schaubild 3.13).

Grundbuch

Nr.	Buchungssatz		Soll	Haben
1	Umsatzsteuer	(1810)	1.485,80 €	
	an Vorsteuer	(1410)		1.485,80 €

Soll	Vorsteuer (1410)		Haben
1310	304,00 €	1810	1.485,80 €
1710	760,00 €		
1320	399,00 €		
1510	22,80 €		
	1.485,80 €		1.485,80 €

Soll	Umsatzsteuer (1810)		Haben
1410	1.485,80 €	1310	874,00 €
SBK	1.592,20 €	1010	2.204,00 €
	3.078,00 €		3.078,00 €

Schaubild 3.13: Verrechnung von Vorsteuer- und Umsatzsteuerkonto

AUFGABEN

1. Erläutern Sie die Begriffe Vorsteuerüberhang, Umsatzsteuerzahllast und Passivierung.
2. Wann muss die Umsatzsteuer-Voranmeldung erfolgen?
3. Erstellen Sie alle notwendigen Vor- und Umsatzsteuerkonten in Form von T-Konten und tragen Sie die Steuerbeträge aus den Buchungssätzen der Aufgabe 6 aus dem vorhergehenden Abschnitt (Grundlagen, 3.7.1) ein.
4. Ermitteln Sie, ob im Fall von Aufgabe 3 ein Vorsteuerüberhang oder eine Umsatzsteuerzahllast vorliegt. Gehen Sie dazu folgendermaßen vor:
   ▶ Schließen Sie die beiden Konten mit dem ermäßigten Steuersatz ab.
   ▶ Schließen Sie die beiden Konten mit dem Normalsteuersatz ab.

3.8 Kassenbuch

Zum Einstieg

Klaus Helmchen hat bereits mehrfach den Begriff Kassenbuch gehört und sich vorgestellt, dass es sich hier wie bei Grund- und Hauptbuch um ein weiteres Buch der Buchführung handelt. Er ist sich jedoch nicht ganz sicher, wie das Kassenbuch tatsächlich aussieht und welche Eintragungen hier vorgenommen werden müssen. Da gerade nicht so viel zu tun ist, fragt er Susanne Wenigwort danach.

Unternehmen mit einem hohen Bargeldaufkommen buchen die entsprechenden Geschäftsfälle nicht nur auf dem Konto „Kasse", sondern führen zusätzlich noch eigene Aufzeichnungen über diese Geschäftsfälle, das so genannte Kassenbuch.

Anders als es der Name nahelegt, handelt es sich in den wenigsten Fällen noch um ein Buch im üblichen Sinne. Zeitgemäße Buchhaltungsprogramme beinhalten in der Regel ein Modul „Kassenbuch", dessen Benutzung den Vorteil hat, dass es vollständig

562274

in die elektronische Buchführung integriert ist. Bei der Nutzung eines physischen Kassenbuches muss zusätzlich zu den manuellen Aufzeichnungen noch gebucht werden. Ebenfalls praktiziert wird die Führung eines Kassenbuches über Tabellenkalkulationsprogramme wie Microsoft Excel. Diese Variante findet sich oftmals bei kleinen Unternehmen und Existenzgründern.

Die Grundsätze ordnungsmäßiger Buchführung gelten auch für die Führung des Kassenbuchs, das heißt, die Vorgänge sind zeitnah und chronologisch zu erfassen, Korrekturen müssen gekennzeichnet und ersichtlich sein, bei Führung eines physischen Kassenbuches darf nicht mit Bleistift geschrieben und radiert oder mit Korrekturflüssigkeit (beispielsweise Tipp-Ex) gearbeitet werden. Schaubild 3.14 zeigt, wie ein Kassenbuch aussehen kann.

Kassenbuch für Januar 2008

Datum	Beleg-Nr.	Buchungstext	Steuersatz (%)	Ausgabe (netto, €)	MwSt. (€)	Steuersatz (%)	Einnahme (netto, €)	MwSt. (€)
08-01-01		Anfangsbestand					500,00	
08-01-01	1	Staubsaugerbeutel	19	6,74	1,28			
08-01-17	2	Zehner-Tageskarte für Angel, Monika				19	67,23	12,77

Schaubild 3.14: Muster eines Kassenbuchs

AUFGABEN

1. Erstellen Sie unter Nutzung eines Tabellenkalkulationsprogrammes die Vorlage für ein Kassenbuch nach dem in Schaubild 3.14 wiedergegebenen Muster. Tragen Sie als Anfangsbestand 1.000,00 € ein.

2. Notieren Sie die folgenden Geschäftsfälle im Kassenbuch:

   a) Einzahlung von Bargeld auf das Konto der Body-Fit GmbH bei der Postbank Hof (500,00 €).

   b) Egon Schlenkrich zahlt die Miete für den Massageraum in bar (brutto 220,00 €).

   c) Einkauf von Büromaterial bei Büro Hirte. Barzahlung, brutto 26,48 €.

   d) Die Firma kauft für den Auszubildenden ein Exemplar *Arbeitsgesetze* in der Buchhandlung am Turm und zahlt bar (brutto 12,80 €).

   e) Karina Meyer kauft ein gebrauchtes Spinning-Rad und zahlt bar (brutto 595,00 €).

   f) Bareinzahlung auf das Konto der Body-Fit GmbH bei der Kreis- und Stadtsparkasse Hof (800,00 €).

   g) Klaus Helmchen holt 1 000 Flyer mit dem Kursprogramm für März 20.. bei der Firma pl made ab. Die Rechnung zahlt er bar. Sie beläuft sich auf brutto 187,96 €.

   h) Für den Einsatz im Bistro wurden bei Messer-Aventissimo drei Allzweckmesser gekauft. Die Mitarbeiterin Sieglinde Yontsczewsca hat das Geld ausgelegt. Sie übergibt Susanne Wenigwort den Kassenbeleg über 147,55 €.

   i) Eine nachträglich für den Kurs „Schmerzfreier Rücken" angemeldete Teilnehmerin zahlt die Gebühr bar (brutto 64,00 €).

   j) Susanne Wenigwort hat Unterlagen an den Steuerberater geschickt. Das Porto beträgt laut Beleg 2,20 €.

```
Deutsche Post AG
95028 Hof
84031424 20..-08-17

9598
Labelfreimachung

1 Stück
*2,20 EUR                        A, 1

Bruttoumsatz                *2,20 EUR
mehrwertsteuerbefreit A
Nettoumsatz A               *2,20 EUR


Steuernummer der Deutschen Post AG:
5205/5777/1510


Vielen Dank für Ihren Besuch.
Ihre Deutsche Post AG

    ☒           ☒           ☒
```

k) Barverkauf von vier Tageskarten à 12,00 € (brutto insgesamt 48,00 €)

l) Barverkauf von zwei Trainings-DVDs *Rückenschule* à 45,15 € (brutto insgesamt 90,30 €)

m) Der Chef hat einen Lieferanten besucht und musste unterwegs tanken. Er hat das Geld ausgelegt und übergibt Susanne Wenigwort den folgenden Beleg:

```
PNX Tankstelle
     Konrad Hertrich
Arbachstraße 8 · 11111 Berlin

St.-Nr. 778/547/65447
Beleg-Nr. 7845/002/00001 20..-01-23
Es bediente Sie Frau Schneider

PNX Normalbenzin bleifrei
                         60,92 €

45,16 l   1,349 €/l

Gesamtbetrag   *60,92 €

Typ A: 19,00 %
Netto         USt          Brutto
51,19 €       9,73 €       60,92 €

Typ B: 07,00 %
Netto         USt          Brutto
0,00 €        0,00 €       0,00 €
```

n) Die Stammkundin Sabine Schmollke feiert ihren fünfzigsten Geburtstag. Die Body-Fit GmbH gratuliert mit einem Blumenstrauß, der von der Gärtnerei Hutter geliefert wurde. Der Bote erhält den Betrag bar (brutto 56,89 €).

562276

3.9 Buchung von Löhnen und Gehältern

Zum Einstieg

Klaus Helmchen ist inzwischen bereits so vertraut mit den Vorgängen der Buchhaltung, dass er weiß, dass auch jede Lohn- und Gehaltszahlung buchhalterische Vorgänge auslöst. Zwar hat er auch schon von Begriffen wie Sozialabgaben oder Lohnsteuerklassen gehört und im Kontenrahmen verschiedene Konten gefunden, die mit der Lohn- und Gehaltsbuchung in Zusammenhang stehen, aber der Ablauf der Gehaltsabrechnung ist ihm noch nicht klar. Wie immer bittet er Susanne Wenigwort um nähere Erklärungen.

> **BASISWISSEN**
> Sozialver-
> sicherungs-
> recht
> Kapitel 6,
> Abschnitt 6.3

AUFGABEN

1. Nennen Sie die verschiedenen Zweige der Sozialversicherung und erläutern Sie jeweils kurz deren Aufgaben.

2. In welchem Zweig der Sozialversicherung werden die Beiträge ausschließlich vom Arbeitgeber gezahlt?

3. Recherchieren Sie im Internet (www.bundesfinanzministerium.de), welche Lohnsteuerklassen es gibt, und erstellen Sie eine kurze Übersicht, aus der hervorgeht, für welche Arbeitnehmer die einzelnen Lohnsteuerklassen gelten und welche etwaigen Besonderheiten zu beachten sind.

3.9.1 Fall 1: Voll sozialversicherungspflichtige Arbeitnehmer

Beispiel ▶ Gehaltsabrechnung bei voller Sozialversicherungspflicht

Susanne Wenigworts Gehaltsabrechnung sieht folgendermaßen aus:

Gehaltsabrechnung für November 20..		
1	Gehalt brutto	1.797,00 €
2	sozialversicherungspflichtig/steuerpflichtig	1.797,00 €
	(In diesem Fall ist das Bruttogehalt identisch mit diesem Betrag, da die Arbeitnehmerin keine vermögenswirksamen Leistungen erhält und auf der Lohnsteuerkarte kein Freibetrag eingetragen ist.)	
3	Lohnsteuer lt. Lohnsteuertabelle	– 487,16 €
	(Die Arbeitnehmerin ist in Steuerklasse V eingestuft, da das Gehalt ihres Ehemanns nach Steuerklasse III besteuert wird.)	
4	Kirchensteuer (8 % der Lohnsteuer)	– 38,97 €
	(Der Kirchensteuersatz beträgt 8 %, da die Arbeitnehmerin in Bayern wohnt; für Baden-Württemberg gelten ebenfalls 8 %, für die übrigen Bundesländer 9 %.)	
5	Solidaritätszuschlag (5,5 % der Lohnsteuer)	– 26,79 €
6	Rentenversicherung	– 178,80 €
	(Dieser Betrag errechnet sich aus 19,9 % des sozialversicherungspflichtigen Entgelts [357,60 €]); eine Hälfte des errechneten Betrags zahlt der Arbeitnehmer, die andere der Arbeitgeber.	

Gehaltsabrechnung für November 20..		
7	Krankenversicherung Dieser Betrag errechnet sich aus 14,0 % des sozialversicherungspflichtigen Entgelts (251,58 €); eine Hälfte zahlt der Arbeitgeber, die andere der Arbeitnehmer, zuzüglich 0,9 % des sozialversicherungspflichtigen Entgelts für Zahnersatz und Krankengeld.	– 141,96 €
8	Arbeitslosenversicherung Dieser Betrag errechnet sich aus 3,3 % des sozialversicherungspflichtigen Entgelts (59,30 €); eine Hälfte des errechneten Betrags zahlt der Arbeitnehmer, die andere der Arbeitgeber.	– 29,65 €
9	Pflegeversicherung Dieser Betrag errechnet sich aus 1,7 % des sozialversicherungspflichtigen Entgelts (30,55 €);* eine Hälfte des errechneten Betrags zahlt der Arbeitnehmer, die andere der Arbeitgeber; da die Arbeitnehmerin über 27 Jahre alt ist und keine Kinder hat, werden bei ihr zusätzlich 0,25 % Kinderlosenzuschlag abgezogen.	– 19,77 €
10	Gesamtabzüge (Zeile 3 bis Zeile 9)	923,10 €
11	Nettogehalt/Auszahlungsbetrag (Zeile 2 bis Zeile 10)	873,90 €

* Ab 1. Juli 2008 beträgt der Satz 1,95 %.

Das Gehalt von Susanne Wenigwort wird wie folgt gebucht:

Buchungssatz	Soll	Haben
Gehälter (4020)	1.797,00 €	
an Kreditinstitute (1310)		873,90 €
an Verbindlichkeiten gegenüber den Sozialversicherungsträgern (1920)		370,18 €
an Verbindlichkeiten aus Steuern (1910)		552,92 €

Der Buchungssatz für den Arbeitgeberanteil an der Sozialversicherung lautet:

Buchungssatz	Soll	Haben
Gesetzliche soziale Aufwendungen (4040)	349,52 €	
an Verbindlichkeiten gegenüber den Sozialversicherungsträgern (1920)		349,52 €

Die Sozialversicherungsbeiträge für den Monat, für den die Lohn- oder Gehaltsabrechnung erstellt wird, sind spätestens am drittletzten Bankarbeitstag dieses Monats zur Zahlung fällig. Bezogen auf den Monat November 2008 ist dies Mittwoch, der 26. Die Überweisung der fälligen Beiträge wird folgendermaßen gebucht:

Buchungssatz	Soll	Haben
Verbindlichkeiten gegenüber den Sozialversicherungsträgern (1920)	719,70 €	
an Kreditinstitute (1310)		719,70 €

Die vom Arbeitgeber einbehaltene Lohn- und Kirchensteuer sowie der Solidaritätszuschlag müssen bis zum 10. des Folgemonats an das zuständige Finanzamt überwiesen werden, und zwar mit folgendem Buchungssatz:

Buchungssatz	Soll	Haben
Verbindlichkeiten aus Steuern (1910)	552,92 €	
an Kreditinstitute (1310)		552,92 €

3.9.2 Fall 2: Minijobber

Die Lohnbuchungen für geringfügig beschäftigte Mitarbeiter erfolgen nach der gleichen Systematik wie jene für voll sozialversicherungspflichtig Beschäftigte.

Beispiel ▶ Gehaltsabrechnung bei geringfügiger Beschäftigung

Die Gehaltsabrechnung für Nadja Huber, Mitarbeiterin im Bistro der Body-Fit GmbH, deren monatliches Bruttoentgelt 400,00 € beträgt, sieht folgendermaßen aus:

Gehaltsabrechnung für November 20..		
	Arbeitgeber	**Arbeitnehmer**
Monatsentgelt	– 400,00 €	+ 400,00 €
Rentenversicherung	– 60,00 € (15 % des Monatsentgelts)	– 19,60 € (4,9 % des Monatsentgelts; die Arbeitnehmerin stockt den RV-Beitrag mit freiwilligen Zahlungen auf, um vollwertige Rentenansprüche aufzubauen.)
Krankenversicherung	– 52,00 € (13 % des Monatsentgelts; entfällt bei nicht oder privat krankenversicherten Minijobbern)	
Pauschalsteuer	– 8,00 € (Da die Arbeitnehmerin keine Lohnsteuerkarte vorgelegt hat, zahlt der Arbeitgeber eine pauschale Abgabe.)	
Auszahlung		380,40 €

Die Beträge werden folgendermaßen gebucht:

Buchungssatz	Soll	Haben
Aushilfslöhne (4030)	400,00 €	
an Kreditinstitute (1310)		380,40 €
an Verbindlichkeiten gegenüber den Sozialversicherungsträgern (1920)		19,60 €

Der Buchungssatz für die Beiträge des Arbeitgebers zur Renten- und Krankenversicherung lautet:

Buchungssatz	Soll	Haben
Gesetzliche soziale Aufwendungen (4040)	112,00 €	
an Verbindlichkeiten gegenüber den Sozialversicherungsträgern (1920)		112,00 €

Der Buchungssatz für die Pauschsteuer, die der Arbeitgeber zu entrichten hat, lautet:

Buchungssatz	Soll	Haben
Sonstige Personalaufwendungen (4080)	8,00 €	
an Verbindlichkeiten aus Steuern (1910)		8,00 €

Schließlich wird die Überweisung der Verbindlichkeiten gegenüber den Sozialversicherungs-trägern und dem Finanzamt gebucht:

Buchungssatz	Soll	Haben
Verbindlichkeiten gegenüber den Sozialversicherungsträgern (1920) an Kreditinstitute (1310)	131,60 €	131,60 €

Buchungssatz	Soll	Haben
Verbindlichkeiten aus Steuern (1910) an Kreditinstitute (1310)	8,00 €	8,00 €

3.10 Besonderheiten beim Einkauf

3.10.1 Bezugskosten

Zum Einstieg

Das Angebot der Body-Fit GmbH umfasst auch die Möglichkeit, die Kabinen des Solariums zu nutzen. Da das Solarium verstärkt in Anspruch genommen wird, reichten die vorhandenen fünf Kabinen zuletzt nicht mehr aus und es wurden zwei zusätzliche Kabinen erworben. Im Kaufvertrag wurde als Lieferbedingung „ab Werk" vereinbart. Die Rechnung über die Kabinen hat Klaus Helmchen bereits gebucht. In der heutigen Eingangspost ist eine Rechnung der Firma ABC Lager und Logistik über den Transport dieser Kabinen von Jena nach Hof. Klaus hat im Kon-tenrahmen zwar ein Konto „3020 Warenbezugskosten" gefunden, ist sich jedoch nicht sicher, ob die Rechnung von ACB Lager und Logistik hier zu buchen ist.

Das Konto „3020 Warenbezugskosten" findet sich im Kontenrahmen nicht nur als Sam-melkonto, sondern exisiert für jede einzelne Warengruppe.

Beispiel ▶ Konten für Warenbezugskosten

Für die Warengruppe I (31, Bücher und Zeitschriften) lautet bei der Body-Fit GmbH die Kon-tonummer der Warenbezugskosten 3120, für die Warengruppe II (32, Nahrungsergänzungs-mittel) werden die Bezugskosten auf das Konto 3220 gebucht.

Auf diese Weise lassen sich im Sinne einer ordnungsmäßigen Buchführung die Be-zugskosten unmittelbar der verursachenden Ware zuordnen.

QUELLE
§ 255 HGB

Bei Gegenständen des Anlagevermögens wie Büroausstattung, Bistroausstattung und Trainingsgeräte wird kein separates Konto für die Bezugskosten geführt. Diese werden auf demselben Konto gebucht wie das Anlagegut, denn Anschaffungskosten sind die Aufwendungen, die geleistet werden, um einen Vermögensgegenstand zu erwerben.

562280

Beispiel ▶ Buchung der Bezugskosten für Solariumkabinen

Die Rechnung von ABC Lager und Logistik über den Transport der beiden Kabinen lautet auf 135,00 € netto zuzüglich 19 % Mehrwertsteuer. Die Kabinen hat Klaus Helmchen auf dem Konto „0310 Technische Anlagen und Maschinen" gebucht. Der entsprechende Buchungssatz im Journal lautet:

Buchungssatz	Soll	Haben
Technische Anlagen und Maschinen (0310)	135,00 €	
Vorsteuer Normalsteuersatz (1410)	25,65 €	
an Kreditinstitute (1310)		160,65 €

Es gibt verschiedene Arten von Bezugskosten, je nachdem, welche Lieferbedingungen im Kaufvertrag vereinbart wurden, und je nachdem, ob die bezogene Ware aus dem Inland oder dem Ausland stammt. Zu den Bezugskosten zählen vor allem

▶ Fracht,

▶ Rollgeld,

▶ Verpackungskosten,

▶ Transportversicherung und

▶ Zoll.

AUFGABEN

Buchen Sie die Bezugskosten auf die Konten je nach der in der folgenden Übersicht angegebenen Warengruppe. Tragen Sie die Buchungssätze in ein Grundbuch ein.

Warengruppe	Kontonummer	Bezeichnung
I	3100	Bücher und Zeitschriften
II	3200	Nahrungsergänzungsmittel
III	3300	Getränke

a) Für eine Lieferung von Nahrungsergänzungsmitteln der Firma Rund um fit, Halle, sind für Transport und Verpackung brutto 67,57 € zu überweisen.

b) Die Body-Fit GmbH erhält eine Lieferung mit Artikeln der Kosmetikserie „Le Beau". Die Rechnung des Kurierdienstes beträgt brutto 98,29 €.

c) Zum Test wurden 30 Flaschen eines neuen Vitamin-Molke-Drinks geordert. Bei Erstbestellungen gehen Verpackung und Transport zulasten des Käufers. Die Body-Fit GmbH erhält eine Rechnung des Frachtführers Pfefferkorn (zahlbar sofort) über brutto 14,96 €.

d) Aufgrund einer Geschäftsauflösung konnte ein größerer Posten an Bodybuilding-Literatur günstig erworben werden. Die Lieferung erfolgte über einen Kurierdienst. Heute bucht Klaus Helmchen den Eingang der Rechnung des Kuriers über brutto 84,49 €.

e) Für Susanne Wenigwort, die unter Rückenbeschwerden leidet, ist ein ergonomischer Schreibtischstuhl bestellt worden. Nach dessen Lieferung erhält die Body-Fit GmbH eine Rechnung über Transport und Verpackung. Der Bruttobetrag lautet 134,00 €.

3.10.2 Preisnachlässe beim Waren- und Dienstleistungsbezug

Zum Einstieg

Klaus Helmchen fällt auf, dass auf den Eingangsrechnungen ganz verschiedene Zahlungsbedingungen aufgeführt sind. Sehr oft lauten diese: 10 Tage – 2 % Skonto, 30 Tage – rein netto.

Für Lieferanten gibt es eine Reihe von Möglichkeiten, Kunden besondere Vergünstigungen auf Listenpreise zu gewähren. Die drei wichtigsten sind

▶ Rabatt,

▶ Bonus und

▶ Skonto.

Rabatt

Ein **Rabatt** ist ein Preisnachlass, der aufgrund von bestimmten Anlässen gewährt wird.

Beispiele ▶ Anlässe zur Gewährung eines Rabatts

▶ Einführung eines neuen Produkts
▶ Abnahme einer bestimmten Mindestmenge
▶ Angebot im Rahmen der Ausstellung auf einer Messe
▶ langjährige Kundenbeziehung

Der Lieferant zieht den Rabattbetrag bereits bei der Rechnungserstellung vom Listenpreis ab. Für die Buchung der Eingangsrechnung ist daher der Rabatt nicht von Bedeutung.

Bonus

Ein **Bonus** ist eine Vergütung, die aufgrund eines bestimmten Umsatzvolumens, das innerhalb einer definierten Frist erreicht wurde, gewährt wird.

Ein Bonus wird stets rückvergütet, das heißt ausgezahlt, nachdem die Bedingung für seine Gewährung eingetreten ist. Der Lieferant schreibt dazu einen vorher vereinbarten prozentualen Anteil vom Bruttoumsatz gut. Für die Buchung des Einkaufs bedeutet dies, dass das betreffende (Waren-)Eingangskonto ebenso wie das Vorsteuerkonto korrigiert werden müssen.

Skonto

Ein **Skonto** ist ein Preisnachlass, der aufgrund der Zahlung innerhalb eines bestimmten Zeitraums gewährt wird.

Das Skonto, oft auch Schnellzahlungsrabatt genannt, wird vom Käufer bei Zahlung der Rechnung innerhalb des vom Lieferanten bestimmten Zeitraums vom Brutto-Rechnungsbetrag abgezogen. Wurde die Eingangsrechnung als Verbindlichkeit gebucht, so führt der Abzug des Skontobetrags, wie im Fall eines Bonus auch, zur Korrektur des entsprechenden (Waren-)Eingangskontos sowie des Vorsteuerkontos.

562282

Beispiel ▶ Buchung einer Zahlung per Überweisung unter Abzug von Skonto

Von den bei Body-Fit verwendeten Gymnastikmatten „Airex Coronella" mussten drei Stück ersetzt werden. Die Eingangsrechnung beträgt netto 270,00 € und wird von Klaus Helmchen folgendermaßen gebucht:

Buchungssatz	Soll	Haben
Betriebs- und Geschäftsausstattung (0330)	270,00 €	
Vorsteuer Normalsteuersatz (1410)	52,30 €	
an Verbindlichkeiten aus Lieferung und		
Leistung (1710)		321,30 €

Die Zahlungsbedingung besagt, dass bei Zahlung innerhalb von zehn Tagen 2 % Skonto abgezogen werden dürfen. Die Body-Fit GmbH zahlt unter Ausnutzung des Skontos. Klaus überweist also den Betrag von 314,87 € (Bruttorechnungsbetrag = 321,30 € abzüglich 2 % Skonto, das heißt 6,43 €) vor Ablauf der Skontofrist. Der Buchungssatz lautet:

Buchungssatz	Soll	Haben
Verbindlichkeiten aus Lieferung und		
Leistung (1710)	321,30 €	
an Kreditinstitute (1310)		314,87 €
an Betriebs- und Geschäftsausstattung (0330)		5,40 €
an Vorsteuer (1710)		1,03 €

Die Darstellung der Buchungen auf den T-Konten „Betriebs- und Geschäftsausstattung" und „Vorsteuer" ist in Schaubild 3.15 wiedergegeben.

Soll	Betriebs- und Geschäftsausstattung (0330)		Haben
Verbindlichkeiten a. LL (1710) 270,00 €	Verbindlichkeiten a. LL (1710)		5,40 €
	Schlussbestand		264,60 €

Soll	Vorsteuer Normalsteuersatz (1410)		Haben
Verbindlichkeiten a. LL (1710) 51,30 €	Verbindlichkeiten a. LL (1710)		1,03 €
	Schlussbestand		50,27 €

Schaubild 3.15: Bestandskonten bei Buchung einer Zahlung unter Ausnutzung von Skonto

Die Korrekturbuchungen bei Zahlung mit Skonto dienen dazu, die Minderung der Anschaffungskosten durch den Preisnachlass ordnungsgemäß zu erfassen.

Selbstverständlich wird im betrieblichen Alltag nicht nur bei der Anschaffung von Anlagegütern mit Skonto gezahlt. Dies kann ebenso beim Einkauf von Büromaterial, Werbeaufwendungen oder Ähnlichem der Fall sein. Es wird dann neben dem Vorsteuerkonto das entsprechende Aufwandskonto korrigiert.

Eine buchungstechnische Besonderheit stellen die Wareneingangskonten dar. Hier wird der in Anspruch genommene Skonto nicht auf dem Eingangskonto gebucht, sondern für jede Warengruppe existiert ein Konto „Lieferantenskonti".

Beispiel ▶ Buchung des Lieferantenskontos beim Wareneinkauf

Die Body-Fit GmbH hat 300 Flaschen eines neuen Vitamin-Molke-Drinks geordert. Die Eingangsrechnung von 256,80 € wurde auf dem entsprechenden Konto in der Warengruppe III (Getränke) gebucht. Klaus bucht die Zahlung unter Abzug von 1,5 % Skonto.

Der zugehörige Buchungssatz lautet:

Buchungssatz	Soll	Haben
Verbindlichkeiten aus Lieferung und Leistung (1710)	256,80 €	
an Kreditinstitute (1310)		252,95 €
an Vorsteuer ermäßigter Steuersatz (1420)		0,25 €
an Lieferantenskonti (3380)		3,60 €

AUFGABEN

1. Erläutern Sie den Begriff Skonto. Beschreiben Sie mit eigenen Worten seine Bedeutung.

2. Nennen Sie weitere Zahlungsbedingungen, die Sie aus Ihrem Ausbildungsbetrieb kennen.

3. Bilden Sie die Buchungssätze für die nachfolgenden Geschäftsfälle. Bei der Einteilung der Waren in Gruppen beachten Sie die Übersicht der Warengruppen bei der Body-Fit GmbH (siehe Aufgabe am Ende von Abschnitt 3.11.1, S. 87). Gehen Sie davon aus, dass die jeweilige Eingangsrechnung korrekt gebucht wurde.

   a) Bei Zahlung der Rechnung des Obst- und Gemüsegroßhändlers Luigi Postenone aus Feilitzsch, der täglich frische Ware für die Zubereitung der Snacks zum Verzehr im Bistro liefert, zieht die Body-Fit GmbH 3 % Skonto ab. Der Rechnungsbetrag von brutto 2.834,16 € wurde bereits als Verbindlichkeit gebucht. Die Überweisung erfolgt vom Konto bei der Postbank.

   b) Die Rechnung der neuen Lieferung von Artikeln der Kosmetikserie „Le Beau" wird durch Überweisung vom Konto bei der Kreis- und Stadtsparkasse Hof gezahlt. Die Body-Fit GmbH nutzt den Skonto von 2 % aus. Die Rechnung beläuft sich auf brutto 935,88 €.

   c) Der Bistrobereich der Body-Fit GmbH wurde umgestaltet. Dazu wurden bei der Allround-Möbel KG neue Stühle und Tische gekauft. Die Rechnung von 822,68 € brutto wurde als Verbindlichkeit gebucht. Die Zahlung erfolgt durch Überweisung vom Konto bei der Postbank (345,00 € brutto) und bei der Kreis- und Stadtsparkasse Hof (453,00 € brutto). Selbstverständlich nutzt die Body-Fit GmbH den Skonto von 3 %.

   d) In der Vorwoche ist von der KK Körperkultur GmbH & Co. KG aus Berlin eine neue Lieferung einzeln abgepackter Proteinriegel eingegangen, die im Bistro zum Kauf angeboten werden sollen. Die Rechnung von brutto 687,69 € lag der Lieferung bei und wurde bereits gebucht. Nun überweist Susanne Wenigwort den Betrag unter Abzug von 2,5 % Skonto vom Konto bei der Kreis- und Stadtsparkasse Hof.

   e) Laut Zahlungsbedingungen können bei dem von Office-im-Web bezogenen Büromaterial bei Zahlung innerhalb von 14 Tagen 2 % Skonto abgezogen werden. Die Überweisung für die bereits gebuchte Rechnung über 283,65 € brutto wird innerhalb dieser Zeit durchgeführt und gebucht.

f) Bei Büro-Hirte wurde ein Aktenschrank bestellt. Die Lieferung ist in der Vorwoche erfolgt. Der Kauf wurde ordnungsgemäß gebucht. Da die Rechnung innerhalb der Skontofrist überwiesen wird, können 3 % Skonto abgezogen werden. Der Bruttorechnungsbetrag lautet 327,00 €.

g) Die Body-Fit GmbH erhält von der Druckerei Wenge eine Rechnung über brutto 654,52 € für den Druck von Prospektmaterial. Susanne Wenigwort bucht die Eingangsrechnung. Die Überweisung erfolgt innerhalb von zehn Tagen unter Abzug von 2 % Skonto vom Konto bei der Kreis- und Stadtsparkasse Hof.

h) Die Rechnung des Antalya-Marktes (Großhandel) über Kefir- und Molkeprodukte zum Verkauf und Verzehr im studioeigenen Bistro wurde als Verbindlichkeit gebucht. Die Überweisung per Postbank erfolgt unter Abzug von 1,5 % Skonto vom Bruttorechnungsbetrag von 79,32 €.

i) Die bereits gebuchte Rechnung der Wisch flott OHG für die Reinigung des Studios im ersten Quartal 20.. über brutto 1.864,55 € wird von Klaus Helmchen überwiesen, und zwar vom neu eröffneten Konto bei der Commerzbank Hof. Selbstverständlich nutzt er den Skonto von 2,5 %.

j) Die Firmenautos (Fiat Kombi und 7er BMW) werden regelmäßig zur Firma Car Wash Mobile gebracht, wo sie gereinigt und gepflegt werden. Bei sofortiger Barzahlung der Halbjahresrechnung von brutto 167,79 € kann die Body-Fit GmbH 3 % Skonto abziehen.

3.11 Jahresabschluss

3.11.1 Planmäßige Abschreibungen

Lineare Abschreibung

Zum Einstieg

Klaus Helmchen hat in der Berufsschule das Thema Abschreibungen behandelt. Er hat zu diesem Thema noch einige Fragen, daher bittet er Susanne Wenigwort um Unterstützung. Klaus' erste Frage lautet, was Abschreibung genau bedeutet. Zwar hat er im Kontenrahmen in der Kontenklasse 4 unter der Nummer 49 eine ganze Kontengruppe zu den Abschreibungen gefunden, aber das hilft ihm auch nicht weiter. Susanne Wenigwort erklärt ihm, es sei am einfachsten, sich zunächst einmal mit den Abschreibungen auf Sachanlagen zu beschäftigen, da diese auch bei Body-Fit vorkommen.

Bewegliche, eigenständig nutzbare Anlagegüter, egal ob sie Unternehmen gehören oder Privatpersonen, verlieren mit der Zeit an Wert. Sie veralten und nutzen sich durch den Gebrauch ab. Der Begriff AfA, die offizielle Bezeichnung von Abschreibung, bedeutet nichts anderes als Absetzung für Abnutzung. Die Abschreibung bemisst den Werteverzehr beweglicher Anlagegüter in Euro. Sie wird errechnet, indem die Anschaffungskosten durch die Jahre der betriebsüblichen Nutzungsdauer dividiert werden. Es wird in jährlich gleich bleibenden Beträgen abgeschrieben, weshalb auch von linearer Abschreibung gesprochen wird.

Beispiel ▶ Abschreibung eines Pkw

Am Anfang des Geschäftsjahres wurde für einen Außendienstmitarbeiter ein Dienstwagen zum Preis von 30.000,00 € gekauft. Die Nutzungsdauer beträgt sechs Jahre. Am Jahresende ist der Pkw folglich noch 25.000,00 € wert. Das Bestandskonto „Fuhrpark" muss um die Differenz von 5.000,00 € vermindert werden. Dies geschieht durch die im Schaubild 3.16 wiedergegebenen Buchungen.

Soll	Fuhrpark (0340)		Haben
Verbindlichkeiten a. LL (1710)	30.000,00 €	**Abschreibung auf Sachanlagen (4910)**	**5.000,00 €**
		Schlussbilanzkonto (9400)	25.000,00 €

Soll	Abschreibungen auf Sachanlagen (4910)		Haben
Fuhrpark (0340)	**5.000,00 €**	GuV (9300)	5.000,00 €

Schaubild 3.16: Schematische Darstellung der Abschreibungsbuchung

Der entsprechende Buchungssatz lautet:

Abschreibung auf Sachanlagen an Fuhrpark   5.000,00 €

QUELLE
§ 7 Einkommensteuergesetz

Selbstverständlich kann der Unternehmer nicht selbst entscheiden, wie hoch er den Wertverlust seiner Anlagegüter ansetzt. Das Einkommensteuergesetz trifft im § 7 hierzu eine eindeutige Aussage: „... ist jeweils für ein Jahr der Teil der Anschaffungskosten abzusetzen, der bei gleichmäßiger Verteilung der Kosten auf die Gesamtdauer der Verwendung auf ein Jahr entfällt". Mit anderen Worten, wenn ein Anlagegut sechs Jahre lang genutzt wird, dann kann pro Jahr ein Sechstel des Anschaffungspreises abgeschrieben werden.

Zur Festlegung der Nutzungsdauer einzelner Anlagegüter greifen Unternehmen auf die so genannten AfA-Tabellen zurück. Diese enthalten verbindliche Werte für die betriebsübliche Nutzungsdauer beweglicher Anlagegüter. Bei der Bemessung der Abschreibungen müssen stets diese Werte zugrunde gelegt werden, unabhängig davon, wie lang das jeweilige Anlagegut tatsächlich genutzt wird.

Unbewegliche Anlagegüter, also Gebäude sowie bebaute und unbebaute Grundstücke, werden nach gesonderten Vorgaben abgeschrieben. Für Gebäude definiert das Einkommensteuergesetz eine Reihe von Gesichtspunkten, die bei der Festlegung des Abschreibungsbetrags von Bedeutung sind. Grundstücke unterliegen keiner Abnutzung und können nur unter besonderen Umständen abgeschrieben werden. Man spricht dann von außerordentlichen Abschreibungen.

AUFGABEN

1. Auf welche Art von Konten werden Sachanlagen bei der Anschaffung gebucht?

2. Erklären Sie den Begriff Sachanlagen und nennen Sie einige Beispiele.

3. Um welche Art von Konto handelt es sich bei „ 4910 Abschreibungen auf Sachanlagen"? Wohin wird dieses Konto abgeschlossen?

4. Recherchieren Sie den Herausgeber der AfA-Tabellen.

5. Ermitteln Sie, ob es für Sport- und Fitnessstudios eine besondere AfA-Tabelle gibt. Wenn ja, wo ist diese erhältlich?

6. Bilden Sie für die folgenden Abschreibungen den jeweiligen Buchungssatz unter Verwendung des korrekten Abschreibungsbetrags. Stützen Sie sich dazu auf die Tabelle 3.5.

Gegenstand	Anschaffungskosten
BMW 7er-Reihe, HO-XM 54	35.000,00 €
High + Low Pulley	2.766,00 €
Computer Blue Edition III	999,00 €
Schreibtisch, Modell Business light	275,00 €
Fiat Kombi, HO-UT 49	10.500,00 €
Farblaserdrucker	544,00 €
Geschirrspüler Miele Turbo 1000	1.457,00 €
Registrierkasse für Bistro	457,00 €
Telefonanlage Siemens Business Profi 9000	3.456,00 €
Kaffeemaschine Presso Surprise für Bistro	5.648,00 €

Anlagegut	betriebsübliche Nutzungsdauer
Telefonanlage	8 Jahre
Faxendgerät	6 Jahre
Personal Computer, Notebook, Drucker	3 Jahre
Registrierkasse	6 Jahre
Kopierer	7 Jahre
Büromöbel	13 Jahre
Elektro-Kleingerät	3 Jahre
Geschirrspüler	5 Jahre
Kaffeemaschine	5 Jahre
Möbel (Gastronomie)	10 Jahre
Reinigungsgerät	3 Jahre
Theke	8 Jahre
Pkw	6 Jahre
Beschallungsanlage	9 oder 4 Jahre (je nach Anlage)
Fitnessgerät	5 Jahre

Tabelle 3.5: Betriebsübliche Nutzungsdauer verschiedener Anlagegüter

Degressive Abschreibung

Zum Einstieg

Klaus hat noch eine Frage zum Thema Abschreibungen. Da er sich vor Kurzem ein gebrauchtes Auto gekauft hat, weiß er, dass der Wertverlust eines beweglichen Anlagegutes in den ersten Jahren nach der Anschaffung wesentlich höher ist als in späteren Jahren. Irgendwie findet Klaus es ungerecht, dass ein Unternehmer von Anfang bis Ende den gleichen Betrag abschreiben muss. Susanne Wenigwort hat auch hierfür eine Erklärung.

Neben der linearen Abschreibung gibt es noch eine weitere Möglichkeit, die degressive Abschreibung. Diese kann allerdings nur bei Sachanlagen verwendet werden, die vor dem **1. Januar 2008** angeschafft wurden. Durch die Unternehmensteuerreform 2008 wurde diese Abschreibungsmethode für Sachanlagen, die nach dem 1. Januar 2008 angeschafft wurden, aufgehoben. Solche Sachanlagen dürfen also nur noch linear abgeschrieben werden.

Im Rahmen der degressiven Abschreibung kann der Unternehmer zu Beginn des Abschreibungszeitraums einen relativ hohen Betrag abschreiben; im Laufe der Jahre verringern sich die Abschreibungsbeträge kontinuierlich.

Zur Berechnung der degressiven Abschreibungen geht man folgendermaßen vor: Zuerst wird für das Wirtschaftsgut der Abschreibungssatz bei linearer Abschreibung ermittelt. Dazu werden die Anschaffungskosten gleich 100 % gesetzt. Anschließend wird gefragt, wie viel Prozent der jährliche Abschreibungsbetrag bei der für das fragliche Wirtschaftsgut geltenden Nutzungsdauer ausmacht. Mithilfe des so ermittelten Prozentsatzes wird nun der Prozentsatz der degressiven Abschreibung ermittelt. Dies geschieht, indem der lineare AfA-Satz mit dem Faktor 3* multipliziert wird. Allerdings sieht das Einkommensteuergesetz im § 7 eine Obergrenze vor: Sollte das Ergebnis dieser Rechnung ein Wert sein, der 30 % übersteigt, so dürfen nur 30 % angesetzt werden. Bleibt das Ergebnis der Berechnung unter 30 %, so gilt dieses als degressiver AfA-Satz (Schaubild 3.17).

AfA-Satz linear = $\dfrac{100\ \%}{\text{betriebsübliche Nutzungsdauer in Jahren}}$	AfA-Satz degressiv = AfA-Satz linear · 3, nicht mehr als 30 %

Schaubild 3.17: Berechnung der Abschreibungsarten

---

* Dieser Wert gilt für bewegliche Anlagegüter, die nach dem 31. Dezember 2005 und vor dem 1. Januar 2008 angeschafft wurden. Für Güter, die vor dem 31. Dezember 2005 angeschafft wurden, gilt das Doppelte, jedoch maximal 20 %.

Beispiel ▶ Bemessung der degressiven Abschreibung und Verbuchung des Anlagegutes

Im Fall eines Pkw mit einem Anschaffungswert von 30.000,00 €, der sechs Jahre lang genutzt wird, entspricht der lineare AfA-Satz 16,67 %. Der dreifache Wert beläuft sich auf rund 50 %. Hier greift die gesetzliche Obergrenze von 30 %, sodass die degressive Abschreibung für den Pkw im ersten Jahr nach seiner Anschaffung 9.000,00 € beträgt.

Dieser AfA-Betrag wird von den Anschaffungskosten abgezogen, um so den Restbuchwert zu ermitteln, das heißt den Betrag, mit dem der Pkw am Ende des Geschäftsjahres im Bestandskonto „Fuhrpark" gebucht wird. Der Restbuchwert wird bei der Eröffnung der Bilanz im nächsten Geschäftsjahr als Anfangsbestand auf das Konto „Fuhrpark" gebucht und bildet somit den Ausgangsbetrag für die Berechnung des degressiven Abschreibungsbetrags im zweiten Jahr. Der Buchungssatz ist bei linearer und degressiver Abschreibung identisch, lautet also stets:

Buchungssatz
Abschreibung auf Sachanlagen (4910)
an Bestandskonto Sachanlage

In Tabelle 3.6 sind die degressiven Abschreibungen und die Restbuchwerte über die gesamte Nutzungsdauer ausgewiesen.

Buchwert	degressive AfA (30 %)
Anschaffungskosten	30.000,00 €
AfA: 1. Jahr	9.000,00 €
Restbuchwert	21.000,00 €
AfA: 2. Jahr	6.300,00 €
Restbuchwert	14.700,00 €
AfA: 3. Jahr	4.410,00 €
Restbuchwert	10.290,00 €
AfA: 4. Jahr	3.087,00 €
Restbuchwert	7.203,00 €
AfA: 5. Jahr	2.160,90 €
Restbuchwert	5.042,10 €
AfA: 6. Jahr	1.512,63 €
Restbuchwert	**3.529,47 €**

Tabelle 3.6: Degressive Abschreibung und Restbuchwert

Stellt man die lineare und die degressive Abschreibung am Beispiel eines Anlagegutes gegenüber, das 35.000,00 € gekostet hat, so ergibt sich Tabelle 3.7.

Buchwert	degressive AfA	lineare AfA
	30 %	16,67 %
Anschaffungskosten	35.000,00 €	35.000,00 €
AfA: 1. Jahr	10.500,00 €	5.833,33 €
Restbuchwert	24.500,00 €	29.166,67 €
AfA: 2. Jahr	7.350,00 €	5.833,33 €
Restbuchwert	17.150,00 €	23.333,33 €
AfA: 3. Jahr	5.145,00 €	5.833,33 €
Restbuchwert	12.005,00 €	17.500,00 €
AfA: 4. Jahr	3.601,50 €	5.833,33 €
Restbuchwert	8.403,50 €	11.666,67 €
AfA: 5. Jahr	2.521,05 €	5.833,33 €
Restbuchwert	5.882,45 €	5.833,34 €
AfA: 6. Jahr	1.764,74 €	5.833,34 €
Restbuchwert	**4.117,72 €**	**0,00 €**

Tabelle 3.7: Vergleich der linearen mit der degressiven Abschreibung

Bei der linearen Abschreibung beträgt der Restbuchwert am Ende der Nutzungsdauer null. Da das Anlagegut jedoch länger genutzt werden kann, das heißt, auch nach Ablauf der Abschreibungsdauer noch im Unternehmen verbleibt, kann man bei der linearen Abschreibung am Ende einen Restbuchwert von 1,00 € stehen lassen, den so genannten Erinnerungswert. Im Lauf der Nutzung – in unserem Beispiel im dritten Jahr – kehrt sich das Verhältnis zwischen dem linearen und dem degressiven Abschreibungsbetrag um. Zu Beginn der betriebsüblichen Nutzungsdauer ist die degressive Abschreibung aufgrund der hohen Beträge günstiger, später die lineare. Das Einkommensteuergesetz gestattet für bewegliche Anlagegüter, die vor dem 1. Januar 2008 angeschafft wurden, den Wechsel von der degressiven zur linearen Abschreibung, jedoch nicht umgekehrt.

AUFGABE

Ermitteln Sie für die in der folgenden Aufstellung aufgeführten beweglichen Anlagegüter den Prozentsatz für die lineare und die degressive Abschreibung. Gehen Sie davon aus, dass die Anschaffung nach dem 31. Dezember 2005 und vor dem 1. Januar 2008 stattgefunden hat.

Anlagegut	betriebsübliche Nutzungsdauer
Telefonanlage	8 Jahre
Faxendgerät	6 Jahre
Personal Computer, Notebook, Drucker	3 Jahre
Kopierer	7 Jahre
Büromöbel	13 Jahre
Geschirrspüler	5 Jahre
Möbel (Gastronomie)	10 Jahre
Beschallungsanlage	9 oder 4 Jahre (je nach Anlage)

3.11.2 Geringwertige Wirtschaftsgüter

Zum Einstieg

Mit Unterstützung von Susanne Wenigwort hat sich Klaus einen Überblick über die lineare und die degressive Abschreibung verschafft. Von Mitschülern hat er gehört, dass es unter den beweglichen Wirtschaftsgütern auch so genannte geringwertige Wirtschaftsgüter gibt, welche bei der Erfassung und Abschreibung eigenen Regeln unterliegen. In seinem Kontenplan hat Klaus bereits das entsprechende Bestandskonto gefunden.

Um ein bewegliches Anlagegut als geringwertig einordnen zu können, muss dieses die beiden folgenden Voraussetzungen erfüllen:

▶ Es muss selbstständig nutzbar sein, das heißt, es darf sich zum Beispiel nicht um einen Drucker, also ein Peripheriegerät handeln; vielmehr muss es eigenständig funktionieren, wie eine Additionsmaschine, eine Registrierkasse oder ein Bürostuhl.
▶ Die Nettoanschaffungskosten dürfen 150,00 € nicht übersteigen.

Sind diese beiden Bedingungen erfüllt, so kann das Wirtschaftsgut direkt auf ein Aufwandskonto gebucht werden, da es im Jahr der Anschaffung voll absetzbar ist.

Beispiel ▶ Buchung des Einkaufs einer Saftpresse für das Bistro

Die Body-Fit GmbH hat für das studioeigene Bistro eine Saftpresse gekauft. Der Rechnungsbetrag beläuft sich auf 176,00 € brutto. Der Einkauf wird folgendermaßen gebucht:

Buchungssatz	Soll	Haben
Bürobedarf (4810)	147,90 €	
Vorsteuer (1410)	28,10 €	
an Verbindlichkeiten a. LL (1710)		176,00 €

Anders verhält es sich mit abnutzbaren beweglichen Wirtschaftsgütern, die einer selbstständigen Nutzung fähig sind und deren Nettoanschaffungskosten mehr als 150,00 €, höchstens aber 1.000,00 € betragen. Diese Wirtschaftsgüter werden auf dem Sammelkonto „Geringwertige Wirtschaftsgüter" (0370)* gebucht und im Jahr der Anschaffung und den folgenden vier Jahren jeweils mit einem Fünftel abgeschrieben. Die Berechnungsgrundlage für den abzuschreibenden Betrag ist die Summe der Nettoanschaffungskosten.

Beispiel ▶ Abschreibung geringwertiger Wirtschaftsgüter

Die Body-Fit GmbH hat zu Beginn des laufenden Geschäftsjahres folgende geringwertige Wirtschaftgüter angeschafft:

Wirtschaftsgut	Anschaffungskosten netto
Rudergerät Skull	879,00 €
Digitalkamera Impact 7000	220,00 €
Bürostuhl Ergoline plus	954,00 €
gesamt	**2.053,00 €**

* Um im betrieblichen Alltag einen besseren Überblick darüber zu haben, in welchem Jahr einzelne geringwertige Wirtschaftsgüter angeschafft wurden, ist es möglich, für jedes Geschäftsjahr ein entsprechendes Unterkonto einzurichten. Die im Jahr 2008 angeschafften geringwertigen Wirtschaftsgüter werden auf dem Konto 0371 gebucht, die 2009 angeschafften auf 0372 usw.

Der Abschreibungsbetrag beträgt in diesem Jahr demzufolge 410,60 €, ein Fünftel der gesamten Anschaffungskosten. Er wird ebenfalls auf das Aufwandskonto „4910 Abschreibungen auf Sachanlagen" gebucht. Der Buchungssatz lautet:

Buchungssatz	Soll	Haben
Abschreibungen auf Sachanlagen (4910)	410,60 €	
an Geringwertige Wirtschaftsgüter (0370)		410,60 €

AUFGABEN

1. Wie lautet die Kontonummer für geringwertige Wirtschaftgüter gemäß dem Kontenrahmen für den Groß- und Außenhandel?
2. Entscheiden Sie, ob es sich bei den folgenden, selbstständig nutzbaren Wirtschaftsgütern um geringwertige Wirtschaftgüter handelt. Ermitteln Sie anschließend für die auf dem Konto 0370 gebuchten Anlagegüter den Abschreibungsbetrag und bilden Sie den entsprechenden Buchungssatz.

Wirtschaftsgut	Anschaffungskosten brutto
Fahrradergometer Ergotour Slimline	1.258,00 €
Standmixer Bosch 2714	143,00 €
Kaffeemaschine Krupps Professional 300	1.165,50 €
Diktiergerät	89,00 €
Powerstepper Nanga Parbat	687,75 €

3.11.3 Bewertung von Vorräten und Handelswaren

Nicht nur das Anlagevermögen ist im Zuge der Erstellung des Jahresabschlusses zu bewerten, sondern auch das Umlaufvermögen, zu dem Vorräte ebenso zählen wie Handelswaren. Da für Sport- und Fitnessstudios im Gegensatz zu Handels- und Industrieunternehmen die Bedeutung von Vorräten und Handelswaren eher gering ist, seien hier nur kurz die wichtigsten Bewertungsverfahren angesprochen.

Durchschnittsbewertung

QUELLE
§ 252 Abs. 1
Ziffer 3 HGB

Zum Einstieg

Klaus Helmchen, der sich im Berufsschulunterricht in Buchführung gerade mit dem Thema Vorratsbewertung befasst, hat Folgendes erfahren: Grundsätzlich sind Wirtschaftsgüter des Vorratsvermögens einzeln zu bewerten. Es fällt ihm schwer, sich vorzustellen, wie dies in der betrieblichen Praxis funktionieren soll. Susanne Wenigwort erklärt Klaus, dass laut Handels- und Steuerrecht bei Vorräten und Handelswaren auch eine Gruppenbewertung vorgenommen werden darf. Voraussetzung dafür ist, dass es sich um gleichartige oder annähernd gleichwertige bewegliche Vermögensgegenstände handelt. Man ermittelt den Wert nach der Methode des gewogenen Durchschnitts. Die Body-Fit GmbH verkauft im studioeigenen Bistro Mineralwasser unterschiedlicher Geschmacksrichtungen in 0,5-Liter-Flaschen. Susanne erklärt Klaus die Bewertung nach dem gewogenen Durchschnitt anhand dieser Handelswaren.

AUFGABEN

1. Ermitteln Sie den Wert pro Flasche nach der Methode des gewogenen Durchschnitts. Folgende Informationen liegen Ihnen vor:

Mineralwasser 0,5 l		Menge	Einkaufspreis netto pro Flasche
Anfangsbestand	1. Januar	20	0,50 €
Zugang	27. März	120	0,45 €
Zugang	11. Mai	360	0,70 €
Zugang	19. September	80	0,65 €
Zugang	12. Dezember	100	0,35 €

2. Am Bilanzstichtag sind bei der Body-Fit GmbH noch 25 dieser Flaschen auf Lager. Mit welchem Betrag wird der Gesamtvorrat bei der Inventur erfasst?

Verbrauchsfolgeverfahren

Zum Einstieg

Damit Klaus einen Überblick über alle Bewertungsverfahren erhält, erläutert ihm Frau Wenigwort auch die Verbrauchsfolgeverfahren. Wie bereits der Name sagt, spielt bei diesen Verfahren die Reihenfolge des Verbrauchs, sprich, der Entnahme vom Lager, eine Rolle. Im Gegensatz zur Bewertung nach dem gewogenen Durchschnitt sind bei dieser Methode also nicht die (Lager-)Zugänge, sondern die (Lager-)Abgänge von Bedeutung. Susanne erklärt Klaus, dass es hier zwei Methoden gibt, das Lifo- und das Fifo-Verfahren.

Soweit es den Grundsätzen ordnungsmäßiger Buchführung entspricht, kann für den Wertansatz gleichartiger Vermögensgegenstände des Vorratsvermögens unterstellt werden, dass die zuerst oder dass die zuletzt angeschafften oder hergestellten Vermögensgegenstände zuerst verbraucht oder veräußert wurden.

QUELLE
§ 256 Satz 1
HGB

Diese handelsrechtliche Vorgabe lässt Raum für zwei verschiedene Verbrauchs- oder Veräußerungsfolgeverfahren:

▶ Das Fifo-Verfahren geht von der Annahme aus, dass die zuerst angeschafften Vorräte auch zuerst verbraucht werden.

▶ Das Lifo-Verfahren geht von der Annnahme aus, dass die zuletzt angeschafften Vorräte zuerst verbraucht werden.

Je nach dem gewählten Verfahren ergeben sich demnach unterschiedliche Wertansätze. Die genannten Verfahren werden in Unternehmen angewandt, die große Lager unterhalten, also beispielsweise im Großhandel oder in der Industrie.

Während das Handelsgesetz dem Steuerpflichtigen die Wahl zwischen Lifo- und Fifo-Methode lässt, sind steuerrechtlich gesehen andere Bewertungsverfahren mit unterstellter Verbrauchs- oder Veräußerungsfolge als die Lifo-Methode nicht zulässig. Das ergibt sich aus § 6 Absatz 1 Ziffer 2 a des Einkommensteuergesetzes. Die Lifo-Methode darf allerdings nur auf solche Vorräte und Handelswaren angewendet werden, bei denen sie

QUELLE
§ 6 Absatz 1
Ziffer 2 a
Einkommen-
steuergesetz

nicht völlig unvereinbar mit dem betrieblichen Geschehen ist. So dürfen zum Beispiel leicht verderbliche Waren (Lebensmittel) und solche mit einer begrenzten Haltbarkeitsdauer nicht nach dieser Methode bewertet werden.

AUFGABEN

1. Erklären Sie die Abkürzungen Lifo und Fifo.
2. Bewerten Sie den Schlussbestand von 1 000 Stück für die Bilanzierung
   ▶ nach dem Fifo-Verfahren.
   ▶ nach dem Lifo-Verfahren.

Folgende Informationen liegen vor:

		Menge	Einkaufspreis pro Stück netto
Anfangsbestand	1. Januar	800	25,00 €
Zugang	1. März	900	22,00 €
Zugang	13. Juni	500	17,00 €
Zugang	18. August	600	21,00 €
Zugang	15. Dezember	200	19,00 €

3.11.4 Zeitliche Abgrenzungen*

Zum Einstieg

Klaus Helmchen hat im Inhaltsverzeichnis seines Rechnungswesen-Lehrbuchs das Stichwort „Rechnungsabgrenzungen" gelesen und bittet Susanne Wenigwort um nähere Erläuterungen.

Im Zuge der Arbeiten zum Jahresabschluss müssen Aufwendungen und Erträge abgegrenzt werden. Im betrieblichen Alltag kommt es oft zu erfolgswirksamen Geschäftsfällen, deren Wirkung das Geschäftsjahr überschreitet.

Beispiel ▶ Zeitlich abzugrenzende Geschäftsfälle

▶ Die jährliche Versicherungsprämie wird zum 1. April fällig. Sie wird im Voraus bezahlt.
▶ Die Miete für die Monate Dezember bis Februar wird nachträglich entrichtet.

Zunächst wird der mehrteilige Vorgang – es entsteht eine Forderung oder Verbindlichkeit, die anschließend durch Zahlung beglichen wird – komplett gebucht. Da aber Aufwendungen und Erträge des Geschäftsjahres unabhängig von den Zeitpunkten der entsprechenden Zahlungen im Jahresabschluss zu berücksichtigen sind, muss beim Jahresabschluss ermittelt werden, in welcher Höhe Aufwendungen oder Erträge auf das abzuschließende Geschäftsjahr entfallen. Mit anderen Worten: Beim Jahresabschluss müssen Einnahmen und Ausgaben auf den Euro genau dem Zeitraum zugeordnet werden, in dem sie auch tatsächlich verursacht, das heißt, in dem sie erfolgswirksam wurden und somit das Unternehmensergebnis beeinflussen. Man spricht hier von zeitlichen Abgrenzungen. Schaubild 3.18 fasst die verschiedenen, handelsrechtlich verankerten zeitlichen Abgrenzungen zusammen.

---

* Zur Vereinfachung wird die Mehrwertsteuer in diesem Abschnitt vernachlässigt.

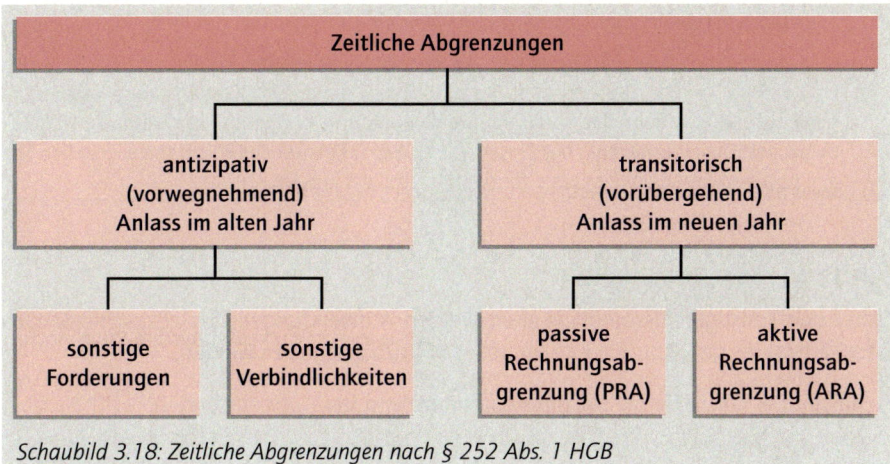

Schaubild 3.18: Zeitliche Abgrenzungen nach § 252 Abs. 1 HGB

Sonstige Forderungen

Unter den sonstigen Forderungen werden Erträge des abzuschließenden Geschäftsjahres gebucht, die erst im neuen Jahr zu Einnahmen werden.

Beispiel ► Antizipative Rechnungsabgrenzung bei Erträgen

Die Body-Fit GmbH erhält die Miete für einen von einem Geschäftspartner genutzten Raum für die Monate Dezember bis Februar in Höhe von 450,00 € netto erst im Februar des Folgejahres. Der Buchungssatz zum Jahresabschluss lautet:

Buchungssatz	Soll	Haben
Sonstige Forderungen (1130) an Mieterträge (2420)	150,00 €	150,00 €

Der Mietanteil für Dezember wird bereits auf das Ertragskonto gebucht, da eine entsprechende Forderung gegenüber dem Mieter besteht. Der Buchungssatz bei Zahlung lautet:

Buchungssatz	Soll	Haben
Bank (1310) an Sonstige Forderungen (1130) an Mieterträge (2420)	450,00 €	150,00 € 300,00 €

Der Mietanteil für Januar und Februar wird auf das Ertragskonto gebucht. Mit dem Mietanteil vom Dezember werden die sonstigen Forderungen ausgeglichen.

AUFGABEN

1. Die Body-Fit GmbH hat eine leer stehende Halle für 2.500,00 € netto vermietet. Die Miete für den Monat Dezember dieses Jahres erhält sie erst am 20. Januar des Folgejahres.

   a) Beurteilen Sie, in welchem Jahr der Ertrag aus der Vermietung der Lagerhalle erfolgswirksam zu berücksichtigen ist.

b) Erstellen Sie den notwendigen Buchungssatz am 31. Dezember des laufenden Jahres.

c) Erstellen Sie den Buchungssatz zum 20. Januar des folgenden Jahres.

2. Die Body-Fit GmbH stundet am 1. November des laufenden Geschäftsjahres einem Firmenkunden eine offene Rechnung für drei Monate. An Stundungszinsen werden 240,00 € berechnet. Die Überweisung der Zinsen erfolgt am 1. Februar des Folgejahres. Erstellen Sie alle notwendigen Buchungssätze für die Buchung der Zinsen.

Sonstige Verbindlichkeiten

Unter den sonstigen Verbindlichkeiten werden Aufwendungen des abzuschließenden Geschäftsjahres gebucht, die erst im neuen Jahr zu Ausgaben werden.

Beispiel ▶ Antizipative Rechnungsabgrenzung bei Aufwendungen

Die Zinsen auf einen bestehenden Kredit für die Monate Dezember und Januar (120,00 € pro Monat) werden erst im Nachhinein gezahlt. Die Zinskosten werden auf dem entsprechenden Aufwandskonto gebucht. Da die Zahlung im laufenden Geschäftsjahr noch nicht erfolgt, liegen sonstige Verbindlichkeiten gegenüber dem Kreditinstitut vor. Der Buchungssatz zum Jahresabschluss lautet:

Buchungssatz	Soll	Haben
Zinsaufwendungen für langfristige Verbindlichkeiten (2120)	120,00 €	
an Sonstige Verbindlichkeiten (1940)		120,00 €

Der Buchungssatz bei Zahlung im Folgejahr lautet:

Buchungssatz	Soll	Haben
Zinsaufwendungen für langfristige Verbindlichkeiten (2120)	120,00 €	
Sonstige Verbindlichkeiten (1940)	120,00 €	
an Kreditinstitute (1310)		240,00 €

Durch die Zahlung der Kreditzinsen im Folgejahr werden die sonstigen Verbindlichkeiten ausgeglichen.

AUFGABEN

1. Die Body-Fit GmbH ist Mitglied des Vereins Pro Hof e.V. Sie zahlt den Mitgliedsbeitrag für die Monate Oktober bis Dezember von 600,00 € durch Überweisung im Februar des folgenden Jahres.

   a) Beurteilen Sie, in welchem Jahr der Beitrag als Aufwand zu berücksichtigen ist.

   b) Erstellen Sie den Buchungssatz zum 31. Dezember des laufenden Jahres.

   c) Erstellen Sie den Buchungssatz bei Überweisung im Februar des Folgejahres.

2. Die Body-Fit GmbH erhält am 1. November des laufenden Jahres eine offene Rechnung für einen Monat gestundet. An Stundungszinsen werden 200,00 € berechnet. Die Überweisung der Zinsen erfolgt am 1. Februar des Folgejahres. Erstellen Sie alle notwendigen Buchungssätze für die Buchung der Zinsen.

562296

Passive Rechnungsabgrenzung

Einnahmen des abzuschließenden Geschäftsjahres, die Erträge des neuen Jahres sind, sind Gegenstand der passiven Rechnungsabgrenzung.

Beispiel ▶ Passive Rechnungsabgrenzung

Ein Mitglied der Body-Fit GmbH überweist seine Mitgliedsbeiträge für die Monate November bis Januar bereits im September. Der Buchungssatz bei Zahlung lautet:

Buchungssatz	Soll	Haben
Bank (1310)	165,00 €	
an Sonstige Erträge (2460)		165,00 €

Der Mitgliedsbeitrag wird bei Zahlung zunächst komplett als Ertrag gebucht. Der ausgleichende Buchungssatz zum Jahresabschluss lautet:

Buchungssatz	Soll	Haben
Sonstige Erträge (2460)	55,00 €	
an Passive Rechnungsabgrenzungsposten (0930)		55,00 €

Der Mitgliedsbeitrag für Januar, der erst für das folgende Geschäftsjahr einen Ertrag darstellt, wird vom Konto „Sonstige Erträge" umgebucht. Der Buchungssatz im neuen Geschäftsjahr lautet:

Buchungssatz	Soll	Haben
Passive Rechnungsabgrenzungsposten (0930)	55,00 €	
an Sonstige Erträge (2460)		55,00 €

Mit dieser Buchung wird der Mitgliedsbeitrag für Januar zu einem periodengerechten erfolgswirksamen Ertrag.

AUFGABEN

1. Auf dem Bankkonto der Body-Fit GmbH geht am 27. September des laufenden Jahres die Miete für die vermieteten Massageräume für den Zeitraum 1. Oktober bis 31. März von 1.200,00 € netto ein.

   a) Buchen Sie am 27. September des laufenden Jahres. Berechnen Sie, in welcher Höhe der Ertrag aus der Mieteinnahme im laufenden und im kommenden Jahr berücksichtigt werden muss.

   b) Erstellen Sie den notwendigen Buchungssatz zum 31. Dezember des laufenden Jahres.

   c) Erstellen Sie den Buchungssatz zur Umbuchung im kommenden Geschäftsjahr.

2. Die Body-Fit GmbH hat einem Geschäftspartner einen Kredit für die Zeit vom 1. September des laufenden bis zum 29. Februar des folgenden Geschäftsjahres gewährt. Dafür erhält sie Zinsen von 1.200,00 €. Der Geschäftspartner überweist die Zinsen vereinbarungsgemäß im Voraus am 1. Oktober des laufenden Jahres. Erstellen Sie alle notwendigen Buchungssätze für die Buchung der Zinsen.

Aktive Rechnungsabgrenzung

Ausgaben des abzuschließenden Geschäftsjahres, die Aufwendungen des neuen Jahres sind, sind Gegenstand der aktiven Rechnungsabgrenzung.

Beispiel ▶ Aktive Rechnungsabgrenzung

Die Body-Fit GmbH zahlt die jährliche Kfz-Versicherungsprämie von 1.320,00 € am 1. April des laufenden Jahres im Voraus. Der Buchungssatz bei Zahlung lautet:

Buchungssatz	Soll	Haben
Versicherungen (4260)	1.320,00 €	
an Kreditinstitute (1310)		1.320,00 €

Anlässlich der Überweisung der Kfz-Versicherungsprämie wird der Betrag zunächst als Aufwand gebucht. Der Teil der Prämie, der auf die Versicherung im folgenden Geschäftsjahr entfällt, das heißt ein Viertel des vorausbezahlten Betrags, muss zum Jahresabschluss umgebucht werden. Der Buchungssatz zum Jahresabschluss lautet:

Buchungssatz	Soll	Haben
Aktive Rechnungsabgrenzungsposten (0910)	330,00 €	
an Versicherungen (4260)		330,00 €

Der Buchungssatz im neuen Geschäftsjahr lautet:

Buchungssatz	Soll	Haben
Versicherungen (4260)	330,00 €	
an Aktive Rechnungsabgrenzungsposten (0910)		330,00 €

Mit dieser Umbuchung wird die Prämie für die Kfz-Versicherung zu einem periodengerechten erfolgswirksamen Aufwand.

AUFGABEN

1. Am 1. Juli des laufenden Geschäftsjahres zahlt die Body-Fit GmbH die Kfz-Steuer für den betrieblichen Pkw von 300,00 € für den Zeitraum 1. Juli bis 30. Juni per Banküberweisung im Voraus.

   a) Erstellen Sie den notwendigen Buchungssatz am 1. Juli des Jahres.

   b) Berechnen Sie, in welcher Höhe der Aufwand für die Kfz-Steuer im laufenden und im kommenden Jahr zu berücksichtigen ist.

   c) Erstellen Sie den notwendigen Buchungssatz am 31. Dezember des laufenden Geschäftsjahres.

   d) Nehmen Sie die Umbuchung im Folgejahr vor.

2. Am 1. Mai des Jahres zahlt die Body-Fit GmbH die betriebliche Feuerversicherung für ein Jahr von 5.000,00 € per Banküberweisung im Voraus. Erstellen Sie alle notwendigen Buchungssätze.

4 Märkte analysieren und Marketinginstrumente anwenden

4.1 Der Rahmen: Marktwirtschaft und Wirtschaftspolitik

Zum Einstieg

Frank Reimann ist 33 Jahre alt. Er hat seine Ausbildung zum Sport- und Fitnesskaufmann erfolgreich abgeschlossen, anschließend viele verschiedene Lehrgänge besucht, Trainerscheine erworben und sich außerdem zum Leiter verschiedenster Sport- und Gesundheitskurse qualifiziert. Nach nunmehr fünf Jahren Berufserfahrung überlegt er ernsthaft, eine eigene Sport- und Wellnessanlage zu eröffnen. Viele Freunde und Bekannte ermuntern ihn, andere wiederum raten ihm mit einem Verweis auf die „momentan unternehmerfeindlichen Wirtschaftsstrukturen" in Deutschland ab.

AUFGABE

Betrachten Sie die derzeitige wirtschaftliche Situation in Deutschland und versuchen Sie zu beurteilen, ob es zurzeit sinnvoll wäre, ein mittelständisches Unternehmen zu gründen.

4.1.1 Der Wirtschaftskreislauf

AUFGABE

Ordnen Sie den zukünftigen Betrieb von Frank Reimann in den vollständigen Wirtschaftskreislauf ein und nennen Sie je zwei Beziehungen innerhalb des Geldkreislaufes, in denen er Zahlungen leisten muss beziehungsweise Zahlungen erhält.

> **BASISWISSEN**
> Der Wirtschaftskreislauf
> Kapitel 3, Abschnitt 3.1.1

4.1.2 Das ökonomische Prinzip

AUFGABEN

Ordnen Sie folgende Vorgänge dem ökonomischen Prinzip zu. Welche Ausprägung (Minimal- oder Maximalprinzip) ist jeweils angesprochen?

a) Frank R. versucht, mithilfe des ihm zur Verfügung stehenden Kapitals das hochwertigste Fitnessstudio zu bauen.

b) Die Theke für den Bistrobereich bestellt er beim günstigsten Lieferanten.

c) Die wöchentlichen Getränke sollen für einen möglichst geringen Betrag eingekauft werden.

d) Die Bauarbeiter sollen pro Tag möglichst viele Kubikmeter umbauen.

e) In den Kursräumen sollen so viele Teilnehmer wie möglich Platz finden.

f) Die optimale Betreuung der Mitglieder soll mit einer möglichst geringen Zahl von Trainern gewährleistet sein.

g) Mit einer bestimmten Menge Konzentrat soll das Getränk so gut wie möglich schmecken.

h) Die Aktionen am Eröffnungstag sollen so viele potenzielle Kunden wie möglich anlocken.

i) Eine „Baumitgliedschaft" soll so günstig wie möglich angeboten werden.

j) Die vier Saunaöfen sollen mit möglichst wenig Energieverbrauch betrieben werden.

> **BASISWISSEN**
> Das ökonomische Prinzip
> Kapitel 3, Abschnitt 3.1.2

4.1.3 Märkte und Preisbildung

AUFGABEN

1. Wer tritt am Gütermarkt als Nachfrager auf, wer als Anbieter? Beschreiben Sie beide Marktseiten möglichst genau. Geben Sie jeweils Beispiele für die Markttätigkeit.
2. Nennen Sie Faktoren, die das Angebotsverhalten beeinflussen, und begründen Sie deren Wirkungsweise.
3. Nennen Sie Faktoren, die das Nachfrageverhalten beeinflussen, und begründen Sie deren Wirkungsweise.
4. Erläutern Sie die Funktionen von Märkten am Beispiel der Sport- und Fitnessbranche.
5. Welche Merkmale kennzeichnen den Gleichgewichtspreis?
6. Zeigen Sie, was mit einer Nachfragelücke und einer Angebotslücke jeweils gemeint ist.
7. Beschreiben Sie einen Käufer- und einen Verkäufermarkt.
8. Beschreiben Sie die einzelnen Marktformen und finden Sie je zwei eigene Beispiele.
9. In welchem Markt bewegt sich Frank Reimann mit seiner Fitness- und Wellnessanlage? Welcher Marktform lässt sich der Markt zuordnen?
10. Der örtliche Sportbund fragt bei den Betreibern von Sport- und Fitnessanlagen an, ob sie im Rahmen einer Sport- und Ernährungsinitiative für die Kinder der Stadt Fitnesstraining anbieten würden. Alle Betreiber werden aufgefordert, ein Angebot für einen entsprechenden Kurs mit Angabe der maximalen Teilnehmerzahl abzugeben. Frank könnte aufgrund des Know-hows seiner Trainer die gewünschten Kurse anbieten, weiß aber nicht, welcher Preis am Markt durchsetzbar ist. Um herauszufinden, wie viel die potenziellen Kunden für den gewünschten Kurs zu zahlen bereit wären, schickt er sein PR-Team mit einer Umfrage in die Fußgängerzone. Die Befragung führt, von der Stichprobe hochgerechnet auf alle Kinder der Stadt, zu folgendem Ergebnis:

Höchstpreis, der pro Kurseinheit bezahlt würde	Zahl der Befragten
6,50 €	45
7,00 €	55
7,50 €	63
8,00 €	61
8,50 €	57
9,00 €	40
9,50 €	19
10,00 €	9

Die Stadt hat über den Sportbund von den Anlagen folgende Angebote bekommen:

Preis	maximale Zahl von Teilnehmern
10,00 €	350
9,50 €	270
9,00 €	170
8,50 €	100
8,00 €	20
7,50 €	0
7,00 €	0
6,50 €	0

5622100

a) Berechnen Sie den Gleichgewichtspreis.

b) Kennzeichnen Sie jeweils die Angebots- bzw. Nachfragelücke.

c) Zeigen Sie Angebot, Nachfrage und Gleichgewichtspreis grafisch auf.

d) Nennen Sie Faktoren, die zu einer Verschiebung der Nachfragekurve, und solche, die zu einer Verschiebung der Angebotskurve führen können.

4.1.4 Wirtschaftsordnung

BASISWISSEN
Die soziale Marktwirtschaft
Kapitel 3, Abschnitt 3.1.4

AUFGABEN

1. Gemäß dem folgenden Textauszug sind Unternehmen das „Herzstück unserer sozialen Markwirtschaft" und „Motor unserer Volkswirtschaft".

> Mittelständische Unternehmen sind entscheidende Leistungsträger in unserer Volkswirtschaft. Sie erwirtschaften zwei Drittel des Bruttosozialprodukts und stellen 60 Prozent aller Arbeitsplätze zur Verfügung. Sie tragen wesentlich dazu bei, dass ein Leistungs- und Preiswettbewerb besteht. Schließlich ist dieser Wettbewerb das Herzstück unserer sozialen Marktwirtschaft. Mit ihrer täglich praktizierten Eigeninitiative sind die mittelständischen Unternehmer der Motor unserer Volkswirtschaft. Sie tüfteln, entwickeln neue Produkte und neue Verfahren und sind ein wesentlicher Faktor für den Fortschritt und den heutigen Stand dieser Volkswirtschaft. Wir brauchen einen starken Mittelstand in allen Bereichen der Wirtschaft. Nur dadurch können ein ausgewogenes Verhältnis von kleinen und großen Unternehmen und der Wettbewerb untereinander bestehen bleiben.
>
> Quelle: Deutscher Sparkassen Verlag (Hg.): Selbstständig und erfolgreich sein, Stuttgart 1990/2003, S. 5

Erläutern Sie die beiden grundlegenden Prinzipien der sozialen Marktwirtschaft und stellen Sie die jeweiligen volkswirtschaftlichen Vor- und Nachteile gegenüber.

2. Erläutern Sie unter Hinzuziehung der beiden folgenden Texte die Entstehung der sozialen Marktwirtschaft und ihre wichtigsten Grundgedanken.

Der ehemalige Bundeskanzler Helmut Schmidt schreibt:

> Das so genannte Wirtschaftswunder der 50er Jahre hatte eine Reihe von Ursachen: Neben Währungsreform und Marshallplan die zunächst schrittweise, aber dann sich schnell vollziehende Befreiung von staatlichen Vorschriften. Markt und Wettbewerb traten an die Stelle staatlicher Reglementierung. Das war eine Glanzleistung des damaligen Wirtschaftsministers Ludwig Erhard. Es war nicht selbstverständlich für die Deutschen, dass nun plötzlich Unternehmer und Händler völlig frei sein sollten. Das hat Erhard den Leuten gut erklärt, er hat seine Sache in der ersten Hälfte der 50er Jahre erstklassig gemacht.
>
> Das Konzept der Sozialen Marktwirtschaft kam viel später, in der zweiten Hälfte der 50er Jahre. Ich nehme an, dass ich das Schlagwort „Soziale Marktwirtschaft" zum ersten Mal 1957 oder '58 gehört habe. Erhard, der in seinen Reden dieses Wort popularisiert hat, machte auf mich aber nicht den Eindruck, dass er ein Vorkämpfer für soziale Gerechtigkeit sein würde. Wohl aber sein Bundeskanzler, Konrad Adenauer, der dann die Dynamisierung der Renten gegen den Rat seines Wirtschaftsministers Erhard durchgesetzt hat. Ich glaube, Ludwig Erhard hatte in Wirklichkeit kein sozialpolitisches Konzept. Ihm ging es um Wirtschaftsordnung, Wettbewerbsordnung und um den Markt.
>
> Damals hat das Schlagwort „Soziale Marktwirtschaft" mich nicht sonderlich beeindruckt. Ich war aber sehr einverstanden mit der dynamischen Rente. Dass heute der Sozialstaat kaum mehr finanziert werden kann, beruht auf Fehlern, die sehr viel später aufeinander getürmt worden sind. Das kann man nicht der Rentenreform des Jahres 1957 anlasten.

Für den Parteitag der SPD 1959 in Godesberg gab es eine Reihe von Gründen. Ich hatte an den Programmentwürfen jahrelang mitgearbeitet. Einer der Gründe war der Generationswechsel innerhalb der Sozialdemokratie. Ein anderer Grund war, dass die neue Generation – typische Vertreter waren Willy Brandt, Fritz Erler oder Herbert Wehner – sah, dass man mit der alten Programmatik bei den Wählerinnen und Wählern nicht mehr die gewünschte Zustimmung erringen würde. Wir mussten uns darauf einstellen, dass die Leute von uns keine Planwirtschaft erwarteten. Die Diskussionen, die dem Godesberger Programm vorausgegangen sind, haben schon '52 angefangen und dann in den späten 50er Jahren mehrere Jahre beansprucht. Es gab auch Einflüsse von Ökonomen, die wussten, wie Wirtschaft funktioniert, und dass eine Wirtschaft, die sich am Markt orientiert, besser funktioniert als eine, die von staatlichen Direktiven gelenkt wird. Beim Godesberger Programm wirkten vielerlei Einflüsse zusammen.

Quelle: Aust, Stefan u. a. (Hg.): Der Fall Deutschland, 5. Aufl., Piper, München 2005, S. 46–47

Der ehemalige Bundespräsident Richard von Weizsäcker schreibt:

Konrad Adenauer hat durch seine Klugheit, seine große Erfahrung und seine Würde im Auftreten als Repräsentant des geschlagenen Deutschland gegenüber den Siegermächten einen starken Eindruck hinterlassen – auch auf mich. Im Vordergrund stand damals, dass die neu gegründete Bundesrepublik Deutschland im internationalen Gespräch überhaupt wieder zugelassen wurde. Es ging darum, dass Westdeutschland trotz der Beschränkung seiner Selbstständigkeit als neuer Partner respektiert wurde.

Kanzler Adenauer und sein Wirtschaftsminister Ludwig Erhard waren ein interessantes und in der Gründungsphase der Republik auch sehr fruchtbares Paar. Erhard war der Begründer dessen, was wir Soziale Marktwirtschaft nennen, aber das, was wir damals darunter verstanden haben und heute herausinterpretieren, unterschied sich bei Erhard und Adenauer doch nachhaltig. Erhard hatte die Vorstellung, die soziale Marktwirtschaft sei ein System, das nicht sozial gemacht werden müsse, sondern sozial sei. Adenauer dagegen war der Meinung, dass das Sozialsystem vom Staat her käme. Adenauer wollte die staatliche Verantwortung für die Sozialpolitik in der Tradition Bismarcks und mit Hilfe der katholischen Soziallehre und evangelischen Sozialethik nutzen, um auf diesem Gebiet ausdrücklich soziale Ziele anzustreben und Leistungen zu vollbringen. Erhard stand manchen dieser Vorhaben skeptisch gegenüber.

Eine wichtige Auswirkung hatte die Einführung des Mitbestimmungsrechtes, die Montanmitbestimmung Anfang 1951. Sie war der erste Schritt in die Richtung, Aufsichtsräte paritätisch zusammenzusetzen. Außerdem bedeutete sie, dass eine arbeitnehmernahe Persönlichkeit im Vorstand mit Zuständigkeit für die Personalien tätig sein sollte. Damit wurde das Prinzip der Tarifpartnerschaft in die Unternehmensleitungen eingeführt. Dies war nicht nur der Wunsch der Gewerkschaften in Deutschland, sondern auch der britischen Besatzungsmacht im Ruhrgebiet. In Großbritannien regierte die Labourpartei, die ihrerseits Ideen wie paritätische Mitbestimmung in Unternehmen begrüßte, bei sich zu Hause aber nicht einführen konnte und sich sagte: „Dann kann es in dem besetzten Westdeutschland doch erst einmal ausprobiert werden." Auch von daher kam ein gewisser Rückenwind. Adenauer hatte damals ein Interesse an gutem Kontakt mit dem DGB-Vorsitzenden Böckler. Da gab es auf manchen Gebieten Kooperation. Der Streit über die paritätische Mitbestimmung, insbesondere in den Aufsichtsräten, hat in den folgenden Jahrzehnten nie ganz aufgehört, bis heute nicht. Mein damaliger Eindruck war: die Parität in den Unternehmensführungen hat weder so viel gebracht, wie von Vielen erhofft, noch so viel geschadet, wie von Vielen befürchtet.

Quelle: Aust, Stefan u. a. (Hg.): Der Fall Deutschland, 5. Aufl., Piper, München 2005, S. 48–49

3. Zeigen Sie anhand des geplanten Unternehmens von Frank Reimann, welche Vor- und Nachteile die soziale Marktwirtschaft insbesondere den mittelständischen Unternehmen bringt.

4. Zeigen Sie, welche Vor- und Nachteile die soziale Marktwirtschaft der Bevölkerung im Allgemeinen bringt.

5. Gruppenarbeit / Referat: Zeigen Sie die verschiedenen Entwicklungsphasen der sozialen Marktwirtschaft in der Geschichte der Bundesrepublik Deutschland auf und erläutern Sie die Hoch- und Tiefphasen. Orientieren Sie sich dabei an den Schaubildern 4.1 und 4.2.

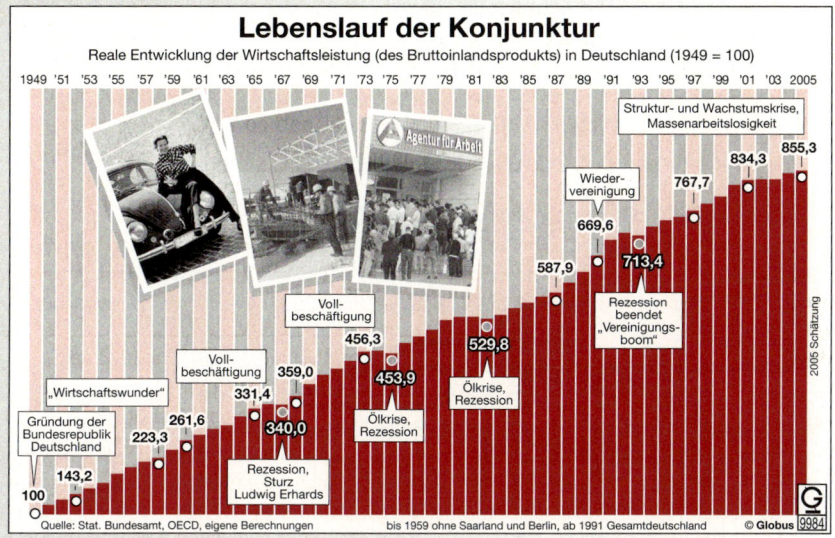

Schaubild 4.1: Phasen der Wirtschaftsentwicklung der Bundesrepublik Deutschland seit 1949

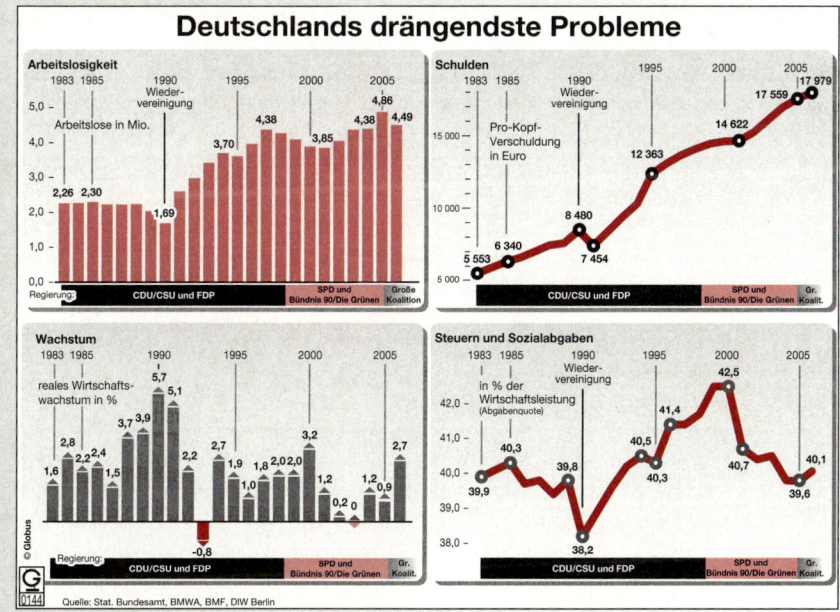

Schaubild 4.2: Wirtschaftspolitische Probleme in Deutschland

BASISWISSEN
Ziele und
Bereiche der
Wirtschafts-
politik
Kapitel 3,
Abschnitt
3.1.5

4.1.5   Wirtschaftspolitische Ziele

Aus der ordnungspolitischen Konzeption der sozialen Markwirtschaft ergaben sich im Laufe der Zeit Prinzipien und Ziele, die dieser Grundordnung zu Stabilität verhelfen sollten:

1. Angemessenes Wirtschaftswachstum
2. Außenwirtschaftliches Gleichgewicht
3. Hoher Beschäftigungsstand
4. Stabilität des Preisniveaus

Der ehemalige Bundespräsident Richard von Weizsäcker schreibt:

> Die Zusammenarbeit zwischen den Bereichen Finanz und Wirtschaft hat in der Großen Koalition gut funktioniert, mit Wirtschaftsminister Karl Schiller und Franz Josef Strauß als Finanzminister. Die Wachstumsraten in dieser Zeit lagen bei mehr als fünf Prozent, und die Arbeitslosigkeit lag bei einem halben Prozent. Das war schon fast überbordende Vollbeschäftigung. Das verbinde ich eben auch mit der Zeit der Großen Koalition.
>
> Es ging dann später anders weiter, denn aus dieser sehr günstigen Wachstums- und Beschäftigungsphase entstand ziemlich rasch nach der Großen Koalition eine Art von Euphorie, die eine Versuchung zu allen möglichen Dingen wurde, was sich dann langfristig nicht wirklich bewährt hat. Aber in der Großen Koalition war die Wirtschafts- und Finanzpolitik zusammen erfolgreich vertreten durch die beiden großen Parteien, die dort zusammensaßen.
>
> Quelle: Aust, Stefan u. a. (Hg.): Der Fall Deutschland, 5. Aufl., Piper, München 2005, S. 76

Preisniveaustabilität

> **Laut DIW bleibt Inflationsrate konstant**
>
> Berlin (dpa) – Das Deutsche Institut für Wirtschaftsforschung in Berlin rechnet im kommenden Jahr nicht mit einer steigenden Inflationsrate. „Ich glaube, dass unsere Preissteigerungsrate wie bisher etwa 2,0 bis 2,3 % betragen wird", sagt der DIW-Experte Professor Alfred Steinherr der Verbraucherzeitschrift „Guter Rat". „Wenn die Zinsen steigen, zieht der Euro an. Dadurch werden Importe billiger. Das würde den Preisanstieg bremsen", erklärte Steinherr.
>
> Quelle: dpa, 4. Dezember 2005

Abbildung 4.5: Pressemeldung zur Entwicklung der Inflationsrate

BASISWISSEN
Ziel Nr. 1 –
Preisniveau-
stabilität
Kapitel 3,
Abschnitt
3.1.5

Änderungen des Preisniveaus beziehungsweise die Inflationshöhe werden anhand von Preisindizes gemessen.

Beispiel ▶ Ermittlung der Inflationsrate

Wie die Inflationsrate ermittelt wird, lässt sich beispielhaft anhand von vier zufällig ausgewählten Produkten darstellen, die in einem Warenkorb zusammengestellt sind – Margarine, Benzin, DVD-Player und Duschgel.

	Ware	durchschnittlicher Preis je Einheit in €			Verbrauchseinheiten pro Monat	Warenkorbwert in €		
		Jan.	Febr.	März		Jan.	Febr.	März
	Margarine	0,89	0,85	0,84	2 Pkg. à 500 g	1,78	1,70	1,68
Änderung in %			−4,5	−1,2				

	Ware	durchschnittlicher Preis je Einheit in €			Verbrauchseinheiten pro Monat	Warenkorbwert in €		
		Jan.	Febr.	März		Jan.	Febr.	März
	Benzin	1,35	1,38	1,39	72 l	97,20	99,36	100,08
Änderung in %			+2,2	+ 0,7				
	DVD-Player	120,00	130,00	140,00	¹⁄₁₆	7,50	8,13	8,75
Änderung in %			+8,3	+7,7				
	Duschgel	1,20	1,20	1,18	3 Stück à 250 ml	3,60	3,60	3,54
Änderung in %			0,0	−1,7				
Gesamt						110,08	112,79	114,05
Index						100	102,46	103,61

Tabelle 4.1: Beispiel zur Berechnung der Inflationsrate

Wie sich zeigt, reichen die Preissenkungen bei Margarine und Duschgel nicht aus, um die Preissteigerungen bei Benzin und DVD-Playern zu kompensieren.

Das Beispiel eignet sich auch, um Unterschiede zwischen der gemessenen Preissteigerungsrate und der Wahrnehmung vieler Bundesbürger nach der Einführung des Euro plausibel zu machen. Wenn der Euro zuweilen als „Teuro" bezeichnet wird, so drückt dies die Klage aus, die Lebenshaltung habe sich deutlich verteuert. Dabei wird jedoch denjenigen Gütern und Dienstleistungen im Warenkorb, deren Preise stabil geblieben oder sogar gesunken sind, zu wenig Aufmerksamkeit geschenkt, denn tatsächlich weist der Verbraucherpreisindex nur eine moderate Inflationsentwicklung aus. Die Kaufzurückhaltung vor der Euroeinführung führte dazu, dass die privaten Haushalte nach dem Währungswechsel überdurchschnittlich viele größere Anschaffungen (z. B. Waschmaschinen, Autos) vornahmen. Die Preissteigerung der entsprechenden Produkte aufgrund der erhöhten Nachfrage wurde von den Verbrauchern sehr viel stärker wahrgenommen als die – teils sehr viel moderatere oder sogar rückläufige – Entwicklung der Preise für andere Güter und Dienstleistungen.

AUFGABEN

1. Berechnen Sie den Preisindex für die Güter in der folgenden Aufstellung:

Ware	Durchschnittlicher Preis pro Einheit in €			Verbrauch pro Monat (Stück)
	April	Mai	Juni	
Äpfel	0,31	0,34	0,29	11
Musik-CD	11,52	11,58	11,69	0,4
Dosensuppe	0,63	0,59	0,59	2,3
Jeans	43,30	43,50	43,30	0,6

2. Beschreiben Sie die unterschiedlichen Formen der Inflation.

3. Gruppenarbeit/Referat: Erstellen Sie für Ihre Klasse einen alternativen Warenkorb entsprechend der Konsumgewohnheiten der Schülerinnen und Schüler und führen Sie für einige Monate den Index. Vergleichen Sie schließlich Ihre Ergebnisse mit der Preisentwicklung auf der Basis des offiziellen Warenkorbs.

Hoher Beschäftigungsstand

BASISWISSEN
Ziel Nr. 2 –
Hoher Be-
schäftigungs-
stand
Kapitel 3,
Abschnitt
3.1.5

AUFGABEN

1. Bei Frank Reimann haben sich mehrere Personen um eine Stellung beworben. Sie sind aus den unterschiedlichsten Gründen auf Arbeitsuche. Viele haben bereits in anderen Berufen oder in anderen Firmen gearbeitet. Frank wählt zwischen den folgenden Personen aus:

   ▶ Ebbe S. (33) ist in den Wintermonaten beschäftigungslos, während er im Sommer in einem Freibad als Bademeister arbeitet.

   ▶ Sina S. (25) hat ihren Job in Berlin aufgegeben, um mit ihrem frisch angetrauten Mann hier in der Stadt zusammenzuziehen.

   ▶ Der Arbeitsplatz von Tomaž W. (35) wurde durch den Einsatz einer neuen Maschine überflüssig.

   ▶ Anni F. (22) hat bereits lange Jahre in der Branche gearbeitet. Leider musste ihr Betrieb vor einiger Zeit aus wirtschaftlichen Gründen schließen.

   ▶ Sören L. (17) hat die Schule abgeschlossen und sucht nun einen Ausbildungsplatz. Leider ist die Ausbildungsplatzsituation schwierig. Es ist nicht leicht, angesichts der großen Zahl der Ausbildungsplatzsuchenden und des relativ schmalen Angebots eine passende Stelle zu finden. Bisher haben erst drei seiner ehemaligen Klassenkameraden einen Ausbildungsplatz gefunden.

   ▶ Gerald A. (26) war bisher auf dem Bau beschäftigt. Leider werden dort immer mehr Arbeitsplätze abgebaut. Er sucht nach einer Umschulungsmöglichkeit zum Sport- und Fitnesskaufmann.

   a) Die genannten Bewerber sind aus unterschiedlichen Gründen ohne Arbeitsplatz. Ordnen Sie die jeweiligen Gründe für die Arbeitslosigkeit passenden Oberbegriffen zu.

   b) Jeder von den oben skizzierten Arbeitslosen kann einen oder mehrere ähnliche Gründe für seine Arbeitslosigkeit nennen. Versuchen Sie, ähnliche Beispiele in Ihrer Umgebung zu finden, und erläutern Sie diese.

2. Skizzieren Sie die Ursachen der Arbeitslosigkeit nach Keynes. Ergänzen Sie dazu die Begriffe in der folgenden Wirkungskette:

   Mangelnde Auslastung der Betriebe → g........ Gewinnerwartungen → w..... Investitionen → w...... E.... der ..... → Eink.......ang in der Bevölkerung → s.......e Kaufkraft → Nachfrager......... → mangel..... Ausl........ der Betriebe → ...

3. Skizzieren Sie die Ursachen der Arbeitslosigkeit nach Friedman. Ergänzen Sie dazu die Begriffe in der folgenden Wirkungskette:

   St...ke staatliche Regulierung und Reglementierung → Lohn- und Kostenst......g → Preist......ng → rückläufige ....frage → .... Rendite → s......... Investitionen → E............n wegen mangelnder Auslastung → r..........e Nachfrage → ...

4. Die Bundesregierung verfolgt in ihrer Wirtschaftspolitik nicht das Ziel „Vollbeschäftigung", sondern das Ziel eines „hohen Beschäftigungsstandes". Erklären Sie, welche Probleme Vollbeschäftigung mit sich bringen könnte.

Außenwirtschaftliches Gleichgewicht

BASISWISSEN
Ziel Nr. 3 –
Außenwirt-
schaftliches
Gleichgewicht
Kapitel 3,
Abschnitt
3.1.5

AUFGABEN

1. Was versteht man unter dem Außenbeitrag?
2. Schauen Sie sich eine aktuelle Zahlungsbilanz an und erläutern Sie, weshalb Deutschland meist einen positiven Außenbeitrag benötigt, um eine ausgeglichene Leistungsbilanz zu erreichen.

www

Website des Statistischen Bundesamtes
www.destatis.de

Wirtschaftswachstum

BASISWISSEN
Ziel Nr. 4 –
Angemessenes und stetiges Wirtschaftswachstum
Kapitel 3, Abschnitt 3.1.5

AUFGABEN

1. Stellen Sie dar, was man unter Wirtschaftswachstum versteht und wie man es messen kann.
2. Erläutern Sie, was man unter einem angemessenen Wirtschaftswachstum in qualitativer und quantitativer Hinsicht versteht.
3. Kennzeichnen und benennen Sie anhand von Schaubild 4.3 den typischen Konjunkturverlauf und erläutern Sie die entsprechenden Indikatoren.
4. Erklären Sie anhand von Schaubild 4.4, warum man bis vor kurzem der Ansicht war, dass Beschäftigung und Wirtschaftswachstum sich gegenseitig bedingen.

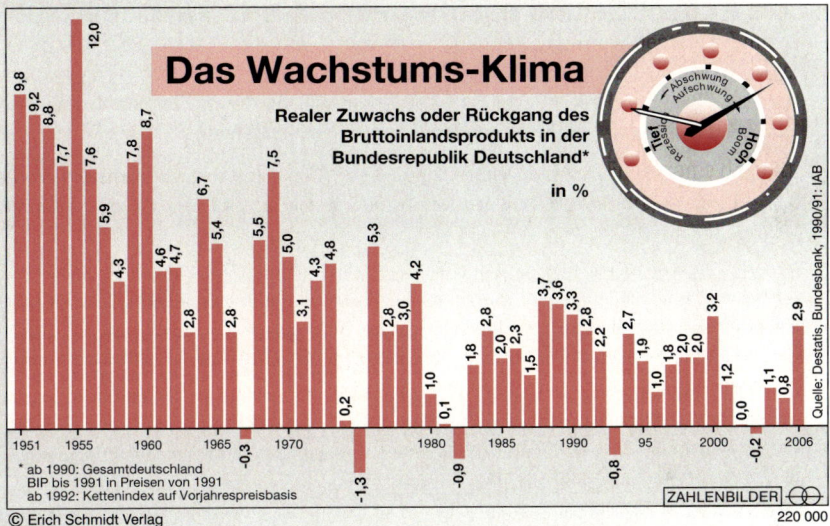

Schaubild 4.3: Die konjunkturelle Entwicklung in der Bundesrepublik Deutschland seit 1951

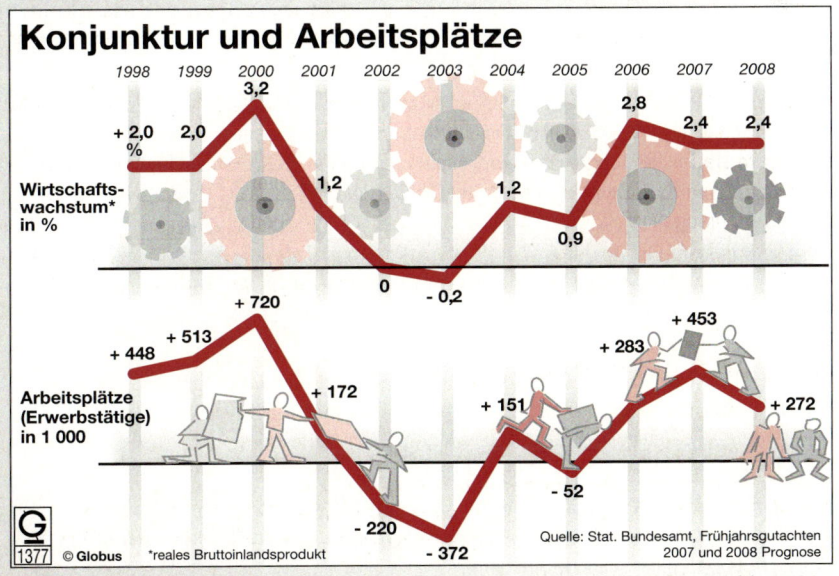

Schaubild 4.4: Wirtschaftswachstum und Beschäftigung in Deutschland 1996 bis 2008

BASISWISSEN
Ziel Nr. 5 –
Gerechte
Einkom-
mens- und
Vermögens-
verteilung
Kapitel 3,
Abschnitt
3.1.5

Gerechte Einkommens- und Vermögensverteilung

AUFGABEN

1. Erklären Sie, weshalb es so schwierig ist, zu beurteilen, ob staatliche Verteilungspolitik gerecht ist oder nicht. Ziehen Sie dazu die Sichtweisen verschiedener Bevölkerungsgruppen heran.

2. Gruppenarbeit: Skizzieren Sie ein Abgabensystem, das Ihrer Ansicht nach dem Ideal möglichst nahe kommt.

BASISWISSEN
Wirtschafts-
politische
Grundkon-
zeptionen
Kapitel 3,
Abschnitt
3.1.6

4.1.6 Angebots- und nachfrageorientierte Wirtschaftspolitik

AUFGABE

In der Tagesschau der ARD wurden am 4. Dezember 2005 die wichtigsten Koalitionsvereinbarungen der seinerzeit neuen Bundesregierung zusammengefasst:

Finanzen: Der Bund spart im kommenden Jahr 11,6 Mrd. Euro ein. Zusammen mit einer um 2,6 Mrd. Euro höheren Neuverschuldung soll damit ein Haushaltsloch von 14,2 Mrd. Euro gestopft werden. Für 2004 sind Kredite im Umfang von 13 Mrd. Euro vorgesehen.

Steuern: Vergünstigungen und Subventionen werden im Umfang von 4,2 Mrd. Euro gestrichen. Eingeführt wird eine Mindeststeuer für Unternehmen, erweitert die Steuerpflicht für Veräußerungsgewinne der Kapitalgesellschaften. Über eine weitere Erhöhung der Ökosteuer wird erst 2004 entschieden.

Rente: Die Rentenbeiträge sollen 2003 von 19,1 auf 19,3 Prozent steigen. Die Beitragsbemessungsgrenze wird heraufgesetzt: im Westen von derzeit 4.500 auf 5.000 Euro, im Osten von 3.750 auf 4.170 Euro. Entscheidend ist das Bruttoeinkommen. Dies würde Expertenangaben zufolge Besserverdienende und ihre Arbeitgeber zusammen rund 100 Euro im Monat mehr kosten als bisher. Aufgrund der bereits zuvor beschlossenen Anhebung des so genannten Berechnungsfaktors für die Bemessungsgrenze von derzeit 1,8 auf 2,0 steigt ab Januar die Beitragsbemessungsgrenze noch einmal: im Westen auf 5.100 Euro, im Osten auf 4.275 Euro. Damit einher geht eine Erhöhung der Beiträge zur Arbeitslosenversicherung, weil diese gesetzlich an die Entwicklung der Rentenversicherung gekoppelt sind.

Kinder und Familie: Beruf und Familie sollen besser vereinbar werden. 4 Mrd. Euro werden für die Kinderbetreuung, unter anderem für den Ausbau von Ganztagsschulen, ausgeben. Jedes fünfte Kind unter drei Jahren soll künftig einen Krippenplatz bekommen. Dafür werden den Gemeinden ab 2004 jährlich 1,5 Mrd. Euro aus der Umsatzsteuer zur Verfügung gestellt.

Arbeit: Das Hartz-Konzept zur rascheren Vermittlung von Arbeitslosen soll am 1. März in Kraft treten. Vorgezogen auf Januar wird das Arbeitslosengeld für arbeitsfähige Sozialhilfeempfänger. Die Höchstgrenze für Mini-Jobs wird zunächst nur für haushaltsnahe Dienstleistungen von 325 Euro auf 500 Euro angehoben. Auf diese geringfügigen Beschäftigungsverhältnisse wird pauschal eine zehnprozentige Sozialabgabe erhoben.

Umwelt: Deutschland setzt sich in der EU dafür ein, bis 2020 den Ausstoß klimaschädigender Gase um 30 Prozent zu verringern. Wenn diese Zielsetzung gelingt, wird Deutschland die Emissionen sogar um 40 Prozent im Vergleich zu 1990 senken. Zum Hochwasserschutz entfallen Staustufen in Donau und Saale. Die Elbe wird nicht weiter ausgebaut.

Bildung: Sprachtests vor der Einschulung sollen gezielte Hilfen von Anfang an möglich machen. Die Zahl der Studenten soll erhöht und die Forschungsförderung verstärkt werden. Geplant ist ferner die Festlegung nationaler Bildungsstandards.

Innen und Recht: Bund und Länder sollen sich über eine Neuaufteilung von Kompetenzen einigen. Volksentscheide auf Bundesebene werden angestrebt. Bei den Streitthemen Kronzeugenregelung, Cannabis-Konsum und Geheimdienstreform wurden Kompromissformeln vereinbart.

Verbraucher und Landwirtschaft: Die Bundesregierung will den Verbraucherschutz als Querschnittsaufgabe in alle relevanten Politikbereiche einbeziehen. Gentechnisch veränderte Lebensmittel sollen genau gekennzeichnet werden.

Verkehr: 90 Mrd. Euro sind für Erhalt und Ausbau der Verkehrswege vorgesehen. Das Schienennetz bleibt bei der Bahn. Das Fluglärmgesetz wird novelliert.

Bau: Die Eigenheimförderung in der bisherigen Form wird gestrichen. Stattdessen wird das heutige Baukindergeld von 764 Euro auf 1.200 Euro je Kind erhöht. Andererseits werden die Einkommensgrenzen, von denen an der Anspruch erlischt, von 81.807 Euro auf 70.000 Euro für Ledige und für Verheiratete von 163.614 Euro auf 140.000 Euro gesenkt.

Wirtschaft: Die Meisterpflicht für Handwerker soll mittelfristig abgeschafft werden. In einem Übergangszeitraum sollen Gesellen schon jetzt Handwerksbetriebe übernehmen können, wenn sie einen Meister einstellen.

Ostdeutschland: Durch den Solidarpakt II finanziell abgesichert, soll der Aufbau Ost weiter unterstützt werden.

Bundeswehr: Die Bundeswehrreform wird fortgesetzt. Noch in dieser Legislaturperiode „muss erneut überprüft" werden, ob die Wehrpflicht erhalten werden soll.

Außenpolitik: Die freundschaftlichen Beziehungen zu den USA und Kanada werden vertieft und verstärkt. Der Kampf gegen Terrorismus wird nicht nur militärisch geführt. Auch die zivile Krisenprävention und die Durchsetzung der Menschenrechte gehören dazu.

Entwicklungszusammenarbeit: Das Entwicklungsministerium bleibt ein eigenständiges Ressort. Die Mittel für Entwicklungshilfe werden erhöht – von heute 0,27 Prozent am Bruttosozialprodukt auf 0,33 Prozent im Jahr 2006.

Quelle: www.tagesschau.de, 4. Dezember 2005

Untersuchen Sie, welche der oben genannten einzelnen Punkte der Koalitionsvereinbarungen von 2005 dem angebots- und welche dem nachfrageorientierten Ansatz der Wirtschaftspolitik entsprechen.

4.1.7 Geldpolitik

AUFGABEN

1. Erläutern Sie die Geldschöpfungsmöglichkeiten der Zentralbank.
2. Warum ist die Kreditgewährung der Banken an Unternehmen und Privathaushalte ein wichtiger Faktor der Geldschöpfung?

> **BASISWISSEN**
> Geldpolitik
> Kapitel 3,
> Abschnitt
> 3.1.7

4.2 Markt und Marketing

4.2.1 Methoden der Marktforschung

Zum Einstieg

Nach Abschluss seiner Ausbildung zum Sport- und Fitnesskaufmann wird Willy Wackernagel von seinem Ausbildungsbetrieb, der Alpha Sportcenter GmbH in Greifswald, übernommen. Es handelt sich um eine multifunktionale Freizeitanlage mit Hallentennis, Badminton und Squash und einem kleinem Schwimmbecken für

Aquasport. Neben den allgemein üblichen Fitnessangeboten liegt das Schwerpunktangebot des Zentrums im Bereich der ostasiatischen Kampfsportarten und Entspannungsformen wie Qigong und Tai Chi. Seit zwei Jahren gehen die Mitgliederzahlen ebenso wie die Zahl der Tagesgäste leicht zurück. Willy wird beauftragt, die Gründe dafür zu untersuchen und mögliche Gegenmaßnahmen zu entwickeln, um weiteren Schaden vom Unternehmen abzuwenden. Willy stellt sich als Erstes die folgenden Fragen:

▶ Welche Daten stehen mir zur Verfügung?

▶ Kann mir eine betriebsinterne Statistik weiterhelfen?

▶ Welche Möglichkeiten der Datenerhebung habe ich und wer führt Datenerhebungen durch?

▶ Was kann das Unternehmen tun, um einem negativen Markttrend zu begegnen?

Marktforschung ist die systematische Untersuchung des Marktes mit dem Ziel, die Absatzchancen eines Produkts oder einer Dienstleistung zu ermitteln.

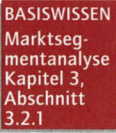

BASISWISSEN
Marktsegmentanalyse
Kapitel 3,
Abschnitt
3.2.1

Grundfragen der Marktforschung

Heute besteht grundsätzlich der Engpass nicht in der Produktion, sondern im Absatz. Deshalb muss ein Unternehmen, bevor es sein Angebot bereitstellt, zunächst die Absatzchancen des Produkts oder der Dienstleistung abschätzen. Es muss sich also zunächst ein Bild von den aktuellen Verhältnissen des Marktes machen, den es bedienen möchte. Denn von den Marktbedingungen ebenso wie von den politischen, gesetzlichen und anderen Rahmenbedingungen hängen die konkrete Gestaltung des Produkts oder der Dienstleistung und die erfolgreiche Entwicklung des Geschäfts ab.

AUFGABEN

1. Erläutern Sie die aktuellen Gegebenheiten des Marktes, in dem Ihr Unternehmen sich bewegt. Berücksichtigen Sie dabei die folgenden Gesichtspunkte:

   ▶ Verwenderkreis,

   ▶ Bedarfsstruktur,

   ▶ Konkurrenzstruktur,

   ▶ Absatzgebiet/Absatzweg.

2. Beurteilen Sie, ob Ihr Unternehmen aufgrund seiner Größe und Struktur in der Lage ist, die vorgegebenen Ziele zu erreichen. Berücksichtigen Sie hier die gegebenen Bedingungen, wie Mitgliederentwicklung, Kostenstruktur, Marktanteil, Image, Kapital.

3. Im Sport- und Freizeitbereich werden viele Produkte und Dienstleistungen angeboten, die sich häufig sehr stark ähneln. Deshalb sollte das Unternehmen darauf achten, ein Alleinstellungsmerkmal (im Englischen unique selling proposition) zu erlangen, das dafür sorgt, dass es sich von seinen Konkurrenten positiv abhebt. Nehmen Sie an, im Fall der Alpha Sportcenter GmbH sei das Alleinstellungsmerkmal die Tennishalle. Erläutern Sie anhand von eigenen Beispielen, wie ein Anbieter ein Alleinstellungsmerkmal zur Geltung bringen kann.

4. Beurteilen Sie die allgemeinen Rahmenbedingungen, unter denen Ihr Unternehmen arbeitet. Berücksichtigen Sie dabei Faktoren wie die allgemeine Wirtschaftslage, die aktuellen Anforderungen an ein modernes Dienstleistungsangebot und die Notwendigkeit einer konsequenten Kundenorientierung.

Verfahren der Marktuntersuchung – Primär- und Sekundärforschung

Zum Einstieg

Willy Wackernagel ist nach einem Gespräch mit der Geschäftsführung der Alpha Sportcenter GmbH zu dem Schluss gekommen, dass diese in den vergangenen Jahren so sehr auf die Wirksamkeit des Alleinstellungsmerkmals des Unternehmens vertraut hat, dass sie es versäumt hat, regelmäßig den Markt zu beobachten und zu analysieren. Da er sich in seiner Ausbildung mit dem Thema Marktuntersuchung sehr intensiv auseinandergesetzt hat, nimmt er sich vor, ein Marktforschungskonzept zu entwickeln, damit er eine Ist-Analyse erstellen kann, die als Grundlage für eine Marktprognose dienen soll.

Zur Erstellung einer Marktanalyse gibt es prinzipiell zwei Methoden:

▶ Zeitpunktbetrachtung oder Querschnittanalyse
▶ Zeitraumbetrachtung oder Längsschnittanalyse

Zur Datenermittlung bedient man sich der Primär- und der Sekundärforschung:

▶ In der **Primärforschung** wird bisher nicht bekanntes Datenmaterial ermittelt. Sie wird meist bei Ad-hoc-Untersuchungen eingesetzt, die einmalig oder auch wiederholt durchgeführt werden. Die Datenerhebung erfolgt z. B. durch Beobachtungen oder Befragungen. Hilfsmittel bei Letzteren sind Interviews oder Fragebögen.

▶ In der **Sekundärforschung** wird auf bereits vorhandenes Datenmaterial zurückgegriffen. Meist stammen die Daten aus so genannten Panelerhebungen, das heißt aus fortlaufend durchgeführten Erhebungen, bei denen die Datenquelle oder der befragte Personenkreis immer gleich bleibt.

Beispiele ▶ Primär- und Sekundärforschung

▶ **Primärdaten** sind zum Beispiel die aus der Erhebung der Belegungszeiten eines Fitnessstudios gewonnenen Angaben; sie können aufbereitet werden, um herauszufinden, welche Mitgliedergruppen die Angebote bevorzugt zu welchen Tageszeiten wahrnehmen.

▶ **Sekundärdaten** sind zum Beispiel Daten aus dem eigenen Controlling über die Entwicklung von Mitgliederzahlen, Umsätzen oder Betriebskosten; sie können aufbereitet werden, um herauszufinden, wie sich die Umsatzentwicklung zur Entwicklung der Mitgliederzahlen oder zur Kostenentwicklung verhält. Sekundärdaten können aber auch aus Veröffentlichungen der statistischen Ämter, von Berufsverbänden, Kammern, Marktforschungsinstituten oder Wirtschaftszeitungen entnommen werden.

AUFGABEN

1. Willy Wackernagel ist der Ansicht, dass zur Problemlösung, das heißt zur Stabilisierung und mittelfristig zur Erhöhung des Mitgliederbestandes, eine Ist-Analyse nicht ausreicht. Vielmehr sollte der regionale Markt im Einzugsbereich Alpha Sportcenter GmbH langfristig beobachtet werden. Er schlägt vor, zunächst eine Ad-hoc-Untersuchung anzustellen, um so schnell wie möglich erste Ergebnisse vorlegen zu können. Deshalb will er einen Mitglieder- oder Kundenfragebogen entwickeln, der zur Ermittlung der allgemeinen Kundenzufriedenheit dienen soll. Der Fragebogen soll allen Mitgliedern und Tagesgästen die Möglichkeit geben, positive und negative Kritik zu äußern.

a) Entwickeln Sie einen Kundenfragebogen zur allgemeinen Kundenzufriedenheit.

b) Versetzen Sie sich in die Situation von Willy Wackernagel. Welche Punkte sollte er in dem Fragebogen unbedingt ansprechen?

c) Wie würden Sie Willy Wackernagels Marktuntersuchungsansatz allgemein kennzeichnen?

2. Nennen Sie zwei Gründe, warum die Geschäftsführung der Alpha Sportcenter GmbH Willy Wackernagels Vorschlag ablehnen könnte.

3. Das Ergebnis der Fragebogenaktion, an der über 80 % aller Stammmitglieder teilgenommen haben, lautet zusammengefasst wie folgt:

▶ Das bestehende Angebot ist gut, aber ein wenig langweilig, es fehlt an Abwechslung.

▶ Die Preise sind zu undifferenziert, das heißt, es sind nur teure Tageskarten oder Clubmitgliedschaften möglich.

▶ Fitnesstraining wird in den Konkurrenzstudios günstiger angeboten.

▶ Das Personal ist zwar freundlich, aber die Kunden haben dennoch das Gefühl, nur noch „abgearbeitet" zu werden.

▶ Der Wellnessbereich wurde in den vergangenen Jahren verschlafen.

Willy Wackernagel vergleicht diese Ergebnisse mit seinen Unterlagen aus dem Controlling und stellt fest, dass die Unternehmensleitung einige Trends ignoriert und aufgrund der bisherigen Situation nie eine Konkurrenzanalyse durchgeführt hat.

| BASISWISSEN
Strategisches
Controlling
Kapitel 5,
Abschnitt
5.2.4,
S. 404 f. |

a) Welche Daten und Fakten hat die Geschäftsleitung der Alpha Sport Center GmbH in der jüngeren Vergangenheit vernachlässigt?

b) Nennen Sie kurz-, mittel- und langfristige Maßnahmen, um dem negativen Trend zu begegnen.

c) Erläutern Sie die Begriffe Konkurrenzanalyse und Benchmarking am Beispiel der Situation der Alpha Sport Center GmbH.

d) Erläutern Sie Alternativen zu der oben aufgeführten Untersuchungsmethode.

| BASISWISSEN
Marketingmix
Kapitel 3,
Abschnitt
3.2.3 |

4.2.2 Marketingstrategien und absatzpolitische Instrumente
Produkt- und Dienstleistungspolitik

Zum Einstieg

Nach der Analyse der Situation der Alpha Sportcenter GmbH wird Willy Wackernagel von der Geschäftsleitung beauftragt, eine neue Marketingstrategie zu entwickeln, um den negativen Trend zu stoppen und das Dienstleistungsangebot des Unternehmens für die aktuellen ebenso wie für potenzielle Kunden attraktiver zu machen. Hierzu bekommt er Unterstützung durch Peggy Schmidt, Auszubildende im dritten Lehrjahr. Willy verdeutlicht seiner Kollegin, dass sich nach seiner Ansicht der Schwerpunkt der Arbeit auf die Produktpolitik erstrecken wird, das heißt, es muss versucht werden, die Produkte zu modernisieren und den geänderten Ansprüchen der Stammkunden und Tagesgäste anzupassen.

Da die Unternehmen der Sport- und Freizeitwirtschaft im Kern Dienstleistungsunternehmen sind, spricht man seltener von „Produktpolitik" und eher von Dienstleistungspolitik, wenn es darum geht, das Angebot zu gestalten oder zu verändern.

5622112

AUFGABEN

1. Welche Marketingstrategie würden Sie der Alpha Sportcenter GmbH an Willy Wackernagels Stelle empfehlen?

2. Erstellen Sie im Rahmen einer Projektarbeit im Team für die Alpha Sportcenter GmbH ein neues beziehungsweise verändertes Angebot der Alpha Sport Center GmbH. Beachten Sie dabei soweit möglich alle Elemente des absatzpolitischen Werkzeugkastens.

Kommunikationspolitik

BASISWISSEN
Kommunikationsformen
und -mittel
Kapitel 3,
Abschnitt
3.2.2

Die drei Bereiche der Kommunikationspolitik lassen sich folgendermaßen skizzieren:

▶ In der **Absatzwerbung** gilt es, den Kunden zum Produkt zu bringen.

▶ In der **Salespromotion** (Verkaufsförderung) soll das Produkt zum Kunden gebracht werden.

▶ In der **PR-Arbeit** (Öffentlichkeitsarbeit) geht es darum, die Beziehung des Unternehmens zur Öffentlichkeit herzustellen und bewusst zu gestalten.

Beispiel ▶ Absatzwerbung eines Fitnessstudiobetreibers

Der Betreiber führt ein Direkt-Mailing durch: Alle Mitglieder des Studios und eine Auswahl potenzieller Neumitglieder erhalten einen Brief, in dem sie über neu angeschaffte Geräte und neue Kursangebote informiert werden. In diesem Brief werden die Adressaten auch gebeten, dem Studio ihre E-Mail-Adressen mitzuteilen, wenn sie künftig Informationen in elektronischer Form beziehen möchten.

Beispiel ▶ Salespromotion eines Fitnessstudiobetreibers

Die Mitglieder des örtlichen Tennisvereins werden zur Präsentation des Leistungsangebots eingeladen. Sie können an diesem Tag die Trainingsgeräte kostenlos ausprobieren und sich von den Trainern beraten lassen. Diese Vorgehensweise hat den Vorzug, dass sie ein unmittelbares Feedback vonseiten der Interessenten und auf dieser Basis auch Verbesserungen des bestehenden oder zukünftigen Leistungsprogramms im Sinne der Kunden ermöglicht.

AUFGABEN

1. Was versteht man unter Absatzwerbung?

2. Nennen Sie je drei geeignete Werbeträger und Werbemittel für ein kommerziell geführtes Sportstudio.

3. Nennen Sie verschiedene Kriterien, anhand deren Werbung sich unterscheiden lässt, und beschreiben Sie jeweils die verschiedenen Erscheinungsformen von Werbung.

4. Definieren Sie den Begriff Salespromotion.

5. Unterscheiden Sie zwischen Außendienst- und Verbraucherpromotion.

6. Wenden Sie die in Aufgabe 5 genannten Begriffe auf Ihren Ausbildungsbetrieb an.

7. Verfassen Sie einen Brief für ein langjähriges Mitglied. Informieren Sie es darin über ein Kursangebot Ihrer Wahl.

8. Erläutern Sie den Begriff Öffentlichkeitsarbeit am Beispiel der Vorbereitung eines Grillfests für Mitglieder.

Preispolitik

Zum Einstieg

Nach einem Vergleich der Preis- und Beitragsstrukturen stellt Willy Wackernagel fest, dass die Alpha Sport Center GmbH im Vergleich mit ihren Konkurrenten in der Region im oberen Preissegment liegt. Er trägt dies der Geschäftsleitung vor und meint, dass nur eine Preissenkung den kontinuierlichen Mitgliederschwund bremsen kann.

In der Sport- und Freizeitbranche bezieht sich die Preispolitik auf das Dienstleistungs- und Warenangebot. Der Preis ist ein wesentlicher Maßstab für die Kaufentscheidung der potenziellen Mitglieder. Aus diesem Grund müssen Mitglieder und Neukunden kontinuierlich vom Preis-Leistungs-Verhältnis des Studios überzeugt werden. Hierbei spielen auch preispsychologische Faktoren eine große Rolle.

BASISWISSEN
Kostenträger-rechnung
Kapitel 5,
Abschnitt
5.2.2,
S. 391 ff.

Im Regelfall wird der Preis unternehmensintern ermittelt, wobei das Gebot der Kostendeckung und ein angemessener Gewinn berücksichtigt werden müssen. Für die Kunden bedeutet dies unter anderem, dass die Beitragshöhe abhängig von der Laufzeit der Verträge und vom Leistungsangebot gestaltet wird. Weiter spielen Faktoren auf der Angebotsseite des Marktes (Preise und Leistungen der Konkurrenten) und auf der Nachfrageseite des Marktes (zum Beispiel die Bevölkerungsstruktur, das Einkommensniveau der Bevölkerung) eine Rolle.

BASISWISSEN
Angebotskal-kulation
Kapitel 4,
Abschnitt
4.1.3

Die Preise für das Warenangebot werden auf der Grundlage der Kosten- und Leistungsrechnung kalkuliert.

AUFGABEN

1. Nennen Sie Beispiele für preispsychologische Phänomene.
2. Erkunden Sie, ob in Ihrem Betrieb bei der Preis- und Beitragsgestaltung auch soziale Gesichtspunkte berücksichtigt werden.

Distributionspolitik

Die Grundfrage der Distributionspolitik lautet für den Betreiber eines Sport- und Fitnessstudios, auf welchen Vertriebswegen er seine Leistungen bereitstellt. Generell wird zwischen dem direkten und indirekten Absatzweg unterschieden. Diese Unterscheidung ist allerdings nur für die ergänzenden Produktangebote von Bedeutung. Die Dienstleistungen als solche – etwa die Bereitstellung von Trainingsgeräten oder die Leitung von Aerobic-Kursen – können ihrer Natur nach nur direkt erbracht werden.

Beispiel ▶ **Direkter und indirekter Absatz in einem Fitnessstudio**

▶ **Direkter Absatz:** Die Leiterin des Kurses „Rückenfitness" trommelt die anwesenden Teilnehmer zu Beginn der Stunde zusammen und leitet sie anschließend im Kursraum bei ihren Übungen zur Stärkung der Rückenmuskulatur an. Von Zeit zu Zeit korrigiert sie den Bewegungsablauf einzelner Teilnehmer.

▶ **Direkter Absatz:** Im Studio wird frisch zubereiteter Kaffee verkauft.

▶ **Indirekter Absatz:** Im Studio werden zusätzlich T-Shirts und Sweat-Jacken eines Herstellers von Sportbekleidung zum Kauf angeboten. Der Hersteller vertreibt seine Produkte indirekt, das heißt über das Studio, das die Rolle eines Händlers einnimmt.

AUFGABEN

Entscheiden Sie bei den folgenden Sachverhalten, ob es sich um direkten oder indirekten Absatz handelt.

a) Willy Wackernagel verkauft im Sportstudio Müsliriegel.

b) Karl Kräftig checkt sich zum wöchentlichen Fitnesstraining ein.

c) Nach einem Nordic-Walking-Schnupperkurs sind alle Teilnehmer so begeistert, dass sie bei ihrem Fitnessstudio Nordic-Walking-Stöcke bestellen. Der Studioinhaber ordert diese bei einem namhaften Hersteller.

d) Frieda Lustig hat einen Präventionskurs von der Barmer Ersatzkasse genehmigt bekommen. Der Kooperationspartner ist das Sportstudio Fit und Funny. Dort findet der Rückenschulkurs statt.

4.2.3 Marketingmix

Zum Einstieg

Anne Knuth arbeitet mittlerweile als Sport- und Fitnesskauffrau bei der Alpha Sport Center GmbH. Bei der Analyse der Altersstruktur der Mitglieder ihres Betriebes stellt sie fest, dass die Zahl der Mitglieder unter 40 Jahren zurückgegangen ist, während die Zahl der Mitglieder jenseits der genannten Altersgrenze zugenommen hat. Sie schlägt vor, speziell ein Programm für die Mitglieder zu entwickeln, die 40 Jahre oder älter sind. Um der Unternehmensleitung diese Idee zu veranschaulichen, hat sie die folgende Übersicht über die Kernfragen zu den verschiedenen Marketinginstrumenten erstellt, deren Einsatz für sie infrage kommt.

▶ Produktpolitik: Welche Dienstleistungen werden angeboten?

▶ Preispolitik: Was kosten die jeweiligen Dienstleistungen? Wie wird die Mitgliedschaft sachlich und zeitlich gestaltet?

▶ Distributionspolitik: Wo werden die Angebote bereitgestellt?

▶ Kommunikationspolitik: Wie informieren wir unsere Kunden? Wie schaffen wir einen Bedarf?

Ausgehend von dieser Übersicht hat sie das folgende Marketingkonzept entwickelt:

Marketingmix	
Produktpolitik	Angebote in den Bereichen ▶ Gesundheit (Rückenschule, Herz-Kreislauf-Training) ▶ Fitness (Anti-Aging) ▶ Wellness
Preispolitik	▶ gesonderte Beiträge für Senioren ▶ Sonderaktionen ▶ flexible, auf individuelle Nutzung bestimmter Sportarten ausgerichtete Beitragspolitik

Marketingmix	
Distributionspolitik	▶ bequeme Parkplatzsituation ▶ hoher Komfort der Sportstätten ▶ gute Erreichbarkeit mit öffentlichen Verkehrsmitteln
Kommunikationspolitik	▶ spezielle Informationsbroschüren ▶ Vorstellung der Angebote im Rahmen von besonderen Veranstaltungen ▶ Schnuppertraining ▶ Auslage der Info-Broschüren bei geeigneten Institutionen (zum Beispiel bei Einzelhändlern, im städtischen Bürgerbüro)

Tabelle 4.2: Beispiel für einen Marketingmix in der Sport- und Fitnessbranche

AUFGABE

Entwickeln Sie ein Leistungsangebot für eine Altersgruppe Ihrer Wahl und erstellen Sie ein Marketingkonzept. Beachten Sie dabei alle Instrumente, die prinzipiell im Rahmen des Marketingmix eingesetzt werden können.

5622116

5 Leistungsangebot erstellen und Werbekonzept entwickeln

5.1 Das Leistungsangebot des eigenen Betriebs analysieren

Zum Einstieg

Die Alpha Sport Center GmbH will den negativen Trend der Mitgliederzahlen stoppen. Anne Knuth wird mit der Zusammenstellung einer Arbeitsgruppe beauftragt, die das Leistungsprogramm des Betriebs analysieren, dessen Stärken und Schwächen identifizieren und Maßnahmen zur Umkehrung des negativen Trends vorschlagen soll. Um ein breites Spektrum von Meinungen einzuholen, beschließt Anne gemeinsam mit der Geschäftsleitung, in der ersten Phase der Analyse Mitarbeiter aus allen Bereichen und auch Honorarkräfte mit in die Diskussion einzubeziehen. Deshalb werden alle Mitarbeiter zu einem Brainstorming eingeladen. Die im Anschluss an das Brainstorming gebildete Projektgruppe kommt in ihrer ersten Sitzung zu dem Schluss, dass das Unternehmen trotz der Umsatzeinbußen weiterhin Marktchancen hat, wenn rechtzeitig Maßnahmen zur Problemlösung eingeleitet werden.

Brainstorming ist eine Methode, um beliebige Aufgaben zu lösen. Jeder Teilnehmer trägt seine Ideen vor, ohne von den anderen Teilnehmern oder vom Sitzungsleiter unterbrochen zu werden. Die Ideen werden zunächst nur gesammelt und nicht kommentiert. Erst nach Abschluss der Sammlung werden sie gemeinsam ausgewertet.

5.1.1 Eine SWOT-Analyse erstellen

SWOT ist ein Kunstwort. Darin steht S für Strengths (Stärken), W für Weaknesses (Schwächen), O für Opportunities (Chancen) und T für Threats (Bedrohungen).

Grundsätzlich gilt: Was ein Unternehmen besser kann als seine Konkurrenten oder was es sogar als Einziges vorweisen kann, ist eine Stärke. Schwächen hingegen liegen in denjenigen Bereichen, in denen die Konkurrenten bessere Leistungen erbringen. Stärken können folglich eine relativ starke Wettbewerbsposition begründen, Schwächen können ein Unternehmen daran hindern, in allen oder in Teilbereichen Wettbewerbsvorteile zu erlangen.

Die **Stärken-Schwächen-Analyse** ist eine systematische Untersuchung der möglichen Quellen von Wettbewerbsvor- und -nachteilen eines Unternehmens.

Im Rahmen einer Stärken-Schwächen-Analyse gilt es, die Daten aus dem Controlling zu analysieren. Durch diese Zahlen und den Vergleich mit entsprechenden Zahlen von Mitbewerbern werden im Regelfall Stärken und Schwächen eines Unternehmens deutlich.

Zur Strukturierung des Vorgehens im Rahmen einer Stärken-Schwächen-Analyse wird ein unternehmensspezifischer Katalog von Kriterien erstellt. Je nachdem, wie das Unternehmen bei jedem einzelnen Kriterium im Vergleich mit seinen Konkurrenten abschneidet, wird das Kriterium unter den Stärken oder unter den Schwächen eingeordnet.

BASISWISSEN
Der Regelkreis des Controllings
Kapitel 5, Abschnitt 5.2.4

Beispiel ▶ Kriterien der Stärken-Schwächen-Analyse für die Alpha Sport Center GmbH

1. Allgemeine Unternehmensbeschreibung
   - ▶ Standort
   - ▶ Rechtsform
   - ▶ Personal
   - ▶ Umsatz
   - ▶ Marktanteile
   - ▶ Gewinn
   - ▶ Cashflow (Überschuss an liquiden Mitteln)
2. Dienstleistungs- und Produktangebot
   - ▶ Dienstleistungen und Kurse
   - ▶ Zusatzleistungen
   - ▶ Mitgliederbetreuung
   - ▶ Laufzeit der Kurse
   - ▶ Alter der Geräte
   - ▶ Eventprogramm
3. Preise und sonstige Konditionen
   - ▶ Preispolitik
   - ▶ Rabattsysteme
   - ▶ Zahlungsbedingungen
   - ▶ Preise der Zusatzleistungen

4. Kommunikation
   - ▶ Corporate Identity
   - ▶ Werbung
   - ▶ Salespromotion
   - ▶ Public Relations
   - ▶ Internetpräsenz
   - ▶ Präsenz in den örtlichen Medien
   - ▶ Image
5. Distribution
   - ▶ Standort
   - ▶ Absatzorganisation
   - ▶ Lagerwirtschaft
   - ▶ Lieferfähigkeit
6. Beschaffung
   - ▶ Bezugskosten für Kern- und Zusatzprodukte
   - ▶ Leistungsfähigkeit der Lieferanten
   - ▶ Lieferzeit
   - ▶ Qualität der Produkte
   - ▶ Lagerwesen
   - ▶ Abhängigkeit von Lieferanten

Eine Stärke der Alpha Sport Center GmbH ist ihr Angebot im Rückschlagspielbereich. Eine Schwäche liegt darin, dass die Werbung hierfür vernachlässigt wurde. Das Kriterium Dienstleistungen/Rückschlagspielangebot unter Punkt 2 wird den Stärken zugeordnet, das Kriterium Werbung unter Punkt 4 den Schwächen.

Der nächste Schritt im Anschluss an die Stärken-Schwächen-Analyse betrifft die Frage, wie das Unternehmen mit den identifizierten Stärken und Schwächen umgehen sollte. Antworten auf diese Frage liefert die Analyse der Chancen und Bedrohungen, die aus dem Umfeld des Unternehmens erwachsen. Nicht jede Stärke bedeutet für Unternehmen einen langfristigen Wettbewerbsvorteil und insofern eine Chance, und umgekehrt wirkt sich nicht jede Schwäche zu seinem Nachteil aus und stellt insofern eine Bedrohung dar.

▶ Die **SWOT-Analyse** ist eine Analyse der Stärken und Schwächen und der daraus erwachsenden Chancen und Risiken für den Bestand und die Weiterentwicklung des Unternehmens.

Beispiel ▶ Ausschnitt aus einer SWOT-Analyse der Alpha Sport Center GmbH

Stärken	Schwächen	Chancen	Risiken
Rückschlagspiele ganzjährig		durch gezielte Werbung neue Mitglieder gewinnen	Rückschlagspiele sind keine Trendsportart.
	Werbung wurde vernachlässigt.		Werbekampagne ist sehr teuer.

AUFGABEN

1. Legen Sie im Rahmen eines eigenen Brainstormings eine Stärken-Schwächen-Analyse für Ihren Ausbildungsbetrieb an. Schreiben Sie dazu den Namen Ihres Betriebs in die Mitte eines A4-Blatts im Querformat. Schreiben Sie stichwortartig auf der linken Hälfte die Schwächen auf und auf der rechten die Stärken.

2. Führen Sie anhand des im obigen Beispiel (Kriterien einer Stärken-Schwächen-Analyse) aufgeführten Schemas für Ihren Ausbildungsbetrieb die Stärken-Schwächen-Analyse weiter aus. Bei welchen der unter den Gliederungspunkten 1 bis 6 genannten Kriterien schneidet Ihr Betrieb besser ab als seine Konkurrenten, bei welchen schlechter?

3. Welche Chancen und Risiken ergeben sich für Ihren Betrieb, ausgehend von den von Ihnen identifizierten Stärken und Schwächen?

5.1.2 Preis- und Beitragsstrukturen gestalten

Zum Einstieg

BASISWISSEN
Marketing-mix/Preis-politik
Kapitel 3, Abschnitt 3.2.3, S. 244

Die Projektgruppe der Alpha Sport Center GmbH hat ihre SWOT-Analyse abgeschlossen. Sie hat dabei eine weitere Schwäche herausgefunden: Die Geschäftsleitung hat es bislang versäumt, ihr Angebot durch unterschiedliche Preise, die den jeweiligen Mitgliedergruppen und -bedürfnissen besser gerecht werden als ein einheitlicher Preis, attraktiver zu machen. Ihr Ziel war es bisher, möglichst viele Jahresvollmitgliedschaften zu verkaufen. Mit dem Erwerb eines Jahresabonnements ist es jedem Mitglied möglich, alle Angebote des Unternehmens wahrzunehmen. Eine derartige Vollmitgliedschaft liegt im oberen Preissegment. Deshalb bietet sie für Interessenten, die beispielsweise ausschließlich das Fitnessstudio und die Sauna nutzen möchten – und auch das womöglich nur in den Wintermonaten –, keinen dem hohen Preis angemessenen Nutzen. Die Arbeitsgruppe rät der Geschäftsleitung, den Einheitspreis aufzugeben und differenzierte Beitragssätze einzuführen, die es nicht zuletzt auch finanziell schlechter gestellten Personenkreisen ermöglichen, in einem kommerziellen Fitnessstudio Sport zu treiben.

Die Preis- und Beitragsgestaltung spielt in einer modernen Einrichtung der Sport- und Freizeitwirtschaft eine große Rolle für die Kundengewinnung und -bindung. Eine langfristige Kundenbindung lässt sich nur erreichen, wenn eine stetige Kundenzufriedenheit gewährleistet ist. Bezogen auf die Preis- und Beitragsgestaltung muss der Kunde das Gefühl haben, dass er für sein Geld eine angemessene Leistung bekommt. Zudem sollte die Preispolitik des Unternehmens überschaubar, nachvollziehbar und kundenfreundlich sein.

AUFGABEN

1. Nennen Sie Argumente, um die Geschäftsführung der Alpha Sport Center GmbH zu motivieren, ihre Preispolitik zu ändern.

2. Nennen Sie mindestens drei Argumente, die dafür sprechen, Sport zu treiben.

3. Erkunden Sie weitere Möglichkeiten zur besseren Belegung Ihrer Einrichtung oder von Sportstätten allgemein.

5.2 Werbung konzipieren und kontrollieren

BASISWISSEN
Werbe-
planung
Kapitel 3,
Abschnitt
3.2.2, S. 239

Zum Einstieg

Nach der Auswertung der SWOT-Analyse ist sich die Projektgruppe um Anne Knuth einig, dass die Alpha Sport Center GmbH neben einer neuen Preis- und Beitragsgestaltung einen weiteren Schwerpunkt der zukünftigen Marketingarbeit auf die Werbung legen sollte.

5.2.1 Werbeziele

BASISWISSEN
Kommunika-
tionsformen
und -mittel
Kapitel 3,
Abschnitt
3.2.2,
Tabelle 3.13

Bei der Festsetzung von Werbezielen muss sich das werbende Unternehmen überlegen, welche Wirkung es mit seiner Werbung erzielen will.

Man unterscheidet bei der Unterteilung von Werbezielen zwei Hauptgruppen:

1. finanzielle Werbeziele wie Umsatzsteigerung – etwa durch Erhöhung der Mitgliederzahlen oder der Mitgliedsbeiträge,
2. nichtfinanzielle Werbeziele wie Imageverbesserung – etwa durch spezielle Kurse im Gesundheitsbereich und/oder ständige positive Präsenz in der lokalen Presse.

AUFGABE

Welche Werbeziele würden Sie vorrangig für die Alpha Sport Center GmbH definieren? Begründen Sie Ihre Wahl.

5.2.2 Werbebudget

Grundsätzlich hängt das Werbebudget von den Werbezielen einerseits, den verfügbaren Mitteln andererseits ab. In den meisten Unternehmen wird bei der Festsetzung der Werbeausgaben ein prozentualer Anteil vom Jahresumsatz festgelegt. Andere Unternehmen bilden Rücklagen für ihren Werbeetat, die sie nach Maßgabe der Werbeziele und der daraus abgeleiteten Werbemaßnahmen einsetzen.

Beispiel ▶ Festsetzung des Werbebudgets

Die Alpha Sport Center GmbH bemisst ihr Werbebudget prozentual nach ihrem Jahresumsatz und wendet je nach Geschäftslage einen Satz zwischen 8 % und 10 % an. Damit liegt sie im Durchschnitt der Sportstudios in Deutschland. Im Rahmen einer Jahresmitgliedschaft beträgt der Monatsbeitrag 54,00 €. Die Mitgliederzahl schwankte in den letzten fünf Jahren zwischen 890 und 1 010. Sondereinnahmen aus Veranstaltungen oder speziellen Kursen klammert sie bei der Festsetzung des Werbebudgets aus.

Die Geschäftsleitung schätzt, dass die Zahl der Mitglieder mit Jahresabonnement im Durchschnitt des kommenden Jahres 900 betragen wird. Daraus ergibt sich ein Plan-Jahresumsatz von 583.200,00 €. Da sie ihre Werbeanstrengungen vergrößern will, setzt sie den Werbeetat auf 10 % des Planumsatzes, das heißt auf 58.320,00 € an. So hat sie im Monatsdurchschnitt 4.860,00 € für Werbezwecke zur Verfügung. Da die Schätzung der Mitgliederzahl sehr vorsichtig ist, beschließt sie einen Puffer von monatlich 140,00 € und damit eine Aufrundung des monatlichen Ausgaberahmens auf maximal 5.000,00 €.

AUFGABEN

1. Welche Vorgehensweisen kommen für die Festsetzung eines Werbebudgets infrage? Diskutieren Sie die Ihnen bekannten Möglichkeiten und wägen Sie ab.

2. Ermitteln Sie für Ihre Region die Preise für eine regelmäßige Anzeigenschaltung in der Tageszeitung und die Kosten für den Druck eines Werbeflyers. Diskutieren Sie die Vor- und Nachteile einer regelmäßigen Präsenz Ihres Betriebes in Form einer Anzeige in der Tageszeitung.

3. Diskutieren Sie weitere Möglichkeiten der Verwendung des Werbebudgets Ihres Betriebes.

5.2.3 Zielgruppen

Um einen möglichst hohen Wirkungsgrad von Werbung zu erreichen, muss der Werbende zunächst seine Zielgruppe definieren, das heißt, er muss festlegen, wer umworben werden soll. Auf diese Weise werden von vornherein Streuverluste beim Einsatz von Werbeträgern und Werbemitteln gering gehalten.

> BASISWISSEN
> Marktsegmentanalyse
> Kapitel 3,
> Abschnitt
> 3.2.1

Beispiel ▶ Vermeidung von Streuverlusten in der Werbung

Die Projektgruppe der Alpha Sport Center GmbH beschließt, gezielt Neukunden für den Hallentennisbereich zu bewerben. Hallentennis ist immer noch eine recht kostenintensive Sportart. Aus diesem Grund ist es nicht sinnvoll, Werbezettel in einem Stadtviertel zu verteilen, in dem überwiegend sozial schwächere Bevölkerungsgruppen wohnen.

AUFGABE

Beschreiben Sie die typischen Merkmale der Zielgruppen für die folgenden Sportarten. Begründen Sie Ihre Definitionen.

a) Tennis

b) Golf

c) Kickboxen

d) Steppaerobic

e) Rückenschule

f) Nordic Walking

5.2.4 Werbebotschaft

In einer Werbebotschaft muss der Nutzen einer Dienstleistung oder eines Produkts für den Adressaten herausgestellt werden.

Beispiele ▶ Visuell vermittelte Werbebotschaften in der Sport- und Fitnesswirtschaft

▶ Ein Schwimmer steigt in einem Neoprenanzug aus dem Wasser. Im Hintergrund sieht man Brandungswellen. Darunter steht geschrieben: Triathlon, die totale Fitness.

▶ Eine schlanke, junge Frau sitzt auf einem Ergometer. Sie ist ein wenig verschwitzt und lächelt den Betrachter an. Der Ergometer stammt von einem bekannten Hersteller. Die stillschweigende Botschaft lautet, dass der Betrachter auf einem solchen Gerät in diesem Studio erfolgreich trainieren kann.

AUFGABEN

1. Stellen Sie den Nutzen von Sport im Allgemeinen und den Nutzen der im Folgenden genannten Sportarten heraus. Entwerfen Sie zu einer der genannten Sportarten einen Flyer.

   a) Tennis

   b) Golf

   c) Kickboxen

   d) Steppaerobic

   e) Rückenschule

   f) Nordic Walking

2. Entwickeln Sie nach dem AIDA-Prinzip eine Werbebotschaft für folgende Sportarten:

   a) Tai Chi

   b) Golf

   c) Reiten

5.2.5 Werbeträger und Werbemittel

Bei den Werbeträgern stellt sich die Frage, welche Medien genutzt werden sollen. Generell werden Werbeträger folgendermaßen unterteilt:

▶ Printmedien, zum Beispiel Zeitung, Zeitschrift, Flyer;

▶ elektronische Medien, zum Beispiel CD-ROM, Internet;

▶ Medien der Außenwerbung, zum Beispiel Plakat an einer Litfaßsäule.

Die Form des Werbemittels ist mitentscheidend dafür, ob die Werbebotschaft den Adressaten erreicht und ob die beabsichtigte Wirkung erzielt wird.

Beispiel ▶ **In der Werbung ist die Zielgruppe entscheidend für das Medium**

Die Sportfrei GmbH bietet einen Kurs „Rückenschule" an, der als Rehabilitationsmaßnahme für Menschen gedacht ist, die beispielsweise einen Bandscheibenvorfall erlitten haben. Es wird überlegt, wie der Kurs beworben werden soll. Die Entscheidung fällt zugunsten eines Flyers, der die Vorteile des Kurses vorstellen und in Arztpraxen und bei Geschäftstellen von Krankenkassen ausgelegt werden soll. Dies ist sinnvoller, als eine Anzeige in der Tageszeitung zu schalten. Zwar ist der Streukreis einer Anzeige größer, aber mithilfe des Flyers erreicht das Studio mögliche Interessenten sehr viel gezielter.

Beim Einsatz der Werbeträger und Werbemittel sind aber auch die jeweiligen Kosten zu beachten, die teilweise sehr unterschiedlich ausfallen.

Beispiel ▶ Anzeige versus Flyer

Die Kosten von Anzeigen in der Tageszeitung sind tendenziell höher als für die Kosten eines Flyers, der im eigenen Betrieb erstellt und von einer Druckerei gedruckt wird. Eine Zeitungsanzeige in der Größe von 8 cm x 9,5 cm einer ortsüblichen Tageszeitung kostet je nach Erscheinungsort zwischen 150,00 € und 400,00 € zuzüglich Mehrwertsteuer. Dies ist lediglich ein Durchschnittswert. In Ballungsgebieten liegen die Kosten von Zeitungsanzeigen wesentlich höher.

AUFGABEN

1. Nennen Sie je drei Werbemittel aus dem Bereich der persönlichen Werbung, der Printwerbung und der elektronischen Werbung.

2. Werbeträger sind Medien oder Institutionen, die die Werbemittel an den Adressaten heranbringen. Werbeträger sind aber auch zunehmend die Verbraucher selbst, indem diese Gegenstände benutzen, die den Namen eines Markenartikels tragen. Nennen Sie hierfür Beispiele.

3. Die Alpha Sport Center GmbH will für ihr Hallentennisangebot werben. Suchen Sie einen geeigneten Werbeträger und ein geeignetes Werbemittel dafür aus. Begründen Sie Ihre Wahl.

5.2.6 Streugebiet

Hier muss sich das Unternehmen entscheiden, wo es werben soll. Differenziert wird zwischen dem Gesamtmarkt und dem Teilmarkt.

Beispiel ▶ Bestimmung des Streugebiets

Die Alpha Sport Center GmbH hat ihren Schwerpunkt auf die Vermarktung des Hallentennis gelegt. Um eine höhere Auslastung zu erreichen, können verschiedene Strategien eingesetzt werden:

1. Die Firma wirbt gezielt in ihrem gesamten Einzugsbereich, um mehr Tennisspieler zu gewinnen. Der Vorteil dieser auf den Gesamtmarkt bezogenen Strategie ist, dass sehr viele Menschen erreicht werden, von denen sich einige für das Angebot des Unternehmens entscheiden könnten.

2. Im Vorfeld einer Werbeaktion bestimmt die Firma, welche Art von Mitgliedern umworben werden soll. Diese auf ein bestimmtes Marktsegment bezogene Strategie beruht auf dem Gedanken, dass umworbene Kunden auch zur Philosophie des Studios passen müssen. Dies bedeutet, dass es für den Tennissport nicht nur darauf ankommt, sportlich interessiert zu sein; vielmehr müssen die Interessenten auch über die finanziellen Möglichkeiten verfügen, diese Sportart auszuüben. Das Streugebiet wird also auf Wohngebiete eingegrenzt, in denen das Einkommensniveau höher ist.

AUFGABE

In welchem Streugebiet würden Sie die folgenden Sportangebote bewerben?

a) Tai Chi   c) Gesellschaftstanz

b) Aqua-Gymnastik

5.2.7 Werbeerfolgskontrolle

Eine wirksame Werbeerfolgskontrolle setzt voraus, dass das Werbeziel in einer messbaren Größe ausgedrückt und dass die tatsächliche Werbewirkung gemessen wird. Die Werbewirkung lässt sich mithilfe von Befragungen und Interviews messen.

Beispiel ▶ Messung der Werbewirkung

Die Teilnehmer eines neu eingerichteten Kurses werden in der Anfangsphase gefragt, auf welche Weise sie auf den Kurs aufmerksam geworden sind.

Die auf der Kenntnis der Werbewirkung aufbauende finanzielle Werbeerfolgskontrolle lässt sich auf die folgende Kurzformel bringen:

> Werbeerfolg = werbebedingter Mehrumsatz − Werbekosten

AUFGABE

Erstellen Sie einen Kurzfragebogen für Kursteilnehmer, der dazu dienen soll, die Werbewirkung zu messen. Beachten Sie dabei allgemeine Datenschutzbestimmungen.

5.2.8 Gesetzliche Beschränkungen von Werbung

BASISWISSEN
Grenzen der Werbung
Kapitel 3, Abschnitt 3.2.2, S. 241 f.

Die Werbung in der Sport- und Fitnesswirtschaft richtet sich grundsätzlich nach den allgemeinen Rechtsvorschriften, die im Gesetz gegen den unlauteren Wettbewerb zusammengefasst sind.

AUFGABEN

1. In welcher Form könnte die Alpha Sport Center GmbH gegen das Gesetz gegen den unlauteren Wettbewerb (UWG) verstoßen? Nennen Sie fünf Beispiele.

2. Beurteilen Sie, ob es sich bei den folgenden Handlungen und Werbemaßnahmen um einen Verstoß gegen das UWG handelt:

   a) Die Sportfrei GmbH führt ein Preisausschreiben durch. Der Hauptpreis ist eine einwöchige Reise nach Mallorca in ein Fünfsterne-Wellnesshotel. Mitmachen dürfen nur Mitglieder und Personen, die im Rahmen des Preisausschreibens einen Mitgliedsvertrag abschließen.

   b) Die Alpha Sport Center GmbH wirbt mit dem Slogan: „Tennis spielen können Sie überall, Tennis genießen nur bei uns."

   c) Ein Sportstudio wirbt mit dem Bild einer magersüchtigen jungen Frau und dem Slogan „Hier kann jeder seine Muskeln wieder aufbauen".

6 Sachleistungen beschaffen

6.1 Bedarfsermittlung

Zum Einstieg

Annika Junghans beginnt am 1. August ihre Ausbildung bei der Firma Multifit. Um das ganze Sortiment kennen zu lernen, darf sie als Erstes bei der wöchentlichen Inventur mitwirken. Während der Inventur stellen Annika und ihre Kollegin Svenja fest, dass der Bestand an Fitness-Riegeln „Joghurt-Crisp" erschöpft ist. Annika möchte wissen, warum die Riegel nicht mehr im Sortiment sind. Svenja antwortet: „Die sind noch im Sortiment, sind aber seit fünf Tagen ausverkauft. Es haben bereits viele Kunden danach gefragt, aber leider beträgt die Lieferzeit mindestens zwei Wochen. Das Gleiche passiert uns bei bestimmten Kaffeesorten und den Logo-T-Shirts auch häufiger!" – Da es nach Ansicht von Annika und Svenja nicht gut ist, den Kundenwünschen nicht entsprechen zu können, überlegen sie, wie man das Ganze besser handhaben könnte.

BASISWISSEN
Inventur und Bilanz
Kapitel 5, Abschnitt 5.1.3
Lager-organisation
Kapitel 4, Abschnitt 4.1.9

AUFGABEN

1. Entwerfen Sie eine sinnvolle Inventurliste (Lagerbestandsliste) für die in Ihrem Ausbildungsbetrieb zum Verkauf stehenden Artikel.
2. Warum ist es nicht gut, wenn ein Betrieb nicht ständig lieferbereit ist?
3. Berechnen Sie den Meldebestand für die folgenden Artikel:

	Mindestbestand	durchschnittl. Verkauf pro Tag	Lieferzeit in Tagen
Fitness-Riegel „Joghurt-Crisp"	50 Stück	12 Stück	16
Kaffee „Rafinha"	1 000 Gramm	150 Gramm	21
Logo-T-Shirts, Gr. L	20 Stück	0,7 Stück	31

6.2 Von der Bezugsquellenermittlung bis zur Bestellung

6.2.1 Recherche von Bezugsquellen

Zum Einstieg

Christian Neumann und Markus Falk, Sport- und Fitnesskaufleute im dritten Ausbildungsjahr, arbeiten auf einer großen Golfanlage in der Nähe von Stralsund. Der Verein verfügt über eine sehr weiträumige 18-Loch-Anlage, eine 9-Loch-Anlage für Anfänger sowie eine Driving Range und Übungsanlagen zum Putten und Chippen. Die beiden sind beauftragt worden, Leihschlägersets für Anfänger zu beschaffen. Insgesamt werden 20 Sets benötigt. Hinzu kommen fünf Elektro-Caddys, die für VIP-Mitglieder geleast werden sollen. Christian und Markus schauen sich nach Lieferanten um und holen Angebote ein. So erhält der Verein mehrere Angebote von Lieferanten aus Deutschland, die jedoch den Vorgaben nicht passgenau entsprechen. Beispielsweise gibt es zu dem gewünschten Preis keine Sets mit Rollen. Nach Rücksprache mit dem schottischen Golflehrer Archie McDonald beschließen die beiden Auszubildenden, Angebote aus Schottland, dem Mutterland des Golfspiels, einzuholen.

BASISWISSEN
Die sechs „Ws" der Beschaffung
Kapitel 4, Abschnitt 4.1.2, S. 253

AUFGABEN

1. Mithilfe welcher Quellen würden Sie für den Auftrag, den Christian Neumann und Markus Falk erhalten haben, nach Lieferanten suchen?
2. Welche weiteren Maßnahmen würden Sie vor dem Leasing der Caddys in Betracht ziehen?
3. Ermitteln Sie ausländische Bezugsquellen für Golfzubehör.
4. Betrachten Sie die Einstiegssituation in Abschnitt 6.2.1 (S. 125). Entwerfen Sie eine Kaufanfrage bezüglich der Golfausrüstung, erstellen Sie ein Angebot und lösen Sie die Bestellung jeweils in englischer Sprache aus.

6.2.2 Formen, Arten und Inhalte von Anfragen

Zum Einstieg

Nach der Inventur darf Annika zusammen mit Kevin Kellermann ein neues Kursangebot planen. Zukünftig soll es im Studio auch Spinning-Kurse geben. Der Kursraum Nr. III bietet Platz für 15 Spinning-Bikes. Diese sollen zuerst angeschafft werden. Außerdem werden Herzfrequenzmessbänder sowie Radlerhosen, die im Studio verkauft werden sollen, benötigt. Annika erhält den Auftrag, bei Händlern und Herstellern von Spinning-Bikes Angebote einzuholen.

Eine Anfrage ist nicht an eine bestimmte Form gebunden. Sie kann sowohl mündlich als auch schriftlich erfolgen. Anfragen sind immer unverbindlich, das heißt, sie können nie als Antrag für einen Kaufvertrag gewertet werden.

Man unterscheidet zwischen allgemein gehaltenen und bestimmt gehaltenen Anfragen:

▶ Eine allgemein gehaltene Anfrage richtet sich zum Beispiel auf Muster, Kataloge oder Warenverzeichnisse und kann auch die Bitte um einen Vertreterbesuch umfassen.

▶ Eine bestimmt gehaltene Anfrage ist konkret auf bestimmte Artikel und deren Preise und Lieferkonditionen gerichtet.

BASISWISSEN
Schriftverkehr im Beschaffungsprozess
Kapitel 4, Abschnitt 4.1.4

AUFGABEN

1. Recherchieren Sie möglichst viele Hersteller und/oder Händler von Spinning-Bikes.
2. Erläutern Sie die Bedeutung einer Anfrage für einen Kaufvertrag.
3. Schreiben Sie Anfragen an mindestens drei der von Ihnen ausgewählten Hersteller oder Händler.

6.2.3 Form und Inhalt eines Angebots

Man unterscheidet zunächst zwischen unverbindlichen und verbindlichen Angeboten:

▶ Ein unverbindliches Angebot ist an die Allgemeinheit gerichtet und/oder wird durch eine so genannte Freizeichnungsklausel als solches gekennzeichnet. Es ist lediglich eine Anpreisung und keine Willenserklärung im rechtlichen Sinne. Somit kann ein unverbindliches Angebot auch nie ein Antrag zum Abschluss eines Kaufvertrags sein.

▶ Ein verbindliches Angebot ist an bestimmte Personen oder Personengruppen gerichtet und stellt eine Willenserklärung, das heißt einen Antrag zum Abschluss eines Kaufvertrags, dar.

Ein Angebot ist nicht an eine vorgegebene Form gebunden. Wenn für die Gültigkeit eines schriftlichen Angebots keine Frist angegeben ist, ist es so lange gültig, wie unter normalen Umständen und verkehrsüblichen Bedingungen mit einer Antwort gerechnet werden kann. Ein mündliches Angebot gilt nur so lange, wie das Gespräch andauert, in dem es unterbreitet wird.

> **BASISWISSEN**
> Kaufvertrag, Dienstvertrag und Werkvertrag
> Kapitel 4, Abschnitt 4.1.6

Ein verbindliches Angebot kann durch so genannte Freizeichnungsklauseln ganz oder teilweise in seiner Verbindlichkeit eingeschränkt werden.

Beispiele ▶ Freizeichnungsklauseln

- ▶ Solange der Vorrat reicht
- ▶ Preisänderungen vorbehalten
- ▶ unverbindliches Angebot

Die Bindung an ein Angebot erlischt ebenfalls dann, wenn der Empfänger das Angebot ablehnt, der Kunde zu spät bestellt oder die Bestellung inhaltlich von dem Angebot abweicht, auf das sie sich bezieht. Weiterhin kann das Angebot widerrufen werden, wenn der Widerruf spätestens zusammen mit dem Angebot beim Kunden eintrifft.

AUFGABE

Hamit Acatay sieht im Fenster eines Tuning-Shops schöne Alufelgen. Er geht in den Laden und erkundigt sich nach dem Preis. Der Kauf will gut überlegt sein, so schläft er eine Nacht darüber. Am nächsten Tag will er die Felgen kaufen. Leider wurden sie bereits am Vorabend an einen anderen Kunden verkauft. Hamit erklärt dem Verkäufer, dass er auf dem Kauf der Felgen besteht. Ist der Verkäufer an sein Angebot gebunden? Begründen Sie Ihre Antwort.

6.2.4 Angebotsprüfung und Angebotserstellung

Zum Einstieg

Annika hat Anfragen für Herzfrequenzmesser an verschiedene Hersteller gerichtet. Für die Radlerhosen, die im Studio verkauft werden sollen, liegen bereits die folgenden Angebote vor:

- ▶ Die Firma „Mediwear Company, Spenglerstr. 23, 35578 Wetzlar", bietet Radlerhosen zum Preis von 19,90 € pro Stück an. Die Hosen bestehen zu 20 % aus Elasthan. Der Versand der Hosen kostet pauschal 15,00 €. Die Lieferzeit beträgt 14 Tage; es werden 2 % Skonto innerhalb von 15 Tagen gewährt.
- ▶ Die Firma „Fitbike GmbH, Stettiner Str. 112, 30169 Hannover", hat Hosen zu 21,00 € im Angebot. Der Versand kostet 1,00 € pro Hose. Das Skonto beträgt 3 % innerhalb von zehn Tagen. Fitbike gewährt 10 % Rabatt ab einer Bestellmenge von mindestens zehn Stück. Die Hosen bestehen zu 10 % aus Elasthan, die Lieferzeit beträgt 21 Tage.
- ▶ Die Hosen der Firma „Bikers Ltd., Parkallee 16, 45657 Recklinghausen", bestehen zu 20 % aus Elasthan, die Lieferzeit beträgt zwei Wochen. Pro Hose verlangt Bikers 20,53 € und gewährt 7 % Rabatt beim Kauf ab 20 Stück und 10 % Rabatt ab 25 Stück. Das Skonto beträgt 2 % innerhalb von 15 Tagen. Verpackung und Versand kosten pauschal 12,50 €.

▶ Die Firma „Sportsbar GmbH, Stellmacherstr. 71, 26506 Norden", bietet Hosen mit einem 25%igen Elasthan-Anteil an. Die Lieferung erfolgt innerhalb von zwei Wochen frei Haus. Die Hosen kosten pro Stück 20,46 € mit 8 % Rabatt ab 15 Stück.

▶ Die Hosen von „Le Tour, Schulstr. 198, 30629 Hannover", sind für 19,88 € das Stück zu haben. Man bietet 8 % Rabatt ab 25 Stück bei 3 % Skonto innerhalb von zehn Tagen. Die Hosen bestehen zu 20 % aus Elasthan, die Lieferung erfolgt innerhalb von sieben Tagen frei Haus.

Annika weiß, dass für das neue Spinning-Angebot in 14 Tagen zunächst 20 Hosen (gemischte Größen) benötigt werden. Der Elasthananteil sollte mindestens 20 % betragen.

Im Angebot sollten alle wichtigen Vertragsbestandteile wie Art, Beschaffenheit und Güte der Ware, Preise und Versandkosten genannt werden, um Missverständnisse zu vermeiden. Nur die im Angebot genannten Bedingungen werden, wenn die Vertragspartner sich darüber einigen, zweifelsfrei Bestandteil des Kaufvertrags.

BASISWISSEN
Angebots-
und Bezugs-
kalkulation,
Angebots-
vergleich
Kapitel 4,
Abschnitt
4.1.3

AUFGABEN

1. Welche Merkmale halten Sie für wichtig, um einen Lieferanten zu beurteilen?

2. Erstellen Sie auf der Basis der Angaben in der oben geschilderten Einstiegssituation einen tabellarischen Angebotsvergleich und entscheiden Sie, welche Firma neuer Lieferant für die Radlerhosen wird.

3. Der Geschäftsführer der Firma Sportslife wünscht, dass seine Mitarbeiter während der Arbeit einheitliche Poloshirts mit Firmenlogo tragen. Daher holt er von drei verschiedenen Firmen Angebote ein. Er braucht, um alle Mitarbeiter auszustatten, mindestens 20, maximal jedoch 35 Shirts. Deren Stoff sollte zu mindestens 80 % aus Baumwolle bestehen. Die Lieferung sollte in spätestens zwei Wochen erfolgen. Der Auszubildende Jan hat folgende Informationen zusammengestellt:

Anbieter	Poloshirt Fox Fa. Riesebieter	Poloshirt uni Fa. Kohljahn	Poloshirt Jamaica Fa. Werbetextil
Preis	8,10 €/Stück	8,20 €/Stück	8,60 €/Stück, 15 % Rabatt ab 30 Stück Abnahme
Skonto		Skonto 3 % innerhalb 14 Tagen	
Bezugskosten	10,00 €	frei Haus	10,00 €
Qualität	80 % Baumwolle	80 % Baumwolle	80 % Baumwolle
Lieferzeit	2 Wochen	14 Tage	14 Tage

Helfen Sie Jan, das günstigste Angebot herauszufinden.

4. Schreiben Sie ein realistisches Angebot für ein Medley Ihres Betriebes für eine von Ihnen ausgewählte Veranstaltung in einer benachbarten Stadt. Berücksichtigen Sie dabei alle anfallenden Kosten (zum Beispiel Personal, Anfahrt).

6.2.5 Form und Inhalt einer Bestellung

Einer Bestellung muss kein Angebot vorausgehen. Sie kann sowohl Antrag, zum Beispiel aufgrund einer Anpreisung in einem Katalog, als auch Annahme als Antwort auf ein verbindliches Angebot zum Abschluss eines Kaufvertrags sein.

> **BASISWISSEN**
> Schriftverkehr im Beschaffungsprozess
> Kapitel 4, Abschnitt 4.1.4

> Eine **Bestellung** ist eine verbindliche Willenserklärung, eine Ware oder Dienstleistung zu den in ihr genannten Bedingungen zu kaufen.

Ist die Bestellung ein Antrag zum Abschluss eines Kaufvertrags, so kommt der Kaufvertrag zustande, wenn

▶ der Verkäufer die Bestellung ausdrücklich annimmt oder

▶ die Leistung entsprechend der Bestellung erbringt.

Bestellungen sind nicht an Formvorschriften gebunden. Ein Widerruf ist unter normalen Umständen nur rechtswirksam, wenn er spätestens gleichzeitig mit der Bestellung eintrifft. Bei Haustürgeschäften und im E-Commerce gilt grundsätzlich eine vierzehntägige Widerrufsfrist.

AUFGABE

Schreiben Sie eine Bestellung für die benötigten 20 Radlerhosen (siehe Einstiegssituation auf S. 127 f.) und richten Sie diese an den laut Angebotsvergleich günstigsten Anbieter.

6.3 Verträge, Rechts- und Geschäftsfähigkeit

Zum Einstieg

Annika hat während ihres ersten Messebesuchs einen Auftrag ihres Chefs ausgeführt und bei einem Aussteller 25 Steptrainer für den Kursbereich bestellt. Eine Woche später stellt Kevin fest, dass er die gleichen Steps leicht gebraucht zu einem wesentlich günstigeren Preis kaufen kann. Er setzt sich umgehend mit dem Messeaussteller in Verbindung und weist diesen darauf hin, dass Annika mit ihren 17 Jahren noch nicht geschäftsfähig ist und damit den Kaufvertrag nicht hätte abschließen dürfen.

> **BASISWISSEN**
> Rechtliche Rahmenbedingungen der Unternehmensführung
> Kapitel 1, Abschnitt 1.2.1

AUFGABEN

1. Erläutern Sie, wie ein Vertrag zustande kommt.
2. Erklären Sie die Begriffe Rechtsfähigkeit und Geschäftsfähigkeit.
3. Unterscheiden Sie juristische Personen von natürlichen Personen und nennen Sie jeweils Beispiele.
4. Betrachten Sie die oben geschilderte Situation. Kann Kevin mit seiner Argumentation den Kaufvertrag rückgängig machen?

5. Beurteilen Sie die folgenden Fälle:

   a) Die sechsjährige Petra kauft am 2. Juni für 17,00 € eine „Schlümpfe"- CD. Am 5. Juli bringt ihre Mutter die zerbrochene CD in den Laden zurück und verlangt die Erstattung des Kaufpreises. Bekommt sie ihr Geld zurück?

   b) Der 17-jährige Paul kauft sich für 3.500,00 € beim Händler einen lang ersehnten Roller. Auf der Fahrt nach Hause verliert er auf einer Ölspur die Kontrolle über das Fahrzeug und stürzt so schwer, dass es anschließend schrottreif ist. Sein Vater bringt das Metallknäuel zum Händler zurück und verlangt die Erstattung des Kaufpreises. Muss der Händler zahlen?

   c) Der verstorbene Onkel hat seinem zwölfjährigen Patenkind eine wertvolle Briefmarkensammlung vererbt. Um sich eine neue Stereoanlage zu leisten, verkauft das Patenkind eine dieser Marken. Ist das Geschäft zulässig?

   d) Die 17-jährige Sonja arbeitet im Einkauf einer Goldschmiede. Sie bestellt Rohgold im Wert von 30.000,00 €. Am Tag der Lieferung ist der Goldpreis kräftig gefallen. Der Chef verweigert die Annahme der Lieferung und will das Geschäft rückgängig machen, da Sonja noch nicht volljährig ist.

   e) Eine 16-jährige Auszubildende kauft sich eine neue, nach Ansicht ihres Vaters viel zu enge Jeans. Mit dem Argument, dass er dem Kauf nicht zugestimmt hat, verlangt er die Erstattung des Kaufpreises gegen die Rückgabe der Jeans.

   f) Die fünfjährige Sabine geht zum Kiosk, kauft eine große Tüte Gummibärchen und isst sie nahezu vollständig auf. Mit dem kläglichen Rest geht die Mutter zum Kiosk und verlangt den Kaufpreis zurück. Hat sie das Recht dazu?

6. Nennen Sie weitere Vertragsarten neben dem Kaufvertrag und schildern Sie deren Funktion und Inhalte.

7. Wann muss der Verkäufer liefern, wenn im Kaufvertrag kein Lieferdatum genannt ist?

8. Ordnen Sie den folgenden Beispielen die passende Vertragsart zu und begründen Sie.

   a) Daniel lässt sich beim Friseur einen Irokesenschnitt verpassen.

   b) Thomas und Lena finden endlich ein Gebäude, das sie gegen ein monatliches Entgelt als Gaststätte nutzen können.

   c) Rouven borgt sich von Wesley eine DVD mit dem Versprechen, sie ihm am nächsten Tag zurückzugeben.

   d) Mohammed bekommt eine Menge schöner Dinge zum Geburtstag.

   e) Franz borgt sich von Uli einen Kanister Benzin mit dem Versprechen, ihm bald einen vollen Kanister zurückzugeben.

   f) Kati sucht sich einen Stoff aus, um sich ein Kostüm schneidern zu lassen.

   g) Die Firma Multifit stellt den Kauf von Zeitschriften für den Saunabereich ein und beschließt, zukünftig von einem Unternehmen eine Auswahl von Zeitschriften wöchentlich austauschen zu lassen.

9. Stellen Sie fest, ob bei den nachfolgend beschriebenen Sachverhalten ein Kaufvertrag zustande gekommen ist. Begründen Sie jeweils ausführlich.

   a) Der Verkäufer sendet per Post ein auf 14 Tage befristetes Angebot; der Kunde bestellt 15 Tage nach Eingang per Fax.

   b) Käufer und Verkäufer stehen in keiner regelmäßigen Geschäftsverbindung. Der Kunde bestellt ohne vorhergehendes Angebot, der Verkäufer liefert gemäß Bestellung.

   c) Der Verkäufer schickt ein unverbindliches Angebot, der Käufer bestellt, jedoch mit dem Vermerk, dass seine Geschäftsbedingungen gelten und nicht, wie im Angebot ausdrücklich vermerkt, diejenigen des Verkäufers.

d) Käufer und Verkäufer unterhalten eine regelmäßige Geschäftsverbindung. Der Verkäufer sendet unbestellte Ware in einer früher schon mehrfach bestellten Menge. Der Kunde schweigt nach Eintreffen der Ware. 14 Tage später bittet er den Lieferanten, dass dieser die gesamte Ware wieder abholen möge, da er sie aufgrund von Betriebsferien nicht absetzen konnte.

e) Ein achtjähriges Kind kauft am Kiosk für 1,00 € Bonbons.

10. Nennen Sie vier Freizeichnungsklauseln und erklären Sie deren Inhalt.

6.4 Störungen beim Kaufvertrag

Zum Einstieg

Kevin hat für seine Firma beim Autohaus Ernst einen neuen Wagen bestellt. Es handelt sich dabei um einen Bus, in dem man neben bis zu neun Personen auch jede Menge Gepäck und Einkäufe transportieren kann. Das Autohaus hat im Kaufvertrag die Lieferung für den 20. Oktober zugesagt. Um unnötige Kosten zu vermeiden, verkauft Kevin sein altes Fahrzeug, ebenfalls einen Kleinbus, zum 19. Oktober an einen Taxiunternehmer, der diesen als Großraumtaxi einsetzen möchte. Obwohl ihm noch am 15. Oktober eine pünktliche Auslieferung bestätigt wurde, erfährt Kevin am 20. Oktober, als er im Autohaus erscheint, dass der Bus noch nicht verfügbar ist. Der Verkäufer teilt ihm mit, dass das Fahrzeug durch einen Fahrer des Autohauses beim Entladen offensichtlich fahrlässig beschädigt wurde. Der Schaden ist zwar nicht groß, umfasst jedoch einige deutlich sichtbare Schrammen. Da Kevin für seinen Betrieb Besorgungen machen muss, für die er ein großes Auto benötigt, ist er im Moment etwas ratlos.

> **BASISWISSEN**
> Kaufvertrag, Vertragsstörungen
> Kapitel 4, Abschnitte 4.1.6 und 4.1.7

6.4.1 Rechte des Käufers bei mangelhafter Lieferung

In Tabelle 6.1 sind die wichtigsten Mängelarten zusammenfassend dargestellt.

> **QUELLE**
> § 433 ff. BGB

Mangel	mögliche Ausprägungen
Die Sache hat nicht die vereinbarte Beschaffenheit.	Die gekaufte Sache ist fehlerhaft oder hat nicht die zugesicherten Eigenschaften.
Montagemangel	Die Sache ist nicht so montiert oder repariert worden, wie es vereinbart war.
Mangelhafte Montageanleitung („Ikea-Klausel")	Einer Sache, die offensichtlich zur Selbstmontage verkauft wurde, ist keine ausreichend verständliche und für den Käufer nachvollziehbare Montageanleitung beigefügt.
Falschlieferung	Es wurde nicht die vereinbarte Sache geliefert.
Zu-Wenig-Lieferung	Der bestellte Gegenstand ist nicht in der vereinbarten Menge geliefert worden.
Ware ungleich Werbung	Die Ware hat nicht die in der Werbung angepriesenen Eigenschaften.

Tabelle 6.1: Die wichtigsten Mängelarten

Vorrangig (das heißt zuerst) kann der Käufer bei mangelhafter Ware auf **Nacherfüllung** bestehen. Die Nacherfüllung kann auch bei geringfügigen Mängeln verlangt werden und ist unabhängig vom Verschulden des Verkäufers. Ist eine Nacherfüllung unmöglich (zum Beispiel im Fall eines nach Vertragsschluss zerstörten Originalgemäldes), entfällt die Leistungspflicht des Verkäufers. In solchen Fällen ist der Verkäufer lediglich zur Erstattung des Kaufpreises verpflichtet (§ 275 BGB).

Eine angemessene Nachfrist ist entbehrlich, wenn

▶ der Verkäufer die Nacherfüllung von sich aus verweigert,

▶ zwei Nacherfüllungsversuche fehlgeschlagen sind,

▶ die Nacherfüllung für einen der Vertragspartner unzumutbar ist oder

▶ der Liefertermin kalendermäßig bestimmt war, ein Zweckkauf vorlag oder es andere besondere Umstände gab.

Beispiel ▶ Keine Nachfrist bei Vorliegen besonderer Umstände

Eine zerstörte Fensterscheibe soll ersetzt werden. Die bestellte Scheibe wird zum avisierten Zeitpunkt nicht geliefert und ein Sturm zieht auf. In diesem Fall tritt der Verzug sofort ein, der Besteller kann die Fensterscheibe woanders besorgen und gegebenenfalls den gezahlten Mehrbetrag vom ursprünglichen Lieferanten verlangen.

Im Rahmen des Rechts auf Nacherfüllung kann der Käufer zwischen **Nachbesserung** und **Neulieferung** wählen, das heißt zwischen Instandsetzung der beschädigten Ware und Austausch gegen eine gleichartige neue Ware.

Nachrangig, das heißt, wenn die Nacherfüllung scheitert, hat der Käufer unter der Voraussetzung, dass jeweils eine angemessene Nachfrist gesetzt wurde, die folgenden Rechte:

▶ Handelt es sich um einen geringfügigen Mangel, kann er **(Preis-)Minderung** verlangen. Weiterhin ist der Verkäufer verpflichtet, auch zusätzlich **Schadensersatz neben der Leistung** zu leisten.

▶ Ist der Mangel erheblich, so kann der Käufer vom Vertrag zurücktreten, und bei Verschulden des Verkäufers kann er **Schadensersatz statt Leistung** oder den Ersatz vergeblicher Aufwendungen (beispielsweise Druckkosten für ein Werbefaltblatt) verlangen.

Schaubild 6.1 fasst die Rechte des Käufers bei mangelhafter Lieferung einer bestellten Ware zusammen.

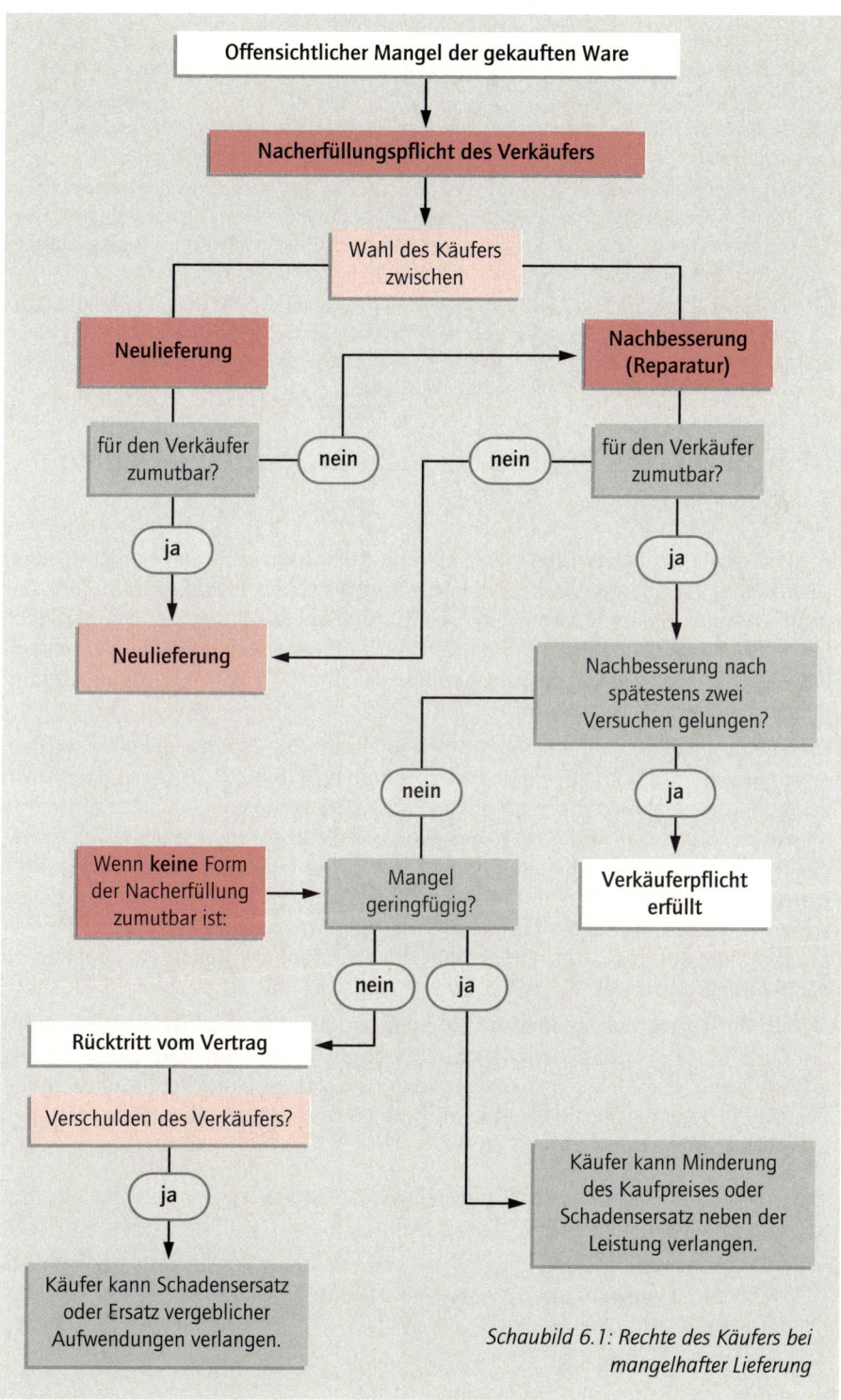

Schaubild 6.1: Rechte des Käufers bei mangelhafter Lieferung

AUFGABEN

1. Betrachten Sie die auf S. 131 geschilderte Einstiegssituation. Welche rechtlichen Möglichkeiten hat Kevin?

2. Halil kauft für das Bistro einen Entsafter. Als er das Gerät auspackt, stellt er leichte Kratzer am Gehäuse fest. Kann er vom Händler die Reparatur des Gerätes verlangen?

3. Levan kauft einen neuen PC. Die Werbebroschüre verspricht, dass der eingebaute Prozessor der neuesten Generation deutlich schneller ist als der Prozessor in einem vergleichbaren Modell des Marktführers. Tatsächlich ist der Rechner nur wenig schneller als Levans ausrangiertes, fünf Jahre altes Modell. Welche Rechte stehen Levan zu?

4. Mathias hat am 30. Mai 2000 ein gebrauchtes Auto mit der Zusicherung gekauft, dass dieses unfallfrei gefahren worden sei. Am 12. Juni 2007 stellt ein Gutachter fest, dass der Verkäufer seinerzeit einen Auffahrunfall verschwiegen hat. Mathias macht Gewährleistungsansprüche geltend. Klären Sie die Rechtslage.

6.4.2 Rechte des Käufers bei Nicht-Rechtzeitig-Lieferung

QUELLEN
§ 280 ff.,
§ 323 BGB

Zum Einstieg

Für die geplante Einführung des Spinning-Kursprogramms am Samstag, dem 29. Oktober 20.., hat Kevin bei der Firma Brenska GmbH Plastiktrinkflaschen mit dem Aufdruck „Spinning-Urgestein – Einführung bei Multifit – 29. Oktober 20.." bestellt, die den Teilnehmern an diesem Tag zum Geschenk gemacht werden sollen. Die Flaschen werden vertragsgemäß zwei Tage vor dem Einführungstermin geliefert, allerdings ohne Aufdruck des Datums.

Die Spinning-Bikes sollen laut Vertrag ebenfalls am 27. Oktober geliefert werden, doch der Lieferant hält den vereinbarten Termin nicht ein. Bis 18 Uhr wartet Kevin vergeblich. Am nächsten Tag ruft er den Fabrikanten Billy Run an und erfährt, dass die Räder aufgrund einer Panne in der Endkontrolle das Werk erst einen Tag später per Lkw verlassen und frühestens am Dienstag der folgenden Woche im Multifit eintreffen werden. Kevin bleibt nichts anderes übrig, als die Veranstaltung zu verschieben. Er beschließt, die Mitglieder und die potenziellen Neukunden, die sich zu der Veranstaltung angemeldet haben, anzurufen, um ihnen das Problem zu erklären und einen unnötigen Weg zu ersparen.

Der größte Verein der Stadt hatte für Sonntag, den 30. Oktober 20.., ebenfalls die Einführung eines Spinning-Angebotes angekündigt. Am folgenden Montag erfährt Kevin, dass drei der Nichtmitglieder, die sich zu Multifits Einführungsveranstaltung angemeldet hatten, nun aufgrund des Vereinsangebotes dort Mitglied geworden sind.

Ist eine Lieferung fällig, muss der Käufer dem Verkäufer eine angemessene Nachfrist zur Lieferung einräumen. Eine Nachfrist ist entbehrlich, wenn

▶ der Verkäufer die Lieferung von sich aus verweigert (weil er die bestellte Ware beispielsweise zu einem höherem Preis an einen Dritten verkauft hat),

▶ der Liefertermin kalendermäßig bestimmt war,

▶ ein Zweckkauf vorlag oder

▶ es andere besondere Umstände gab.

Verstreicht auch die Nachfrist, ohne dass eine Lieferung erfolgt, kann der Verkäufer vom Vertrag **zurücktreten.** Liegt der Verspätung ein Verschulden des Verkäufers zugrunde, so kann der Käufer außerdem für den aufgrund der Nichterfüllung erlittenen Schaden **Schadensersatz oder den Ersatz vergeblicher Aufwendungen** (zum Beispiel Kosten im Zusammenhang mit dem Vertragsschluss wie Telefongebühren, Portokosten, Reisekosten) geltend machen. Liegt ein Verschulden des Verkäufers vor und verlangt der Käufer weiterhin die Lieferung der Ware, so kann der Käufer für den durch die Verzögerung entstandenen Schaden **Schadensersatz neben der Leistung** verlangen.

Schaubild 6.2 fasst die Rechte des Käufers bei Nicht-Rechtzeitig-Lieferung einer bestellten Ware (Lieferverzug) zusammen.

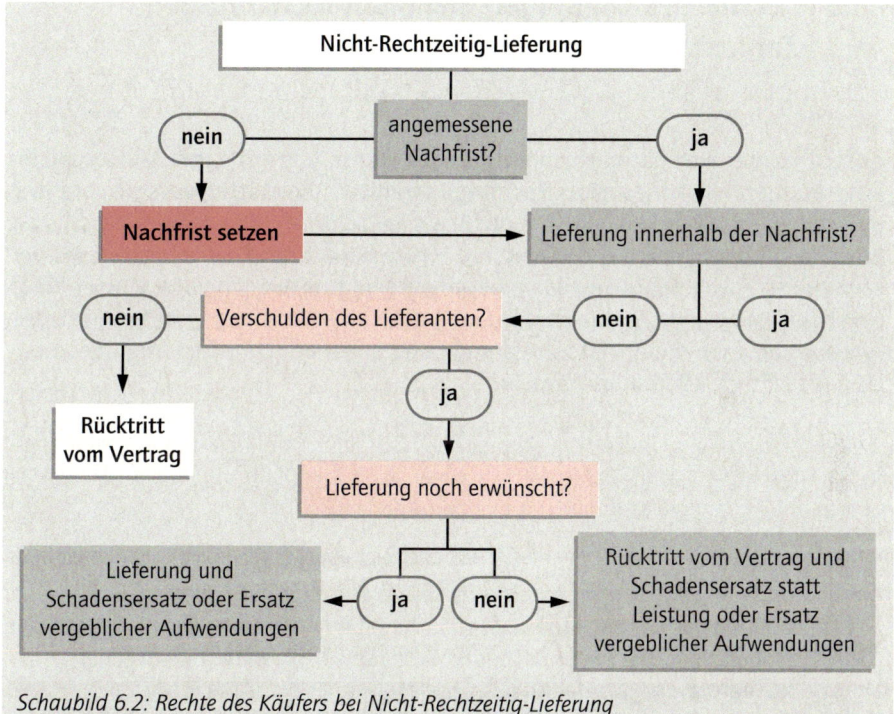

Schaubild 6.2: Rechte des Käufers bei Nicht-Rechtzeitig-Lieferung

AUFGABEN

1. Betrachten Sie die oben geschilderte Einstiegssituation.

   a) Wie ist die Rechtslage in Bezug auf die gelieferten Trinkflaschen? Versuchen Sie, den Fall praxisgerecht zu lösen.

   b) Überlegen Sie, wie Kevin nach der erzwungenen Verschiebung der Veranstaltung den Kursteilnehmern und den potenziellen Neumitgliedern die Situation so darlegen kann, dass er sie nicht verärgert.

   c) Was könnte aus den vertraglichen Rechten und Pflichten zwischen Kevin und der Firma Billy Run folgen?

BASISWISSEN
Konflikt- und Beschwerde-management Kapitel 3, Abschnitt 3.2.4

2. Zlatan bestellt für den Gymnastikbereich seines Fitnessstudios zwölf Powerroller. Ein Liefertermin wurde nicht vereinbart. Drei Wochen später ruft Zlatan bei seinem Lieferanten an. Dieser erklärt ihm, dass er die Geräte an einen anderen Kunden zu einem höheren Preis verkauft hat und daher momentan nicht liefern kann. Klären Sie die Rechtslage.

3. Mario hat für sein Bistro bei seinem Stammweinhändler fünf Kisten Dornfelder bestellt. Der Händler lässt mit der Lieferung auf sich warten. Inzwischen hat Mario eine Quelle aufgetan, aus der er den gleichen Wein wesentlich günstiger beziehen kann. Nachdem er seinen Weinvorrat von dort aus aufgestockt hat, trifft der bei seinem Stammweinhändler bestellte Wein doch noch ein. Mario lehnt die Annahme ab, der Weinhändler besteht auf Abnahme und Zahlung. Klären Sie die Rechtslage.

6.4.3 Rechte des Gläubigers bei nicht rechtzeitiger Zahlung des Schuldners

Zum Einstieg

Annika kommt am späten Nachmittag nach Hause und trifft ihre Mutter an, die sehr verärgert ist. Auf Annikas Nachfrage erzählt ihr die Mutter, dass sie vor etwas mehr als einem Monat eine Rechnung für ein Zeitschriftenabonnement bekommen, deren Bezahlung jedoch vergessen hat. Heute ist mit der Post wegen dieses Versäumnisses ein gerichtlicher Mahnbescheid eingetroffen. Annikas Mutter klagt: „Ich habe weder eine Zahlungserinnerung noch eine Mahnung erhalten. Stattdessen bekomme ich ohne weitere Ankündigung einen gerichtlichen Mahnbescheid. Ist das rechtlich überhaupt zulässig?"

QUELLE
§ 280 ff.
BGB

Ist eine Zahlung fällig, muss der Gläubiger den Schuldner mahnen und ihm eine angemessene Nachfrist setzen. Zahlt der Schuldner auch innerhalb der Nachfrist nicht, so gerät er in Verzug. Eine Mahnung ist nicht erforderlich,

▶ wenn seit Rechnungszugang die gesetzliche Frist von 30 Tagen verstrichen ist oder

▶ wenn im Falle eines einseitigen Handelskaufs mit dem Verbraucher als Schuldner seit Rechnungszugang 30 Tage verstrichen sind und der Verbraucher auf die Folgen der Fristüberschreitung in der Rechnung besonders hingewiesen wurde oder

▶ wenn der Schuldner die Zahlung verweigert oder

▶ wenn der Zahlungstermin kalendermäßig bestimmt war oder

▶ wenn andere besondere Umstände (zum Beispiel eine Selbstmahnung des Schuldners mit eigener Ankündigung des Zahlungstermins) vorliegen.

Liegt kein Verschulden des Schuldners vor, so kann der Gläubiger vom Vertrag zurücktreten. Liegt ein Verschulden des Schuldners vor, so kann der Gläubiger vom Vertrag zurücktreten und **Schadensersatz statt der Leistung** (Nichterfüllungsschaden) verlangen. Alternativ dazu kann er weiterhin die Zahlung verlangen und außerdem den Verzögerungsschaden in Rechnung stellen. Verzugszinsen können nach § 288 BGB für Privatleute mit dem von der Deutschen Bundesbank nach § 247 BGB auszuweisenden Basiszinssatz (seit 1. Juli 2007 auf 3,19 % festgelegt) zuzüglich 5 %, für Unternehmer mit dem Basiszinssatz zuzüglich 8 % berechnet werden. (Der Basiszinssatz wird jährlich

5622136

zum 1. Januar und 1. Juli neu festgesetzt. Er orientiert sich am Zinssatz für Hauptrefinanzierungsgeschäfte der Europäischen Zentralbank. Seine Höhe ist im Wirtschaftsteil der Tageszeitungen veröffentlicht.) Zusätzlich kann der Gläubiger den **Ersatz vergeblicher Aufwendungen** geltend machen.

Schaubild 6.3 fasst die Rechte des Gläubigers für den Fall, dass der Schuldner eine fällige Zahlung nicht leistet, zusammen.

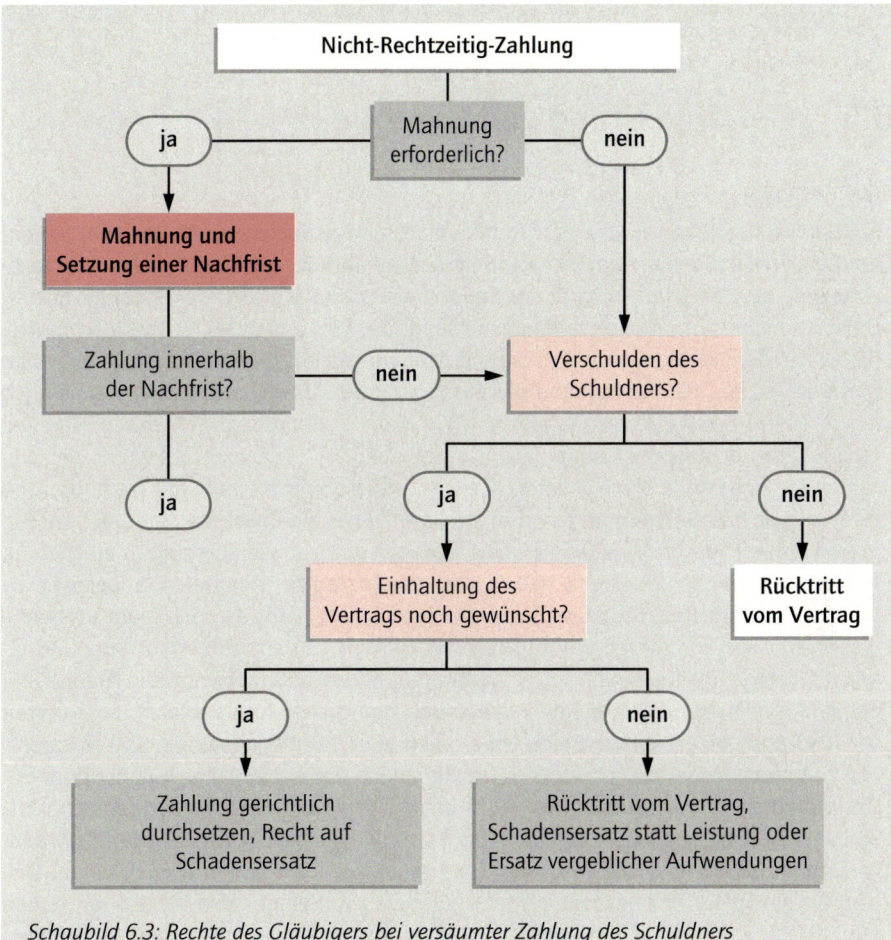

Schaubild 6.3: Rechte des Gläubigers bei versäumter Zahlung des Schuldners

AUFGABEN

1. Ist es möglich, dass man ohne eine Zahlungserinnerung oder Mahnung in Zahlungsverzug kommt?

2. Erläutern Sie die Rechte eines Gläubigers, wenn der Schuldner im Zahlungsverzug ist.

3. Annika überlegt, ob man im Multifit bei den Mitgliedern, die ihre Beiträge nicht fristgemäß zahlen, die gesetzlichen Regelungen rigoros anwenden sollte. Wie wird dieses leidige Thema in Ihrem eigenen Betrieb behandelt? Sehen Sie Verbesserungsmöglichkeiten?

4. Die Firma Robogym liefert am 10. Januar an Christian W. drei Laufbänder. Die Rechnung enthält kein Zahlungsziel. Ab wann befindet sich Christian in Zahlungsverzug, ohne dass eine Mahnung versandt wurde?

5. Die Firma Robogym liefert am 10. Januar an Christoph M. drei Beinpressen. Die Rechnung enthält kein Zahlungsziel. Ab wann befindet sich Christoph in Zahlungsverzug, wenn am 20. Januar eine Mahnung versandt wurde?

6. Die Firma Robogym liefert am 10. Januar an Alexander F. drei Rudergeräte Die Rechnung enthält das Zahlungsziel 24. Januar. Ab wann befindet sich Alexander in Zahlungsverzug?

6.5   Gewährleistung und Garantie

Zum Einstieg

Mit Beginn der neuen Woche darf Annika erstmals die nächsten Events in der Sauna-landschaft mitplanen. Demnächst steht das alljährliche skandinavische Saunawo-chenende an. Christian P., einer der Saunameister von Multifit, beratschlagt mit ihr Dekorationsdetails und den möglichen Ablauf des Wochenendes. Er sagt: „Ich hoffe, dass es an dem Wochenende nicht so schüttet wie am letzten Mittwoch. Da hat es im hinteren Teil des kleinen Ruheraumes durchgeregnet. Das wäre schon etwas peinlich bei so einem Event." Annika erwidert: „Wie kann es denn da durchregnen? Der Teil ist doch ein recht neuer Anbau an das alte Gebäude!" – „Dieser Teil wurde vor drei Jahren fertig gestellt. Nach so langer Zeit ist natürlich nichts mehr mit Garantie. Und wenn die Gewährleistung abgelaufen ist, können wir die Baufirma nicht mehr in Re-gress nehmen." – „Ich glaube, du wirfst Garantie und Gewährleistung in einen Topf, außerdem meine ich gehört zu haben, dass die Fristen bei Gebäuden länger sind als bei normalen Sachen. Ich muss das mal nachschauen. Gibt es noch mehr Probleme dieser Art? Die könnte ich dann gleich mit klären!" Christian überlegt kurz und er-gänzt: „Nun ja, als Kevin vor drei Monaten den neuen Saunaofen für die Anlage hier gekauft hat, habe ich für meine Privatsauna den gleichen mitgekauft. So konnten wir Transportkosten sparen. Beide Öfen fallen aber ständig aus und müssten eigent-lich komplett ausgetauscht werden. Wir haben sie schon beim Hersteller reklamiert. Der behauptet jedoch, wir hätten wohl beim Einsatz der Öfen Fehler gemacht. Wir können leider nicht nachweisen, dass der Fehler schon bei der Auslieferung bestand. Außerdem ist da noch der Fernseher im Saunakino! Den haben wir bei einem Dis-counter gekauft. Der zeigt immer mal wieder ein rotstichiges Bild. Als ich ihn sieben Monate nach dem Kauf zurückbrachte, behauptete der Verkäufer, dass sie nur eine sechswöchige Umtauschgarantie geben würden. Als ich meinte, dass es doch zwei Jahre Gewährleistung gäbe, entgegnete er mir, ich solle mich an den Hersteller wen-den. Dazu hatte ich bisher noch keine Zeit. Vielleicht kannst du ein bisschen Licht in die Angelegenheiten bringen?"

> Die **Verjährungsfrist** ist der Zeitraum, nach dessen Ablauf der Verkäufer die dem Käufer wegen Mangelhaftigkeit der Kaufsache zustehende Erfüllung seiner Rechte verweigern kann. Nach Ablauf der Verjährungsfrist kann der Käufer keine Gewährleistungsrechte mehr gel-tend machen.

Im Rahmen der Gewährleistung ist der Verkäufer gesetzlich dazu verpflichtet, dafür einzustehen, dass die gehandelte Ware frei von Mängeln ist. Er haftet daher für alle Mängel, die schon zum Zeitpunkt des Verkaufs bestanden haben, auch für solche, die sich erst später bemerkbar gemacht haben. Ansprechpartner im Fall von Mängeln ist folglich immer der Händler. Die gesetzliche Gewährleistung nach § 437 BGB gilt 24 Monate lang, sie kann bei Gebrauchtwaren auf ein Jahr verkürzt werden. Nach Ablauf der Verjährungsfrist kann der Käufer keine Gewährleistungsrechte mehr geltend machen.

QUELLE
§ 437 BGB

Eine Garantie ist eine zusätzliche, freiwillige Leistung des Händlers oder des Herstellers. Je nachdem, ob die Garantiezusage vom Händler oder vom Hersteller stammt, ist bei Garantieansprüchen der Händler oder der Hersteller anzusprechen. Bei der Garantie muss der Garantiegeber nachweisen, dass der vom Käufer beanstandete Mangel bei Übergabe der Ware noch nicht bestand. Durch eine Garantiezusage kann die gesetzliche Gewährleistung in keinem Fall ersetzt oder gar geschmälert werden. Sie greift vielmehr immer nur neben der beziehungsweise zusätzlich zur gesetzlichen Gewährleistung.

In bestimmten Fällen, das heißt je nach der Kaufsache und der Existenz weiterer besonderer Umstände, gilt eine längere Verjährungsfrist. Tabelle 6.2 fasst die gesetzlichen Bestimmungen zur Verjährung zusammen.

QUELLE
§ 438 BGB

Verjährungsfrist	Gegenstand	Beginn der Verjährungsfrist
2 Jahre	Mängel aus Kaufverträgen	mit Ablieferung
3 Jahre	arglistig verschwiegene Mängel	ab Ende des Jahres, in dem der Gläubiger Kenntnis von dem Mangel erlangte (frühestens ab Ende der regelmäßigen Verjährung bei Kaufverträgen und Bauwerksmängeln)
5 Jahre	Bauwerksmängel und Mängel an in Gebäuden fest an- oder eingebauten Sachen	mit der Übergabe
30 Jahre	dingliches Herausgaberecht bzw. im Grundbuch eingetragenes Recht	mit Ablieferung bzw. Übergabe

Tabelle 6.2: Verjährung von Mängelansprüchen nach § 438 BGB

Bei Gewährleistungen im Rahmen einseitiger Handelskäufe gelten einige Besonderheiten, die in Tabelle 6.3 zusammengefasst sind.

QUELLE
§ 474 ff. BGB

Besonderheit	Inhalt
Eingeschränkte Vertragsfreiheit (§ 475 BGB)	Allgemeine Geschäftsbedingungen und Individualvereinbarungen dürfen nicht zum Nachteil des Verbrauchers abweichen; nur für gebrauchte Sachen darf die Gewährleistung auf ein Jahr verkürzt werden.
Sonderbestimmungen für Garantien (§ 477 BGB)	Garantien dürfen gesetzliche (Gewährleistungs-)Rechte nicht einschränken.
Beweislastumkehr (§ 476 BGB)	Tritt innerhalb der ersten sechs Monate nach dem Kauf ein Mangel auf, so wird zunächst unterstellt, dass der Mangel bereits bei der Übergabe bestand. Lehnt der Verkäufer eine Mängelrüge innerhalb der ersten sechs Monate ab, muss er nachweisen, dass der Käufer die Sache beschädigt hat.

Tabelle 6.3: Gewährleistung beim einseitigen Handelskauf

AUFGABEN

1. Betrachten Sie die auf S. 138 geschilderte Einstiegssituation und klären Sie die Probleme, die Kevin Annika vorgetragen hat. Welche Rechte hat Kevin?
2. Erläutern Sie den Unterschied zwischen Gewährleistung und Garantie.

6.6   Zahlungsverkehr

BASISWISSEN
Zahlungs-
verkehr
Kapitel 4,
Abschnitt
4.1.8

Zum Einstieg

Annika bekommt den Auftrag, den Eingang der Mitgliedsbeiträge zu kontrollieren. Es zeigt sich, dass diese Arbeit wesentlich aufwändiger ist, als sie angenommen hat: Einige Kunden zahlen ihren Beitrag bar, einige per Überweisung, wiederum andere haben dem Studio eine Einzugsermächtigung erteilt. Kevin und Annika überlegen, wie sie den Zahlungsverkehr im Hinblick auf die Mitgliedsbeiträge der Kunden optimieren können.

6.6.1   Halbbare Zahlungsformen

Verfügt nur einer der Vertragspartner über ein Konto, so empfiehlt sich die halbbare Zahlungsweise. Für eine bargeldlose Finanztransaktion benötigen beide Parteien ein Konto bei einer Bank, Postfiliale oder Sparkasse.

Eine halbbare Zahlung erfolgt durch eine Bareinzahlung am Schalter eines Kreditinstituts und eine Gutschrift auf dem Konto des Zahlungsempfängers bei diesem oder einem anderen Kreditinstitut. Der Einzahler erhält einen Beleg für den Einzahlungsvorgang. Der Zahlungsempfänger wird durch seinen Kontoauszug über die Herkunft der eingegangenen Zahlung informiert.

Ein Nachteil für den Zahler besteht darin, dass viele Geldinstitute für halbbare Zahlungen Gebühren verlangen, in Form entweder eines festen Betrags pro Einzahlung oder eines prozentualen Anteils vom Einzahlungsbetrag.

Schaubild 6.4 illustriert den Ablauf einer halbbaren Zahlung.

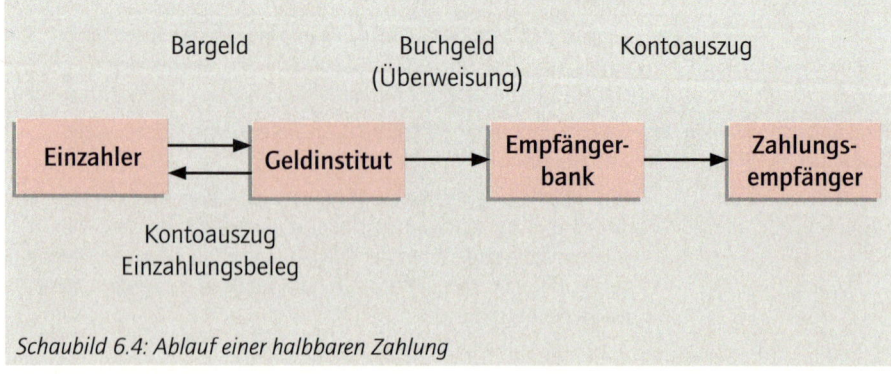

Schaubild 6.4: Ablauf einer halbbaren Zahlung

Nachnahme

Eine weitere Form der halbbaren Zahlung ist die Nachnahme (Schaubild 6.5). Die Deutsche Post AG zieht auf Verlangen ihrer Kunden Geldbeträge per Nachnahme ein. Dies geschieht oft im Zug der Aushändigung einer Brief- oder Paketsendung an den Empfänger. Für diese Dienstleistung verlangt die Post Gebühren. Eine Nachnahmesendung ist dann sinnvoll, wenn die Kreditwürdigkeit des Kunden nicht überprüft werden kann. Auf diese Weise werden die Pflichten aus dem der Sendung zugrunde liegenden Kaufvertrag Zug um Zug erfüllt (Ware gegen Geld).

Schaubild 6.5: Nachnahmeschein

Neben der sicheren Bezahlung von Warensendungen ermöglicht die Nachnahme auch den Einzug fälliger Forderungen.

6.6.2 Bargeldlose Zahlungsformen

Überweisung

Die Überweisung ist die Standardform der bargeldlosen Zahlung. Sie bewirkt, dass der Rechnungsbetrag vom Konto des Zahlungspflichtigen auf das Konto des Zahlungsempfängers umgebucht wird.

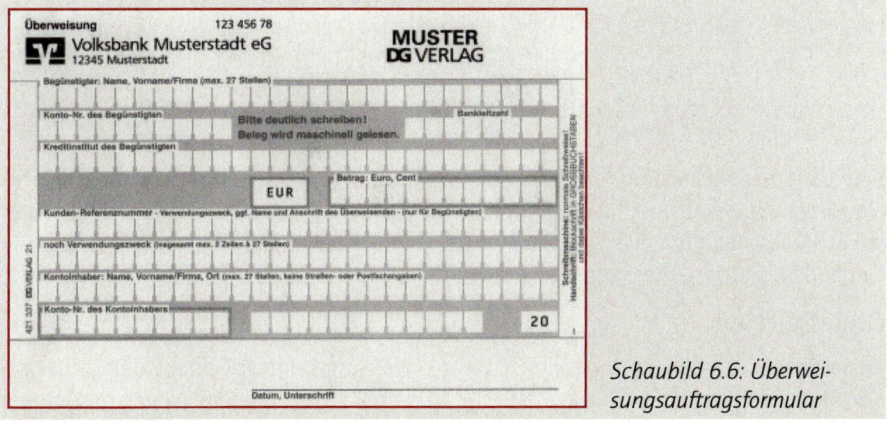

Schaubild 6.6: Überweisungsauftragsformular

Der Überweisungsauftrag kann ein ein- oder zweiteiliges Formular sein (Schaubild 6.6). Das Original bleibt als Buchungsbeleg in der Bank, den Durchschlag erhält der Zahler als Nachweis.

Will der Bankkunde einen Überweisungsauftrag erteilen, so bieten sich dazu die folgenden Möglichkeiten:

► Eingabe am Kundenterminal,

► elektronischer Versand des Auftrags über den PC im Weg des Onlinebanking,

► telefonische Auftragsübermittlung.

Schaubild 6.7 illustriert den Ablauf einer Überweisung.

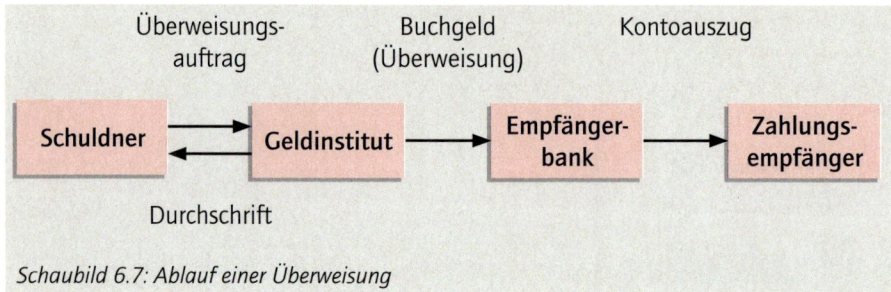

Schaubild 6.7: Ablauf einer Überweisung

Eine Einzelüberweisung ist immer dann das Mittel der Wahl, wenn einzelne unterschiedliche Beträge zu unregelmäßigen Zeitpunkten an unterschiedliche Empfänger gezahlt werden müssen. Mit einem Sammelüberweisungsauftrag (Schaubild 6.8) können Einzelüberweisungen an unterschiedliche Zahlungsempfänger, die zu ein und demselben Zeitpunkt erfolgen sollen, zusammengefasst werden.

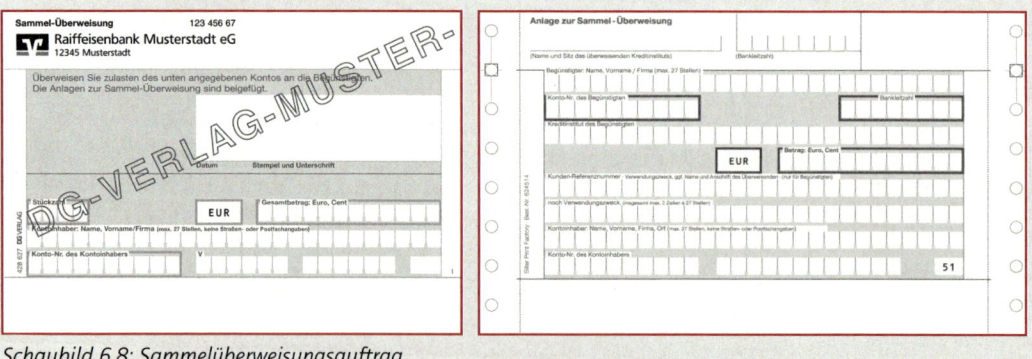

Schaubild 6.8: Sammelüberweisungsauftrag

Eine Sammelüberweisung ist für den Zahlungspflichtigen günstiger, da die Bank nur eine Buchung berechnet. Weiterhin spart er Zeit, da er nur eine Unterschrift leisten muss. Die Sammelüberweisung kann auch als elektronisches Medium (Diskette, CD) eingereicht werden. Dies wird beispielsweise im Fall von Lohnzahlungen praktiziert.

Dauerauftrag

Mit einem Dauerauftrag (genauer: Dauerüberweisungsauftrag) erteilt der Zahler seiner Bank einmalig den Auftrag, bis zum Widerruf regelmäßig zu einem bestimmten

Zeitpunkt (beispielsweise an jedem ersten Werktag des Monats) einen immer gleichen Betrag auf das Konto eines bestimmten Empfängers zu überweisen. Ein Dauerauftrag bietet sich zum Beispiel im Fall von Mietzahlungen oder der Entrichtung von Versicherungsbeiträgen an.

Beim Lastschriftverfahren geht die Initiative zur Zahlung nicht vom Zahlungspflichtigen, sondern vom Zahlungsempfänger aus (Schaubild 6.9). Auch das Lastschriftverfahren eignet sich besonders für wiederkehrende Zahlungen, die im Gegensatz zum Dauerauftrag jedoch in unterschiedlicher Höhe anfallen (beispielsweise Energiekosten, Telefongebühren).

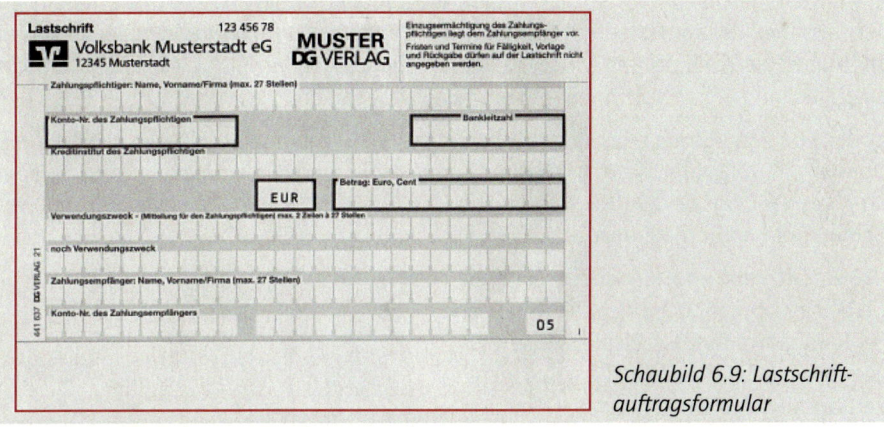

Schaubild 6.9: Lastschriftauftragsformular

Lastschriften können vom Zahlungsempfänger in Form von Magnetbändern, Kassetten, Disketten oder Papierbelegen (in der Praxis eher selten) eingereicht werden.

Um die Abbuchung von seinem Konto zu genehmigen, kann der Zahlungspflichtige sein Einverständnis in zwei unterschiedlichen Formen mitteilen:

▶ Im **Einzugsermächtigungsverfahren** bevollmächtigt der Zahlungspflichtige den Zahlungsempfänger unmittelbar, bestimmte fällige Beträge per Lastschrift einzuziehen. Beide Seiten haben dadurch einen Vorteil: Der Zahlungsempfänger bestimmt den Zeitpunkt der Zahlung, der Zahlungspflichtige muss sich um die Zahlung nicht kümmern. Sollte einmal ein Betrag abgebucht werden, dessen Fälligkeit für den Zahlungspflichtigen strittig ist, so hat er die Möglichkeit, dieser Lastschrift bei seiner kontoführenden Bank ohne Angabe von konkreten Gründen zu widersprechen[1]. Die Bank storniert die Lastschrift dann umgehend.

▶ Im **Abbuchungsverfahren** teilt der Zahlungspflichtige seiner Bank mit, dass Abbuchungen eines bestimmten Gläubigers seinem Konto ohne weitere Rückfrage belastet werden dürfen. Gleichzeitig benachrichtigt der Zahlungspflichtige auch den Zahlungsempfänger über dessen entsprechende Vollmacht. Ein Widerspruch gegen Abbuchungen in diesem Rahmen ist im Nachhinein nicht möglich.

---

1 Im Allgemeinen wird gesagt, dass ein Widerspruch nur innerhalb von sechs Wochen möglich ist. Im Lastschriftabkommen zwischen den Banken wird diese Rückgabefrist Belastungsvaluta (Valuta = Wertstellungstag im Unterschied zum Einreichungstag) genannt. Da der Kunde aber weder diesem Abkommen beigetreten ist, noch seiner Bank einen Auftrag erteilt hat, ist die Kontobelastung rein rechtlich schwebend unwirksam. Unter diesen Umständen kann eine unberechtigte Lastschrift unbefristet zurückgeben werden. Allerdings muss der Kunde dennoch ab dem Zeitpunkt der nachweislichen Kenntnisnahme unverzüglich Widerspruch einlegen.

Da das Abbuchungsverfahren gegenüber dem Einzugsermächtigungsverfahren für den Zahlungspflichtigen kaum Vorteile bietet, ist es in der Praxis lediglich von geringer Bedeutung.

Zahlungen mit Maestro-Karte oder Kreditkarte

Eine **Maestro-Karte** (früher als EC-Karte bezeichnet, Schaubild 6.10) kann der Kunde bei seinem kontoführenden Institut beantragen. Verfügt der voll geschäftsfähige Kunde über eine ausreichende Bonität, so steht einer Aushändigung der EC-Karte in der Regel nichts entgegen.

Mit einer Maestro-Karte kann der Kunde Rechungen bargeldlos bezahlen, indem an der Kasse vom Magnetstreifen der Karte die Kundendaten übernommen werden und der Kunde die Zahlung mit seiner Unterschrift bestätigt. Der Betrag wird dem Kunden anschließend per Lastschrift von seinem Konto abgebucht.

Ist der Kunde im Besitz einer Persönlichen Identifikationsnummer (PIN), so kann auf die Unterschrift verzichtet werden und der Kunde legitimiert die Abbuchung von seinem Konto durch Eingabe der PIN. Weiterhin ist der Kunde mit Karte und PIN in der Lage, an Geldautomaten Bargeld abzuheben.

Um eine **Kreditkarte** (Schaubild 6.11) erwerben zu können, muss sich der Kunde einer Kreditkartenfirma (beispielsweise VISA oder MasterCard) anschließen und deren Vertragsbedingungen (Bonität, Gebührenordnung) akzeptieren. Im Anschluss wird dem Kunden die Kreditkarte von der kontoführenden Bank ausgehändigt oder zugeschickt.

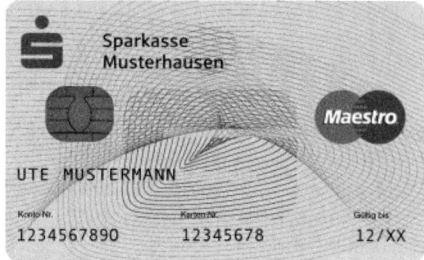

Schaubild 6.10: Maestro-Karte

Mit dieser Karte ist der Kunde anschließend in der Lage, Rechnungen bargeldlos zu begleichen. Die angesammelten Beträge werden ihm monatlich in Rechnung gestellt, sodass er im besten Fall für 30 Tage ein zinsloses Darlehen nutzen kann. Der jeweilige Zahlungsempfänger erhält den Zahlungsbetrag umgehend von der Kreditkartengesellschaft, allerdings unter Abzug einer Provision, die zwischen 2 % und 4 % des Zahlungsbetrags liegt.

Die weiteren Verwendungsmöglichkeiten der Kreditkarte entsprechen der einer EC-Karte unter der Voraussetzung, dass man auch hier über eine PIN verfügt.

Viele Kreditkartenunternehmen bieten zusätzliche Serviceleistungen wie eine Reiseunfallversicherung, die Übernahme der Mietwagenkaution oder Prämien beim Erreichen bestimmter Umsätze. Weitere Vorteile bestehen in der begrenzten Haftung

Schaubild 6.11: Kreditkarte

für den Verlust der Kreditkarte (beispielsweise bis maximal 50,00 €) sowie der Hilfe in Notfällen weltweit durch die Kreditkartengesellschaft.

Scheck

Der Scheck (Schaubild 6.12) wird vom Zahlungspflichtigen ausgestellt und dem Zahlungsempfänger übergeben. Er ist aber kein gesetzliches Zahlungsmittel, sondern ein Geldersatzmittel, das heißt, die Schuld ist erst dann getilgt, wenn der Scheck von der bezogenen Bank eingelöst wurde.

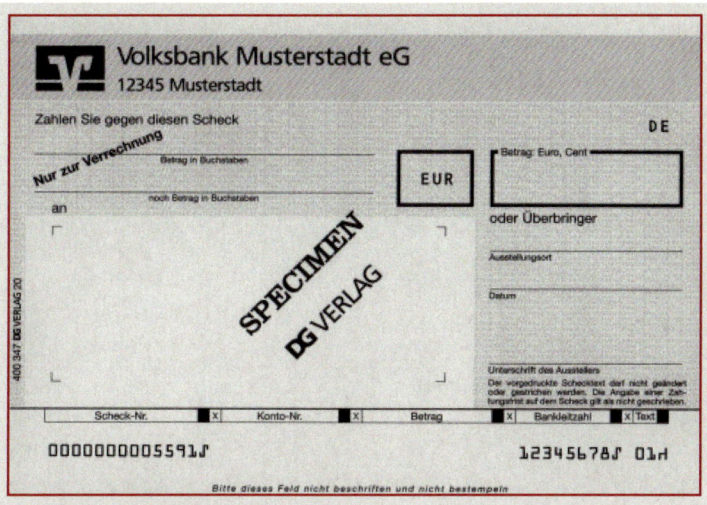

Schaubild 6.12: Scheck

Die Bank muss den Scheck nur bei entsprechender Kontodeckung einlösen. Der Scheckaussteller kann einen Scheck sperren lassen, wenn der Widerruf zeitlich im ordnungsgemäßen Geschäftsbetrieb des Kreditinstituts berücksichtigt werden kann.

AUFGABEN

1. Betrachten Sie die auf S. 140 geschilderte Einstiegssituation.
   a) Überlegen Sie, welche Vor- und Nachteile die verschiedenen Zahlungsweisen den Kunden bieten.
   b) Welche Zahlungsweise sollte Kevin mit den Mitgliedern seines Studios grundsätzlich vereinbaren? Begründen Sie Ihre Antwort ausführlich.
2. Bringen Sie die verschiedenen Zahlungsmöglichkeiten der Kunden in eine Reihenfolge, sodass die für den Betrieb günstigste Zahlungsweise zuerst genannt wird.
3. Um eine Rechnung zu begleichen, wollen Sie Geld von Ihrem Konto einer Person zukommen lassen, die kein eigenes Konto hat. Welche Möglichkeiten bieten sich an?
4. Nennen Sie Vorteile der halbbaren Zahlung gegenüber der Barzahlung.
5. Wer trägt die Kosten, die bei der Zahlung mit der Kreditkarte entstehen?
6. Welche Vorteile hat ein Unternehmen, wenn es Vertragsmitglied einer Kreditkartenorganisation wird?
7. Ein Kunde, der in unregelmäßigen Abständen als Tagesgast erscheint, möchte seine Rechnung zukünftig gerne per Kreditkarte begleichen. Erörtern Sie die Vor- und Nachteile der Kreditkartennutzung für Ihren Betrieb als Zahlungsempfänger und formulieren Sie ein kurzes Kundengespräch, in dem Sie dem Vorschlag entweder zustimmen oder ihn ablehnen.
8. Welche Möglichkeiten der Zahlung bestehen für die Mitglieder eines Fitnessstudios, die kein eigenes Konto besitzen?

9. Erläutern Sie das Dauerauftrags- und das Lastschriftverfahren und erklären Sie die Unterschiede.
10. Nennen Sie Vor- und Nachteile des Lastschriftverfahrens für Ihren Betrieb.
11. Erläutern Sie die Funktion einer Maestro-Karte.

BASISWISSEN
Lagerorgani-
sation
Kapitel 4,
Abschnitt
4.1.9

6.7   Lagerwirtschaft

AUFGABEN

1. Welche Aufgaben erfüllt ein Lager?
2. Erläutern Sie den Begriff „optimaler Lagerbestand" und erklären Sie, welche Nachteile es hat, wenn der optimale Lagerbestand verfehlt wird.
3. Erläutern Sie die Begriffe „Mindestbestand" und „Höchstbestand".
4. Errechnen Sie anhand der folgenden Tabelle die folgenden Lagerkennziffern:

    a) durchschnittlicher Lagerbestand,   c) durchschnittliche Lagerdauer,
    b) Umschlagshäufigkeit,   d) Lagerzins.

Artikel:	Hyperpower Ampullen Amino 322		
Meldebestand: 230	Höchstbestand: 520		
Zinssatz: 4 %			
Tag	**Eingang**	**Ausgang**	**Bestand**
20..-01-01			250
20..-01-07			500
20..-02-03		100	
20..-02-17			252
20..-03-09		70	
20..-03-23	250		432
20..-03-25		71	
20..-04-07			335
20..-05-20		133	202
20..-06-25			402
20..-06-28		10	392
20..-07-15			367
20..-07-21			326
20..-08-28		32	
20..-09-02		71	223
20..-10-05	250		423
20..-10-23		76	
20..-11-11			286
20..-12-01			436
20..-12-15		117	319

5. Berechnen Sie den Meldebestand für die folgenden Artikel:

Artikel	Mindestbestand in Stück/g	durchschn. Verkauf pro Tag in Stück	Lieferzeit in Tagen
Fitness-Riegel „Joghurt-Crisp"	50	12	16
Kaffee „Rafinha"	1 000	150	21
Logo-T-Shirts, Gr. L	20	0,7	31

7 Dienst- und Sachleistungen anbieten

7.1 Dienst- und Sachleistungen in der Sport- und Fitnessbranche

Zum Einstieg

Nach der grundsätzlichen Analyse der Marktsituation der Alpha Sport Center GmbH sind die Mitglieder der Projektgruppe um Anne Knuth zu dem Ergebnis gekommen, dass das Unternehmen auf der einen Seite ein recht vielfältiges Angebot für potenzielle Mitglieder aus der Region vorweisen kann, jedoch aufgrund von eingefahrenen Strukturen auf bestehende wie auch auf neue Mitglieder einen etwas „verstaubten" Eindruck macht. Neben den bereits besprochenen Maßnahmen wie Veränderung der Beitragsstruktur und Entwicklung eines neuen Marketingkonzepts sollen insbesondere die Kommunikation mit dem Kunden und die Pflege der Kundenbeziehungen in den Vordergrund gestellt werden. Selbstkritisch erkennt die Projektgruppe, dass alle Mitarbeiter im Betrieb inklusive der Geschäftsleitung diesen Bereich sträflich vernachlässigt haben. Sie beschließt, der Geschäftsleitung kontinuierliche Mitarbeiterschulungen zum Thema Verkaufstraining und Kommunikation vorzuschlagen, die dafür sorgen sollen, dass die Beziehung zu den bestehenden Mitgliedern verbessert und die Gewinnung neuer Mitglieder erleichtert wird.

Die Angebote in der Sport- und Freizeitbranche sind vielfältig und selbst für Insider und interessierte Laien nur schwer überschaubar. Informationen über Neuheiten erhalten Unternehmen über Fachzeitschriften wie „fitness MANAGEMENT International", das offizielle Organ des Deutschen Sport Studio Verbandes e.V. (DSSV), auf Fachmessen wie der internationalen Messe für Fitness und Wellness FIBO in Essen und durch die Beobachtung regionaler und überregionaler Konkurrenzunternehmen. Grundsätzlich gilt, dass es ein folgenschwerer Fehler sein kann, Trends zu verschlafen oder zu ignorieren.

7.1.1 Verkaufsgespräch

BASISWISSEN
Kommuni-
kation
Kapitel 2,
Abschnitt 2.2

Verkaufssituationen

Grundsätzlich gilt: Dienstleistungen der Sport- und Fitnesswirtschaft können überall verkauft werden – in der Fußgängerzone, im Studio selbst oder auf einem Stadtfest. Allerdings hat jede Verkaufssituation ihre eigenen Tücken. Manche Situationen sind günstig, andere weniger. Wer sich mit dem Thema „Fitnessverkauf" auseinandersetzt, muss dies berücksichtigen.

Die folgende Liste vermittelt einen Überblick über einige gängige Situationen im Einzelverkauf. Sie sind nach ihrem Schwierigkeitsgrad von schwer bis leicht gegliedert:

1. Passanten werden in einer Fußgängerzone oder Einkaufsgalerie angesprochen.
2. Das Studio präsentiert sich im Rahmen eines Stadtfests, eines Tages der offenen Tür, im Freibad oder mit einem Stand auf einer Messe.
3. Das Studio veranstaltet einen eigenen Tag der offenen Tür.

4. Anlässlich einer besonderen Veranstaltung des Studios bringen Mitglieder Gäste mit.

5. Ein Besucher tritt ein, der mit einem Gutschein beschenkt wurde.

6. Ein Mitglied bringt einen Bekannten zum Training mit.

7. Jemand kommt ohne vorherige Ankündigung oder Terminabsprache herein.

8. Ein potenzielles Neumitglied besucht das Studio im Anschluss an eine telefonische Vereinbarung.

9. Ein Interessent kommt bei schönem Wetter herein.

10. Ein relativ neues Mitglied erwägt die Verlängerung seines Mitgliedervertrags.

11. Ein Stammmitglied erwägt die Verlängerung seines Mitgliedervertrags.

Natürlich ist es schwerer, einen Mitgliedervertrag in einer Fußgängerzone zu verkaufen als im eigenen Sportstudio während eines Tages der offenen Tür.

Die vier Phasen des Verkaufsgesprächs

Ein Verkaufsgespräch gliedert sich nach dem so genannten KABA-Modell in die folgenden vier Phasen:

1. **K**ontaktaufnahme

2. **A**nalyse

3. **B**eratung

4. **A**bschluss

Für den Verkäufer ist ein wichtiger Schritt getan, wenn er mit dem potenziellen Neukunden in **Kontakt** getreten ist. Das heißt, dass er zunächst durch seine Verhaltensweise signalisieren muss, dass er den potenziellen Neukunden ansprechen will. Typische Merkmale einer positiven Kontaktaufnahme sind

▶ Blickkontakt und Begrüßung,

▶ Freundlichkeit und

▶ eine offene Gesprächshaltung.

Hat sich der Gesprächspartner auf den Ansprechenden eingelassen und sein prinzipielles Interesse an dem Angebot zum Ausdruck gebracht, so erfolgt die **Bedarfsanalyse.** Hier gilt für den überzeugenden Verkäufer:

▶ Er signalisiert durch sein ganzes Verhalten – verbal ebenso wie nonverbal, das heißt durch Blickkontakt und Körperhaltung –, dass er dem potenziellen Kunden zugewandt ist.

▶ Er gibt keine eigenen Bewertungen ab.

▶ Er lässt den Adressaten ausreden.

▶ Er unterstützt den Adressaten gegebenenfalls durch Fragen, vermeidet aber „Warum"-Fragen, weil diese Rechtfertigungen provozieren.

▶ Er fasst das Erzählte kurz zusammen und bringt es so „auf den Punkt".

▶ Er nimmt den Adressaten ernst, das heißt, er akzeptiert seine Einstellungen, Interessen und Gefühle.

Nach der Analyse folgt die **Beratung.** Um den potenziellen Kunden bestmöglich beraten zu können, muss der Verkäufer neben seiner fachlichen Kompetenz auch hier seine soziale Kompetenz in das Gespräch einbringen. Wichtig ist, dass auf die individuellen Probleme und Wünsche des potenziellen Kunden eingegangen wird.

BASISWISSEN
Soziale
Kompetenz
Kapitel 2,
S. 200 und
Kapitel 6,
S. 415

Beispiel ▶ Kompetenz im Beratungsgespräch

Heinz Niedenthal ist kein Sportler. Er möchte jedoch auf Anraten seines Arztes etwas für seine Gesundheit tun und erwägt, sich in einem Fitnessstudio für ein Einsteigerprogramm anzumelden. Allerdings kämpft er mit einer Reihe von Problemen. Er hat eine unsportliche Figur, neigt zu Übergewicht, es fehlt ihm an körperlicher Ausdauer und bei anspruchsvolleren Bewegungsabläufen fällt es ihm schwer, die einzelnen Bewegungen sinnvoll zu koordinieren. Da er sich dieser Probleme sehr bewusst ist, hat Heinz die Hemmschwelle zum Betreten des Fitnessstudios nur mit Mühe überwunden. Die Aufgabe des Trainers ist es nun, Heinz Niedenthals Bedenken durch konstruktive Lösungsvorschläge zu entkräften. Dabei ist es jedoch nicht sinnvoll, die genannten Defizite zu bagatellisieren. Vielmehr sollte Heinz erkennen, dass sein Anliegen ehrlich und sachlich behandelt wird. Weiterhin sollten während des Beratungsgesprächs auch Sekundärprobleme erörtert werden, indem der Trainer gezielte Fragen zu Heinz Niedenthals gesundheitlichem Zustand stellt.

Die letzte Phase des Verkaufsgesprächs ist dem **Abschluss** gewidmet. Hier gelten folgende Regeln:

▶ Positive Gesprächsatmosphäre halten.

▶ Nach der Zufriedenheit mit der Beratung fragen.

▶ Das Angebot des eigenen Unternehmens positiv unterstreichen.

Beispiele ▶ Aussagen am Schluss eines erfolgreichen Verkaufsgesprächs

▶ Haben Sie noch Fragen zu unserer Vereinbarung?

▶ Ich hoffe, wir können Sie jederzeit zufrieden stellen.

▶ Ich bin gerne auch in Zukunft Ihr persönlicher Ansprechpartner.

▶ Sollten Probleme auftreten, so wenden Sie sich bitte an mich. Wir werden gemeinsam eine Lösung finden.

Tipps für das Verkaufsgespräch

Wenn potenzielle Kunden sich nach dem Angebot des Unternehmens erkundigen, sind für das Verkaufsgespräch die folgenden Verhaltensregeln zu berücksichtigen.

1. **Erst lächeln, dann telefonieren.** Im Fall eines Kundenanrufs melden Sie sich mit munterer, frischer Stimme. Über den Klang Ihrer Stimme kommunizieren Sie Ihre ganze Persönlichkeit. Nur wer gut gelaunt telefoniert, klingt freundlich und sympathisch. Mit welchen Inhalten Sie sich melden, ist unternehmensabhängig. In den meisten Unternehmen ist es üblich, zur Aufnahme des Gesprächs den Namen des Unternehmens zu nennen und sich dann vorzustellen.

   Beispiel: „Alpha Sport Center GmbH, guten Tag, Sie sprechen mit Anne Knuth."

2. **Sprechen Sie den Gesprächspartner mit seinem Namen an.** Sie schaffen durch die persönliche Ansprache eine sympathische Atmosphäre, denn jeder hört seinen Namen gern. Sollten Sie den Namen bei der Vorstellung nicht verstanden haben, bitten Sie den Anrufer freundlich um Wiederholung.

3. **Nutzen Sie einen positiven Bezug.** Zugeständnisse, freundliche Auskünfte im Sinne des Kunden sind gute Anknüpfungspunkte für Ihre Fragen.

   Beispiel: „Der Kurs ist eigentlich voll belegt, aber wir können für Sie eine Ausnahme machen."

4. **Hören Sie aktiv zu und lassen Sie Ihren Gesprächspartner ausreden.** Geben Sie dem Kunden im Verlauf des Gesprächs immer wieder Bestätigung. Das signalisiert ihm, dass sie aufmerksam sind. Wortloses Zuhören wirkt dagegen uninteressiert und unhöflich.

   Beispiele: „Das ist wichtig." – „Ja." – „Das lässt sich machen." – „Aber natürlich."

5. **Stellen Sie offene Fragen.** Die Kunst besteht darin, die richtigen Fragen zu stellen. Wer fragt, wird informiert und steuert das Gespräch. Offene Fragen lassen eine ganze Reihe von Antworten zu.

   Beispiel: „Was halten Sie von meinem Vorschlag, zu einem Probetraining zu uns zu kommen?"

   Geschlossene Fragen sind Formulierungen, die der Gefragte nur mit Ja oder Nein beantworten kann. Solche Fragen werden oft mit Nein oder ohne klare Aussage beantwortet.

   Beispiel: „Möchten Sie zu einem Probetraining kommen?"

6. **Bedanken Sie sich und verabschieden Sie sich freundlich.** Insbesondere im Rahmen eines telefonischen Gesprächs sind der erste und der letzte Ton entscheidend. Ein Gespräch ist immer so gut wie das Gefühl, das es beim Mitglied oder potenziellen Kunden hinterlässt. Ein positives Ende des Gesprächs ist wichtig. Fühlen Sie sich durch negative Kundenreaktionen nicht persönlich angesprochen. Reagieren Sie gelassen und verständnisvoll. Sollte es Sie nach einem anstrengenden Gespräch erleichtern, dann schimpfen Sie ruhig, aber erst, wenn Sie aufgelegt haben und sich davon überzeugt haben, dass kein anderes Mitglied zuhören kann.

7. **Geben Sie wichtige Informationen sofort weiter.** Geben Sie die im Gespräch erhaltenen Informationen gegebenenfalls an die Geschäftsleitung, die Trainer oder sonstige zuständige Stellen weiter. Hiermit unterstützen Sie Ihre Kollegen und vermeiden Doppelbefragungen bei Kunden.

8. Nachdem Sie den Interessenten verabschiedet haben, müssen Sie sich überlegen, welches Leistungsprogramm für den Kunden am besten geeignet ist.

Beispiel ▶ Individuelles Leistungsprogrammangebot

Im Fall einer Vorerkrankung eines Neumitglieds sollten Sie auf jeden Fall auf einer ärztlichen Unbedenklichkeitsbescheinigung bestehen und das Mitglied darauf hinweisen, dass es ein spezielles Cardio-Training aufnehmen sollte. Wichtig hierbei ist, dass Sie ihm die Angst nehmen und dass Sie es darauf hinweisen, dass der Leistungsaufbau langsam, aber kontinuierlich nach modernen Trainingsmethoden vollzogen wird.

AUFGABEN

1. Erarbeiten Sie aufgrund Ihrer bisherigen Erfahrungen eine Übersicht über die Vor- und Nachteile der auf S. 147 f. angegebenen Verkaufsorte.

2. Ein Interessent erkundigt sich telefonisch in einem Fitnessstudio mit den Worten: „Ich bin 50 Jahre, habe lange Zeit keinen Sport getrieben und vor einiger Zeit einen Herzinfarkt erlitten. Beruflich bin ich sehr stark eingebunden. Trotzdem möchte ich jetzt etwas für mich tun."

   a) Erklären Sie denkbare Motive des Anrufers, Sport zu treiben.

   b) Erläutern Sie Ihre Vorgehensweise im Gespräch.

   c) Welches Angebot würden Sie dem Anrufer unterbreiten?

7.1.2 Kaufmotive

Die Kenntnis der Kaufmotive der potenziellen Kunden eines Unternehmens erleichtert den Verkauf. In der Sport- und Freizeitbranche sind die Kaufmotive unterschiedlich gelagert. Zu berücksichtigen ist vor allen Dingen, warum Menschen im mittleren Lebensabschnitt, die eher dazu neigen, ein kommerzielles Angebot wahrzunehmen als in einen Verein einzutreten, Sport treiben wollen.

Die wichtigsten Motive sind Aussehen, Gesundheit, Spaß am Wettkampf und soziale Kontakte, wobei der Aspekt des Kräftemessens bei Männern tendenziell stärker im Vordergrund steht als bei Frauen. Der Faktor Aussehen spielt im Breitensport eine immer wichtigere Rolle.

AUFGABE

Arbeiten Sie für die folgenden Kundentypen Kaufmotive heraus und simulieren Sie in Kleingruppen Verkaufsgespräche:

a) Ein Ehepaar, beide Mitte 30, erkundigt sich nach einem Tai-Chi-Kurs.

b) Eine Mutter erklärt Ihnen aufgeregt, dass ihr elfjähriger Sohn nur vor dem Computer sitzt und zudem an Fettleibigkeit (Adipositas) leidet, da er sich fast nur von Chips und Pizza ernährt.

c) Seit einigen Jahren bietet Ihr Verein/Studio auch Selbstverteidigungskurse an. Ein 17-jähriges Mädchen möchte an einem Crashkurs teilnehmen.

d) Willy Schmidt, Rentner, 64 Jahre, allein stehend, sportlich sehr aktiv, möchte Sport in einer Gruppe treiben.

7.1.3 Kommunikationsmodelle

> **BASISWISSEN**
> Kommunikationsmodelle
> Kapitel 2,
> Abschnitt
> 2.2.1

Der Soziologe und Kommunikationstheoretiker Paul Watzlawick vertritt folgende Kommunikationsgrundsätze:

1. Es ist nicht möglich, nicht zu kommunizieren.

2. Jede Kommunikation hat einen Inhaltsaspekt **und** einen Beziehungsaspekt, wobei der Beziehungs- dem Inhaltsaspekt übergeordnet ist.

Das Vier-Ohren-Modell – Test

Die nachfolgende sechsteilige Übung soll helfen, das eigene kommunikative Verhalten zu analysieren. Es werden verschiedene kommunikative Situationen vorgestellt. Sie entscheiden darüber, wie die getroffenen Aussagen bei Ihnen ankommen, und kreuzen die Aussage an, die Ihrer Interpretation entspricht oder am nächsten kommt.

1. Ein Neumitglied sagt während eines Gesprächs zu Ihnen: „Wollen Sie damit sagen, dass das alles ist, was Sie für mich tun können?"

   ▶ Wollen Sie damit sagen, dass das alles ist, was Sie für mich tun können? (SE)
   ▶ Ich bin der Stärkere von uns, gleich gibt's Ärger. (BE)
   ▶ Ich ärgere mich über dieses Angebot. (SKE)
   ▶ Lassen Sie sich etwas einfallen. (AE)

2. Ihr Vorgesetzter sagt zu Ihnen: „Sehen Sie zu, wie Sie das hinkriegen. Morgen will ich den Vorgang erledigt auf dem Tisch haben."

   ▶ Sehen Sie zu, wie Sie das hinkriegen. Morgen will ich den Vorgang erledigt auf dem Tisch haben. (SE)
   ▶ Sie strengen sich nicht genug an. Wenn Sie wollten, dann könnten Sie. (BE)
   ▶ Ich stehe auch unter Druck. (SKE)
   ▶ Tun Sie etwas, damit ich pünktlich den Vorgang erhalte. (AE)

3. Nachdem er von der kürzlich beschlossenen Beitragserhöhung erfahren hat, sagt ein Kunde zu Ihnen: „Ich bin seit zehn Jahren Mitglied in diesem Studio und habe immer pünktlich gezahlt."

   ▶ Ich bin seit zehn Jahren Mitglied in diesem Studio und habe immer pünktlich gezahlt. (SE)
   ▶ Sie kann ich unter Druck setzen, mit Ihnen kann ich so umgehen. (BE)
   ▶ Ich bin etwas Besonderes. (SKE)
   ▶ Sehen Sie von einer Beitragserhöhung in meinem Fall ab. (AE)

4. Ein Kunde hat vor vier Wochen ein Nordic-Walking-Set bestellt und erkundigt sich: „Warum dauert das so lange?"

   ▶ Warum dauert das so lange? (SE)
   ▶ Erklären Sie mir das! (BE)
   ▶ Mir dauert das zu lange. (SKE)
   ▶ Ich trete vom Vertrag zurück. (AE)

5. Ein Kunde will von einem Zweijahresvertrag zurücktreten, den er vor drei Wochen abgeschlossen hat: „Das trifft mich hart. Ich brauche das Geld, um finanziell über die Runden zu kommen."

   ▶ Das trifft mich hart. Ich brauche das Geld, um finanziell über die Runden zu kommen. (SE)
   ▶ Ihnen kann ich mich mit meiner finanziellen Situation anvertrauen. (BE)
   ▶ Ich bin arm dran. (SKE)
   ▶ Mach für mich eine Ausnahme oder biete mir Hilfe an. (AE)

5622152

6. Sie erklären einem Kunden einen schwierigen Sachverhalt. Da unterbricht Sie der Kunde und fragt: „Wie lange sind Sie schon bei dieser Firma?"

    ▶ Wie lange sind Sie schon bei dieser Firma? (SE)

    ▶ Wissen Sie denn überhaupt, wovon Sie reden? (BE)

    ▶ Ich habe kein Vertrauen zu Ihnen. (SKE)

    ▶ Erklären Sie mir das Thema doch verständlicher. (AE)

Auswertung: Zählen Sie die jeweiligen Antworten, bei denen Ihrer Ansicht nach SE, BE, SKE oder AE zutrifft.

Das Vier-Ohren-Modell – die Theorie

Der obige Test basiert auf dem Vier-Ohren-Modell. Unterschieden wird zwischen dem Sach-Ohr, dem Beziehungs-Ohr, dem Selbstkundgabe-Ohr und dem Appell-Ohr.

1. **Sach-Ohr.** Viele Empfänger einer Nachricht, vor allem Männer und Akademiker, neigen dazu, sich auf die Sachebene (SE) der Nachricht zu konzentrieren und das Heil in der Sachauseinandersetzung zu suchen. Dies ist häufig verhängnisvoll, wenn das eigentliche Problem nicht so sehr in einer sachlichen Differenz besteht, sondern auf der zwischenmenschlichen Ebene liegt.

    Einen Fehler in der zwischenmenschlichen Kommunikation begeht, wer ein Beziehungsproblem mit Sachargumenten anfechten will.

2. **Beziehungs-Ohr.** Bei manchen Empfängern ist das auf die Beziehungsseite (BE) gerichtete Ohr überdurchschnittlich empfindlich, sodass sie in viele beziehungsneutrale Nachrichten und Handlungen eine Stellungnahme zu ihrer Person hineinlegen. Sie beziehen alles auf sich, fühlen sich leicht angegriffen und beleidigt. Wenn jemand wütend ist, fühlen sie sich beschuldigt, wenn jemand lacht, fühlen sie sich ausgelacht, wenn jemand guckt, fühlen sie sich kritisch gemustert. Sie liegen ständig auf „Beziehungslauer".

    Kommunikationsfehler werden begangen, wenn der Empfänger aufgrund seines überempfindlichen Beziehungs-Ohrs einer Sachauseinandersetzung ausweicht und auf die Beziehungsebene wechselt.

3. **Selbstkundgabe-Ohr.** Im Gegensatz zu einem überempfindlichen Beziehungs-Ohr kann es seelisch gesünder sein, ein waches Selbstkundgabe-Ohr zu haben. Dieses überprüft die Nachricht daraufhin, was sie über den Gesprächspartner aussagt (SKE). Wer in der Lage ist, die Gefühlsausbrüche, Anklagen oder Vorwürfe seines Gesprächspartners mit diesem Ohr zu empfangen, kann diesem eher seine Gefühle zugestehen und kann sich ruhig darauf einlassen, ohne gleich in Sorge um sein Selbstwertgefühl und seinen Stolz zu verfallen. Er ist dann weniger mit sich selbst beschäftigt, kann somit besser zuhören und besser analysieren, was den anderen tatsächlich bewegt.

4. **Appell-Ohr.** Der Empfänger untersucht selbst kleinste Signale daraufhin, ob sie einen mehr oder weniger versteckten Appell enthalten (AE). Er ist von dem Wunsch beseelt, es allen recht zu machen und auch den unausgesprochenen Erwartungen der Mitmenschen zu entsprechen. Dieser Typus ist meist wenig bei sich selbst und hat in der Regel kein ausreichendes Gespür für das, was er selbst will und fühlt.

Der größte Kommunikationsfehler besteht darin, nicht aufmerksam zuzuhören. Daraus entsteht ein „Dialog auf zwei Ebenen", bei dem die Beteiligten aneinander vorbeireden.

Beispiel ▶ Der Kardinalfehler in der persönlichen Kommunikation

Im Sportstudio beschwert sich ein Mitglied darüber, dass die Sauna unsauber ist. Die Mitarbeiterin antwortet mit der Frage, ob der Aufguss denn gut gewesen sei.

AUFGABEN

1. Was ist unter Kommunikation zu verstehen?
2. Erläutern Sie die verschiedenen Arten von Kommunikation und geben Sie jeweils Beispiele.
3. Unterscheiden Sie zwischen

   a) einseitiger und zweiseitiger Kommunikation.

   b) sozialer und technischer Kommunikation.
4. Warum ist es wichtig, Kommunikationsstrukturen im Dienstleistungsbereich ständig zu hinterfragen und zu verbessern?

7.2   Allgemeine Geschäftsbedingungen

Zum Einstieg

Martin Pittner, Sport- und Fitnesskaufmann im dritten Ausbildungsjahr, soll für seinen Ausbildungsbetrieb, die Fun and Sport GmbH, Judomatten bestellen. Nachdem er mehrere Angebote geprüft hat, kommt er zu dem Schluss, dass das Angebot der Sportimpex GmbH & Co. KG das beste ist. Bei der Durchsicht der Bestellformulare stößt Martin auf die allgemeinen Geschäftsbedingungen (AGB) des Lieferanten. Seinem Kollegen Udo Rosenholz, der wie er Auszubildender ist, allerdings erst vor kurzem bei der Fun and Sport GmbH begonnen hat, erklärt Martin, was es mit den AGB auf sich hat: Das Großhandelsunternehmen Sportimpex GmbH & Co. KG beliefert europaweit kommerzielle Sport- und Freizeiteinrichtungen und seit einiger Zeit auch konventionelle Sportvereine. Die Warenpalette ist breit gefächert und reicht von der Sportbekleidung bis zum Abkreidematerial für Fußballfelder. Täglich sind mehrere tausend Kundenaufträge zu bearbeiten. Den Kaufvertrag arbeitet die Sportimpex GmbH & Co. KG nicht mit jedem Kunden individuell aus. Stattdessen werden den Kunden standardisierte Vertragsinhalte vorgeschlagen, die angeben, unter welchen Bedingungen sie bei dem Lieferanten einkaufen können. Die Verträge sind so stark vereinheitlicht, dass die Kunden nur noch ein vorgefertigtes Bestellformular auszufüllen haben. Um ihren Kunden die Geschäftsbedingungen zur Kenntnis zu bringen, die allgemein gelten sollen, hat die Sportimpex GmbH & Co. KG sie am Schluss ihres Katalogs unter der Überschrift „Allgemeine Vertragsbedingungen" – natürlich klein gedruckt – aufgeführt. Jeder Kunde soll wissen, dass diese Bedingungen Bestandteil des Vertrags sein sollen, den er mit der Sportimpex GmbH & Co. KG schließt. Er hat dann lediglich die Wahl, die vorgeschlagenen Bedingungen entweder zu akzeptieren oder aber einen anderen Anbieter zu wählen. Wettbewerbsnachteile muss die Sportimpex GmbH & Co. KG nicht befürchten, da die Konkurrenten in ihren Verträgen ähnliche oder gleich lautende Geschäftsbedingungen stellen.

Allgemeine Geschäftsbedingungen (AGB) sind für alle Kunden gültige, standardisierte Vertragsbedingungen, die entweder im Vertragsdokument selbst, das heißt im Kaufvertrag, Auftragsformular oder Bestellformular, oder an einer gesonderten Stelle im Angebotskatalog des Verkäufers aufgeführt sind. Sie können sich auf sämtliche Bestandteile des Kaufvertrags beziehen. Einen Schwerpunkt der AGB bilden in der Regel die Zahlungs- und Lieferbedingungen.

7.2.1 Zweck

Heute kann es sich kein Anbieter mehr leisten, mit jedem Kunden individuell die Bedingungen auszuhandeln, unter denen er ein Geschäft abschließt. Ein hohes Kundenaufkommen und der Druck, die Kundenwünsche schnellstmöglich zu erfüllen, verlangen insbesondere von Handelsunternehmen, die Bearbeitungszeit eines jeden einzelnen Auftrags so kurz wie möglich zu halten. Da es jedoch im beiderseitigen Interesse liegt, Fragen wie zum Beispiel die Art der Zahlung oder die Länge der Zahlungsfrist ausdrücklich zu regeln, kann das Unternehmen durch die Formulierung von AGB-Klauseln zu solchen Fragen zum automatischen Bestandteil aller Verträge mit jedem seiner Kunden machen. In den AGB festgelegte, einheitliche Vertragsinhalte kommen also der Forderung nach Zeit sparenden Geschäftabschlüssen und rascher Auftragsabwicklung entgegen.

7.2.2 Gesetzliche Regelung

Im Konfliktfall genießen individuelle Absprachen Vorrang vor den AGB. Da andererseits dem Käufer durch die AGB des Verkäufers de facto oft die Möglichkeit genommen wird, den Vertrag durch Absprachen mit dem Verkäufer inhaltlich abweichend zu gestalten, müssen etwaige Benachteiligungen durch die AGB vermieden werden. Aus diesem Grund hat der Gesetzgeber Schutzvorschriften erlassen, die in den §§ 305 ff. des BGB fixiert sind.

Nach § 305 BGB werden AGB erst dann Bestandteil des Vertrags, wenn der Verkäufer den Käufer auf sie hinweist und wenn er ihm die Möglichkeit verschafft, sie in zumutbarer Weise zur Kenntnis zu nehmen; unterlässt er dies, so gelten automatisch die Regelungen des BGB. Diese Bestimmung gilt allerdings nicht, wenn es sich bei dem Käufer um einen Unternehmer oder eine juristische Person des öffentlichen Rechts handelt. Vielmehr ist unter Kaufleuten von einer Kenntnisnahme der AGB bereits dann auszugehen, wenn der Kunde von der Existenz der AGB wusste oder durch Befolgung seiner Sorgfaltspflichten hätte wissen können. Die gesetzlichen Vorschriften zu AGB sind also in erster Linie für Nichtkaufleute von Bedeutung und erst in zweiter Linie für Kaufleute.

QUELLE
§ 305 ff. BGB

Beispiel ▶ AGB bei Geschäften unter Kaufleuten

Nach Durchsicht des Kataloges bestellt Martin Pittner telefonisch bei der Sportimpex GmbH & Co. KG einen Satz Judomatten. Sein Gesprächspartner bestätigt den Auftragseingang und teilt ihm mit, dass die Matten innerhalb von zehn Tagen geliefert werden. In den AGB der Sportimpex GmbH & Co. KG, die dem Katalog beilagen, heißt es allerdings: „Aufträge, die per Fax, per E-Mail oder telefonisch erteilt werden, sind für uns erst bindend, wenn wir sie schriftlich per Brief oder Fax bestätigt haben." Der Händler ist an die telefonische Zusage seines Mitarbeiters, innerhalb von zehn Tagen zu liefern, nicht gebunden, da es sich um ein Geschäft unter Kaufleuten handelt und die Sportimpex GmbH Co & KG sich die schriftliche Annahme des telefonisch gestellten Antrags vorbehalten hat.

Welche Gefahren können AGB für Verbraucher mit sich bringen? Manche Kunden sind nachlässig oder überlastet. Andere sind vielleicht unerfahren oder zu vertrauensselig. Die Folge in all diesen Fällen kann sein, dass der Kunde die AGB entweder nicht liest oder aber dass er zumindest deren Bedeutung nicht richtig erfasst. Fallen die AGB dann zu seinen Ungunsten aus, so erleidet er Nachteile. Kaufleute könnten versucht sein, mit der Sorglosigkeit ihrer Kunden zu rechnen, die – aus welchen Gründen auch immer – das so genannte klein Gedruckte nicht lesen.

Beispiel ▶ AGB und Verbraucherschutz

Willy Meier möchte einen Wellnessurlaub auf Mallorca verbringen. Da er unbedingt sicherstellen will, dass er in dem Hotel, das er ausgesucht hat, zur gewünschten Zeit ein Zimmer bekommt, bucht er schon sechs Monate vor Reisebeginn. In den AGB des Veranstalters heißt es: „Wir behalten es uns vor, nach Vertragsabschluss Preiserhöhungen vorzunehmen, die durch gestiegene Rohstoffpreise erforderlich werden, sofern der Vertrag mindestens drei Monate zuvor geschlossen wurde." Der Mitarbeiter des Reisebüros hat Herrn Meier bei der Buchung auf die Existenz der AGB aufmerksam gemacht, doch Herr Meier beschäftigt sich grundsätzlich nicht mit den AGB von Unternehmen, bei denen er einkauft. Zwölf Wochen vor Reisebeginn erhält er ein Schreiben des Veranstalters mit dem Hinweis, dass sich die Reise wegen gestiegener Rohstoffpreise um 10 % verteuert habe. Willy Meier muss die Preiserhöhung nicht akzeptieren, weil der Veranstalter eine AGB verwendet, die nicht zulässig ist: Nach § 309 BGB sind kurzfristige Preiserhöhungen innerhalb von vier Monaten nach dem Bestelltermin verboten.

7.2.3 Wirksamkeit

Bestimmungen der AGB, die den Vertragspartner unangemessen benachteiligen würden, sind unwirksam. Dazu gehören unter anderem

▶ Vertragsstrafen, die vom Verbraucher zu zahlen wären;

▶ der Ausschluss des Rücktrittsrechts bei Lieferungsverzug;

▶ der Ausschluss des Rechts auf Schadensersatz bei Lieferungsverzug, mangelhafter Lieferung oder Schlechtleistung, das heißt positiver Vertragsverletzung;

▶ die Verkürzung der gesetzlichen Gewährleistungsrechte;

▶ überraschende Klauseln.

Beispiel ▶ Überraschende Klausel

Klaus schließt einen Jahresvertrag im Sportstudio der Fun and Sport GmbH ab. Er nimmt Kenntnis von den AGB, übersieht dabei aber eine Klausel, die besagt, dass zugleich mit dem Abschluss des Vertrags eine Sportzeitung abonniert wird, deren Lieferung gesondert abgerechnet wird. Da diese Klausel unwirksam ist, muss er die Rechnung für das Abonnement nicht bezahlen.

Zuweilen kommt es für die Wirksamkeit von AGB auf die korrekte Formulierung an.

5622156

Beispiele ▶ „Heilung" unwirksamer AGB

Unwirksame Klausel	Korrekte Formulierung
Die Sportimpex GmbH & Co. KG behält sich eine jederzeitige Preiserhöhung vor.	Die Sportimpex GmbH & Co. KG behält sich vor, nach Vertragsabschluss Preiserhöhungen vorzunehmen, die durch gestiegene Rohstoffpreise erforderlich werden, sofern der Vertrag mindestens vier Monate zuvor geschlossen wurde.
Die Gewährleistung beschränkt sich auf das Recht der Nacherfüllung oder einer Ersatzlieferung.	Für die Gewährleistung gelten die üblichen gesetzlichen Regelungen des Empfängerlandes.
Änderungen in Farbe und Ausführung bleiben dem Verkäufer vorbehalten.	Änderungen im Farbton sind möglich, da es sich bei unseren Produkten um Naturprodukte handelt.

AUFGABEN

1. Welche Gründe gibt es für einen Anbieter, auf das individuelle Aushandeln von Verträgen mit seinen Kunden zu verzichten?

2. Die Verträge der Fun and Sport GmbH mit ihren Studiomitgliedern umfassen AGB. Das Studio hat viele langjährige Mitglieder und behauptet sich erfolgreich auf dem Markt.

   a) Was sind AGB und warum werden in diesem Fall AGB vereinbart?

   b) Wie werden AGB Bestandteil eines Vertrags?

   c) Welche Gefahren bringt die Verwendung von AGB prinzipiell für Verbraucher mit sich?

3. Kann ein Anbieter seine AGB beliebig gestalten?

4. Die Fun and Sport GmbH schließt mit Familie Redlich einen Familienjahresvertrag ab. Der monatliche Beitrag beläuft sich auf 100,00 €. Zu Hause stellt die Familie fest, dass sie gleichzeitig eine Unfallversicherung mit einer monatlichen Prämie von 5,00 € abgeschlossen hat. Die Versicherung ersetzt alle Unfallschäden, die während des Studiobesuches entstehen können.

   a) Ist der Studiovertrag gültig?

   b) Ist der Abschluss der Unfallversicherung rechtswirksam?

5. In dem in Aufgabe 4 genannten Studiovertrag wird ausdrücklich darauf hingewiesen, dass der monatliche Beitrag die Benutzung des Solariums nicht abdeckt. Die Gebühr der Solariumsnutzung beträgt laut Vertrag pro Zeiteinheit 1,00 €. Zehn Wochen nach Abschluss des Vertrags erhöht das Sportstudio den Preis auf 2,00 €. Ist diese Erhöhung zulässig?

7.3 Qualitätsmanagement

Zum Einstieg

Um wirklich dauerhaft die Probleme im eigenen Unternehmen zu lösen und noch kundenfreundlicher zu werden, beschließt die Projektgruppe um Anne Knuth, einen Qualitätszirkel zu gründen. Dessen Aufgabe soll sein, alle Vorbereitungen zu treffen, die notwendig sind, um für den Betrieb der Alpha Sport Center GmbH ein Zertifikat als Gesundheitsstudio zu erhalten.

> Ein **Qualitätszirkel** ist ein betriebsinternes Team, dessen Aufgabe darin besteht, im Rahmen des Qualitätsmanagements Maßnahmen zur Erreichung von betrieblichen Verbesserungen zu erarbeiten. Häufig tagt der Zirkel außerhalb der regulären Arbeitszeit. Er hat nur ein Vorschlagsrecht, jedoch kein Weisungsrecht, das heißt, er kann notwendige Entscheidungen nicht selbst treffen und umsetzen.

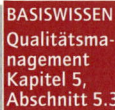

BASISWISSEN
Qualitätsmanagement
Kapitel 5,
Abschnitt 5.3

Qualitätsmanagement umfasst grundsätzlich zwei Aspekte. Zum einen sollen die internen Arbeitsabläufe überprüft und verbessert werden, zum anderen das Angebot aus der Sicht der Kunden.

AUFGABEN

1. Definieren Sie die folgenden Begriffe:

   a) Qualität   d) DIN

   b) Qualitätssicherung   e) Zertifizierung

   c) ISO

2. Welche Zertifikate hat Ihr Ausbildungsbetrieb? Welche Bedeutung haben diese?

7.4   Konflikt- und Beschwerdemanagement

BASISWISSEN
Konflikt- und
Beschwerdemanagement
Kapitel 3,
Abschnitt
3.2.4

Zum Einstieg

Im Qualitätszirkel ist sich die Projektgruppe einig, dass ein gutes Beschwerdemanagement ein weiterer wichtiger Faktor der Kundenbindung ist. Es liefert wichtige Informationen über mögliche Irritationen, die die Erwartungshaltung der eigenen Mitglieder betreffen. Beschwerden werden im Regelfall von den Betroffenen persönlich in einem Gespräch mit dem Mitarbeiter am Tresen vorgetragen. Durch eine generelle Regelung des Umgangs mit Beschwerden soll jeder Mitarbeiter in die Lage versetzt werden, die Beschwerde aufzunehmen, die Bedürfnisse des Mitglieds zu befriedigen und den Mangel abzustellen.

AUFGABE

Versuchen Sie, das im Folgenden geschilderte Problem zu lösen. In Ihrer Einrichtung befinden sich zwei Kursräume im Obergeschoss. Seit Bestehen des Studios findet in einem Kursraum ein Selbstverteidigungskurs im Wechsel mit einem Kickboxtraining statt. Der Kursraum ist deshalb mit Sandsäcken, Matten und weiteren spezifischen Gegenständen ausgestattet. Im benachbarten Kursraum ist parallel ein Qigong-Kurs eingerichtet worden. Dieser Kurs ist ebenfalls gut besucht, jedoch fühlen sich einige Teilnehmer durch den Lärm im Nebenraum gestört. Schließlich beschwert sich an einem Abend mit starkem Publikumsverkehr ein Teilnehmer lauthals am Tresen mit den folgenden Worten: „Das ist eine Unverschämtheit, dass ihr so viel Geld für einen Entspannungskurs nehmt und man kann sich gar nicht richtig konzentrieren, weil nebenan so ein Krach gemacht wird. Ich glaub, ich geh woanders hin, aber ihr könnt sicher sein, ich geh nicht alleine!"

   a) Wie gehen Sie mit der Beschwerde um?

   b) Wie könnte eine Lösung für das geschilderte Problem aussehen?

8 Sportliche und außersportliche Veranstaltungen organisieren

8.1 Planung und Durchführung

Zum Einstieg

Um Neukunden zu gewinnen und in der Öffentlichkeit präsent zu sein, plant die Alpha Sport Center GmbH einen Tag der offenen Tür. Ziel der Veranstaltung ist es, die eigene Angebotspalette einem breiten Publikum nahezubringen. In die Durchführung des Tages der offenen Tür sollen alle Mitarbeiter einbezogen werden. Hauptaufgabe aller Beteiligten ist es, der Öffentlichkeit zu zeigen, dass sich das Unternehmen nicht nur auf die Planung und Durchführung qualitativ hochwertiger Trainings beschränkt, sondern dass es auch dem sozial-kommunikativen Bereich einen hohen Stellenwert zuweist.

Die Organisation einer Veranstaltung umfasst die folgenden Schritte:

▶ Beschreibung der Rahmenbedingungen des eigenen Unternehmens/Vereins,
▶ Konzepterstellung,
▶ Konzeptumsetzung,
▶ Durchführung der Veranstaltung,
▶ Auswertung der Veranstaltung (so genannte Manöverkritik).

Sie bedarf in sachlicher, zeitlicher und wirtschaftlicher Hinsicht einer detaillierten Planung.

8.1.1 Rahmenbedingungen

Die Beschreibung der Rahmenbedingungen setzt voraus, dass zunächst das Ziel der Veranstaltung geklärt, das heißt die Frage beantwortet wurde, was mit der Veranstaltung erreicht werden soll. Daraus ergibt sich schon eine grobe Vorstellung von der Art der Veranstaltung.

Im nächsten Schritt werden die Möglichkeiten der Mitarbeiter beschrieben: Haben sie die nötige Qualifikation, um die Anforderungen und Erwartungen zu erfüllen, die die geplante Veranstaltung mit sich bringt, oder sind zusätzliche, externe Kräfte erforderlich? Die resultierenden Angaben werden in einem Personaleinsatzplan fixiert.

Weitere Rahmenbedingungen ergeben sich aus den folgenden Punkten:

▶ **Zielgruppenbestimmung.** Wer soll mit der Aktion erreicht werden? Mitglieder und/oder potenzielle Neukunden? Welche Interessen/Bedürfnisse haben die Adressaten?
▶ **Technische und räumliche Gegebenheiten.** Welche technischen und räumlichen Anforderungen bringt die Durchführung der Veranstaltung mit sich? Sind diese gegeben? Inwieweit müssen sie erst geschaffen werden?
▶ **Finanzielle Möglichkeiten.** Ist das geplante Event finanzierbar? Wie können die benötigten Mittel aufgebracht werden?

Alle Entscheidungen, die sich aus der Analyse der Rahmenbedingungen ergeben, müssen in der Planung schriftlich festgelegt werden, da sie den alle Beteiligten bindenden Rahmen der Veranstaltung vorgeben.

8.1.2 Konzepterstellung

Bei der Erstellung des Konzepts werden alle Maßnahmen und Eckdaten festgelegt, die zur Durchführung der geplanten Veranstaltung erforderlich sind. Hierzu gehören insbesondere die Bestimmung von Termin, Ort, Einsatz von Personal und Sachmitteln, Kosten, Einnahmen und Finanzierung der Veranstaltung.

In der Ablaufplanung werden die einzelnen, systematisch aufeinanderfolgenden Arbeitsschritte festgelegt. Hier müssen auch Ausweichlösungen mitberücksichtigt werden, beispielsweise für den Fall, dass Kooperationspartner ausfallen oder kurzfristig absagen. Weiterhin sind die zur Erreichung der Zielgruppen erforderlichen Werbemaßnahmen zu bestimmen.

8.1.3 Konzeptumsetzung

Die Konzeptumsetzung ist die Absicherung der im Veranstaltungskonzept festgelegten Maßnahmen. Hierzu zählen Vertragsabschlüsse mit den Kooperationspartnern und Vorkehrungen zur Erfüllung rechtlicher Rahmenvorgaben wie zum Beispiel behördliche Auflagen oder Bestimmungen der Gewerbeordnung. Zu guter Letzt sollte hier auch die Berichterstattung über die Veranstaltung mit einbezogen werden.

8.1.4 Durchführung

Bei der Durchführung der Veranstaltung ist sicherzustellen, dass alle Maßnahmen, die in der Ablaufplanung fixiert wurden, zeitlich und sachlich korrekt durchgeführt werden. Hierzu gehören insbesondere

▶ Aufbau und Technik,
▶ Empfang und Bewirtung der Gäste,
▶ Personaleinsatz und
▶ Betreuung bestimmter Personen (VIPs).

Abweichungen vom geplanten Veranstaltungsablauf sollten schriftlich festgehalten werden, um später eine effektive Auswertung der Veranstaltung zu ermöglichen.

8.1.5 Auswertung

Nach dem Ende der Veranstaltung sollten der Ablauf und die Ergebnisse detailliert analysiert werden. Kernfragen sind:

▶ Stimmt der tatsächliche mit dem geplanten Ablauf der Veranstaltung überein?
▶ Wurden die umworbenen Zielgruppen erreicht? Wie hoch ist die Antwortquote?

5622160

▶ Waren die Kooperationspartner zuverlässig?

▶ Wurden die Zeitvorgaben eingehalten?

▶ Gab es zusätzliche Kosten, beispielsweise durch unsachgemäße Behandlung von Einrichtungsgegenständen?

▶ Gab es Abstimmungsprobleme mit Fremdfirmen, beispielsweise mit dem Catering- oder dem Reinigungsservice?

▶ Wurde der Kostenrahmen eingehalten, unter- oder überschritten?

▶ Wie war die regionale Berichterstattung?

Diese Soll-Ist-Analyse ist erforderlich, um mögliche Schwachstellen bei der Planung, Organisation und Durchführung der Veranstaltung aufzuzeigen und um Fehler bei zukünftigen Veranstaltungen zu vermeiden.

AUFGABE

Erstellen Sie für einen Tag der offenen Tür in Ihrer Einrichtung einen Organisationsplan.

8.2   Technische und rechtliche Vorgaben

Bei der Durchführung von Veranstaltungen sind in aller Regel gesetzliche Vorschriften zu beachten. Für Veranstalter werden im Normalfall vorgefertigte Anträge bereitgestellt, die eine Liste der zu beachtenden rechtlichen Rahmenbedingungen umfassen.

Veranstaltungen, die außerhalb des eigenen Betriebes auf öffentlichen Plätzen durchgeführt werden, sind nach der Gewerbeordnung genehmigungspflichtig. Die Genehmigung wird von den zuständigen städtischen Ämtern erteilt. Zuvor müssen dort die folgenden Angaben eingereicht werden:

▶ Veranstalter,

▶ Anschrift des verantwortlichen Ansprechpartners,

▶ Art der Veranstaltung,

▶ Terminierung,

▶ Ort der Veranstaltung,

▶ erwartete Besucherzahl.

Werden zur Durchführung einer Veranstaltung öffentliche Plätze und/oder öffentlicher Verkehrsraum in Anspruch genommen, wie beispielsweise bei einem Marathonlauf, so müssen neben dem Ordnungsamt auch das Straßenverkehrsamt, die Umweltbehörde, eventuell das Forstamt und die Behörden der Nachbargemeinden einbezogen werden. Darüber hinaus muss sich der Veranstalter je nach den Eigenheiten der Veranstaltung unter Umständen mit den folgenden Institutionen abstimmen:

▶ Feuerwehr (bei Feuerwerk),

▶ Rettungs- und Hilfsdienste,

▶ Bauaufsichtsbehörde (bei der Aufstellung von Festzelten),

▶ Landesfachverband (zur Gewährleistung von Versicherungsschutz),

▶ Sportamt (wenn öffentliche Sportstätten genutzt werden).

Der Veranstalter ist verantwortlich für

▶ alle notwendigen Verkehrssicherungsmaßnahmen (Verkehrsschilder, Absperrungen, Rettungswege),
▶ die Besorgung von Versicherungsschutz (Veranstaltungshaftpflichtversicherung),
▶ die Entsorgung des Abfalls (Amt für Abfallwirtschaft),
▶ die Bereitstellung sanitärer Anlagen,
▶ den Einsatz von privaten Sicherheitsdiensten.

Für das Gelingen der Veranstaltung ist neben der Einhaltung der rechtlichen und organisatorischen Rahmenbedingungen die Planung und Organisation der technischen Erfordernisse von großer Bedeutung. Hier ist vor allem zwischen Außen- und Innenveranstaltungen zu unterscheiden. Tabelle 8.1 fasst exemplarisch eine Reihe von technischen Erfordernissen zusammen.

Innenveranstaltung	Außenveranstaltung
Raumplanung	Raumplanung im Freien
Bestuhlung	Parkplätze
Beschallung	besondere Erfordernisse bei der Beschallung
Belüftung	Zuschauerbereich/Besucherbereich
Beleuchtung	Beleuchtung bei Abendveranstaltungen
Klimatisierung	Alternativen bei schlechtem Wetter
Zugänglichkeit von Räumen	Zugänglichkeit zu sanitären Anlagen
Tabelle 8.1: Technische Erfordernisse zur Durchführung von Veranstaltungen	

AUFGABE

Die Hochschulsportgemeinschaft HSG Universität Greifswald e. V. plant die Durchführung der Quadrathlon-Weltmeisterschaft im Seebad Lubmin. Erstellen Sie einen Organisationsplan für dieses Event.

8.3 Projektmanagement

BASISWISSEN
Projekt-
management
Kapitel 2,
Abschnitt 2.3

Zum Einstieg

Für die teilnehmenden Sportler bildet die Quadrathlon-Weltmeisterschaft oder ein vergleichbares Ereignis das Ende und gleichzeitig den Höhepunkt einer langen und intensiven Trainingszeit. Für die Zuschauer und sonstigen Beteiligten ist ein solcher Wettkampf unterhaltsam und bietet im Regelfall durch ein attraktives Rahmenprogramm viel Abwechslung vom normalen Alltag. Für die Organisatoren bedeutet der Tag des Wettkampfes das Ende eines Projekts. Jetzt müssen noch einmal alle Kräfte gebündelt werden, um das größtmögliche positive Ergebnis zu erreichen. Für die Sportler soll das Ereignis positiv in Erinnerung bleiben, die Sponsoren sollen das Gefühl haben, dass ihr Sponsoring erfolgreich war, und alle Besucher sollen mit dem Rahmenprogramm zufrieden gestellt werden.

AUFGABEN

1. Beschreiben Sie die Kernmerkmale eines Projekts.
2. Welche Risiken bestehen in einem Projekt?
3. Wie gehen die Projektmitarbeiter mit plötzlich auftretenden Unwägbarkeiten um?
4. Definieren Sie den Begriff des Projektmanagements.
5. Wie wird ein Projekt allgemein organisiert oder gemanagt?
6. Erstellen Sie für die Quadrathlon-WM einen Arbeitsplan. Orientieren Sie sich dabei an dem Vier-Phasen-Modell zur Beschreibung des Ablaufs eines Projekts.

8.4 Personaleinsatzplan

Der Personalbedarf und der daraus folgende Personaleinsatz richten sich nach dem Arbeitsanfall. In einem Fitnessstudio mit 300 Mitgliedern, geführt als Familienbetrieb, ist der Personalbedarf einfach und überschaubar und daher leicht zu ermitteln. Betriebliche Belange wie besondere Ereignisse oder saisonale Spitzen sind schnell mit mündlichen Absprachen zu bewerkstelligen.

> **BASISWISSEN**
> Personal-
> planung und
> -steuerung
> Kapitel 6,
> Abschnitt
> 6.4.3

In einem multifunktionalen Studio mit integriertem Hotel und mit mehreren Außenanlagen und circa 100 Mitarbeitern ist dies nicht mehr so einfach. Aufgrund des vielfältigen Angebots und des breit gefächerten Aufgabenspektrums besteht erstens ein größerer Personalbedarf, zweitens muss ausreichend qualifiziertes Personal vorhanden sein, um Engpässe, beispielsweise durch Krankheit oder Urlaub, überwinden zu können.

Arbeitgeber haben deshalb die Möglichkeit, neben dem festen Stammpersonal auch Honorarkräfte oder Mitarbeiter als geringfügig Beschäftigte in Spitzenzeiten oder bei personellen Engpässen einzusetzen.

AUFGABEN

1. Welche Faktoren mindern die Verfügbarkeit der Mitarbeiter eines Betriebes?
2. Was spricht für einen hohen Beschäftigungsgrad beim Stammpersonal, was dagegen?
3. Was versteht man unter qualitativer Personalplanung, was unter quantitativer Personalplanung?
4. Im Betrieb der Alpha Sport Center GmbH ist es bei der Urlaubsplanung zu einer Panne gekommen. Zwei hauptamtlich beschäftigte Tennistrainer haben zum gleichen Termin Urlaub eingereicht und vonseiten der Unternehmensleitung genehmigt bekommen. Beide Trainer haben eine Fernreise gebucht. Erarbeiten Sie eine geeignete Lösung mit dem Ziel, den Trainingbetrieb bestmöglich aufrechtzuerhalten.

8.5 GEMA

Zum Einstieg

Für den Tag der offenen Tür plant die Geschäftsleitung der Alpha Sport Center GmbH eine abendliche Tanzveranstaltung mit einem Karaokewettbewerb für interessierte Mitglieder. Hierzu muss das Unternehmen die Genehmigung bei der GEMA beantragen. Antje, die Auszubildende im ersten Lehrjahr, lässt sich von der Geschäftsleitung erklären, was es mit der GEMA auf sich hat.

GEMA ist der Kurzname der Gesellschaft für musikalische Aufführungs- und mechanische Vervielfältigungsrechte. Diese Gesellschaft nimmt in der Musikbranche die Urheberrechte ihrer Mitglieder wahr. Zu ihren Mitgliedern zählen Komponisten, Textdichter und Musikverleger.

QUELLE
Gesetz über die Wahrnehmung von Urheberrechten und verwandten Schutzrechten (UrhWahrnG)

Die Rechtsgrundlage der GEMA ist das Urheberrechtswahrnehmungsgesetz (UrhWahrnG). Nach dem Urheberrechtsgesetz (UrhG) steht es ausschließlich dem Urheber zu, sein Musikstück, seine Komposition oder seine Dichtung zu vervielfältigen. Es bleibt ihm allerdings unbenommen, anderen ein Nutzungsrecht einzuräumen. Als GEMA-Mitglied ist ein Urheber verpflichtet, seine sämtlichen Werke bei der GEMA anzumelden. Die GEMA prüft daraufhin die Nutzung urheberrechtlich geschützter Werke und erteilt Dritten, die das Werk nutzen wollen, gebührenpflichtige Genehmigungen.

Die Anmeldung einer geplanten Nutzung bei der GEMA umfasst die folgenden Informationen:

▶ Angaben zum Veranstalter,
▶ zeitlicher Rahmen der Veranstaltung,
▶ Größe des Veranstaltungsraumes,
▶ Eintrittsgeld, auf eine Person bezogen,
▶ Art der Musikwiedergabe.

Nicht nur Veranstaltungen wie etwa ein Karaokewettbewerb müssen angemeldet werden, sondern auch Kurse in Freizeit- und Sporteinrichtungen, im Rahmen derer Musik von Tonträgern abgespielt wird. Zur Gebührenberechnung wird hier die Raumgröße oder die Zahl der Kursteilnehmer zugrunde gelegt. Die GEMA darf höchstens 3,75 % der monatlich erzielten Einnahmen beanspruchen.

Der urheberrechtliche Anspruch auf eine Nutzungsgebühr erlischt 70 Jahre nach dem Tod des Urhebers. Bei Nichtbeachtung der Anmeldepflicht kann die GEMA Schadensersatzansprüche gegen den Veranstalter geltend machen.

AUFGABEN

1. Recherchieren Sie, welche Musik zum Sportangebot Ihres Unternehmens passen würde. Welche Titel wären davon kostenfrei ohne GEMA-Gebühren abzuspielen?
2. Ermitteln Sie die GEMA-Gebühren für ein selbst gewähltes Event, beispielsweise ein Sommerfest für Mitglieder und Freunde.

5622164

8.6　Kooperationspartner

BASISWISSEN
Kooperation
Kapitel 3,
Abschnitt
3.1.3,
Seite 210 ff.

Zum Einstieg

Die HSG Universität Greifswald e. V. plant die Durchführung der Quadrathlon-Weltmeisterschaft im Seebad Lubmin. Der Vorstand erwägt, einen Kooperationspartner für diese Veranstaltung zu suchen. Die Projektgruppe diskutiert während einer ihrer regelmäßigen Zusammenkünfte die Vorteile, die sich für den Verein und für mögliche Kooperationspartner aus einer gemeinsamen Organisation der Veranstaltung ergeben.

Bei Veranstaltungen wie einem Quadrathlon-Weltmeisterschaftswettbewerb ist das primäre wirtschaftliche Ziel, kostendeckend zu arbeiten. Potenzielle Kooperationspartner wären demzufolge

▶ örtliche Banken und Unternehmen (Sponsoring),

▶ befreundete Sportstudios (als Teilnehmer und Werbeträger),

▶ freiwillige Feuerwehren und Hilfsdienste wie das Deutsche Rote Kreuz (Versorgung der Sportler mit Speisen und Getränken),

▶ Fahrradhändler (neue Produkte kommen zum Einsatz und können den Zuschauern vorgeführt werden),

▶ Sportartikelhändler,

▶ Krankenkassen (da diese als Kooperationspartner im Bereich des Gesundheitssports infrage kommen).

AUFGABEN

1. Welche Angaben muss ein Kooperationsvertrag enthalten? Nennen Sie mindestens fünf Punkte.

2. Ihr Unternehmen will in den Gesundheitssport einsteigen. Nennen Sie mögliche Kooperationspartner.

3. Nennen Sie jeweils zwei Vor- und Nachteile einer Kooperation mit einer Krankenkasse.

8.7　Hygienevorschriften

Zum Einstieg

Um zusätzliche Mitglieder zu gewinnen, will sich die Alpha Sport Center GmbH verstärkt dem Präventionssport widmen. Die Gesellschafter erwägen, ein kleines Hallenschwimmbad zu bauen, das mithilfe der Rücklagen, die in den vergangenen Jahren gebildet wurden, finanziert werden soll.

Betreiber von Bädern und Saunen haben spezifische gesetzliche Vorschriften zu beachten, die im Bäderhygienegesetz (BHygG) festgelegt sind.

QUELLE
Bäderhygiene-
gesetz
(BHygG)

Dieses Gesetz enthält Bestimmungen über das Verfahren der Betriebsbewilligung, den Anwendungsbereich sowie über die Hygienevorschriften.

Die Badehygieneverordnung (BHVO) regelt

▶ die Wasserbeschaffenheit,

▶ die hygienische Betriebsführung,

▶ die innerbetriebliche und behördliche Kontrolle und

▶ die Badeordnung.

AUFGABE

Erkunden Sie in Ihrem Betrieb innerbetriebliche und gesetzliche Hygienevorschriften. Diskutieren Sie deren Nutzen im Sinn der Kundenbindung.

8.8 Umweltschutz

Bei der Planung und Durchführung von besonderen Veranstaltungen, aber auch im alltäglichen Sport spielt der Umweltschutz eine immer größere Rolle. Die heutige Situation ist gekennzeichnet durch eine Ausweitung der rechtlichen Bestimmungen in Form von Genehmigungspflichten, Grenzwertvorgaben und verschiedenen Umweltauflagen.

Beispiele ▶ Für die Sport- und Fitnesswirtschaft bedeutsame Umweltauflagen

▶ Sportstätten dürfen nicht mehr in Wohngebieten errichtet werden.

▶ Bestehende Sportstätten in Wohngebieten dürfen zur Vermeidung von Lärmbelästigungen nur zu bestimmten Zeiten benutzt werden.

▶ Bei sportlichen Außenveranstaltungen muss die Naturschutz- oder Umweltbehörde mit einbezogen werden.

▶ Durch die Ökosteuer und die steigenden Energiekosten müssen auch Anbieter in der Sport- und Freizeitwirtschaft ständig prüfen, ob die eigene Technik den modernen Anforderungen entspricht.

Ein konstruktiver Umgang mit umweltrechtlichen Bestimmungen bedeutet zunächst einmal mehr Arbeit und auch mehr Kosten. Durch ein gezieltes Umweltmanagement lassen sich aber auch hier langfristig Kosten sparen. Hinzu kommt, dass ein gutes Umweltmanagement das Ansehen des Unternehmens in der Öffentlichkeit hebt und letztendlich auch die eigene Position auf dem Markt festigt.

AUFGABEN

1. Erkunden Sie über eine Internetrecherche, welche gesetzlichen Vorschriften zum Umweltschutz generell zu beachten sind.

2. Welche Aspekte des Umweltschutzes sind speziell in der Sport- und Freizeitwirtschaft zu beachten?

8.9   Verkehrssicherungspflichten

Zum Einstieg

Während des Kickbox-Trainings löst sich in einem Übungsraum ein Sandsack aus der Deckenhalterung und fällt einem Sportler so unglücklich auf dessen Mittelfuß, dass dieser bricht. Der Betreiber des Sportstudios hat es versäumt, nach pflichtgemäßem Ermessen die Aufhängung des Sandsacks zu überprüfen. Er hat seine Verkehrssicherungspflicht verletzt und muss Schadensersatz leisten.

Verkehrssicherungspflichten sind Verhaltenspflichten, die unter anderem durch ein gefährdendes Tun, durch die Herrschaft über eine Gefahrensphäre und durch das Hervorrufen berechtigten Vertrauens in die Abwehr einer Gefahr entstehen. Die deliktsrechtliche Produkthaftung beruht auf einer Verkehrssicherungspflicht im Zusammenhang mit der Herstellung von Erzeugnissen. Die Gefährdungshaftung, das heißt die Haftung des Eigentümers für seinen gefährlichen Betrieb, resultiert ebenfalls aus einer Verkehrssicherungspflicht. Auf ein Verschulden kommt es bei der Gefährdungshaftung nicht an.

In der Praxis gibt es vielfältige Verkehrssicherungspflichten.

Beispiele ▶ Verkehrssicherungspflichten

▶ Im Straßenverkehr sind die Autofahrer zu einem Verhalten verpflichtet, das die Schädigung anderer durch Verkehrsunfälle vermeidet, zum Beispiel, indem sie vorausschauend fahren.

▶ Der Eigentümer hat sein Grundstück so abzusichern, dass andere nicht zu Schaden kommen, beispielsweise indem er den Ast eines Baumes auf seinem Grundstück absägt, der abzubrechen und auf den Bürgersteig zu fallen droht.

▶ Der Veranstalter eines Marathonlaufs hat die Laufstrecke so abzusperren, dass sie von den Zuschauern nicht ohne Weiteres überquert werden kann.

In einem Unternehmen treffen die Verkehrssicherungspflichten – und damit die Haftung – nicht nur die Eigentümer, sondern eventuell auch Organe und Arbeitnehmer. Übernimmt ein Dritter die Aufgabe, Gefahren abzuwehren, so kann die Verkehrssicherungspflicht auf diesen übergehen; der ursprüngliche Pflichtenträger bleibt jedoch zur Überwachung verpflichtet.

Aus dem in der Einstiegssituation geschilderten Beispiel wird ersichtlich, dass Unternehmen im Sport- und Freizeitbereich sowie Sportvereine, die ihren Mitgliedern Sportveranstaltungen und Trainingsstunden anbieten, im Sinne der Gefährdungshaftung gefährliche Betriebe sind. Aus diesem Grund schließen sowohl Sportvereine als auch privatwirtschaftliche Sport- und Freizeitunternehmen eine Betriebshaftpflichtversicherung ab.

Die Betriebshaftpflichtversicherung hat eine Rechtsschutzfunktion, indem sie den Versicherungsnehmer und die mitversicherten Betriebsangehörigen vor unberechtigten Haftpflichtansprüchen schützt und bei berechtigten Ansprüchen Dritter die Schadensersatzleistung abdeckt. Die folgenden Personen sind versichert:

▶ gesetzliche Vertreter des Versicherungsnehmers in dieser Funktion,
▶ leitende Angestellte,
▶ alle Betriebsangehörigen in Ausübung ihrer dienstlichen Verrichtungen.

Die Versicherungsprämie wird über die Beitragszahlungen der Mitglieder/Abonnenten abgedeckt. Grundsätzlich richtet sich ihre Bemessung nach

▶ der Art des Betriebes,

▶ der Zahl der im Betrieb beschäftigten Personen,

▶ der jährlichen Gehaltssumme,

▶ dem Jahresumsatz.

Die Höhe der Versicherungsprämie kann zwischen Versicherungsnehmer und Versicherer individuell ausgehandelt werden. Der Verhandlungsspielraum ist groß, wenn Selbstbeteiligungen ausgehandelt werden.

Im Regelfall deckt die Betriebshaftpflichtversicherung das Betriebsstättenrisiko – hier insbesondere das Risiko einer Verletzung von Verkehrssicherungspflichten – sowie das Haftungsrisiko des Besitzers des Betriebsgrundstücks ab. Je nach Versicherer und Konzept können die unterschiedlichsten spezifischen Risiken bedarfsgerecht versichert werden. Beim Abschluss einer Betriebshaftpflichtversicherung sollte darauf geachtet werden, dass die versicherten Risiken im Versicherungsantrag aufgezählt oder mithilfe einer Betriebsbeschreibung pauschal erfasst werden.

Zur Abdeckung von Vermögensschäden aufgrund von höherer Gewalt, beispielsweise in Form eines Unwetters, muss eine gesonderte Versicherung abgeschlossen werden.

AUFGABEN

1. Was bedeutet Verkehrssicherungspflicht? Nennen Sie ein Beispiel für den Sport- und Freizeitbereich.
2. Erkunden Sie, wie Ihr Ausbildungsbetrieb mit dem Thema Gefährdungshaftung umgeht.

8.10 Mitarbeiterhaftung

Neben der Betriebshaftung gibt es auch eine Mitarbeiterhaftung: Mitarbeiter haften für Schäden, die sie fahrlässig oder vorsätzlich verursacht haben.

Beispiele ▶ Private Haftung, ja oder nein?

▶ Florian Lehmann, Auszubildender im ersten Lehrjahr, soll einen Saunaaufguss machen. Dabei gleitet ihm das Gefäß aus der Hand, es zerbricht und die gesamte Flüssigkeit wird verschüttet. Florian trifft keine Schuld an dem Schaden, da er schlimmstenfalls leicht fahrlässig gehandelt hat.

▶ Florian soll die Kurzhanteln auf Sicherheit überprüfen, indem er nachsieht, ob die Verschlüsse alle in Ordnung sind. Da es kurz vor Feierabend ist, hat er keine Lust mehr dazu. Am nächsten Tag vergisst er, das ihm Aufgetragene nachzuholen. Einem Mitglied, das mit den Hanteln trainiert, fällt eine Hantelscheibe auf den Fuß. Hier haftet Florian persönlich für den Schaden, weil er ihn grob fahrlässig verursacht hat.

AUFGABEN

1. Erklären Sie den Unterschied zwischen Vorsatz und Fahrlässigkeit. Nennen Sie Stufen der Fahrlässigkeit.
2. Nach einem ausgiebigen Training im Sportstudio besucht Karl Kühn die zugehörige Sauna und stürzt dort. Prüfen Sie, unter welchen Bedingungen der Studiobetreiber haftet.

8.11 Finanzierung

Die Höhe des benötigten Kapitals hängt von der Art der Veranstaltung ab. Ein Beachvolleyball-Turnier dürfte im Normalfall weniger kosten als ein Tag der offenen Tür für Mitglieder und Freunde. Bei der Planung einer Veranstaltung spielt also der zur Verfügung stehende Etat eine herausragende Rolle: Reichen die eigenen Mittel aus, um die kalkulierten Kosten zu decken, oder müssen zusätzliche Mittel beschafft werden? Letztendlich steigt und fällt ein Projekt mit den Möglichkeiten, Geldquellen zu erschließen. Zunächst muss also Klarheit darüber hergestellt werden, ob und wie die zur Finanzierung der Veranstaltung benötigten Mittel aufgebracht werden können.

> **BASISWISSEN**
> Finanzierungs-
> formen
> Kapitel 4,
> Abschnitt
> 4.2.1

8.11.1 Sponsoring

> **BASISWISSEN**
> Besondere
> Finanzierungs-
> quellen
> Kapitel 4,
> Abschnitt
> 4.2.2

Zum Einstieg

Der jährliche Beachtag ist eine große Breitensportaktion der HSG Universität Greifswald e. V., die zudem den Charakter eines Tages der offenen Tür hat. Sportarten aus fast allen Abteilungen können betrieben werden: Beachvolleyball, Drachenbootfahren, Schwimmen, Beachhandball, Fußball und alternativer Zehnkampf. Die Besucher können sich miteinander austauschen und an Wettkämpfen teilnehmen. Die Veranstaltung wird mit Sponsorengeldern und aus den Rücklagen des Vereins finanziert.

AUFGABE

Versuchen Sie, mögliche Sponsoren für einen Tag der offenen Tür ausfindig zu machen.

8.11.2 Fördermittel

In einer Zeit leerer Kassen wird es für Vereine immer schwerer, öffentliche Fördermittel zu bekommen. Gefördert wird nach wie vor der Kinder- und Jugendsport, sowohl im Leistungs- als auch im Breitensportbereich. Weiterhin ist es für Vereine wie auch für kommerziell geführte Sporteinrichtungen möglich, Fördermittel für besondere Projekte zu erhalten. Hierunter fallen vor allem Projekte zur Gewaltprävention und zur Integration von ausländischen Mitbürgern. Veranstaltungen wie Tage der offenen Tür genügen im Regelfall nicht den Förderkriterien. Zu den Förderern zählen vor allem Stiftungen, die Landessportbünde sowie der Deutsche Olympische Sportbund (DOSB).

AUFGABEN

1. Erkunden Sie bei Ihrem Kreis- oder Stadtsportbund, welche Vereinsaktivitäten über öffentliche Mittel gefördert werden können.
2. Planen Sie in einer Kleingruppe einen geselligen Abend für die Mitglieder Ihres Unternehmens oder Vereins unter Berücksichtigung aller in diesem Kapitel beschriebenen Punkte. Werten Sie die Ergebnisse in der Gruppe aus.
3. Planen Sie einen Vergleichswettkampf in Ihrer Lieblingssportart. Verfahren Sie mit Ihren Planungsergebnissen wie in Aufgabe 2.

9 Kunden und Mitglieder sportfachlich betreuen und beraten*

9.1 Physiologische Grundlagen des Trainings

9.1.1 Herz-Kreislauf-System

Die Leistungsfähigkeit eines Menschen hängt, wie Stemper und Ahonen u. a. ausführen, entscheidend davon ab, wie das Herz-Kreislauf-System den Körper mit Sauerstoff und Blut versorgen kann.

Lunge

Die Lunge ist das Organ, in dem der Gasaustausch zwischen Atemluft und Blut stattfindet. Dabei ist das Blut (Hämoglobin) das eigentliche Transportmittel der Gase. Es nimmt Sauerstoff (O_2) auf und gibt Kohlendioxid (CO_2) ab.

Die Lunge liegt als paariges Organ im Brustkorb. Sie besteht aus rund 300 Millionen Alveolen (Luftbläschen), die einer Gesamtoberfläche von rund 100 bis 120 m² entsprechen. Für den Gasaustausch muss das Blut die Lungenflügel erreichen. Dies ermöglichen die Lungenarterien und die Lungenvenen. Die Lungenflügel funktionieren beim Gasaustausch vereinfacht in etwa wie ein Blasebalg, der wichtigste Bewegungsmuskel ist das Zwerchfell.

Bei gesunden Menschen ist die Atemfrequenz der begrenzende Faktor der Leistungsfähigkeit der Lunge, nicht der Gasaustausch zwischen Alveolen und Blut. Das Hämoglobin in den Arterien ist auch bei maximaler Belastung fast vollständig mit Sauerstoff gesättigt.

Herz

Das Herz ist ein vier Hohlräume umfassender Muskel, dessen Zellen elektrische Impulse bilden, weiterleiten und mit Kontraktionen beantworten. Es liegt links unter dem Brustbein, seine Größe entspricht in etwa der Faust der Person. Die vier Hohlräume sind der rechte und der linke Vorhof sowie die rechte und die linke Herzkammer. Der rechte und der linke Teil sind durch die Herzscheidewand voneinander getrennt.

Der Blutstrom erfolgt über den rechten Vorhof zur rechten Kammer, von dort über die Lungen-Arterien-Klappen zur Lunge und über die Lungenvene und den linken Vorhof zurück in die linke Herzkammer. Von dort wird das Blut über die Aorta-Klappe, das heißt die Klappe, die zwischen Herz und Hauptschlagader liegt, in die Körperhauptschlagadern gepumpt. Die Herzklappen haben die Aufgabe, einen Rückfluss des Blutes zu verhindern.

Der Herzmuskel besteht aus quer gestreiften Muskelfasern, vergleichbar den Fasern der Skelettmuskulatur, sowie aus ringförmigen Muskelfasern, deren Hauptaufgabe die Kontraktion ist. Weitere Muskelfasern, die zusammen die Erregungsleitungsmuskulatur

---

* Dieses Kapitel orientiert sich in großen Teilen an dem Lehrbuch *Lizenzierter Fitness-Trainer DSSV* von Dr. Theo Stemper u. a. (Bildungs-Institut Deutscher Sportstudio Verband e. V., 3. Aufl., Hamburg 2001). Weitere in diesem Kapitel verwendete Quellen sind im Anhang vollständig angegeben.

bilden, leiten die elektrischen Impulse weiter. Diese Muskelfasern bestehen aus spezialisiertem Muskelgewebe, das autonom tätig ist.

Das Herz kann ohne äußere Nervenversorgung (autonom) schlagen. Allerdings wird es vom vegetativen Nervensystem gesteuert, das dafür sorgt, dass sich seine Tätigkeit an die jeweiligen körperlichen Erfordernisse anpasst. Die Kontraktion des Herzmuskels zerfällt in zwei Phasen: die Austreibungsphase (Systole) und die Erschlaffungsphase (Diastole). Dabei ziehen sich die Vorhöfe und die Hauptkammern nie gleichzeitig zusammen; vielmehr füllen sich durch die Kontraktion der Vorhöfe die Kammern, bei der anschließenden Kontraktion der Kammern wird das Blut ausgetrieben, während die Vorhöfe erschlaffen und sich dadurch von Neuem füllen.

Als Nährstoffe benötigt der Herzmuskel jeweils zu etwa gleichen Teilen Glucose, freie Fettsäuren und Laktat (Milchsäure). Bei aktiver körperlicher Betätigung wird das von der Skelettmuskulatur vermehrt gebildete Laktat verbrannt; der Verbrauch nähert sich dann einer Verteilung von $2/3$ Laktat, $1/7$ Glucose und $1/5$ freie Fettsäuren.

Die Kontraktion der linken Herzkammer befördert je nach Trainingsintensität zwischen 70 ml und 120 ml Blut in die Hauptschlagader (Aorta). Das Schlagvolumen hängt von der Körpergröße, der Körperhaltung und dem Grad der physischen Aktivität ab. In Ruhe wird das maximale Schlagvolumen im Liegen erreicht, weil in dieser Position das Herz am besten gefüllt werden kann. Steht der Mensch auf, so geht das Schlagvolumen um rund ein Drittel zurück; dies wird über einen Anstieg der Herzfrequenz kompensiert, sodass das Herzminutenvolumen konstant bleibt. Bei einem Ausdauertraining von ausreichender Dauer und Intensität kommt es zu einer Herzhypertrophie (Wachstum), die die Leistung des Herzens erhöht. Bei Ausdauertrainierten kann das beförderte Volumen auf 250 ml pro Schlag gesteigert werden.

Der Ruhepuls ist individuell unterschiedlich. Er hängt vom Grundumsatz und vom Schlagvolumen des Herzens ab. Die Herzfrequenz von etwa 60 bis 70 Schlägen pro Minute in Ruhe beim gesunden Untrainierten auf bis zu 200 Schlägen pro Minute bei jungen Sportlern bewusst gesteigert werden. Die maximale Pulsfrequenz ist bei gesunden Personen altersabhängig; sie geht mit zunehmendem Alter zurück. Die entsprechende Faustformel dazu lautet 200 minus Lebensalter. Unter Belastung wird sie unabhängig von der Leistungsfähigkeit innerhalb von etwa zehn Sekunden erreicht.

Misst man den Blutdruck, so ermittelt man zum einen den systolischen Blutdruckwert, der die Auswurfleistung des Herzens darstellt, zum anderen den niedrigeren diastolischen Wert, der dem Restdruck im Arteriensystem bei erschlafften Herzkammern entspricht. Am Oberarm werden dabei in der Ruhe im Durchschnitt Werte von 120 bis 130 mm Hg in der Systole und etwa 80 mm Hg in der Diastole in Ruhe gemessen. Im Alter erhöht sich aufgrund der nachlassenden Elastizität der Blutgefäße in der Regel der Ruheblutdruck.

> Die Abkürzung **mm Hg** steht für Millimeter Hydrargyrum, wobei Hg das Formelzeichen für Quecksilber darstellt. Ein mm Hg ist eine medizinische Einheit zur Druckmessung; sie entspricht 0,00133 bar oder 133 Pascal.

9.1.2 Haltungs- und Bewegungsapparat

Bewegungen des menschlichen Körpers werden durch zwei Systeme, das Skelettsystem und das Muskelsystem, ermöglicht. Das Skelettsystem, das Knochen, Gelenke und Bänder umfasst, bezeichnet man im Allgemeinen als passiven Bewegungsapparat, das Muskelsystem mit den Sehnen als aktiven Bewegungsapparat.

Da die beiden Systeme sowohl statische als auch dynamische Aufgaben zu erfüllen haben, müssen die beteiligten Gewebe viele unterschiedliche mechanische Eigenschaften bieten, wie Druckfestigkeit (Knorpel, Knochen), Zugfestigkeit (Knochen, Sehnen, Haut) und Formfestigkeit (Knochen) sowie Elastizität. Eine gewisse Elastizität in unterschiedlichem Maße bieten alle Gewebe.

Wie aus der Evolutionstheorie bekannt ist, sind die verschiedenen einwirkenden Reize sowohl für die Entwicklung als auch für die Erhaltung des Haltungs- und Bewegungsapparates ausschlaggebend. Die Binde- und Stützgewebe passen sich – innerhalb gewisser Grenzen – durch Materialzunahme und zelluläre Ausrichtung den Belastungen an.

Skelett

Das menschliche Skelett besteht aus Wirbelsäule und Schädel, Schultergürtel und Armen sowie Beckengürtel und Beinen. Die Wirbelsäule ist die zentrale Achse des menschlichen Körpers. Sie dient dem Schutz des Rückenmarks, trägt den Kopf, bietet Halt für den Schultergürtel und verbindet den Schulter- mit dem Beckengürtel. Ihrerseits wird sie durch Muskeln und Bänder stabilisiert.

Die Wirbelsäule besteht aus 33 (34) Wirbeln, die über Wirbelgelenke, 24 Zwischenwirbelscheiben (landläufig auch als Bandscheiben bezeichnet) im presakralen Bereich (oberhalb der Kreuzwirbel) und einen Bandapparat miteinander verbunden sind.

Die Wirbel werden unterteilt in

▶ sieben Halswirbel,
▶ zwölf Brustwirbel,
▶ fünf Lendenwirbel,
▶ fünf Kreuzwirbel und
▶ vier bis fünf Steißwirbel.

Die Kreuzwirbel und die Steißwirbel sind im Laufe der Evolution zum Kreuzbein beziehungsweise zum Steißbein verschmolzen.

Alle Wirbel sind gleich aufgebaut, unterscheiden sich jedoch je nach ihrer Druckbelastung und bilden entsprechend typische Formen. Sie bestehen aus den Komponenten

▶ Wirbelkörper,
▶ Wirbelbogen,
▶ Dorn- und Querfortsätze und
▶ kleine Wirbelgelenke.

Die Druckbelastung zeigt sich auch in den charakteristischen Krümmungen der einzelnen Abschnitte der Wirbelsäule in der Sagitalebene. Im Hals- und Lendenbereich ist die Wirbelsäule nach vorne durchgebogen (Halslordose und Lendenlordose), im Brust- sowie im Kreuz- und Steißbeinbereich nach hinten (Brustkyphose und Sakralkyphose). Durch diese Krümmungen können die Halswirbel als Stoßdämpfer für den Kopf, die Lendenwirbel als Stoßdämpfer für den Rumpf dienen. Biegungen in der Frontalebene, das heißt seitliche Krümmungen (so genannte Skoliosen) kommen häufig vor, sind jedoch krankhaft (pathologisch).

> ▶ Die **Sagitalebene** ist die bei seitlicher Draufsicht auf einen Körper erkennbare Achse.
> ▶ Die **Frontalebene** ist die bei Draufsicht von vorn oder von hinten auf einen Körper erkennbare Achse.

Die Bandscheibe, bestehend aus dem Gallertkern und dem diesen umgebenden Faserring, hat die Funktion eines Wasserkissens. Sie verbindet zwei Wirbelkörper und federt deren Belastung während der Bewegungsübertragung ab.

Im Übrigen besteht das menschliche Skelett aus 208 bis 212 einzelnen Knochen. Sie dienen teils dem Schutz anderer Körperteile wie dem Gehirn oder dem Knochenmark, teils zur Stützung der Weichteile; andererseits stellen sie die Hebel für die Muskelansätze dar. Weiterhin spielt, wie Stemper ausführt, das Knochengewebe im Kalzium- und Phosphatstoffwechsel eine wichtige Rolle als Speicher und Steuermedium.

Die Gelenke dienen der Bewegungsübertragung, der Übertragung der Muskelkraft auf den Knochen und der Stabilisierung des Haltungs- und Bewegungsapparates. Ein Gelenk ist grundsätzlich aufgebaut aus

- ▶ Gelenkfläche,
- ▶ Gelenkkapsel,
- ▶ Gelenkhöhle,
- ▶ Bändern,
- ▶ Gelenkscheiben (Disci und Menisci) sowie
- ▶ Gelenkflüssigkeit.

Die Bewegung erfolgt über die das Gelenk umfassenden Muskeln. Je nach Funktion lassen sich mehrere Gelenkarten unterscheiden:

- ▶ einachsige Gelenke (Scharniergelenk, Dreh- und Radgelenk),
- ▶ zweiachsige Gelenke (Ei- oder Ellipsoidgelenk, Sattelgelenk),
- ▶ dreiachsige Gelenke (Kugelgelenk, Nussgelenk).

Muskulatur

Schaubild 9.1 vermittelt einen Überblick über das menschliche Muskelsystem.

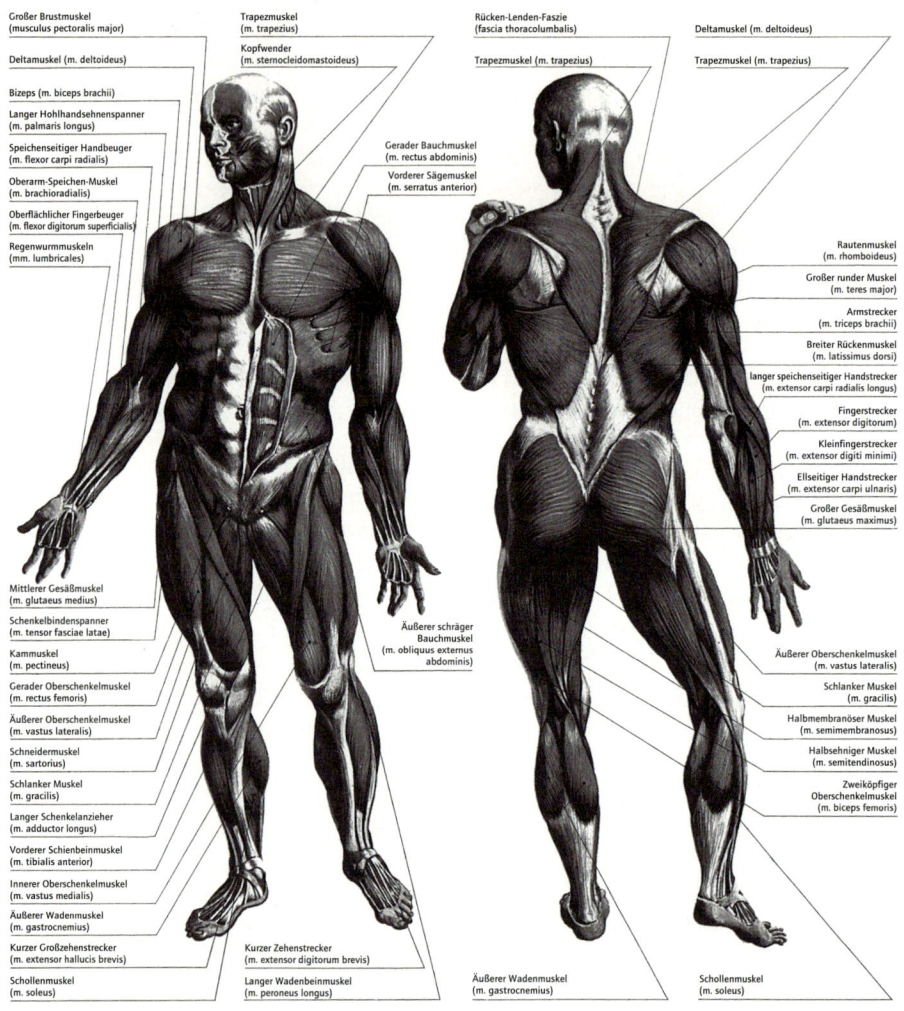

Quelle: Ahonen, J. u. a., *Sportmedizin und Trainingslehre*, S. 16

Schaubild 9.1: Menschliche Muskulatur

Der Muskel dient in erster Linie der Krafterzeugung.

Aus der Sicht der Biologie ist **Kraft** die Fähigkeit des Nerv-Muskel-Systems, durch
▶ konzentrische Muskelkontraktion Widerstände zu überwinden,
▶ exzentrische Muskelkontraktion Widerständen entgegenzuwirken,
▶ isometrische Muskelkontraktion Widerstände zu neutralisieren.
(Vgl. Binkowski, S. 5)

Die quer gestreifte Skelettmuskulatur steuert die aktive Beweglichkeit. Im Gegensatz zur glatten Muskulatur der inneren Organe und zur quer gestreiften Herzmuskulatur ist sie willentlich beeinflussbar. Die Bewegungsimpulse gehen, wie Kuhn (S. 57) ausführt, vom zentralen Nervensystem aus und werden mithilfe der quer gestreiften Skelettmuskulatur umgesetzt. Aufgrund der Verkürzungsfähigkeit der Muskelfasern ist der Muskel in der Lage, bei einer Kontraktion die durch ihn verbundenen Skelettteile anzunähern. Dabei liegt der relativ unbewegliche Muskelursprung näher zum Rumpf und stellt eine stabile Verbindung dar. Sein beweglicherer Ansatz ist über eine Sehne mit dem vom Rumpf entfernten Knochen verbunden. Über diese Sehne findet die Kraftübertragung statt. Zwischen Ursprung und Ansatz des Muskels befindet sich der Muskelbauch, der bei einer Verkürzung anschwillt. Dabei haben viele Muskeln einen gemeinsamen Ansatz, aber mehrere Köpfe zu verschiedenen Ursprüngen (vgl. Unger, S. 28), zum Beispiel der Musculus quadriceps femoris, ein aus vier Muskelköpfen bestehender Skelettmuskel auf der Vorderseite des Oberschenkels.

Durch die Erzeugung von Kraft kann der Muskel unterschiedliche Aufgaben wahrnehmen. Die wichtigsten davon sind, wie Binkowski (S. 9) ausführt,

▶ die Bewegung von Körperteilen gegeneinander,
▶ die Sicherung der Gelenke und
▶ die Aufrechterhaltung der Körperspannung.

Die Beweglichkeit hängt in hohem Maß von der Beschaffenheit und Dehnfähigkeit der Muskulatur ab. Ein Skelettmuskel setzt sich aus einer Vielzahl von Muskelfasern zusammen, die sich parallel von der Ursprungs- zur Ansatzsehne erstrecken. Sie haben eine Länge von 1 mm bis 300 mm. Muskelfasern sind von einem Bindegewebe umhüllt, dem Endomysium. Größere Muskelfaserbündel sind wiederum von Bindegewebe ummantelt, dem Perimysium. Der gesamte Muskel ist, damit die Muskelfasern trotz intensiver Beanspruchung ihre Position beibehalten, vom Epimysium, einer membranösen Hülle, umgeben.

Wie Hollmann/Hettinger darlegen (S. 11 ff.), setzt eine Verkürzung des Muskels motorische Nervenimpulse (Aktionspotenziale) voraus, die vom Rückenmark beziehungsweise vom Hirnstamm ausgehen und von Motoneuronen innerviert werden. Die Impulse bewirken ein Zucken der Muskulatur. Je größer die Motoneuronen sind, desto höher ist die Frequenz der Nervenimpulse. Je höher wiederum die Impulsfrequenz ist, desto dichter ist die Folge der Einzelzuckungen des Muskels und desto größer ist der Kraftanstieg.

Ein **Motoneuron** ist eine motorische Einheit, bestehend aus einer impulsleitenden Nervenfaser (dem Neurit) und mehreren Muskelfasern. Das Neurit weist an seinem Ende Verzweigungen auf, von denen jede eine Muskelfaser innerviert. Durch Training ist es möglich, die Zahl der Motoneuronen zu vergrößern.
(Vgl. Binkowski, S. 7 f.)

Die für die Kontraktion und Erschlaffung der Muskelzellen erforderliche chemische Energie in Form von Adenosintriphosphat (ATP) und Kreatinphosphat (KP) wird aus der Nahrung gewonnen. Im täglichen Leben und im sportlichen Training am häufigsten ist eine Kombination aus isotonischer und isometrischer Kontraktion.

▶ Eine **isotonische Muskelkontraktion** ist eine Muskelkontraktion, die mit gleich bleibender Spannung abläuft, das heißt, bei der sich der Muskel durch Anspannung verkürzt.
▶ Eine **isometrische Muskelkontraktion** ist eine Muskelkontraktion, bei der sich der Muskel anspannt, aber nicht verkürzt.

Muskeln, die ein Gelenk umgeben, werden bei Bewegungen in drei Gruppen eingeteilt:

▶ Der Agonist führt die Überwindungsarbeit aus.
▶ Die Synergisten sind Muskeln mit gemeinsamer Wirkungsrichtung, das heißt quasi mehrere Agonisten, die gemeinsam arbeiten.
▶ Der Antagonist wirkt in entgegengesetzter Richtung und führt eine nachgebende Arbeit aus.

Es gibt drei qualitativ unterschiedliche Muskelfasertypen beim Menschen,

▶ die tonische, dünnere, rote, langsame Zuckungsfaser;
▶ die phasische, dickere, weiße, schnelle Zuckungsfaser und
▶ die intermediäre Zuckungsfaser.

Sie werden, wie Klee (S. 38) und Binkowski (S. 9 f.) darlegen, jeweils von verschieden großen Motoneuronen und damit von verschiedenen Impulsfrequenzen innerviert. Während die tonische Muskelfaser relativ ermüdungsresistent ist, ermüdet die phasische Muskulatur rasch. Dieser Umstand ist auf die fünffach höhere Myoglobinkonzentration in der tonischen Muskulatur zurückzuführen (vgl. Martin, S. 68 ff.). Myoglobin ist ein roter Muskelfarbstoff, der als Sauerstoffspeicher gilt. Tabelle 9.1 fasst in Anlehnung an Hollmann/Hettinger (S. 44) Unterscheidungsmerkmale von tonischen und phasischen Muskeln zusammen.

	tonische Muskeln (Ausdauerfunktion)	phasische Muskeln (Schnellkraftfunktion)
Kontraktionsgeschwindigkeit	langsam	schnell
Erregbarkeitszeit	lang	kurz
Ermüdbarkeit	gering	groß
Laktatbildung	geringer	größer
Ausbau der Bluttransportbahnen	hoch	gering
Tabelle 9.1: Eigenschaften tonischer und phasischer Muskeln		

Jede motorische Einheit besteht nur aus Muskelfasern eines Typs. In Haltemuskeln überwiegen die tonischen, in der Muskulatur für schnelle Bewegungen überwiegen die phasischen Muskelfasern. Das Gefüge aus Muskelfasertypen in demselben Muskel kann von Person zu Person sehr unterschiedlich sein. Eine geschlechtsspezifische Abhängigkeit besteht nicht.

Festgestellt wurde, dass Weltklassesprinter eine starke Dominanz von schnell kontrahierenden Fasern, Weltklasselangstreckenläufer viel mehr langsam kontrahierende Fasern in der Beinmuskulatur aufwiesen (vgl. Hollmann/Hettinger, S. 41). Trotzdem ist nicht eindeutig geklärt, ob ein spezifisches Training bei einem erwachsenen Menschen einen Wechsel der Muskelfasertypen verursachen kann oder ob hier die Erbanlage von besonderer Bedeutung ist. Es gibt jedoch Hinweise und Tests, so bei Klee (S. 39), Martin (S. 69) und Billeter/Hoppeler (S. 64), die eine Beeinflussung der prozentualen Zusammensetzung durch spezifisches Training möglich erscheinen lassen.

Bewiesen ist hingegen (vgl. Goldspink, S. 213 f.), dass die Masse an Skelettmuskulatur durchaus trainierbar ist. Da jede motorische Einheit nur einen Muskelfasertyp enthält, ist es einsehbar, dass beim Muskeltraining die Kontraktionsgeschwindigkeit wichtig ist, da unterschiedlich hohe Bewegungsgeschwindigkeiten unterschiedlich hohe prozentuale Anteile der Fasertypen beziehungsweise der motorischen Einheiten beanspruchen und damit trainieren.

Muskelbalance und Haltung

Der Sport hat sich für viele Menschen zu einem festen Bestandteil des täglichen Lebens entwickelt. Die Menschen leben körper- und gesundheitsbewusster als noch vor einigen Jahren. Die Fitness- und Wellnessindustrie boomt und bringt immer neue Trendsportarten hervor. Doch auch traditionelle Sportarten wie Fußball, Handball und Tennis haben weiterhin Konjunktur.

Auf der anderen Seite treiben zu viele Menschen keinen Sport, obwohl er prinzipiell der Gesundheit dient. Immer häufiger sind Menschen mit Beweglichkeitsdefiziten anzutreffen, die auf eine mangelhafte Beweglichkeitsschulung und eine einseitige Beanspruchung der Muskeln und Gelenke zurückgehen. Trainer, Betreuer oder Physiotherapeuten müssen typische Beweglichkeitsdefizite kennen, um vorbeugende Maßnahmen ableiten und das sportliche Training angemessen gestalten zu können.

Die Körperhaltung und die Belastung der Knochen, Gelenke und Muskeln werden zunächst durch die Naturgesetze, beispielsweise durch die Schwerkraft oder das Newton'sche Trägheitsgesetz, bestimmt. Die Herausbildung einer physiologisch einwandfreien und rationellen Körperhaltung ist aber auch von einer ausgewogenen Beweglichkeit der Skelettmuskeln nicht zu trennen. Ist die Muskelbalance optimal, so werden die Muskeln, die Gelenke und die Knochen funktionell belastet und arbeiten ökonomisch. Die Muskeln aktivieren sich in der richtigen Reihenfolge und erzeugen fließende, zweckmäßige und gut koordinierte Bewegungsabläufe. Somit ermöglicht eine optimale Balance zwischen den antagonistischen Muskeln eine natürliche, normale Haltung, während ein Ungleichgewicht zu einer unnormalen, unphysiologischen Haltung führt.

Der Halte- und Bewegungsapparat funktioniert in dem Maß, wie er Reizen unterliegt. Die Reaktion des Organismus auf einen Reiz ist abhängig von dessen Art, Dauer und Intensität. Fehlen Reize, so bildet sich die Muskulatur zurück. Werden bestimmte Muskelgruppen ständig belastet, so passt sich der Körper im Normalfall der Beanspruchung an; die Leistung der Muskulatur steht und fällt mit dem Maß ihrer Beanspruchung. Dieses Prinzip ist, wie Goldspink ausführt, die Grundlage der gesteuerten Trainingsbelastungen.

Muskuläre Ungleichgewichte entstehen vor allem durch Bewegungsarmut und durch einseitige Bewegungsmuster, speziell auch durch einseitiges Krafttraining. Hinzu kommen ungeeignete Sitzmöbel, die den Menschen zu Körperhaltungen veranlassen, die den Haltungs- und Bewegungsapparat einseitig belasten. Weitere Faktoren sind falsche Haltungsideale in der Kindheit, Haltungsänderungen durch Gewichtszunahme oder Schwangerschaft sowie psychische Gründe. Frühzeitiges Erkennen und ein dementsprechendes Beweglichkeitstraining zur Verbesserung der Dehnfähigkeit von Muskeln und Bändern wirkt negativen Entwicklungen entgegen und unterstützt die Wiederherstellung einer guten Muskelbalance und der richtigen Haltung (vgl. Wydra u. a., S. 388).

Ein verhältnismäßig einfacher Test, der nach dem Mediziner Vladimír Janda benannte Janda-Test, hilft dem Trainer, Defizite rechtzeitig zu erkennen und vorbeugend, das heißt zur Vermeidung von Verletzungen, zu beheben. (Der Test wird weiter unten näher vorgestellt.)

Tabelle 9.2 gibt die Häufigkeiten an, mit denen die verschiedenen Muskelgruppen bei Sportlern zu einer Verkürzung neigen.

Wissenschaftlicher Name	bezeichnet ...	Häufigkeit
Musculus rectus femoris	den geraden Muskel des Oberschenkels, einen der vorderen Oberschenkelmuskeln	70 %
Musculus triceps surae	eine Muskelgruppe, bestehend aus einem zweiköpfigen Wadenmuskel und dem sog. Schollenmuskel	37 %
Musculus erector trunci	Rückenmuskeln im Bereich der Wirbelsäule	32 %
Ischiocruralmuskulatur	die Muskulatur des hinteren Oberschenkels	22 %
Musculus iliopsoas	eine Muskelgruppe, bestehend aus einem Hüftmuskel des Oberschenkels und einem inneren Hüftmuskel	16 %
Musculus tensor fasciae latae	einen der an der Bewegung des Oberschenkels beteiligten Muskeln	15 %
Musculus pectoralis major	den großen Brustmuskel, der den gesamten vorderen Rippenbereich bedeckt	10 %

Tabelle 9.2: **Relative Häufigkeit von Muskelverkürzungen**

AUFGABEN

Hinweis: Bitte keine Eintragungen im Buch vornehmen. Es können jeweils eine oder mehrere Antworten richtig sein.

1. Was versteht man unter Superkompensation?
   a) die Überforderung durch eine Trainingsbelastung
   b) einen dauerhaften Übertrainingszustand
   c) die Durchführung von Supersätzen
   d) den Mehrausgleich nach Trainingsbelastungen (Trainingsgewinn)
   e) eine Unterversorgung des Muskels mit Sauerstoff

2. Welche Dehnmethoden sind für Anfänger am besten geeignet?
   a) stark aktiv-dynamisch betonte Dehnungen
   b) Dauerdehnung statisch-passiv
   c) ruckartig überzogene Dehnungen
   d) leichte (sanfte) aktiv-dynamische Dehnungen

3. Welche Aussagen zur Funktion der Lunge treffen zu?

   a) In der Lunge wird Kohlendioxid (CO_2) aus der Atemluft ins Blut abgegeben.

   b) In den Lungenbläschen (Alveolen) fließt sauerstoffreiches Blut.

   c) Die Lungenarterien bringen mit CO_2 beladenes Blut zur Lunge.

   d) In der Lunge wird CO_2 aus dem Blut aufgenommen.

   e) Die Lungenvenen transportieren mit O_2 beladenes Blut zur Lunge.

4. Was ist bei gesunden Menschen der begrenzende Faktor der Leistungsfähigkeit der Lunge?

   a) die Aufnahmekapazität der Alveolen   d) die Atemfrequenz

   b) die Aufnahmekapazität des Blutes   e) der Blutdruck

   c) die Vitalkapazität

5. Welche Aussage(n) trifft (treffen) auf den Blutstrom zu?

   a) Das Blut wird von der rechten Herzkammer über die Aorta-Klappe in die Körperhauptschlagader gepumpt.

   b) Das Blut fließt über die Lungenvene zurück in den linken Vorhof.

   c) Der Blutstrom erfolgt über den linken Vorhof in die rechte Kammer.

   d) Das Blut wird von der linken Herzkammer über die Aorta-Klappe in die Körperhauptschlagader gepumpt.

   e) Das Blut fließt über die Lungenvene zurück in den rechten Vorhof.

6. Welche Aussage(n) über das Herz trifft (treffen) zu?

   a) In Ruhe wird das maximale Schlagvolumen im Stehen erreicht.

   b) In Ruhe wird das maximale Schlagvolumen im Liegen erreicht.

   c) In Ruhe wird das maximale Schlagvolumen im Sitzen erreicht.

   d) Der Ruhepuls ist abhängig vom Blutdruck und der Sauerstoffsättigung.

   e) Der Ruhepuls ist abhängig vom Grundumsatz und Schlagvolumen.

7. Wie viele Knochen besitzt der menschliche Körper?

   a) 212 bis 216   d) 188 bis 202

   b) 214 bis 218   e) 208 bis 212

   c) 207 bis 211

8. Welches Gelenk gehört zu den zweiachsigen Gelenken?

   a) Kugelgelenk   d) Eigelenk

   b) Radgelenk   e) Scharniergelenk

   c) Nussgelenk

9. Die Definition des biologischen Kraftbegriffs lautet:

   a) die Fähigkeit des Herz-Muskel-Systems, durch Muskeltätigkeit Widerstände zu überwinden (konzentrische Kontraktion), ihnen entgegenzuwirken (exzentrische Kontraktion) und sie zu halten (isometrische Kontraktion)

   b) die Fähigkeit des Nerv-Muskel-Systems, durch Muskeltätigkeit Widerstände zu überwinden (konzentrische Kontraktion), ihnen entgegenzuwirken (exzentrische Kontraktion) und sie zu halten (isometrische Kontraktion)

   c) die Fähigkeit des Nerv-Muskel-Systems, durch Muskeltätigkeit Widerständen auszuweichen (konzentrische Kontraktion), ihnen entgegenzuwirken (exzentrische Kontraktion) und sie zu halten (isometrische Kontraktion)

   d) die Fähigkeit des Nerv-Muskel-Systems, durch Muskeltätigkeit Widerstände zu überwinden (konzentrische Kontraktion), ihnen entgegenzuwirken (exzentrische Extension) und sie zu halten (isotonische Kontraktion)

10. Welche Aussage(n) zum Muskelursprung und Muskelansatz trifft (treffen) zu?

a) Der proximale Befestigungspunkt des Muskels ist durchweg unbeweglicher als der distale, daher liegt der Ansatz meist distal.

b) Der distale Befestigungspunkt des Muskels ist durchweg unbeweglicher als der proximale, daher liegt der Ansatz meist proximal.

c) Der proximale Befestigungspunkt des Muskels ist durchweg beweglicher als der distale, daher liegt der Ansatz meist distal.

d) Der relativ unbewegliche Muskelursprung liegt näher (proximal) zum Rumpf und stellt eine stabile Verbindung dar.

e) Der relativ unbewegliche Muskelursprung liegt näher (distal) zum Rumpf und stellt eine stabile Verbindung dar.

11. Welche Aussage(n) zur Physiologie des Muskels trifft (treffen) zu?

a) Einzelne Muskelfasern sind vom Perimysium umhüllt.

b) Muskelfasern haben eine Länge von 1 mm bis 500 mm.

c) Muskelfasern haben eine Länge von 1 mm bis 300 mm.

d) Einzelne Muskelfasern sind vom Endomysium umhüllt.

12. Welche Aussage(n) zur Physiologie des Muskels trifft (treffen) zu?

a) Durch Training ist es möglich, die Zahl der rekrutierten motorischen Einheiten zu vergrößern.

b) Eine Verkürzung des Muskels setzt motorische Nervenimpulse (Aktionspotenziale) voraus.

c) Die Zahl der rekrutierten motorischen Einheiten ist genetisch bestimmt und nicht trainierbar.

d) Aktionspotenziale dauern zehnmal länger als Einzelzuckungen.

13. Welche Aussage(n) zur Arbeitsweise des Muskels trifft (treffen) zu?

a) Der Agonist führt nachgebende Arbeit aus.

b) Der Synergist arbeitet entgegengesetzt zum Agonisten.

c) Der Agonist führt überwindende Arbeit aus.

d) Der Antagonist führt überwindende Arbeit aus.

14. Welche Aussage(n) trifft (treffen) auf die Muskelfasertypen zu?

a) Es gibt die phasische, dickere, rote, langsame Zuckungsfaser.

b) Es gibt die phasische, dickere, weiße, schnelle Zuckungsfaser.

c) Es gibt die phasische, dünnere, weiße, langsame Zuckungsfaser.

d) Es gibt die tonische, dickere, rote, langsame Zuckungsfaser.

e) Es gibt die phasische, dickere, rote, schnelle Zuckungsfaser.

15. Welche Aussage(n) trifft (treffen) zur Trainierbarkeit zu?

a) Die prozentuale Zusammensetzung der Muskelfasertypen ist sicher durch Training beeinflussbar.

b) Die prozentuale Zusammensetzung der Muskelfasertypen ist durch Training sicher nicht beeinflussbar.

c) Die Masse an Skelettmuskulatur ist sicher trainierbar.

d) Die Masse an Skelettmuskulatur ist sicher nicht trainierbar.

16. Die isometrische Muskelarbeit ...

a) ist durch eine Dauerkontraktion der Muskulatur charakterisiert.

b) ist durch ständig Be- und Entlastung der Muskulatur charakterisiert.

c) gilt als ideal für Bluthochdruckpatienten.

d) führt zu einem Pulsfrequenzanstieg auf bis zu 180 Schläge.

17. Ist die aufgewandte Muskelspannung größer als die von außen angreifende Kraft, …

a) so handelt es sich um dynamisch-negative (= konzentrische) Arbeit.

b) so handelt es sich um dynamisch-positive (= exzentrische) Arbeit.

c) so handelt es sich um dynamisch-positive (= konzentrische) Arbeit.

18. Muskelbalance bedeutet, …

a) dass die antagonistischen Muskelgruppen gleiche Maximalkraft- beziehungsweise Dehnungswerte aufweisen.

b) dass die antagonistischen Muskelgruppen gleiche Maximalkraft, aber unterschiedliche Dehnungswerte aufweisen.

c) dass die antagonistischen Muskelgruppen unterschiedliche Maximalkraft, aber gleiche Dehnungswerte aufweisen.

d) nicht, dass die antagonistischen Muskelgruppen immer gleiche Maximalkraft- beziehungsweise Dehnungswerte aufweisen.

9.1.3 Energiestoffwechsel

Sportliche Ausdauerleistungen stützen sich auf eine Reihe organischer Versorgungssysteme, die das motorische Antriebssystem und damit die Kontraktionen der Skelettmuskulatur in Gang halten. Da bei jeder Muskelkontraktion Arbeit verrichtet wird, die Energie benötigt, ist der Energiestoffwechsel eine der wichtigsten physiologischen Grundlagen sportlicher Betätigung.

Die für die Kontraktion und Erschlaffung der Muskelzellen erforderliche chemische Energie Adenosintriphosphat (ATP) und Kreatinphosphat (KP) wird aus der Nahrung gewonnen. Das ATP stellt sozusagen die „Batterie" des Muskels dar. Erschlafft der Muskel, so wird ATP aus Adenosindiphosphat (ADP) resynthetisiert, das heißt wiederaufgebaut. Die hierzu erforderliche Energie liefern die aerobe und die anaerobe Glykolyse, das heißt der Abbau des Kohlenhydrats Glykogen mit oder ohne Sauerstoff sowie der Abbau von Fetten und eventuell auch Eiweißen. Der Körper besitzt also unterschiedliche Möglichkeiten zur Bereitstellung von Energie.

Der Muskel zeigt bei der Auswahl der Energielieferanten ein ökonomisches Verhalten:

▶ Steht ausreichend Sauerstoff zur Verfügung – was bei Belastungen unterhalb der Höchstgrenze zunächst der Fall ist –, hat die Fettverbrennung Vorrang, da sowohl die Energiereserve des Fettspeichers als auch die Energiedichte von Fett größer sind als im Fall von Glukose.

▶ Bei sehr hohen Belastungen werden dagegen fast ausschließlich Kohlenhydrate verbrannt.

▶ Wenn die Kohlenhydrate nahezu aufgebraucht sind, werden vermehrt Eiweiße in den Energiestoffwechsel eingeschleust. Da Eiweiß jedoch in der Regel dem Aufbau von Strukturen dient, gilt sein Abbau bei hohen Belastungsintensitäten und -umfängen als wesentliche Ursache für Übertrainiertheit.

▶ Ein **aerober biochemischer Prozess** ist ein Prozess, für den Sauerstoff benötigt wird.

▶ Ein **anaerober biochemischer Prozess** ist ein Prozess, der ohne Sauerstoff abläuft.

Die aerobe Form der Energiebereitstellung kann je nach der Intensität der Belastung mehr oder weniger lang aufrechterhalten werden. Je länger die Belastung dauern soll, desto niedriger muss die Intensität sein. Optimal gilt der Zustand des so genannten steady state, bei dem ein Gleichgewicht zwischen Sauerstoffbedarf und -verbrauch herrscht.

Beispiel ▶ Energiebereitstellung bei einem 1 500-Meter-Lauf

Schon auf den ersten Metern wird für die Kontraktion der Muskelfasern Energie benötigt. Mithilfe dieser Energie wird die Muskelspannung erzeugt. Andere energieliefernde Prozesse dienen nicht direkt der Kontraktion, sondern werden für den laufenden Wiederaufbau, das heißt die Resynthese von ATP eingesetzt. Die Muskelzelle verfügt nur über einen begrenzten Vorrat an ATP-Molekülen, der bei rund 4 mmol ATP pro Gramm Muskelfeuchtmasse liegt. Dieser Vorrat reicht maximal für drei bis fünf Sekunden oder für drei bis vier Muskelkontraktionen. Um den Lauf fortsetzen zu können, muss demnach das ATP resynthetisiert, das heißt die „Batterie" wieder aufgeladen werden. Die ATP-Resynthese beruht auf der Wiederverbindung der Spaltprodukte ADP und Phosphatrest unter Energieaufwand. Sie vollzieht sich über die folgenden drei Wege:

▶ anaerob alaktazid,
▶ anaerob laktazid und
▶ aerob.

Die **anaerob alaktazide Resynthese** von ATP läuft ohne Sauerstoff und ohne Laktatbildung ab. Die benötigte Energie wird zu Beginn der Muskelkontraktionen zunächst aus der Spaltung von Kreatinphosphat (KP) gewonnen. KP stellt sozusagen die „Ersatzbatterie" dar. Die KP-Spaltung und die Übertragung des Phosphatrestes und der entstandenen Energie auf das ADP (die so genannte Lohmann-Reaktion) setzt bereits während der ersten Muskelkontraktionen ein, um den ATP-Spiegel während der Belastung konstant zu halten. Dabei nimmt der KP-Spiegel in der Muskelzelle ab. Der Vorrat an KP ist auf rund 25 µmol pro Gramm Muskelfeuchtmasse begrenzt und kann durch vorübergehende Höchstleistungen nahezu ausgeschöpft werden, sodass die am schnellsten verfügbaren Energiepools ATP und KP lediglich für eine Gesamtarbeitszeit von drei bis zehn Sekunden oder für höchstens rund 20 Kontraktionen der Muskulatur ausreichen. Das entspricht einigen wenigen kraftvollen Stößen, Würfen oder Sprüngen oder einem Sprint über 50 bis 100 Meter.

Noch während der anaerob alaktaziden Resynthese setzt die **anaerob laktazide Resynthese,** das heißt die Neubildung von ATP und KP durch die Zerlegung von Nährstoffen (die so genannte Glykolyse) ein. Ausgangsstoffe sind Kohlenhydrate in Form von Glykogen, ausschließlich aerob abbaubare Fettsäuren und bedingt auch Eiweiß. Sie sind jederzeit verfügbar, da sie direkt aus der Nahrung gewonnen werden; bei Bedarf können sie jedoch auch aus körpereigenen Speichern – Fettdepots und Glykogendepots der Leber – herausgelöst werden. Bei maximaler Belastung setzt die Glykolyse nach rund fünf Sekunden ein, beim 1 500-Meter-Lauf nach spätestens 20 Sekunden, wenn die ATP- und KP-Speicher weitgehend ausgeschöpft sind und die anaerobe Energiebereitstellung ihrem Höhepunkt entgegenstrebt. Die Glykolyse vollzieht sich durch eine Reihe von chemischen Prozessen, an deren Ende zunächst die Brenztraubensäure (Pyruvat) steht. Diese Prozesse finden im Sarkoplasma der Muskelzelle statt. Die anaerobe Glykolyse stellt bei allen intensiven Belastungen, bei denen eine unzureichende Sauerstoffversorgung vorliegt, den bevorzugten Energiegewinnungsprozess dar.

Bei der anaeroben Glykolyse kann nur Glucose beziehungsweise Glykogen als Energielieferant herangezogen werden, wobei das intrazelluläre Glykogen günstiger ist, da es nicht erst über die Blutbahn herantransportiert und durch die Zellmembran durchgeschleust werden muss und außerdem mehr ATP ergibt. Um ein Glukosemolekül abzubauen, werden im Verlauf der Reaktion zunächst zwei ATP zur Aktivierung verbraucht und vier ATP gewonnen, sodass sich eine Energiebilanz von zwei Mol ATP pro Mol abgebauter Glukose ergibt. Für den Abbau von Glykogen wird zu Beginn der ersten Reaktion ein Mol ATP weniger benötigt, da die Abspaltung eines Glukosemoleküls vom Glykogen selbst bereits eine hochenergetische Reaktion ist. Die Energiebilanz ergibt somit drei Mol ATP pro Mol Glukose.

Bei dieser Form der Energiebereitstellung werden die Kohlenhydrate nur zum Teil abgebaut. Das hat zur Folge, dass

► relativ wenig ATP pro Glucoseeinheit gewonnen wird und
► aufgrund des fehlenden Sauerstoffs als Endprodukt Milchsäure (Laktat) gebildet wird.

Das Laktat geht bei ausreichender Durchblutung teilweise in den Blutkreislauf über und gelangt von dort in die arbeitende Muskulatur und in die Leber. Dort wird es eliminiert. Während es sich in den Muskelzellen anreichert, verringert das Laktat den Säurewert (pH-Wert) in den Zellen auf 6,6 bis 6,4 – der Normalwert liegt bei 7,0 – und schränkt damit die an der anaeroben Energiebereitstellung beteiligten Enzymaktivitäten ein. Bei einem pH-Wert von 6,3 kommt es zu einer vollständigen Eigenhemmung der Glykolyse mit der Folge, dass die Belastung abgebrochen werden muss.

Die anaerob laktazide Resynthese erfolgt bei einem kurzfristig auftretenden hohen Energiebedarf, der durch aerobe Resynthese nicht gedeckt werden kann. Aufgrund der maximal tolerierbaren Laktatkonzentration ist sie auf 20 bis 180 Sekunden begrenzt. Die maximalen Blutlaktatwerte liegen bei rund 15 bis 20 mmol pro Liter, bei speziell trainierten Personen auch bis zu 25 mmol pro Liter.

Nach rund 90 Sekunden des 1500-Meter-Laufs setzt die **aerobe ATP-Resynthese** ein. Hierbei entsteht aus Kohlenhydraten und Fetten in diversen chemischen Abläufen aktivierte Essigsäure. In dem sich nun anschließenden Zitronensäurezyklus wird das aktivierte Essigsäuremolekül in Wasserstoff (H+) und Kohlendioxid (CO_2) umgewandelt. Letzteres wird über den Blutkreislauf zur Lunge transportiert, von wo es abgeatmet wird. Das hohe Energiepotenzial des Wasserstoffs wird über eine Reihe chemischer Prozesse abgestuft zur Resynthetisierung von ADP zu ATP genutzt. Am Ende der Atmungskette wird der Wasserstoff in Anwesenheit von ausreichend Sauerstoff zu Wasser oxidiert und in die Blutbahn abgegeben.

Der Abbau eines Glucosemoleküls aus Glykogen unter Anwesenheit von Sauerstoff führt über seine hohen freigesetzten Energiemengen zur Bildung von insgesamt 39 ATP. Die Energieausbeute aus einem Teil Glucose ist somit rund 19-mal höher als bei der anaeroben Resynthese. Fettsäuren können nur auf aerobem Weg zur Rephosphorylierung des ATP herangezogen werden. Die Energieausbeute ist abhängig von der Kettenlänge der Fettsäure, grundsätzlich ist sie aber bei freien Fettsäuren deutlich höher als bei der Glucose. Allerdings liegt die ATP-Resynthese, bezogen auf den Sauerstoffbedarf, bei Kohlenhydraten höher als bei Fettsäuren.

AUFGABEN

Hinweis: Bitte keine Eintragungen im Buch vornehmen. Es können jeweils eine oder mehrere Antworten richtig sein.

1. Welche Aussage(n) zum Energiestoffwechsel ist (sind) korrekt?

 a) Die Muskelzelle verfügt über einen begrenzten Vorrat an ATP-Molekülen, der bei rund 4 mmol ATP pro Gramm Muskelfeuchtmasse liegt.

 b) Die Muskelzelle verfügt über einen begrenzten Vorrat an ATP-Molekülen, der bei rund 6 mmol ATP pro Gramm Muskelfeuchtmasse liegt.

 c) Die Muskelzelle verfügt über einen begrenzten Vorrat an ATP-Molekülen, der bei rund 3 mmol ATP pro Gramm Muskelfeuchtmasse liegt.

 d) Die Muskelzelle verfügt über einen begrenzten Vorrat an ATP-Molekülen, der bei rund 5 mmol ATP pro Gramm Muskelfeuchtmasse liegt.

2. Welche Aussage(n) zum Energiestoffwechsel ist (sind) korrekt?
   a) Die für die Resynthese des ATP benötigte Energie wird zu Beginn der Muskelkontraktionen zunächst aus der Spaltung des Kreatinphosphats (KP), einer weiteren energiereichen Verbindung, gewonnen.
   b) Die für die Resynthese des ATP benötigte Energie wird zu Beginn der Muskelkontraktionen zunächst aus der Spaltung des Adenosintriphosphats (ATP), einer weiteren energiereichen Verbindung, gewonnen.
   c) Die Spaltung des Kreatinphosphats und die Übertragung des Phosphatrestes und der entstandenen Energie auf das ADP (so genannte Lohmann-Reaktion) setzt bereits während der ersten Muskelkontraktionen ein, um den ATP-Spiegel während der Belastung konstant zu halten (leichtes Absinken der ATP-Konzentration ist möglich).
   d) Die Spaltung des ADP und die Übertragung des Phosphatrestes und der entstandenen Energie auf das KP (so genannte Lohmann-Reaktion) setzt bereits während der ersten Muskelkontraktionen ein, um den ATP-Spiegel während der Belastung konstant zu halten (leichtes Absinken der ADP-Konzentration ist möglich).

9.2 Beratungsgespräch und Anamnese

Zum Einstieg

Ivan Reidenbach ist seit 14 Monaten Auszubildender zum Sportfachmann in der Körperschmiede GmbH. Bisher hat ihm seine Ausbildung im Büro und am Studiotresen sehr gefallen. Dementsprechend neugierig ist er auf die Trainingspraxis. In der kommenden Woche ist es endlich so weit: Er darf den Trainern und Trainerinnen über die Schulter schauen. Als er am Montag zur Arbeit erscheint, wird er von der Trainerin Corinna begrüßt, die am heutigen Tag zwei Termine mit Neukunden hat. Laut Notiz im Terminplan ist der erste Kunde ein Mann mittleren Alters, der sein leichtes Übergewicht loswerden möchte. Corinna fragt Ivan: „Na, hast du schon eine Idee, wie wir den Termin angehen wollen?" – „Also, wenn jemand abnehmen möchte, dann würde ich die Person lange aufs Laufband stellen und anschließend mit einem Programm für alle Muskelgruppen an die Geräte schicken!" – „An die Geräte mit erhöhtem Blutdruck?", runzelt Corinna die Stirn. „Ich wusste nicht, dass der Kunde einen hohen Blutdruck hat", entgegnet Ivan. „Ich weiß es auch nicht, daher sollten wir die Sache anders angehen: Wir machen bei jedem Kunden zunächst eine Anamnese."

9.2.1 Bedarfsermittlung und Risikocheck

Um das Training zielgerichtet und individuell gestalten zu können, müssen zunächst die Motivation und die sportlichen Erfahrungen des Kunden erkundet werden. Dies sollte in einem Beratungsgespräch erfolgen. Anschließend sollte mittels eines Fragebogens ein Risikocheck durchgeführt werden, in dem bestehende oder zurückliegende Erkrankungen oder Einschränkungen des Kunden festgehalten werden. Routinemäßig sollte immer der Blutdruck des Kunden gemessen werden. Je nach den Ergebnissen des Risikochecks sollte man den Kunden bitten, vor Aufnahme des Trainings Rücksprache mit dem Facharzt zu halten. Eine solche Bitte zeugt nicht von Unsicherheit des Trainers, sondern von einem verantwortungsvollen Umgang mit der Gesundheit des Kunden.

Anamnese ist im Sinn der Trainingslehre die Erhebung der Vorgeschichte der körperlichen Entwicklung und die Bestimmung der aktuellen körperlichen Leistungsfähigkeit sowie etwaiger Risikofaktoren wie Vorerkrankungen oder Funktionseinschränkungen des Herz-Kreislauf-Systems oder des Haltungs- und Bewegungsapparats.

Im Anschluss an den Risikocheck finden Muskelfunktionstests und der PWC-Test oder ähnliche Tests statt, die das Bild vom Trainingszustand des Kunden vervollständigen. Um Fortschritte dokumentieren zu können, ist es sinnvoll, auch die Eingangswerte bezüglich Gewicht, Körperfett und diversen Umfängen – zum Beispiel Hüfte, Bizeps, Oberschenkel – festzuhalten. Dabei sollte der Kunde stets über den Sinn der einzelnen Maßnahmen aufgeklärt werden.

9.2.2 Muskelfunktionsprüfung nach Janda

Der Mediziner Vladimír Janda hat ein manuelles Testverfahren unter besonderer Berücksichtigung der funktionellen Einheit mehrerer Muskelgruppen entwickelt. Wie Schmidt ausführt (S. 155), ermöglicht es die Erfassung genau definierter, einfacher motorischer Stereotype, die mit entscheidend für eine hohe Belastungsverträglichkeit der Gelenk-Muskel-Strukturen sind. Es lässt außerdem eine Diagnose von Abschwächungen der Muskelkraft und von Minderungen der Dehnfähigkeit der Muskulatur (Verkürzungstests) zu, sodass verwertbare Schlussfolgerungen für das Training und die Therapie gezogen werden können.

Quelle: Janda, Manuelle Muskelfunktionsdiagnostik, Urban und Fischer, München 2000

Die Anwendung der manuellen Muskeltests nach Janda ist bereits im Kinder- und Jugendtraining zu empfehlen. Die Diagnose von Beweglichkeitsdefiziten bildet die Grundlage für eine gezielte Trainingsplanung im Rahmen von Leistungsoptimierung und langfristiger Verletzungsprophylaxe (vgl. Schmidt, S. 277).

Um das Training entsprechend der Diagnose gestalten zu können, sollten die Muskeltests je nach Trainingsumfang zwei- bis viermal jährlich in regelmäßigen Abständen durchgeführt werden.

9.2.3 PWC-Test

PWC steht für Physical Working Capacity. Der PWC-Test dient der Schätzung der Ausdauerleistung des Kunden. Im Rahmen dieses Tests wird stufenweise (je nach Leistungskategorie) die Belastung erhöht. Parallel dazu werden die Herzfrequenz und der Blutdruck gemessen. Die sich daraus ergebene Leistungskurve muss dann gemäß dem Alter und dem Trainingszustand des Probanden interpretiert werden.

Die meisten Cardio-Geräte fast aller Hersteller bieten bereits vorprogrammierte und komfortabel zu handhabende PWC-Tests in allen Variationen an.

Wenn sich bei den vereinfachten Tests im Fitnessbereich Unregelmäßigkeiten ergeben, die auf gesundheitliche Probleme schließen lassen, sollte man aussagekräftigere medizinische Tests empfehlen, die von einem Facharzt durchgeführt werden. Medizinische Diagnoseversuche gehören nicht ins Fitnessstudio oder in den Sportverein.

9.3 Trainingsplanung und Trainingskonzepte

Im Anschluss an die Anamnese kann mit dem Kunden ein fundiertes Beratungsgespräch geführt werden, aus dessen Verlauf sich eine Trainingsempfehlung ergibt. Wird ein Trainingsplan ohne vorherige sorgfältige Analyse erstellt, muss der Kunde davon ausgehen, dass es sich um einen standardisierten und vorgefertigten Plan handelt, der unter Umständen seine individuellen Bedürfnisse nur unzureichend berücksichtigt.

Der Trainingsplan sollte so beschaffen sein, dass er die Grundlage für ein weiterführendes periodisiertes Trainingsprogramm bildet. Er sollte in Anlehnung an Weineck (S. 44) immer die in Tabelle 9.3 zusammengefassten Komponenten umfassen.

	Vorbereitender Teil (Aufwärmung)	Hauptteil (Kraft, Ausdauer)	Abschließender Teil (Cool-down)
Dauer	10–20 Minuten	20–60 Minuten	5–10 Minuten
Ziel, Aufgaben	▶ pädagogische Situation schaffen ▶ Organismus vorbereiten (Erwärmung, Vorbelastung, Vordehnung für Muskelelastizität) ▶ Lenkung der Konzentration auf den Hauptteil ▶ Wecken der Übungsbereitschaft ▶ Schutz vor Verletzungen	▶ Festigung und ggf. Verbesserung des Trainingszustandes ▶ Üben und Festigen von Bewegungsabläufen ▶ Vorbereitung auf Wettkämpfe	▶ Organismus beruhigen und „abkühlen" ▶ Muskeldehnung ▶ Gefühle ansprechen (Erfolgserlebnis) ▶ pädagogisch betonten Abschluss schaffen ▶ Vorbereitung der Regeneration
Belastung	ansteigend	hoch	abklingend
Inhalte	▶ einfache, vielseitige gymnastische Grundübungen ▶ Fahrradergometer ▶ Stepper ▶ Rudergerät	▶ Hauptübungen ▶ Trainingsprogramm an Geräten ▶ Gruppenprogramm im Gymnastikraum	▶ entspannende, lockernde Übungen ▶ Dehnübungen ▶ Entspannung

Tabelle 9.3: Komponenten des Trainingsplans

9.3.1 Aufwärmen

Immer sollte zu Beginn des Trainings ein allgemeines Aufwärmen erfolgen, um den Kreislauf auf die folgenden Belastungen vorzubereiten. Dazu sind die im Fitnessclub vorhandenen Cardio-Geräte sehr gut geeignet. Der Kunde sollte sich auf einem von ihm bevorzugten Gerät rund sieben bis zehn Minuten aufwärmen. Dabei sollte die Belastung kontinuierlich gesteigert werden, allerdings nicht bis zur Höchstgrenze. Als Faustformel zur Berechnung der Zielbelastung am Ende der Aufwärmphase gilt

$$\text{Ziel-Herzfrequenz} = 170 - \text{Lebensalter}$$

Die Grunddaten des Aufwärmprogramms – mögliche Geräte, Einstellungen und notwendige Eingaben an den Geräten – sollten im Trainingsplan festgehalten werden. Dies hilft insbesondere Neulingen und älteren Kunden, Sicherheit im Umgang mit den Geräten zu finden.

Im Anschluss an die Cardio-Phase sollte eine kurze Dehnphase eingebaut werden, um auch die Muskulatur auf das Training vorzubereiten. Auch hier sollte es selbstverständlich sein, die erforderlichen Übungen in für den Kunden verständlicher Form im Trainingsplan festzuhalten. Um die Dehnübungen in Ruhe und konzentriert durchführen zu können, ist eine abgeteilte „Dehnecke" ideal, wo die wichtigsten Übungen zur Gedächtnisstützung visualisiert sind.

9.3.2 Reduktionstraining und Shaping

Der Wunsch nach Reduzierung des Gewichts und Formung des Körpers nach einem Ideal ist einer der meistgeäußerten Wünsche der Mitglieder von Fitnessstudios. Es ist zu erwarten, dass die Zahl der übergewichtigen Menschen in den Industrieländern weiter ansteigt. Daher wird auch weiterhin ein Großteil der Kunden die Fitnessanlagen mit dem Ziel nutzen, Gewicht abzubauen.

Im Beratungsgespräch sollte dem Kunden immer klargemacht werden, dass er zur Reduzierung des Gewichts mehr beitragen muss, als regelmäßig zum Training zu erscheinen. Die höchst einfache Formel lautet: Wer abnehmen will, muss mehr Kalorien verbrauchen, als er zu sich nimmt. Das bedeutet, dass neben dem Sport auch eine Ernährungsberatung notwendig sein kann.

Das Training als solches sollte schwerpunktmäßig auf das Herz-Kreislauf-System bezogen sein. Die Aufwärmphase kann beim Reduktionstraining ohne Weiteres 20 Minuten betragen. Danach sollte auf die Dehnphase verzichtet werden, um zu verhindern, dass die Herzfrequenz absinkt. Dies ist problemlos möglich, da das anschließende Gerätetraining mit geringer Intensität durchgeführt wird, sodass Muskelverletzungen ausgeschlossen werden können.

Um der Muskulatur eine Anpassungsreaktion zu ermöglichen, das heißt im Sinne eines leichten Shapings, ist es sinnvoll, einen kurzen Gerätezirkel mit fünf bis sechs Geräten einzubauen, die ein Training aller großen Muskelgruppen ermöglichen. Dabei sollte das Gewicht so gewählt werden, dass eine Wiederholungszahl von 25 bis 30 möglich ist. Hierdurch wird sichergestellt, dass die Herzfrequenz nicht abfällt. Der Zirkel wird im Ein-Satz-Training durchgeführt; dabei sollte mit dem Gerätewechsel keine Pause einhergehen. Dieses kurze Gerätetraining hat im Vergleich mit dem recht einseitigen Cardio-Training eine positive auflockernde Wirkung.

Ein-Satz-Training ist eine Trainingsreihe mit Übungen an mehreren Geräten, wobei an jedem Gerät nur ein Satz, das heißt eine Folge von Übungswiederholungen durchgeführt wird.

Während des Cardio-Trainings sollte die Herzfrequenz überwacht werden, insbesondere weil viele Kunden dazu neigen, die Belastung oberhalb der für eine optimale Fettverbrennung angesiedelten Intensität zu wählen. Die Herzfrequenz, die eine optimale Fettverbrennung mit sich bringt, wird nach der folgenden Faustregel berechnet:

$$\text{Ziel-Herzfrequenz} = (180 - \text{Lebensalter}) - 0,1 \cdot (180 - \text{Lebensalter})$$

Ist eine Herzfrequenzmessung nicht möglich, kann man sich mit der Empfehlung behelfen, dass es gerade noch möglich sein sollte, ein Buch oder eine Zeitschrift zu lesen oder eine Unterhaltung zu führen.

Die nach der obigen Faustformel berechnete Ziel-Herzfrequenz hat eine Reihe von Vorteilen:

▶ In diesem Bereich wird eine Fettverbrennung von rund 60 % erreicht; das entspricht annähernd dem maximal möglichen Wert.

▶ Die Belastung in diesem Intensitätsbereich ist so gering, dass sie auch von Untrainierten ohne Probleme bis zu 60 Minuten lang durchgehalten werden kann.

▶ Die durch das Körpergewicht tendenziell überbeanspruchten Gelenke und Bänder werden durch die relativ geringe Belastungsintensität geschont.

Kunden, die ihr Gewicht reduzieren wollen, haben oftmals bislang kaum Sport getrieben. Solche Kunden sind nicht sicher, ob sie den Belastungen des Trainings gewachsen sein werden. In der Beratung sollte also deutlich gemacht werden, dass ein Reduktionstraining wie das oben skizzierte ohne Weiteres zu bewältigen ist.

Die Auswahl der Cardio-Geräte sollte nicht alleine nach den Vorlieben des Kunden erfolgen. Vielmehr ist ein täglicher Wechsel der Geräte zu empfehlen, da sich das Reduktionstraining je nach dem angestrebten Körpergewicht über einen mehr oder weniger langen Zeitraum erstreckt und deshalb bei ständiger Nutzung immer derselben Geräte die Gefahr besteht, dass es zu Muskelverkürzungen kommt. Unabhängig davon muss auch das Reduktionstraining mit einem Cool-down mit individuellen Dehnübungen abschließen.

Während der Trainingsperioden sollten zur Kontrolle immer wieder das Körpergewicht und die Körperfettwerte gemessen werden, um den Kunden durch Erfolge zu motivieren und eventuellem Fehlverhalten frühzeitig auf die Spur zu kommen. Zur Betreuung gehört jedoch auch, dem Kunden bei der Setzung realistischer Ziele zu helfen und eventuell auch Perioden eines abweichenden Trainings (Aufbautraining, Erhaltungstraining) einzubauen, um einem Motivationsloch vorzubeugen. Weiterhin gehört zur Verantwortung des Trainers auch, vor unrealistischen oder gesundheitsschädlichen Zielsetzungen, beispielsweise vor überzogener Gewichtsabnahme, zu warnen.

9.3.3 Kraftausdauertraining

Ein Kraftausdauertraining ist für Kunden geeignet, die aus rein gesundheitlichen und präventiven Gründen im Fitnessclub trainieren. Oft haben sich schon Rücken- oder Gelenkbeschwerden eingestellt. Das Kraftausdauertraining soll bewirken, dass die trainierte Muskulatur den Alltagsanforderungen länger standhält und damit das Knochengerüst mit seinem Gelenk- und Bänderapparat besser schützt.

Generell ist es beim Kraftausdauertraining sinnvoll, alle großen Muskelgruppen einzubeziehen. Es kann sich allerdings auf bestimmte Muskelgruppen konzentrieren, eventuell auch kombiniert mit einem Muskelaufbautraining für andere Muskelgruppen. Je nachdem, wie diese Entscheidung getroffen wird, werden die Geräte ausgewählt. Grundsätzlich kommt eine Zahl von sechs bis zwölf Trainingsgeräten infrage. Die Armmuskulatur muss nicht separat trainiert werden, da sie bei vielen Druck- und Zugbewegungen mit einbezogen wird.

Die Gewichte beim Kraftausdauertraining werden so gewählt, dass zwischen zwölf und 15, höchstens aber 20 Wiederholungen möglich sind. Dabei sollten ein bis drei Sätze mit Pausen von rund 60 Sekunden absolviert werden.

Diverse Untersuchungen zeigen, dass zumindest bei Anfängern und leicht Fortgeschrittenen ein Ein-Satz-Training bis zur Muskelermüdung genauso effektiv wie ein Training mit mehreren Sätzen ist. Eine Berücksichtigung dieser Erkenntnis ist auch aus unternehmerischer Sicht durchaus sinnvoll. Die Trainingsdauer für den Kunden verringert sich bei gleichem Effekt. Der Kunde hat also noch Zeit, andere (kostenpflichtige) Angebote zu nutzen. Zudem ist die Auslastung der Geräte geringer, sodass gegebenenfalls die Anschaffung zusätzlicher Geräte überflüssig wird.

Natürlich setzt auch das Kraftausdauertraining ein gründliches Aufwärmen voraus. Dem Cool-down mit anschließender Dehnung kommt bei dieser eher präventiv orientierten Kundengruppe eine wesentliche Bedeutung zu, da die Beseitigung etwaiger Dysbalancen entscheidend zum Wohlbefinden des Kunden beitragen kann.

9.3.4 Pulmonales Ausdauertraining

Das pulmonale Ausdauertraining findet ausschließlich auf besonderen Wunsch oder aufgrund signifikant schlechter Werte beim PWC-Test nach Absprache mit dem Kunden statt. Um ein effektives Ausdauertraining zu betreiben, ist eine Herzfrequenzmessung während des Trainings unerlässlich. Die Herzfrequenz sollte nach der folgenden Faustformel berechnet werden:

$$\text{Ziel-Herzfrequenz} = 180 - \text{Lebensalter}$$

Auch hier ist es sinnvoll, das Cardio-Gerät täglich zu wechseln, um Muskelverkürzungen vorzubeugen. Das Aufwärmen kann direkt in den Hauptteil des Trainings übergehen, das Cool-down darf aber auch hier nicht vernachlässigt werden.

Es ist ohne Weiteres möglich, ein Kraftausdauertraining oder ein Aufbautraining mit dem Ausdauertraining zu verbinden; dabei sollte aber das pulmonale Ausdauertraining erst im Anschluss erfolgen, da andernfalls die Koordination bei den Kraftübungen eingeschränkt sein könnte. Erfahrungen zeigen zudem, dass ein Muskelaufbautraining an Effektivität verlieren kann, wenn es mit einem Ausdauertraining kombiniert wird.

9.3.5 Muskelaufbautraining

Für das Muskelaufbautraining gibt es noch viel mehr Trainingsempfehlungen als Theorien für die Gründe von Muskelaufbau oder Hypertrophie.

Hypertrophie ist nach Weineck (S. 255 f.) die Vergrößerung des Muskelquerschnitts durch Dickenwachstum einzelner Muskelfasern, das wahrscheinlich auch durch Hyperplasie (Zellvermehrung) ergänzt wird.

Zwar ist Hyperplasie im Zusammenhang mit einer antrainierten Hypertrophie wissenschaftlich noch nicht abschließend belegt; viele Untersuchungen, so Weineck, deuten jedoch darauf hin. In der sporttheoretischen Literatur ist angeführt, dass Hypertrophie einsetzt, wenn das Gewicht für Kraftübungen so gewählt wird, dass mindestens fünf und höchstens zehn bis zwölf Wiederholungen möglich sind. Dabei sollten ein bis fünf Sätze mit einer Pause von 60 bis 90 Sekunden durchgeführt werden.

Im Muskelaufbautraining können viele kleine Muskelgruppen oder einzelne Muskeln angesteuert werden, sodass sich letztlich keine Angabe zum üblichen Geräte- und Übungsumfang eines Trainingsplans treffen lässt. Dennoch sollten die folgenden Anhaltspunkte beachtet werden:

▶ Die Aufwärmphase ist von herausgehobener Bedeutung. Um die Muskulatur bestmöglich auf die Belastung vorzubereiten, ist ein intensives allgemeines Aufwärmen notwendig; darüber hinaus sollte vor jeder Kraftübung die beanspruchte Muskulatur mit niedrigem Gewicht und mindestens 20 Wiederholungen zusätzlich gezielt aufgewärmt werden.

▶ Auch die Einhaltung einer Erholungszeit von mindestens 36 Stunden für die beanspruchte Muskulatur ist für den Muskelaufbau wesentlich. Dabei sollte auf einen Ausschluss von Dysbalancen geachtet werden, das heißt, auch eine regelmäßige Dehnung der Muskulatur während des Cool-downs ist notwendig.

Um über einen längeren Zeitraum Muskelzuwachs zu erreichen, ist erfahrungsgemäß auch ein Wechsel der Trainingsmethodik sinnvoll. Schließlich ist bei der Trainingsplanung ein besonderes Augenmerk auf das Alter des Kunden zu legen: Während des Wachstums bei Jugendlichen ist ein intensives Krafttraining unter dem Gesichtspunkt der hormonellen Umstellungen und des sich noch entwickelnden Skeletts nur unter besonderen Voraussetzungen vertretbar.

9.3.6 Schnellkrafttraining

Auch bezüglich des Schnellkrafttrainings gibt es Unmengen von Trainingsempfehlungen. Erfahrungsgemäß wird ein Schnellkrafttraining im Studioalltag relativ selten nachgefragt.

Generell gilt, dass die Schnellkraft durch sehr hohe Gewichte, die maximal fünf schnellkräftige Wiederholungen zulassen, gesteigert werden kann. Die Zahl der Sätze kann bis zu fünf betragen. Die mit einem solchen Trainingskonzept verbundenen Höchstbelastungen verlangen sowohl eine intensive Aufwärmphase als auch ein adäquates Cool-down.

AUFGABEN

1. Welche Punkte gehören für Sie zu einer aussagekräftigen Anamnese für ein geplantes Fitnesstraining?
2. Welche Fragen bezüglich der privaten und beruflichen Lebensumstände sind für eine sinnvolle Trainingsplanung von Belang? Entwickeln Sie einen Fragebogen.
3. Welche körperlichen Beschwerden und Einschränkungen könnten einer Trainingsplanung entgegenstehen? Entwickeln Sie einen entsprechenden Fragebogen und begründen Sie jeweils Ihre Fragen.

Hinweis: Bitte keine Eintragungen im Buch vornehmen. Es können jeweils eine oder mehrere Antworten richtig sein.

4. Beim Reduktionstraining …

   a) sollten die Widerstände während des Gerätetrainings rund. 80 % des maximal zu bewältigenden Widerstandes betragen.

   b) sollte auf gar keinen Fall ein Training an Kraftgeräten stattfinden.

   c) sollte an den Kraftgeräten mit einer Wiederholungszahl von 25 bis 30 trainiert werden.

   d) sollte die Herzfrequenz im Durchschnitt 90 % der Differenz zwischen 220 und dem Lebensalter betragen.

5. Ist beim Reduktionstraining keine Herzfrequenzmessung möglich, so gilt (gelten) folgende Faustregel(n):

   a) Der Trainierende sollte sich nicht angestrengt fühlen.

   b) Der Trainierende sollte mit der freien Hand stets den Puls erfühlen.

   c) Der Trainierende sollte sich gerade noch unterhalten können.

   d) Der Trainierende sollte gerade noch ein Buch oder eine Zeitschrift lesen können.

   e) Der Trainierende sollte sich nicht mehr unterhalten können.

6. Beim Kraftausdauertraining …

   a) sollten die Gewichte so gewählt werden, dass fünf bis zwölf Wiederholungen während der einzelnen Sätze möglich sind.

   b) sollten die Gewichte so gewählt werden, dass 12 bis 20 Wiederholungen während der Sätze möglich sind.

   c) kann auch auf die Ein-Satz-Methode zurückgegriffen werden.

   d) ist eine Pause von 24 bis 48 Stunden zwingend notwendig.

7. Das pulmonale Ausdauertraining …

   a) erfordert zwingend den Einsatz von Krafttrainingsgeräten.

   b) macht einen Eingangscheck überflüssig.

   c) sollte mit einer Herzfrequenz von 180 minus Lebensalter (Faustformel) erfolgen.

   d) ist etwa ab einem Alter von 50 Jahren nicht mehr zu empfehlen.

8. Welche der folgenden Aussagen zu den Trainingsprinzipien trifft (treffen) zu?

   a) Dehnübungen beugen nachweislich Verletzungen vor.

   b) Für ein Schnellkrafttraining ist ein intensives Aufwärmen zur Verletzungsprophylaxe notwendig.

   c) In Trainingsplänen haben Kursempfehlungen und Ernährungstipps nichts zu suchen.

   d) Ein Wechsel der Trainingsmethodik beugt einem Muskelzuwachs vor.

   e) Ein Kraftausdauertraining kann mit einem Muskelaufbautraining für andere Muskelgruppen kombiniert werden.

9.4   Ernährungsempfehlungen

Grundlage eines jeglichen Trainingserfolgs ist eine gesunde (Sportler-)Ernährung. Wie in Abschnitt 9.1.3 (Energiestoffwechsel) schon angesprochen, sind Nahrung und Sauerstoff die Grundlage der Funktionsfähigkeit des Körpers. Energie kann primär aus Kohlenhydraten und Fetten gewonnen werden. Eiweiße sind grundlegend für den Baustoffwechsel; für den Energiestoffwechsel sind sie hingegen zweitrangig. Je nach Sportart kann eine gesunde Ernährung unterschiedlich aussehen. Schaubild 9.2 zeigt die Hauptkomponenten einer ausgewogenen Ernährung.

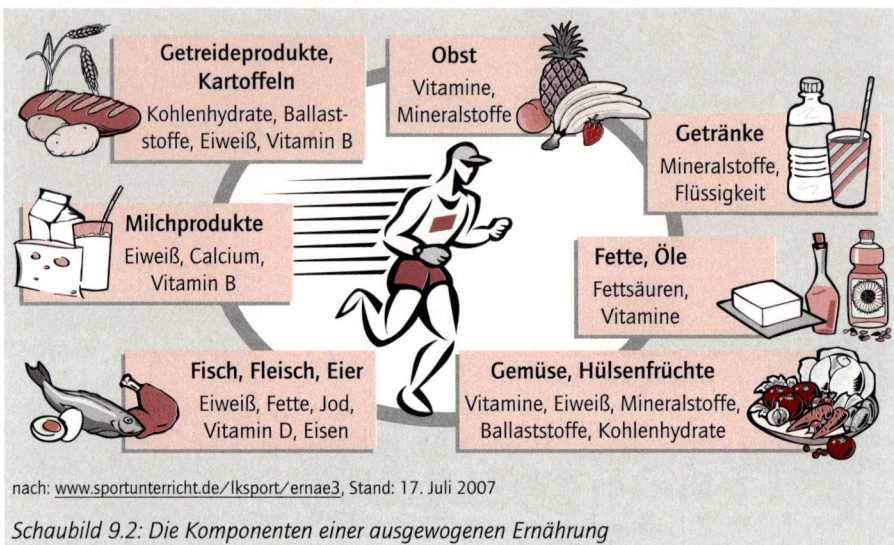

nach: www.sportunterricht.de/lksport/ernae3, Stand: 17. Juli 2007

Schaubild 9.2: Die Komponenten einer ausgewogenen Ernährung

9.4.1   Kohlenhydrate

Eine ausreichende Zufuhr von Kohlenhydraten ist für sportliche Aktivitäten höchst erforderlich, da Kohlenhydrate die wichtigste Energiequelle für sportliche Leistungen darstellen. Der tägliche Bedarf ist je nach den Lebensumständen des Einzelnen sehr unterschiedlich. Es gilt jedoch immer: Wenn mehr Kohlenhydrate zugeführt als verbraucht werden, lagert der Körper die Überschüsse zur Reserve als Fett ein.

Starke Blutzuckerschwankungen begünstigen die Umwandlung von Kohlenhydraten in Fett. Daher sollte man – außer direkt nach dem Sport, wenn die Glykogenspeicher schnell wieder aufgefüllt werden sollen – Lebensmittel mit möglichst niedrigem glykämischen Index (GI) zu sich nehmen. Der glykämische Index sagt aus, wie hoch der Blutzuckeranstieg im Vergleich mit reiner Glucose (Index = 100) ausfällt.

Beispiel ▶ Aussage des glykämischen Index

Der glykämische Index von Haferflocken beträgt 49. Beim Genuss von Haferflocken steigt der Blutzuckerspiegel also nur halb so stark an wie beim Genuss reinen Traubenzuckers.

9.4.2 Fette

Fett ist lebensnotwendig. Ohne Fett können diverse Vitamine, zum Beispiel die Vitamine A, D und E, nicht dem Stoffwechsel unterworfen werden. Ungesättigte Fettsäuren kann der Körper beispielsweise nicht selbst produzieren, sie müssen daher von außen zugeführt werden. Aber auch hier gilt wie bei nahezu allen Nährstoffen und Mineralien: zu viel schadet! Eine überhöhte Fettzufuhr führt zu Übergewicht und birgt erhebliche Erkrankungsrisiken.

9.4.3 Eiweiße

Eiweiße (Proteine) bestehen aus Aminosäuren, die zum Aufbau der Körperzellen benötigt werden. Weiterhin sind sie grundlegend für das Immunsystem sowie für die Leistungsfähigkeit des Körpers. Eine kurzfristige überhöhte Zufuhr schadet zunächst nicht, bringt allerdings auch keinerlei Vorteile.

9.4.4 Vitamine

Vitamine sind an einer Vielzahl von Prozessen im Körper beteiligt. Ein Mangel an Vitaminen kann langfristig lebensbedrohlich sein. Vitamine kommen in nahezu allen Lebensmitteln vor, daher ist eine abwechslungsreiche Ernährung der Vitaminaufnahme förderlich. Um die Vitamine in Nahrungsmitteln zu erhalten, sollten diese möglichst wenig Sonnenlicht und Hitze ausgesetzt sein. Langes Garen vernichtet Vitamine.

9.4.5 Mineralstoffe und Spurenelemente

Ebenso wie die Vitamine werden Mineralstoffe und Spurenelemente für die Erhaltung der Körperfunktionen zwingend benötigt. Grundlage für eine ausreichende Versorgung ist auch hier eine abwechslungsreiche, vollwertige Ernährung.

9.4.6 Wasser

Da der Körper des Menschen zu fast 60 % aus Wasser besteht, leuchtet es ein, dass eine ausreichende Wasserzufuhr lebensnotwendig ist. Der Flüssigkeitsbedarf eines Erwachsenen beträgt rund 3,5 Liter pro Tag, wovon rund 30 % über die Nahrungsaufnahme gedeckt werden. Bei schweißtreibenden Tätigkeiten ist der Flüssigkeitsbedarf natürlich entsprechend erhöht.

10 Investitionsentscheidungen vorbereiten und Finanzquellen erschließen

10.1 Investitions- und Finanzierungsplanung

Zum Einstieg

Jermaine Jansen plant eine Erweiterung der Sonnenoase seines Fitness- und Wellnessclubs. Die Neuanschaffungen und Umbauten sollen im November stattfinden und rund 25.000,00 € kosten. Einen neuen Kredit möchte Jermaine angesichts seiner bereits bestehenden mittel- und langfristigen Belastungen nicht aufnehmen. Er hofft, dass sich die Maßnahmen aus dem laufenden Geschäftsbetrieb finanzieren lassen.

Der Finanzplan ist ein elementarer Teil der unternehmerischen Gesamtplanung. In ihm werden die zu erwartenden (planbaren) Einzahlungen einer bestimmten Periode (Einzahlungen im Rahmen des laufenden Geschäftsbetriebes, Einzahlungen aus der Aufnahme von Eigen- und Fremdmitteln) den zu erwartenden Auszahlungen (Auszahlungen im Rahmen des laufenden Geschäftsbetriebes, Auszahlungen aufgrund von Investitionen) der Periode gegenübergestellt. Auf diese Weise erhält der Planer einen Überblick über die finanzielle Situation der betreffenden Periode.

BASISWISSEN
Finanz-
planung
Kapitel 4,
Abschnitt
4.3.4

Der Finanzplan gibt Aufschluss über Finanzierungsdefizite und -überschüsse, das heißt

▶ über Beträge, zu deren Deckung zusätzliche Mittel aufgenommen werden müssen, und
▶ über Beträge, die zur Finanzierung des Geschäftsbetriebes zeitweilig nicht benötigt und daher angelegt werden können.

Da es sich bei den Zahlen des Finanzplans um Schätz- und Erfahrungswerte handelt und zudem auch ungeplante Ein- und Auszahlungen anfallen, muss der Finanzplan regelmäßig überprüft und aktualisiert werden.

AUFGABEN

BASISWISSEN
Finanzierungs-
formen
Kapitel 4,
Abschnitt
4.2.1

1. Nennen Sie drei Investitionsgründe.
2. Erklären Sie den Begriff Nettoinvestition.
3. Überprüfen Sie, ob die finanzielle Situation von Jermaine Jansens Fitness- und Wellnessclub die geplante Investition von 25.000,00 € zulässt. Erstellen Sie dazu einen Finanzplan, der auf den folgenden Daten beruht:

Zahlungsmittelbestand Ende Mai	9.000,00 €
Personalkosten monatlich	25.000,00 €
Mitgliedsbeiträge monatlich	35.000,00 €
Tageskarten monatlich	6.000,00 €
Materialkosten monatlich im Durchschnitt	8.000,00 €
Einnahmen Bistro monatlich im Durchschnitt	3.500,00 €
Kreditraten monatlich	7.000,00 €

Im September soll mit einer letzten Rate von 12.000,00 € der bisher geleaste Firmenwagen in das Eigentum von Jermaine Jansen übergehen.

5622194

4. Im Rahmen von Modernisierungsmaßnahmen soll unter anderem die Saunalandschaft der Shape GmbH erweitert werden. Die Investition ist so umfangreich, dass eine Finanzierung mit eigenen Mitteln nicht möglich ist. Der Geschäftsführer der Shape GmbH sucht deshalb nach Möglichkeiten der Fremdfinanzierung.

   a) Erläutern Sie den Unterschied zwischen Eigen- und Fremdfinanzierung.

   b) Suchen Sie nach Finanzierungsalternativen für die Shape GmbH und beschreiben Sie diese.

5. Warum ist es für einen Studiobesitzer vorteilhaft, sich möglichst über Eigenkapital zu finanzieren?

6. Nennen Sie den Unterschied zwischen einer Beteiligungsfinanzierung und einer Kreditfinanzierung.

10.2 Kredit und Kreditkosten

Zum Einstieg

Die Inhaberin der Pro-Fit GmbH, Anna Kaldenbach, benötigt dringend einen neuen Geschäftswagen. Das Autohaus bietet Anna zum Kauf eines Neuwagens, der 30.000,00 € kostet, einen Ratenkredit mit einer Laufzeit von fünf Jahren und einem Effektivzinssatz von 6,99 % an. Bevor Anna den Vertrag unterschreibt, lässt sie sich von ihrer Hausbank ein Darlehensangebot über die gleiche Summe mit gleicher Laufzeit unterbreiten. Die Hausbank verlangt einen Nominalzinssatz von 5 %, außerdem verlangt sie eine Provision von 2 % der Kreditsumme und berechnet ein Disagio von 5 %. Anna weiß, dass sie den Zinssatz des Autohauses nicht einfach mit dem von der Bank angebotenen vergleichen kann. Sie muss jeweils alle Kreditkosten einbeziehen, um letztendlich die effektiven Kreditkostenlasten vergleichen zu können.

> BASISWISSEN
> Kredite
> Kapitel 4,
> Abschnitt
> 4.2.3

AUFGABEN

1. Erläutern Sie den Unterschied zwischen Nominalzinssatz und Effektivzinssatz.

2. Betrachten Sie die Einstiegssituation. Ermitteln Sie, welches der beiden Kreditangebote für Anna günstiger ist. Berechnen Sie dazu den effektiven Jahreszins des Bankangebots.

3. Die FITCO nimmt einen Kredit über 120.000,00 € zu 6 % Zinsen auf. Zur Auszahlung gelangen 110.400,00 €. Die jährliche Tilgung beträgt 10 %. Berechnen Sie den effektiven Jahreszinssatz.

10.3 Skonto oder Kontokorrentkredit ausnutzen?

BASISWISSEN

Kontokorrentkredit
Kapitel 4,
Abschnitt
4.2.3,
S. 309 f.

Lieferantenkredit
Kapital 4,
Abschnitt
4.2.3,
S. 317 f.

Zum Einstieg

Die Pro-Fit GmbH erhält von ihrem Lieferanten von Nahrungsergänzungsmitteln Bestsolution eine Rechnung über 2.000,00 €. Das laufende Konto ist zwar schon im Minus, das Kreditlimit ist aber noch längst nicht ausgeschöpft, sodass die Rechnung problemlos beglichen werden kann. Die Sollzinsen bei der Bank betragen allerdings 12 %. Anna Kaldenbach überlegt, ob sie die Rechnung sofort bezahlen oder ob sie warten soll, bis das Konto wieder aufgefüllt ist. Immerhin bietet Bestsolution seinen Kunden 3 % Skonto innerhalb von 20 Tagen, innerhalb von 60 Tagen netto Kasse an.

AUFGABEN

1. Erläutern Sie den Begriff Lieferantenkredit.
2. Was kennzeichnet einen Kontokorrentkredit?
3. Betrachten Sie die Einstiegssituation. Sollte die Pro-Fit GmbH innerhalb der Skontofrist von 20 Tagen zahlen oder ist es günstiger, den Kontokorrentkredit nicht weiter in Anspruch zu nehmen?

10.4 Leasing oder Ratenkredit?

BASISWISSEN

Leasing –
Miete statt
Kauf
Kapitel 4,
Abschnitt
4.2.2,
S. 301 ff.

Zum Einstieg

Die Shape GmbH in Nord-Lüdenscheid möchte ihren Cardio-Gerätepark modernisieren. Die derzeit bereitstehenden Geräte wurden vor sieben Jahren zur Eröffnung des Studios angeschafft und entsprechen nun nicht mehr dem neuesten Standard. Die neuen Geräte sollen, wenn möglich, mit LCD-Bildschirmen ausgestattet sein. Außerdem sollen sie eine Steuerung des Trainings mittels Beobachtung der Herzfrequenz ermöglichen. Der Geschäftsführer fragt sich, wie er die geplante Anschaffung am besten finanzieren kann.

AUFGABEN

1. Recherchieren Sie bei verschiedenen Herstellern den Gesamtpreis von
   ▶ fünf Rudergeräten,
   ▶ acht Laufbändern,
   ▶ acht Steppern,
   ▶ zehn Crosstrainern sowie
   ▶ acht Fahrrädern
   mit den oben genannten Eigenschaften.
2. Unterscheiden Sie verschiedene Leasingformen.
3. Unterscheiden Sie Finance- und Operate-Leasing.
4. Stellen Sie die Vor- und Nachteile einer Leasingfinanzierung dar.

5622196

5. Nach diversen Verhandlungen mit Banken und Herstellern stehen für die Shape GmbH folgende Finanzierungsalternativen zur Wahl:

(1) Leasingangebot eines Geräteherstellers:

Grundmietzeit	fünf Jahre
Leasingrate	50.000,00 € pro Jahr
Verlängerungsrate nach Grundmietzeit	25.000,00 € pro Jahr

(2) Kreditangebot der Hausbank:

Kredit	250.000,00 €
Disagio	4 %
Laufzeit	sechs Jahre
Zinssatz	8 %

a) Berechnen Sie, welches Kreditangebot günstiger ist, wenn die Anschaffungskosten linear abgeschrieben werden und die Nutzungsdauer fünf Jahre beträgt.

b) Wie würde die Shape GmbH entscheiden, wenn die Leasingraten bei gleicher Laufzeit 70.000,00 € betragen würden? Begründen Sie Ihre Antwort.

6. Wie kommt ein Bankkredit generell zustande?

7. Anna Kaldenbach fällt immer wieder auf, dass zum Ende des Monats die Liquidität der Pro-Fit GmbH niedriger als erwartet ist. Sie setzt sich schließlich morgens ins Büro und recherchiert die Gründe. Die Abbuchungen der Mitgliedsbeiträge zeigen, dass im Durchschnitt 6 % der Mitglieder nicht zahlungsfähig sind. Die entsprechenden Gebühren für die Stornierung der Lastschriften belasten das Budget zusätzlich. Welche Möglichkeiten hat die Shape GmbH zur Optimierung ihrer Debitorenbuchhaltung?

BASISWISSEN
Factoring Kapitel 4, Abschnitt 4.2.2, S. 299 ff.

8. Nach längerer Zeit der Arbeitslosigkeit beschließt Maria Schwinn, sich mit einem kleinen Kosmetik- und Wellnessstudio selbstständig zu machen. Die Arbeitsagentur sorgt für ein kleines Startkapital, doch der Geschäftswagen, den Anna für Hausbesuche benötigt, kostet mehr, als sie aus den ihr zur Verfügung stehenden Mitteln aufbringen kann. Sie muss also zur Finanzierung des Wagens ebenso wie der Einrichtung des Studios einen Bankkredit aufnehmen.

BASISWISSEN
Kreditsicherung Kapitel 4, Abschnitt 4.2.4

a) Welche Möglichkeiten bestehen, die Kredite für die genannten Anschaffungen abzusichern?

b) Beurteilen Sie die Kreditsicherung bei einem Personalkredit und bei einem Realkredit.

c) Erläutern Sie die Gefahren einer selbstschuldnerischen Bürgschaft.

d) Bei Kfz-Krediten wird oftmals eine Sicherungsübereignung vorgenommen. Stellen Sie die Merkmale der Sicherungsübereignung dar.

9. Nennen Sie den Unterschied zwischen einer Hypothek und einer Grundschuld.

10. Stellen Sie die Unterschiede zwischen Kontokorrentkredit und Darlehen dar.

11 Geschäftsprozesse erfolgsorientiert steuern

11.1 Kosten- und Leistungsrechnung

11.1.1 Grundlagen

BASISWISSEN

Aufgaben der Kosten- und Leistungsrechnung
Kapitel 5, Abschnitt 5.2.1

Grundbegriffe und Methoden der Kosten- und Leistungsrechnung
Kapitel 5, Abschnitt 5.2.2

Die Kosten- und Leistungsrechnung in der Sport- und Fitnessbranche ist vor allem im Hinblick auf die Kalkulation von Preisen für die Dienstleistungsangebote und deren Überprüfung nach Maßgabe der Unternehmensziele von Bedeutung. Für einen festgelegten Abrechnungszeitraum wird der für die Leistungserstellung erforderliche Sach- und Personalmitteleinsatz geplant. Der tatsächliche Verbrauch wird festgestellt und die Leistungen werden bewertet. Aus dem Vergleich mit den Plandaten ergeben sich Informationen als Grundlage für Entscheidungen zu Preis- oder Angebotsänderungen.

Um die Kosten- und Leistungsrechnung (KLR) ihren Aufgaben gemäß einsetzen zu können, müssen die in der Finanzbuchhaltung erfassten Daten zu Aufwendungen und Erträgen mithilfe der Abgrenzungsrechnung entsprechend den Erfordernissen der KLR aufbereitet werden.

Die **Kostenarten** werden zum Zweck der Kalkulation in Einzel- und Gemeinkosten unterteilt, zum Zweck der Berechnung von Deckungsbeiträgen in fixe und variable Kosten.

BASISWISSEN

Von der Finanzbuchhaltung zur Kosten- und Leistungsrechnung
Kapitel 5, Abschnitt 5.2.2, S. 373 ff.

Jeder Betrieb besteht aus mehreren Verantwortungsbereichen, in denen Kosten verursacht werden. Diese organisatorisch voneinander abgegrenzten Teilbereiche werden als Kostenstellen bezeichnet. Die **Kostenstellen** werden in einem Kostenstellenplan systematisch angeordnet. Der Kostenstellenplan wiederum bildet die Grundlage für eine Gliederung nach Haupt-, Neben- und Hilfskostenstellen im Betriebsabrechnungsbogen (BAB), in dem die möglichst verursachungsgerechte Verteilung der Gemeinkosten vorgenommen wird.

Die Dienstleistungsangebote der Sport- und Fitnesswirtschaft sind sehr vielfältig. Der an den Organisationszielen ausgerichtete Betrieb eines Sportvereins oder Fitnesscenters wird unter anderem von der Verteilung der Gesamtkosten auf **Kostenträger,** das heißt beispielsweise auf die verschiedenen Dienstleistungsangebote, bestimmt. Über die Zuweisung von Einzel- und Gemeinkosten zu einem (Kurs-)Angebot werden die Selbstkosten als Grundlage für die Preisgestaltung ermittelt.

11.1.2 Kostenartenrechnung

Zum Einstieg

Felix Meyer, Auszubildender im Fitnessstudio Pro-Fit GmbH, hat in der Finanzbuchhaltung erfahren, wie Aufwendungen und Erträge in der Erfolgsrechnung erfasst werden. Dieses Wissen will er im Controlling einsetzen. Er fragt sich also zunächst, **welche** Kosten in seinem Ausbildungsbetrieb entstehen. Hilfreich ist dabei eine Tabelle zur Abgrenzungsrechnung, die ihm sein Ausbilder zur Verfügung gestellt hat.

BASISWISSEN
Kostenarten-
rechnung
Kapitel 5,
Abschnitt
5.2.2

► Welche Kostenfaktoren beeinflussen das betriebswirtschaftliche Denken in einem Fitnesscenter?

► Was sind Kostenarten in der Sport- und Fitnessbranche?

► Welche Kriterien sind für die Gruppierung von Kosten geeignet?

Schaubild 11.1 fasst die Kostenfaktoren zusammen, die in der Sport- und Fitnessbranche die größte Rolle spielen.

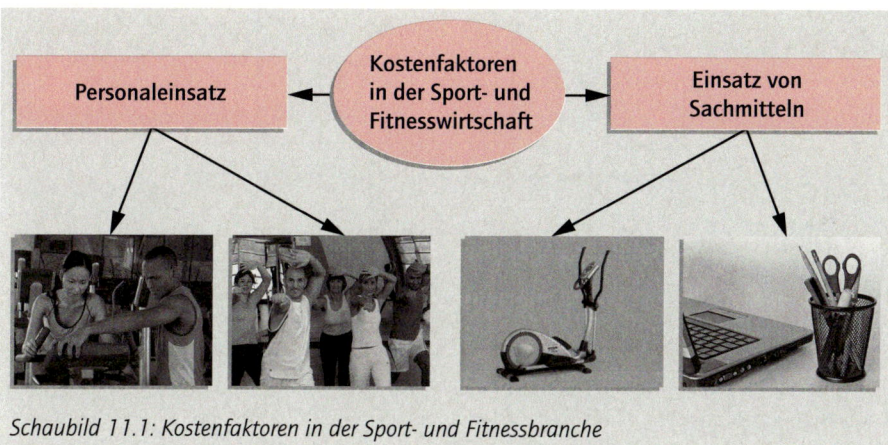

Schaubild 11.1: Kostenfaktoren in der Sport- und Fitnessbranche

Die verschiedenen Bereiche eines Betriebes verursachen Kosten. Einige steigen mit der Erweiterung des Angebots (variable Kosten), andere sind weitgehend unabhängig vom Umfang des Angebots (fixe Kosten). Diese Gruppierung der Kosten liegt der Deckungsbeitragsrechnung und Plankostenrechnung zugrunde.

Zur Kalkulation der Selbstkosten ist eine andere Einteilung erforderlich. Hier werden Einzel- und Gemeinkosten unterschieden. Erstere können einer Dienstleistung direkt zugerechnet werden, letztere nicht (Schaubild 11.2).

Beispiele ► Einzel- und Gemeinkosten in der Sport- und Fitnesswirtschaft

► Das Honorar für den externen Trainer, der den Kurs „Aerobic für Einsteiger" leitet, kann dem Kostenträger, das heißt dem angebotenen Kurs, direkt zugerechnet werden. Es fällt allein deshalb an, weil der Kurs angeboten und durchgeführt wird.

► Das Gehalt des angestellten Trainers, der fünf Kurse leitet, kann den Kostenstellen zugeordnet werden. Es zählt zu den Kostenstelleneinzelkosten und kann beispielsweise zu gleichen Teilen oder mithilfe einer Stundenliste auf die fünf Kurse aufgeteilt werden.

► Die Miete des Gebäudes, in dem das Studio untergebracht ist, sind Gemeinkosten. Sie wird den verschiedenen Kostenstellen indirekt über einen flächenbezogenen Verteilerschlüssel zugeordnet. Bei diesem Schlüssel wird unterschieden nach Büro, Gerätetrainingsfläche, Gymnastikraum, Saunabereich, Umkleide-/Duschräume und Außenanlage/Parkfläche.

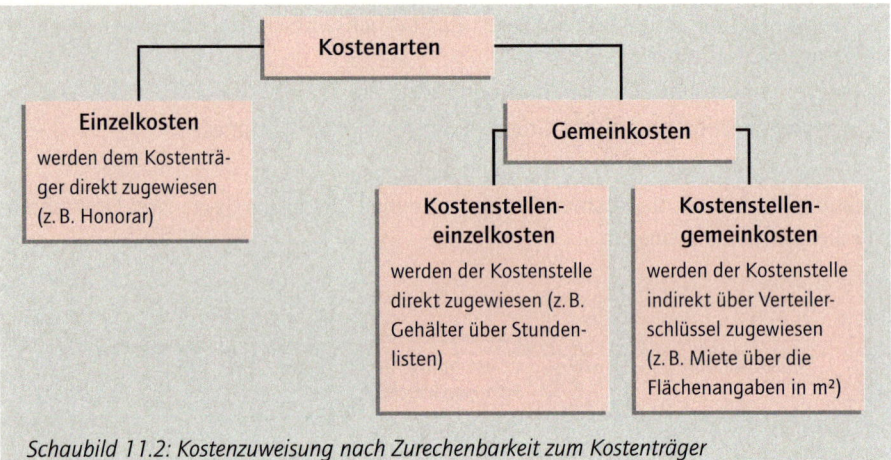

Schaubild 11.2: Kostenzuweisung nach Zurechenbarkeit zum Kostenträger

AUFGABEN

1. Skizzieren Sie die Aufgaben der Kostenrechnung.

2. Nennen Sie Beispiele aus der Sport- und Fitnessbranche für Erträge,

    a) denen Leistungen zugrunde liegen.   b) denen keine Leistungen zugrunde liegen.

3. Was sind kalkulatorische Kosten? Nennen Sie drei Beispiele.

4. Wie werden die kalkulatorischen Kosten unterteilt?

5. Erklären Sie die folgenden vier Begriffe und nennen Sie je ein Beispiel.

    a) neutraler Aufwand   c) Zweckaufwand

    b) Grundkosten   d) Anderskosten

6. Ist die folgende Aussage richtig?

„Die Grundlage für die Berechnung der kalkulatorischen Abschreibungen ergibt sich aus dem bereits vorhandenen Anlagevermögen."

7. Welche der folgenden Kosten sind in einem Fitnesscenter Einzelkosten, Kostenstelleneinzelkosten und Kostenstellengemeinkosten?

    a) Gehalt der Verwaltungsmitarbeiter   e) Reinigungskosten der Räume

    b) Mietkosten des gesamten Fitnesscenters   f) Honorare der Kursleiter

    c) Honorare der Masseure   g) Werbung

    d) Wartung der Sportgeräte   h) Gehalt der Servicemitarbeiter

8. Ist die folgende Aussage richtig?

„Das Gehalt des Geschäftsführers einer GmbH wird in die Kostenrechnung als kalkulatorischer Unternehmerlohn aufgenommen."

9. Prüfen Sie die folgenden Aussagen. Sind sie richtig oder falsch?

    a) In der Finanzbuchhaltung werden Kosten und Leistungen erfasst, um das Gesamtergebnis zu ermitteln.

    b) Umsatz und Leistungen bezeichnen inhaltlich das Gleiche.

    c) Die Umsatzsteuer ist den Einzelkosten zurechenbar.

    d) Das Betriebsergebnis wird als Differenz zwischen Leistungen und Gesamtkosten berechnet.

    e) Die Summe aus Einzel- und Gemeinkosten ergibt die Gesamtkosten.

    f) In der Sport- und Fitnessbranche überwiegen die Gemeinkosten.

10. Beurteilen Sie die folgende Aussage:
    „Grundlage für die Berechnung der kalkulatorischen Abschreibungen sind die Anschaffungskosten."
11. Woher stammen die Daten für die Kostenrechnung?
12. Wie erfolgt die Datenübernahme für die Kostenrechnung?
13. Welche Informationen ergeben sich aus den einzelnen Bereichen der Abgrenzungsrechnung?
14. Nennen Sie Beispiele für Aufwendungen, die keinen Einfluss auf die Kostenrechnung haben.
15. Anhand von welchen Merkmalen werden variable und fixe Kosten bestimmt?
16. Nennen Sie je zwei Beispiele für fixe, variable und Mischkosten.

11.1.3 Kostenstellenrechnung

Zum Einstieg

Felix hat sich ausführlich mit der Erfassung und Gruppierung von Kosten beschäftigt. Jetzt konzentriert er sich auf die Frage, wo Kosten verursacht werden. Er benötigt zusätzliche Informationen.

> ▶ Was ist eine Kostenstelle?
> ▶ Welche Verantwortungsbereiche gibt es in einem Fitnesscenter?
> ▶ Wie entsteht ein Kostenstellenplan?

BASISWISSEN
Kostenstellenrechnung
Kapitel 5,
Abschnitt
5.2.2

Kostenstellen sind Verantwortungsbereiche mit gleichartigen Aufgaben. Im Kostenstellenplan sind die im Betrieb gebildeten Kostenstellen systematisch angeordnet. Er bildet die Grundlage für die Verteilung der Gemeinkosten im Betriebsabrechnungsbogen I (Tabelle 11.1).

Betriebsabrechnungsbogen I				
Kostenstellen	**Hilfskostenstelle**	**Hauptkostenstellen**		
	Planung	Dienstleistung	Verwaltung	Vertrieb
Gemeinkosten				
Gehälter				
Miete				
usw.				

Tabelle 11.1: Struktur eines Betriebsabrechnungsbogens I

Beispiel ▶ Kostenstellen in einem Fitnesscenter

▶ Hauptkostenstellen sind die Bereiche
 – Getränkeverkauf,   – Verwaltung und
 – Kursangebot,   – Vertrieb.
▶ Eine Hilfskostenstelle ist der Bereich Kursplanung und -organisation.

Die Kostenstellenrechnung erfasst die Gemeinkosten pro Kostenstelle. Sie werden anhand von Verteilerschlüsseln bestimmt. Die Ergebnisse dienen als Grundlage für die Kostenkontrolle einzelner Verantwortungsbereiche (mehr dazu im Abschnitt 11.2.2, Budgetierung) sowie zur Berechnung der Gemeinkostenzuschlagssätze.

Beispiele ▶ Gemeinkosten und Verteilungskriterien

▶ Gehälter werden anhand von Stundenlisten auf die Kostenstellen verteilt.
▶ Die Gebäudemiete wird anhand der Flächen verteilt, die die Kostenstellen jeweils in Anspruch nehmen.
▶ Abschreibungen werden nach Maßgabe der Standorte der Vermögensgüter verteilt.

Tabelle 11.2 gibt beispielhaft den Betriebsabrechnungsbogen I für ein Fitnesscenter wieder.

Betriebsabrechnungsbogen I für die Zeit 1. bis 31. Januar 20..								
Kostenstellen	Haupt-kosten-stelle	Hilfskos-tenstelle	Hauptkos-tenstelle	Hauptkos-tenstelle	Haupt-kosten-stelle	Haupt-kosten-stelle	Verteilungs-grundlagen	Gesamt-kosten
	Getränke-verkauf	Kurspla-nung und -gestaltung	Kursange-bot Kraft-training	Kursan-gebot Gymnastik	Verwal-tung	Vertrieb		
Gemeinkosten								
Gehälter	2.500 €	500 €	3.500 €	1.000 €	3.000 €	1.500 €	Stundenlisten	12.000 €
Gesetzliche Sozialabgaben	500 €	100 €	750 €	200 €	600 €	350 €	Stundenlisten	2.500 €
Werbung	0 €	0 €	0 €	0 €	0 €	900 €	Rechnungen	900 €
Büromaterial	50 €	40 €	30 €	30 €	300 €	150 €	Ausgabe-schein	600 €
Reinigungsmaterial	25 €	25 €	50 €	50 €	25 €	25 €	m²	200 €
Miete	500 €	200 €	2.700 €	600 €	500 €	500 €	m²	5.000 €
Energie	50 €	50 €	300 €	100 €	50 €	50 €	Zähler	600 €
Abschreibungen	200 €	30 €	1.400 €	170 €	100 €	100 €	Standort	2.000 €
	3.825 €	945 €	8.730 €	2.150 €	4.575 €	3.575 €		23.800 €
		➔	325 €	620 €				
	3.825 €		9.055 €	2.770 €	4.575 €	3.575 €		**23.800 €**
Tabelle 11.2: Beispiel eines Betriebsabrechnungsbogens I für ein Fitnesscenter								

BASISWISSEN
Vorwärtskal-kulation und Rückwärts-kalkulation
Kapitel 4, Abschnitt 4.1.3

Gemeinkostenzuschlagssätze werden für die Feststellung der Selbstkosten pro Angebot benötigt.

Beispiele ► Berechnung von Gemeinkostenzuschlagssätzen

BASISWISSEN
Handels-
kalkulation
Kapitel 4,
S. 257

► Felix hat im Monat Januar 3 000 Flaschen FIT (Waren) im Wert von 5.600,00 € (Einzelkosten) für den Getränkeverkauf beschafft. Die der Kostenstelle Getränkeverkauf zugewiesenen Gemeinkosten betragen laut BAB 3.825,00 €. Daraus ergibt sich ein Gemeinkostenzuschlagssatz für Getränke von

$$\frac{3.825,00\ € \cdot 100}{5.600,00\ €} = 68,30\ \%$$

► Das Krafttraining wird zu bestimmten Zeiten von Honorarkräften begleitet. Die Honorare sind Einzelkosten und belaufen sich auf 17.500,00 €. Die der Kostenstelle Krafttraining zugewiesenen Gemeinkosten betragen laut BAB 9.055,00 €. Für das Kursangebot Krafttraining ergibt sich ein Gemeinkostenzuschlagssatz von

$$\frac{(9.055,00\ € + 4.575,00\ € + 3.575,00\ €) \cdot 100}{17.500,00\ €} = 98,31\ \%$$

► Auch die Kursleiter/-innen des Gymnastikbereiches arbeiten auf Honorarbasis. Die entsprechenden Einzelkosten belaufen sich auf 16.000,00 €. Die der Kostenstelle Gymnastik zugewiesenen Gemeinkosten betragen laut BAB 2.770,00 €. Für das Kursangebot Gymnastik ergibt sich ein Gemeinkostenzuschlagssatz von

$$\frac{(2.770,00\ € + 4.575,00\ € + 3.575,00\ €) \cdot 100}{16.000,00\ €} = 68,25\ \%$$

Hinweis: Die geringen Gemeinkosten des Getränkeverkaufs wurden bereits im BAB I der Kostenstelle Getränkeverkauf zugewiesen. Die Kostenstellen Verwaltung und Vertrieb dienen zum einen einer gesonderten Betrachtung dieser Bereiche, zum andern werden sie von den Dienstleistungsangeboten beansprucht.

AUFGABEN

1. Worin besteht der Unterschied zwischen einer Hauptkostenstelle und einer Hilfskostenstelle?
2. Nennen Sie Beispiele für Verteilungsgrundlagen von Gemeinkosten.
3. Welche Ergebnisse enthält der BAB I?
4. Welche Aufgaben erfüllt die Kostenstellenrechnung?
5. Wie viel Prozent beträgt der Gemeinkostenzuschlagssatz bei 7.320,00 € Einzelkosten und 5.800,00 € Gemeinkosten?
6. Wie hoch sind die Einzelkosten bei 91.312,00 € Gemeinkosten und einem Gemeinkostenzuschlagssatz von 28 %?
7. Wie hoch sind die Gemeinkosten bei 11.835,00 € Einzelkosten und einem Gemeinkostenzuschlagssatz von 103 %?

11.1.4 Kostenträgerrechnung

Zum Einstieg

Felix hat festgestellt, welche Kostenarten es gibt und wo die Kosten in seinem Ausbildungsbetrieb entstanden sind. Er will nun wissen, **wofür** die Kosten angefallen sind. Neue Fragen drängen sich ihm auf.

> BASISWISSEN
> Kostenträger-
> rechnung
> Kapitel 5,
> Abschnitt
> 5.2.2

▶ Was ist ein Kostenträger?

▶ Welche Kostenträger gibt es in der Sport- und Fitnessbranche?

▶ Welche Aufgaben hat die Kostenträgerrechnung?

▶ Wie wird die Kostenträgerrechnung durchgeführt?

Kostenträger sind für den Absatz bestimmte Leistungen, das heißt Dienstleistungen, Waren oder Produkte. Eine wesentliche Aufgabe der Kostenträgerrechnung ist die Ermittlung der Selbstkosten als Voraussetzung für die Preisgestaltung der Leistungen eines Betriebes.

Beispiel ▶ Kalkulation von Angebotspreisen

In Felix' Ausbildungsbetrieb werden die Getränkepreise auf der Basis der Ergebnisse der Kostenstellenrechnung folgendermaßen ermittelt:

Einzelkosten (3 000 Flaschen):		5.600,00 €
Gemeinkostenzuschlagssatz:	68,30 %	3.824,80 €
Selbstkosten:		9.424,80 €
Gewinnzuschlag:	15 %	1.413,72 €
Verkaufspreis, netto:		10.838,52 €
Umsatzsteuer:	19 %	2.059,32 €
Verkaufspreis, brutto:		**12.897,84 €**
→ Verkaufspreis pro Getränk	4,30 €	

In der gleichen Weise werden bei der Pro-Fit GmbH die Selbstkosten und der Angebotspreis für das Krafttraining berechnet:

Einzelkosten:		17.500,00 €
Gemeinkostenzuschlagssatz:	98,31 %	17.204,25 €
Selbstkosten:		34.704,25 €
Gewinnzuschlag:	20 %	6.940,85 €
Angebotspreis, netto:		41.645,10 €
Umsatzsteuer:	19 %	7.912,57 €
Angebotspreis, brutto:		**49.557,67 €**

Eine Marktanalyse hat die Bereitschaft möglicher Kunden festgestellt, für ein Krafttraining monatlich 98,00 € auszugeben. Für die Realisierung des gewünschten Umsatzes sind also 506 Nutzer erforderlich.

Die Kalkulation des Preises für das Kursangebot Gymnastik erfolgt nach dem gleichen Schema.

Felix' Ausbildungsbetrieb stellt zu den kalkulierten Preisen die Dienstleistungsangebote zunächst einen Monat lang bereit. Für die zukünftige Gestaltung von Preisen und Angeboten ist es erforderlich zu wissen, wie viel die einzelnen Kurse jeweils zum Erfolg beitragen. Diese Frage beantwortet die Kostenträgerzeitrechnung. Sie stellt dar, in welchem Umfang die einzelnen Leistungen zum Betriebsergebnis beigetragen haben.

Beispiel ▶ Ermittlung des Anteils am Betriebsergebnis durch die Kostenträgerzeitrechnung

Die Kostenträgerzeitrechnung in Felix' Ausbildungsbetrieb ist in Tabelle 11.3 wiedergegeben.

Kostenträgerblatt (BAB II) 1. bis 31. Januar				
	Getränke	Krafttraining	Gymnastik	gesamt
Einzelkosten	5.600,00 €	17.500,00 €	16.000,00 €	39.100,00 €
Gemeinkosten	3.824,80 €	17.204,25 €	10.920,00 €	31.949,05 €
Selbstkosten	9.424,80 €	34.704,25 €	26.920,00 €	71.049,05 €
Umsatzerlöse lt. Buchhaltung	10.000,00 €	44.281,00 €	31.812,00 €	86.093,00 €
Betriebsergebnis	575,20 €	9.576,75 €	4.892,00 €	15.043,95 €
tatsächlicher Gewinn	5,75 %	21,63 %	15,38 %	17,47 %
geplanter Gewinn	15,00 %	20,00 %	20,00 %	
Tabelle 11.3: Kostenträgerzeitrechnung				

Es zeigt sich, dass das Krafttrainingsangebot den größten Beitrag zum Betriebserfolg geleistet hat.

AUFGABEN

1. Worin besteht der Unterschied zwischen Einzel- und Gesamtkosten?
2. Wie hoch sind die Selbstkosten eines Dienstleistungsangebots, wenn mit einem Gewinnzuschlag von 24 % kalkuliert wurde und die Umsatzerlöse 24.382,00 € betragen?
3. Wie hoch ist der Gewinn aufgrund eines Dienstleistungsangebots, wenn von Selbstkosten in Höhe von 34.512,00 € ausgegangen wird und der Bruttoangebotspreis 45.571,00 € beträgt?
4. Wie hoch ist der Nettoangebotspreis bei einem Gewinnzuschlag von 33 % und Selbstkosten von 16.941,00 €?
5. Ein Kursteilnehmer zahlt monatlich einen Beitrag von 86,00 €. Welcher Nettoangebotspreis liegt diesem Betrag zugrunde?
6. Welche Informationen werden in der Kostenträgerzeitrechnung bereitgestellt?
7. Welche Konsequenzen lassen sich aus der Kostenträgerzeitrechnung ableiten?

11.2 Controlling

Zum Einstieg

Max Richtig will seine Auszubildenden mit den Funktionen und Wirkungen des Controllings vertraut machen. Felix verbindet mit dem Begriff Controlling zunächst nur „Kontrolle". Sein Ausbilder widerspricht ihm und informiert ihn über die verschiedenen Elemente des Controllings.

BASISWISSEN
Der Regelkreis des Controllings
Kapitel 5, Abschnitt 5.2.4

▶ Welche Ziele verfolgt ein Unternehmen mit dem Einsatz von Controllinginstrumenten?
▶ Welche Aufgaben hat das Controlling in der Sport- und Fitnessbranche?
▶ Worin besteht der Unterschied zwischen operativem und strategischem Controlling?

Generell wird zwischen strategischem und operativem Controlling unterschieden (Schaubild 11.3).

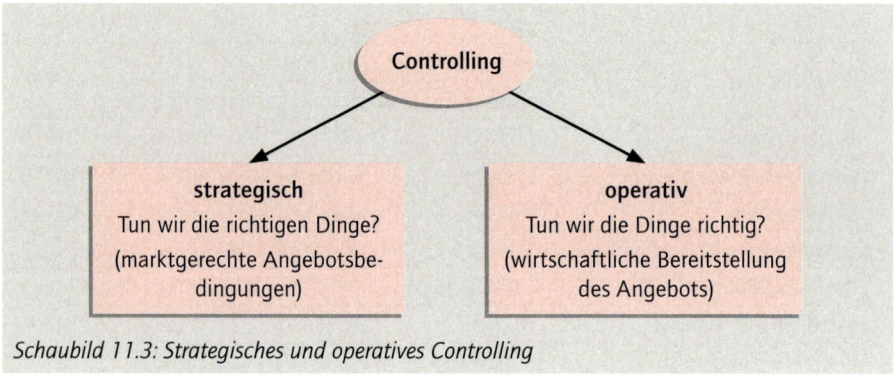

Schaubild 11.3: Strategisches und operatives Controlling

Hauptaufgabe des Controllings ist die zielorientierte Steuerung des Unternehmens. Die Instrumente des strategischen Controllings werden theoretisch von denen des operativen Controllings getrennt. In der kaufmännischen Praxis werden beide Gruppen zu einem ganzheitlichen Controlling verbunden.

11.2.1 Strategisches Controlling

In jedem Unternehmen ist die langfristige Planung von Aktivitäten zur Sicherung der Existenz genauso eine Aufgabe des Managements wie die jährliche Erzielung von Gewinn.

BASISWISSEN
Strategisches
Controlling
Kapitel 5,
Abschnitt
5.2.4,
S. 404 ff.

Instrumente des strategischen Controllings beziehen sich auf eine langfristige Perspektive, das heißt auf Zeiträume von drei Jahren und mehr. Sie werden eingesetzt, um die Umsetzung der strategischen Ziele – zum Beispiel Steigerung der Kundenzufriedenheit, Erhöhung des Marktanteils oder Existenzsicherung – zu überprüfen und zu steuern.

Strategisches Controlling ist darauf ausgerichtet, systematisch künftige Chancen und Risiken zu erkennen. Das Management erhält Informationen über Erfolgspotenziale, die gesichert oder aufgebaut werden müssen.

Konkurrenzanalyse

Zum Einstieg

In einer Arbeitsbesprechung stellt die Controllerin Manuela Zukunft der Unternehmensleitung das Betriebsergebnis vor. Die Zahlen deuten eine negative Entwicklung des Fitnesscenters an. Im anschließenden Gespräch wird deutlich, dass es an Informationen über die anderen Fitnesscenter (Anbieter) in der Stadt fehlt. Die Controllerin erhält den Auftrag, eine Konkurrenzanalyse vorzubereiten.

▶ Welche Aufgabe hat die Konkurrenzanalyse?

▶ Welchem Zweck dient die Konkurrenzanalyse?

Die Konkurrenzanalyse stellt die eigene Position am Markt im Vergleich mit den Mitbewerbern dar. Sie ist Bestandteil der weiter gefassten Umweltanalyse, die als Ausgangspunkt Umweltbedingungen klassifiziert (Schaubild 11.4).

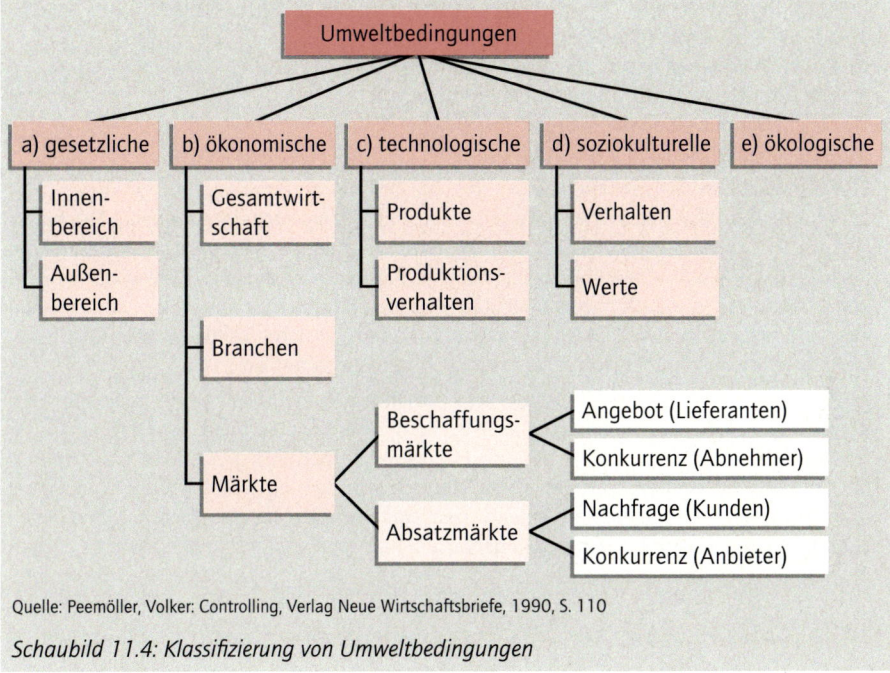

Quelle: Peemöller, Volker: Controlling, Verlag Neue Wirtschaftsbriefe, 1990, S. 110

Schaubild 11.4: Klassifizierung von Umweltbedingungen

Die soziokulturellen Umweltbedingungen beziehen sich auf Werte und Verhaltensweisen.

Beispiel ▶ Soziokulturelle Umwelteinflüsse

Berichte in den Medien mit Tipps zur Erhaltung der Gesundheit können zu einem höheren Stellenwert von Gesundheit (Wert) und aufgrund dessen zu mehr sportlichen Aktivitäten (Verhalten) führen.

Die ökonomischen Umweltbedingungen umfassen unter anderem die Bedingungen auf den Absatzmärkten, die teilweise durch die Nachfrage der Kunden geprägt sind.

Beispiel ▶ Ökonomische Umwelteinflüsse

Angebote zur Erhaltung der Gesundheit gewinnen an Bedeutung und die Kurse eines Fitnesscenters oder Sportvereins werden verstärkt nachgefragt.

Zu den ökonomischen Umweltbedingungen gehören auch die anderen Anbieter. Um Informationen über deren Zahl und Bedeutung zu bekommen, wird die Konkurrenzanalyse eingesetzt.

Beispiel ▶ Konkurrenzanalyse

Das Management der Pro-Fit GmbH hat einen existenzgefährdenden Gewinnrückgang festgestellt und die Controllerin Manuela Zukunft mit der Bereitstellung von Informationen für eine Konkurrenzanalyse beauftragt. Sie erstellt eine Liste mit den folgenden Fragen:

▶ Wie viele Fitnesscenter gibt es in der Stadt?
▶ Wie viele Personen haben jeweils einen Vertrag?
▶ Wie gut ist die Finanzkraft der anderen Anbieter?
▶ Welche Kurse werden angeboten?
▶ Welche Preise werden für die Kurse verlangt?
▶ Wie sind die Öffnungszeiten?

Im Anschluss an ihre Recherchen trägt Manuela Zukunft der Geschäftsleitung ihre Ergebnisse vor. Der Konkurrent, das Fitnesscenter Fit & Fresh, hat gemäß Jahresabschluss die größten finanziellen Reserven. Die Mitgliederzahlen sind hier am höchsten. Fit & Fresh hat die Öffnungszeiten auf die Bedürfnisse Berufstätiger zugeschnitten. Die Mitglieder zahlen einen festen Monatsbeitrag und können alle Geräte zu selbst gewählten Zeiten nutzen. Die Kursangebote sprechen den überwiegenden Teil der Sportinteressierten an.

Diese Vorteile sind im eigenen Center nicht vorhanden. Kurse mit vorher festgelegten Laufzeiten und festen Preisen werden nur an Wochentagen angeboten. Die Kursarten sind nur für wenige interessant. Das Ergebnis der Konkurrenzanalyse lautet: Es gibt Anbieter, die weitaus kundenorientierter arbeiten als Pro-Fit. Die Unternehmensleitung muss die Frage „Tun wir die richtigen Dinge?" mit einem Nein beantworten. Das Management ist gefordert, Maßnahmen einzuleiten, die die Attraktivität des Angebots erhöhen, um langfristig die Existenz des Unternehmens zu sichern.

Potenzialanalyse

Zum Einstieg

Die Controllerin Manuela Zukunft beabsichtigt, systematisch die Stärken und Schwächen des Fitnesscenters Pro-Fit zu ermitteln. Auf dieser Grundlage will sie in der nächsten Arbeitsbesprechung dem Management Vorschläge unterbreiten, wie die Potenziale des Unternehmens besser genutzt werden können.

▶ Welche Aufgabe hat die Potenzialanalyse?
▶ Welche Folgerungen lassen sich aus ihren Ergebnissen für die betriebliche Praxis ableiten?

Die Potenzialanalyse ermittelt Stärken und Schwächen eines Unternehmens und leitet daraus Erfolgsfaktoren ab. Sie werden vom Management unterstützt und weiterentwickelt. Jede Organisation hat Stärken und Schwächen. Nicht alle sind gleichermaßen erfolgswirksam. Nur einige stellen den „Schlüssel zum Erfolg" dar.

Schlüsselfaktoren sind Einflussgrößen die Stärken und Schwächen mit besonderer Wirkung auf den Erfolg darstellen.

5622208

Beispiel ▶ Schlüsselfaktoren der Pro-Fit GmbH

▶ Trainingszeiten	▶ Konditionen (Preis/Nutzung)
▶ Motivation und Engagement der Mitarbeiter	▶ Standort
	▶ Modernität der Geräte

Ein Stärken-Schwächen-Profil stellt die eigene Situation im Vergleich mit dem stärksten Mitbewerber dar. Verwendet wird eine Skala, im Wertebereich von −3 bis +3. Der stärkste Mitbewerber dient als Maßstab und bekommt den Wert 0 zugewiesen.

Beispiel ▶ Stärken-Schwächen-Profil der Pro-Fit GmbH

Manuela Zukunfts Analyse des Geschäftsfeldes Krafttraining ergibt das in Schaubild 11.5 wiedergegebene Stärken-Schwächen-Profil. Maßstab ist hierbei der Konkurrent Fit & Fresh.

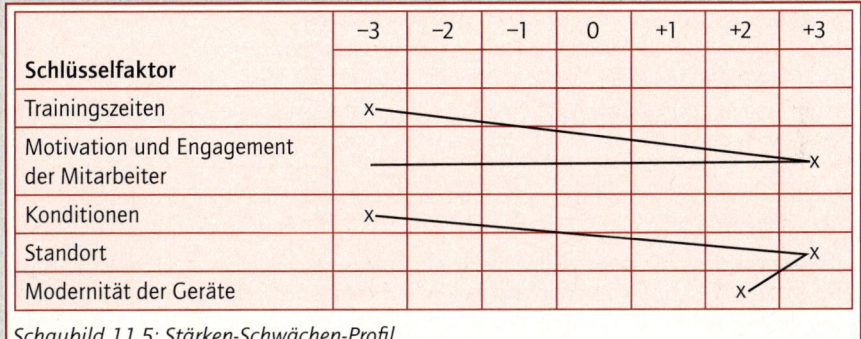

Schlüsselfaktor	−3	−2	−1	0	+1	+2	+3
Trainingszeiten		x					
Motivation und Engagement der Mitarbeiter							x
Konditionen		x					
Standort							x
Modernität der Geräte						x	

Schaubild 11.5: Stärken-Schwächen-Profil

Die Räume der Pro-Fit liegen sehr verkehrsgünstig (Standort), alle Geräte entsprechen dem neuesten technischen Standard (Modernität). Die Unternehmensleitung beschließt die folgenden Maßnahmen:

▶ Ausweitung der Öffnungszeit auf 7 Uhr bis 23 Uhr an allen Tagen,
▶ Einführung von Monatsbeiträgen und dafür Streichung von Einzelkursgebühren,
▶ eine breit angelegte Werbeaktion, um den Standort bekannt zu machen.

Unterstützt werden diese Maßnahmen zur Existenzsicherung und Weiterentwicklung des Fitnesscenters von motivierten und engagierten Mitarbeitern.

Portfolioanalyse

Zum Einstieg

In Julia Hartmanns Ausbildungsbetrieb werden drei neuere Kurse angeboten. Sie erinnert sich daran, dass der Gymnastikkurs schon vor Beginn ihrer Ausbildung zum Programm gehörte. Der Aerobic-Kurs wurde vor zwei Jahren in das Programm aufgenommen. Julia hätte gerne eine Übersicht über alle Dienstleistungen ihres Ausbildungsbetriebes, aus der die „Lebenswege" der einzelnen Angebote erkennbar werden.

▶ Welchem Zweck dient die Portfolioanalyse?
▶ Welche Aktionen lassen sich aus ihren Ergebnissen ableiten?

Das Ziel der Portfolioanalyse besteht darin, den Beitrag der einzelnen Angebote zur Existenzsicherung des Unternehmens sichtbar zu machen. Dazu werden alle Geschäftsfelder nach bestimmten Kriterien in eine Matrix eingeordnet. Im Anschluss daran wird eine Strategie für den langfristigen Unternehmenserfolg entwickelt.

Beispiel ▶ Portfolioanalyse

Das Management des Fitnesscenters Pro-Fit hat entschieden, drei neue Angebote in das Programm aufzunehmen, Areobic, Tai-Chi und Body Shape. Es fehlt eine Gesamtübersicht, aus der sich ablesen lässt, ob der Erfolg des Unternehmens langfristig gesichert sein könnte. Eine Unternehmensberatung erhält den Auftrag, eine Marktanalyse durchzuführen. Am Geschäftssitz der Pro-Fit werden unter zusätzlicher Berücksichtigung von Erfahrungswerten Statistiken ausgewertet und Umfragen durchgeführt. Anschließend erstellt die Beratungsfirma einen Bericht mit den folgenden Ergebnissen:

▶ Krafttraining: ausreichende Nachfrage, geringe Anzahl anderer Anbieter
▶ Gymnastik: wenig Nachfrage, viele andere Anbieter
▶ Aerobic: hohe Nachfrage, wenige andere Anbieter
▶ Tai-Chi: hohe Nachfrage, mittlere Zahl anderer Anbieter
▶ Body Shape: hohe Nachfrage, mittlere Zahl anderer Anbieter

Intern sind aus dem Datenpool der Kostenrechnung die aktuellen Betriebsergebnisse zur Verfügung gestellt worden.

Angebot	Aerobic	Gymnastik	Tai-Chi	Body Shape	Krafttraining
Ergebnisbeitrag	0	− 2.000,00 €	− 100,00 €	− 200,00 €	+ 6.000,00 €

Im Rahmen der Portfolioanalyse hat die Beratungsfirma die Angebote in eine Matrix eingeordnet (Schaubild 11.6). Die Marktattraktivität ist ein Maß für die Nachfrage, der Wettbewerb spiegelt die Zahl und Stärke der Mitbewerber wider. Die Größe der Kreise gibt die unterschiedliche Höhe des Betriebsergebnisses wieder (siehe hierzu auch Deckungsbeitragsrechnung, S. 218).

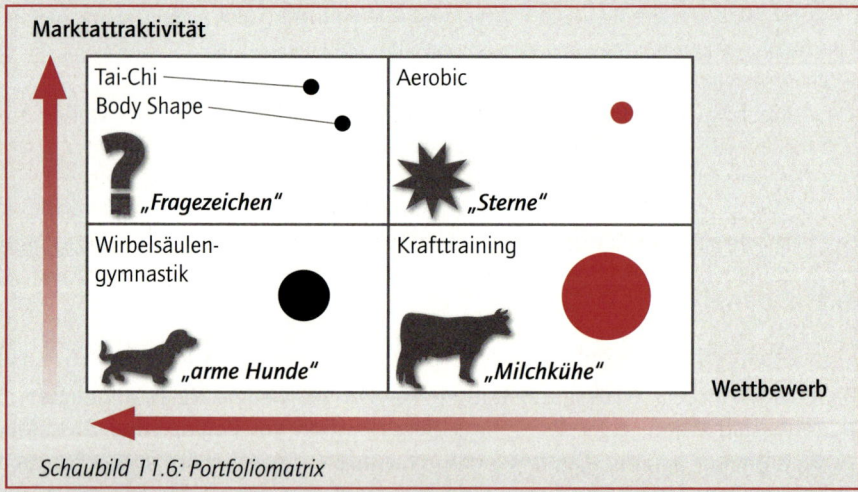

Schaubild 11.6: Portfoliomatrix

Die Gesamtsituation gibt Anlass zu Optimismus. Das Management leitet aus der Matrix die folgenden Maßnahmen ab:

▶ Unterstützung von Tai-Chi und Body Shape, beide sind aussichtsreiche Neuprodukte;
▶ Überprüfung der Kostenstruktur bei Aerobic;
▶ stabilisierende Maßnahmen für das Krafttraining, um weiter hohe Überschüsse zu erwirtschaften;
▶ Streichung des Kurses Wirbelsäulengymnastik, da das Betriebsergebnis negativ, die Nachfrage gering und die Zahl der Mitbewerber groß ist.

Die Situation einer Organisation, deren Portfolio in Schaubild 11.7 wiedergegeben ist, ist stark risikobehaftet. Die Angebote sind entweder neu mit akzeptabler Nachfrage, aber vielen Konkurrenten und geringen Betriebsergebnissen oder bringen Betriebsverluste und werden nicht nachgefragt in einer angespannten Wettbewerbssituation.

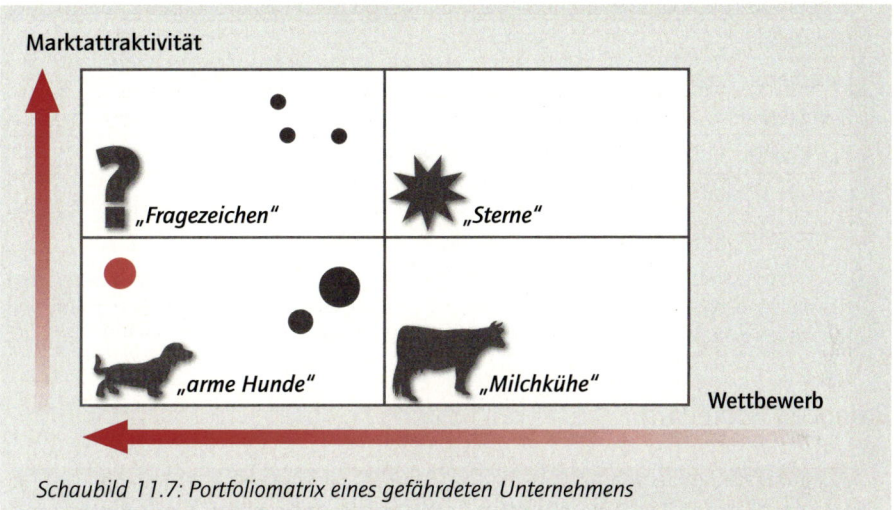

Schaubild 11.7: Portfoliomatrix eines gefährdeten Unternehmens

Zielkostenrechnung

Zum Einstieg

Der Auszubildende Peter Dommermuth kennt aus seinem Freundeskreis die Bereitschaft, für die Nutzung einer Saunalandschaft monatlich bis zu 50,00 € auszugeben. Die von Erfahrungswerten getragene Kalkulation seines Ausbildungsbetriebes ergibt jedoch 98,00 €. Er fragt seinen Ausbilder nach einer Möglichkeit, das Angebot zu einem vom Kunden akzeptierten Preis bereitzustellen. Max Richtig informiert seinen Azubi über die Zielkostenrechnung, auch Target Costing genannt.

▶ An welcher Größe orientiert sich die Zielkostenrechnung?
▶ Inwiefern bildet die Zielkostenrechnung eine Grundlage für Kostensenkungsmaßnahmen?

Die Zielkostenrechnung bezieht sich bei der Festlegung des Angebotspreises auf die Bedürfnisse und das Ausgabeverhalten der Kunden. Die wichtigsten Nutzenkomponenten eines Saunabesuchs bestehen in der Erhaltung der Gesundheit, der Kommunikationsmöglichkeit und der Entspannung. Der individuelle Gesamtnutzen hat für den Kunden einen Wert, für den die Bereitschaft besteht, einen Preis zu zahlen.

In der Zielkostenrechnung wird der Marktpreis vorgegeben.

Beispiel ▶ Zielkostenrechnung

Das Fitnesscenter berücksichtigt zunächst einen gewünschten Gewinn. Der Restbetrag muss die Gesamtkosten decken. Es gehört zu den Aufgaben des Managements, mit diesem Betrag das Angebot bereitzustellen. Tabelle 11.4 zeigt den Unterschied zwischen Kalkulation und Zielkostenrechnung.

Marktpreis	50,00 €	
kalkulierter Preis		98,00 €
Plangewinn	10,00 €	10,00 €
fixe Kosten	25,00 € ◀———	35,00 €
variable Kosten	15,00 € ◀———	53,00 €

Tabelle 11.4: Zielkostenrechnung

Das zur Verfügung stehende Kostenbudget, bestehend aus fixen und variablen Kosten, wird vorgegeben. Bereits jetzt werden Kostensenkungsmaßnahmen diskutiert und wenn es sinnvoll ist, auch umgesetzt.

Balanced Scorecard

Zum Einstieg

Die Auszubildende Susanne Sonntag hat in der Zeitung einen Artikel gelesen, in dem über die Fitness Aktiengesellschaft berichtet wurde. Diese Gesellschaft unterhält in mehreren Städten große Center. Susanne kann sich eine Steuerung mit den bisher bekannten Instrumenten des Controllings wegen der Größe der Organisation nicht recht vorstellen. Sie fragt ihren Ausbilder nach Möglichkeiten, die Komplexität der Steuerung zu berücksichtigen. Max Richtig erzählt ihr, dass es hierzu ein besonderes Instrument gibt: die Balanced Scorecard.

▶ Welche Probleme führen zur Anwendung der Balanced Scorecard?
▶ Wie verbindet diese Methode Ziele und Maßnahmen zur Zielerreichung?

Die Führung großer Unternehmen bedeutet für das Management aufgrund des Informationsvolumens und der Datenvielfalt eine besondere Herausforderung, insbesondere dann, wenn die Unternehmensleitung keine Vision von der zukünftigen Position des Unternehmens, zum Beispiel in fünf Jahren, am Markt hat. Unkenntnisse über die Kernkompetenzen und/oder ein Mangel an Konzepten zur Verwirklichung strategischer Ziele verstärken das Führungsproblem. Schließlich birgt die Konzentration auf kurzfristige finanzielle Ergebnisse (Umsatz, Gewinn) die Gefahr, dass die so genannten weichen Faktoren wie Unternehmenskultur und Qualifikation der Mitarbeiter vernachlässigt werden. Die Balanced Scorecard ist ein ausgewogenes Kennzahlensystem, das die Unternehmensführung unterstützt, indem es Zielvorgaben und Zielerfüllung auf allen Durchführungsebenen dokumentiert und überprüfbar macht.

Um eine Balanced Scorecard anzulegen, müssen zunächst alle wesentlichen Aufgaben des Betriebes analysiert, eingeordnet und gefiltert werden. Das Resultat sind Erfolgsgrößen, die beispielsweise in vier Entwicklungsfeldern (Perspektiven) dargestellt werden (Schaubild 11.8).

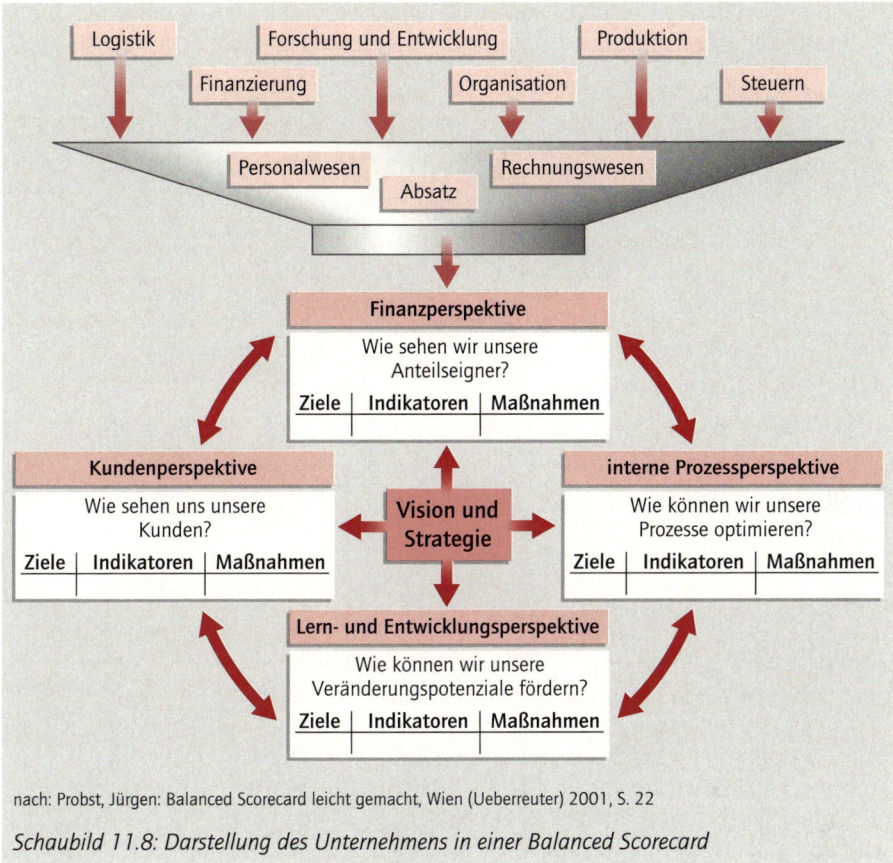

nach: Probst, Jürgen: Balanced Scorecard leicht gemacht, Wien (Ueberreuter) 2001, S. 22

Schaubild 11.8: Darstellung des Unternehmens in einer Balanced Scorecard

Der untere Teil von Schaubild 11.8 zeigt das Grundmodell der Balanced Scorecard.

Beispiel ▶ Komponenten der Balanced Scorecard

▶ Die Vision der Fitness AG lautet: „Wir werden in fünf Jahren der größte Dienstleister in der Fitnessbranche sein."

▶ Aus der Finanzperspektive wird daraus das Ziel, den Umsatz bis 20.. um 20 % zu steigern. Die entsprechende Kennzahl ist das jährliche prozentuale Umsatzwachstum. Als Maßnahme zur Erreichung dieses Ziels hat das Management der Fitness AG beschlossen, die Werbung zu verstärken.

▶ Aus der Lern- und Entwicklungsperspektive ergibt sich aus der Vision der Fitness AG das Ziel, die Qualifikation der Mitarbeiter bis 20.. zu verbessern. Als Indikator hat sie die Zahl der in Anspruch genommenen Fortbildungen pro Jahr festgelegt. Um das Ziel zu erreichen, sollen Fortbildungsmöglichkeiten beworben und bereitgestellt werden.

Die Vision wird in alle Geschäftsfelder und Funktionsbereiche hineingetragen und über die Inhalte der jeweiligen Entwicklungsfelder (Perspektiven) umgesetzt (Schaubild 11.9).

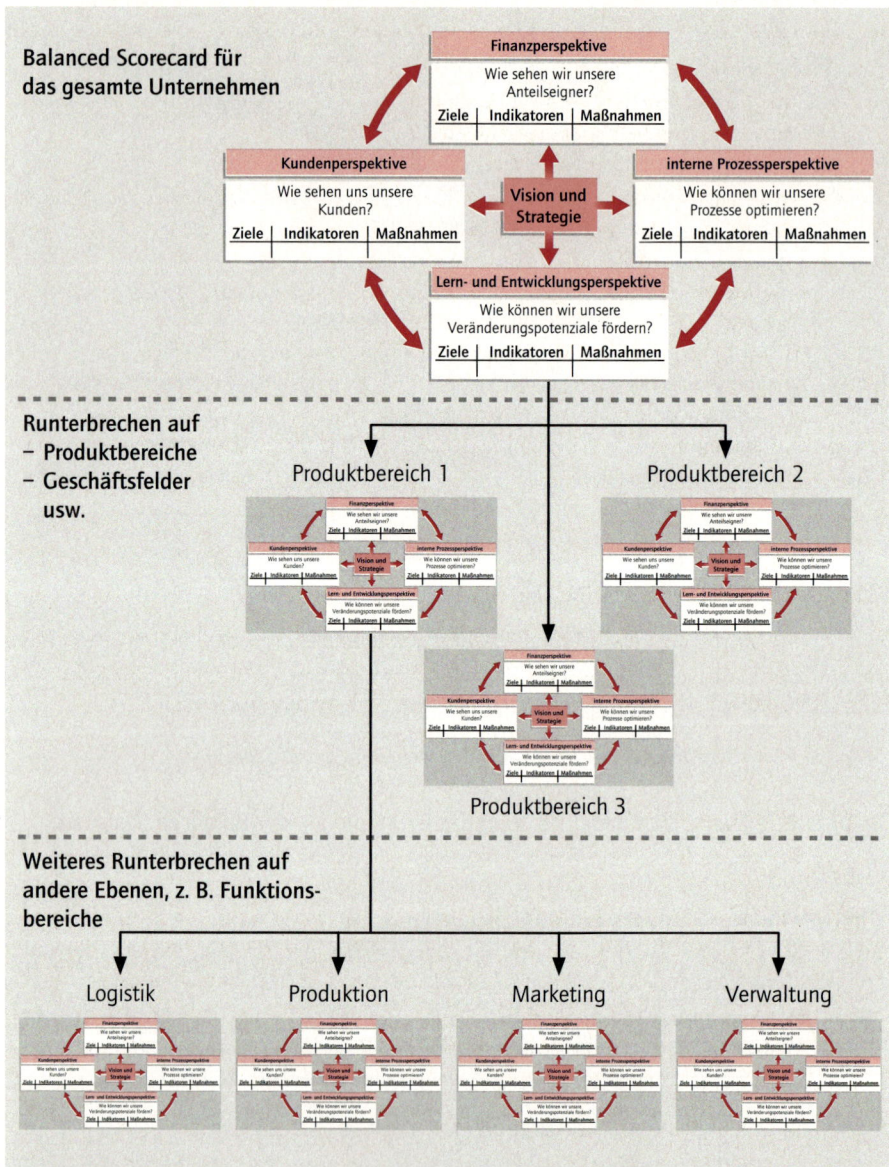

Quelle: Probst, Jürgen: Balanced Scorecard leicht gemacht, Wien (Ueberreuter) 2001, S. 166

Schaubild 11.9: Konkretisierung der Balanced Scorecard auf allen Ebenen der Unternehmensorganisation

AUFGABEN

1. Welches Ziel verfolgt ein Unternehmen mit dem Einsatz von strategischen Controlling-instrumenten?
2. Welche Aufgabe hat das strategische Controlling in der Sport- und Fitnesswirtschaft?
3. Welche der folgenden Aussagen ist falsch?

   a) Strategisches Controlling ist auf einen Zeitraum von mindestens fünf Jahren ausgelegt.
   b) Strategisches Controlling ist eine Aufgabe des Managements.
   c) Strategisches Controlling gehört zur Buchhaltung.
4. Ordnen Sie die folgenden Probleme einem Lösungsansatz des strategischen Controllings zu.

   a) Es besteht Unklarheit darüber, ob die Dienstleistungspalette ausreichend Angebote zur Existenzsicherung des Unternehmens enthält.
   b) Der vom Kunden akzeptierte Preis wurde ermittelt. Er liegt unter dem intern kalkulierten Angebotspreis.
   c) Das Management hat keine Information über die eigene Position im Vergleich mit den Konkurrenten.
   d) Die Unternehmensleitung will strategische Ziele in das Tagesgeschäft integrieren.
   e) Die Führungsebene weiß nicht, welches die internen Schlüsselfaktoren des Unternehmens sind.

11.2.2 Operatives Controlling

Operatives Controlling unterstützt die schrittweise Umsetzung der strategischen Ziele des Managements. Die Ausnutzung der im strategischen Controlling ermittelten Erfolgspotenziale wird in kurzen Zeitabschnitten von bis zu einem Jahr geplant.

> BASISWISSEN
> Operatives Controlling
> Kapitel 5, Abschnitt 5.2.4, S. 407 f.

Budgetierung

Zum Einstieg

Die Controllerin Manuela Zukunft stellt in einer Arbeitssitzung ein Problem vor. Es gibt keine Vorgabe, die besagt, wie viel die Erreichung der Unternehmensziele kosten darf. Sie schlägt vor, Budgets einzuführen, an denen die Verantwortlichen der einzelnen Bereiche sich orientieren können. Die Auszubildenden Felix und Susanne sind gespannt darauf, zu erfahren, auf welche Weise Budgets festgelegt werden.

▶ Welchem Zweck dient die Budgetierung?
▶ Welche Schritte sind für die Festlegung von Budgets erforderlich?

Ein Budget ist zeitraum- oder projektbezogen. Die gemeinsame Vorgabe von Leistungszielen und Kostenhöchstgrenzen stellt das Budget dar. Schaubild 11.10 fasst die einzelnen Schritte in den verschiedenen Phasen der Budgetierung zusammen.

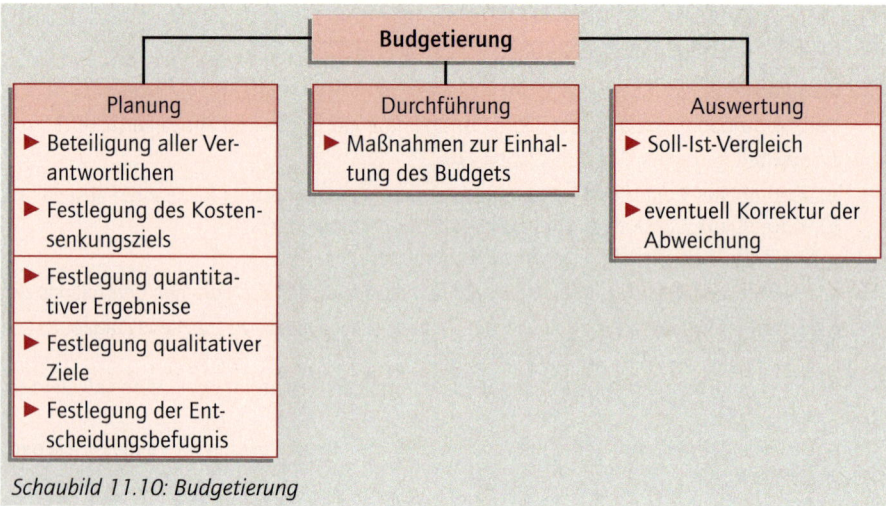

Schaubild 11.10: Budgetierung

An die Budgetierung wird eine ganze Reihe von Anforderungen gestellt. Ein Budget soll die Motivation fördern, über Kostensenkungsmöglichkeiten nachzudenken. Es muss herausfordern, aber auch realistisch bemessen sein. Die Verantwortlichen der Teilbereiche sollen in die Lage versetzt werden, selbstständig Handlungen auszulösen. Die Budgets müssen klar und genau formuliert sein; diese Klarheit verlangt nach messbaren Ergebnissen. Neben den quantitativen Größen dürfen qualitative Faktoren wie beispielsweise Kundenfreundlichkeit nicht vernachlässigt werden.

Budgets werden zukunftsbezogen erstellt. Die Kosten werden nicht aus der Vergangenheit, sondern aus den geplanten Maßnahmen abgeleitet. Die Auswertung über einen Soll-Ist-Vergleich (mehr dazu weiter unten auf S. 220 f.) unter Beteiligung der Entscheidungsträger ermöglicht eine Klärung der Abweichungen und falls notwendig deren Korrektur.

Die Kostenplanung kann mit der Gemeinkostenwertanalyse (GWA) durchgeführt werden. Hierbei werden alle „Gemeinkostenverantwortlichen", das heißt alle Kostenstellenleiter beteiligt (siehe dazu S. 201 ff.). Die Geschäftsleitung gibt ein allgemeines Kostensenkungsziel vor. Das Leitmotiv der GWA besteht darin, Aktivitäten zu identifizieren und einzustellen, die absolut nicht notwendig sind. Im zweiten Schritt wird bei den verbleibenden, zur Erreichung der Unternehmensziele unumgänglichen Leistungen nach Möglichkeiten gesucht, den Aufwand ihrer Erbringung zu senken (siehe dazu S. 211 f.). Schaubild 11.11 fasst die Ansatzpunkte der Kostenplanung zusammen.

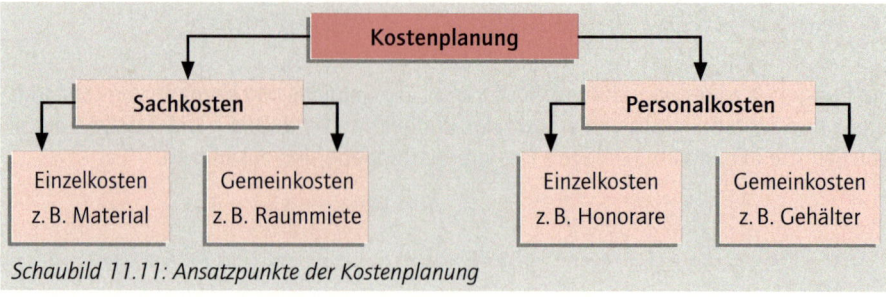

Schaubild 11.11: Ansatzpunkte der Kostenplanung

Vor der Einführung von Budgets sind die Konsequenzen genau zu durchdenken. Vorteile der Budgetierung sind:

▶ Das Budget zwingt die Beteiligten zu einer Analyse von Zusammenhängen.
▶ Das Budget gibt Anstöße zur Formulierung konkreter Ziele und zur Festlegung von Abläufen.
▶ Das Budget koordiniert Teilbereiche.
▶ Das Budget bildet eine Grundlage für das Berichtswesen.

Nachteile der Budgetierung sind:

▶ Der Aufwand zur Erstellung von Budgets kann höher sein als der Nutzen.
▶ Die Erstellung von Budgets kann aufgrund des erforderlichen Einsatzes von Personal und Zeit zu höheren Ausgaben führen.

Break-even-Analyse

Zum Einstieg

Die Pro-Fit GmbH bietet zwei neue Kurse an, die noch keine Überschüsse erbringen. Felix fragt seinen Ausbilder Max Richtig, ob es eine Möglichkeit gibt, festzustellen, bei welcher Nachfrage mit einem Gewinn zu rechnen ist.

▶ Was sagt der Break-even-Punkt aus?
▶ Wie wird er ermittelt?
▶ Welche Kostenarten setzt die Break-even-Analyse ein?

Der Break-even-Punkt oder die Gewinnschwelle gibt die Absatzmenge an, bei der der Gesamtumsatz die Gesamtkosten deckt.

Beispiel ▶ Berechnung der Gewinnschwelle

Für das Angebot Body Shape entstehen bei fünf Kursen pro Kurs variable Kosten von 800,00 €. Bei diesem Volumen (Kapazität) betragen die fixen Kosten 3.600,00 €. Die Einnahmen pro Kurs betragen 1.400,00 €. Manuela Zukunft berechnet die Gewinnschwelle, indem sie die Gesamteinnahmen mit den Gesamtkosten gleichsetzt:

$$1.400\,x = 800\,x + 3.600$$
$$600\,x = 3.600$$
$$x = 6$$

X stellt die Zahl der Kurse dar, die durchgeführt werden müssen, damit das Angebot die Gewinnzone erreicht. Die Pro-Fit müsste also sechs Kurse anbieten.

Deckungsbeitragsrechnung

BASISWISSEN
Grundzüge
der Deckungs-
beitrags-
rechnung
Kapitel 5,
Abschnitt
5.2.2,
S. 394 f.

Zum Einstieg

Susanne Sonntag beschäftigt sich mit den Kosten der Betriebsbereitschaft, die ihr als fixe Kosten bekannt sind. Ihr ist aber nicht klar, in welchem Zusammenhang eine Betrachtung dieser fixen Kosten, also der Kosten, die unabhängig von der Beschäftigung anfallen, sinnvoll ist.

▶ Was ist ein Deckungsbeitrag?

▶ Wie wird er ermittelt?

▶ Was kann das Management aus den Deckungsbeiträgen ableiten?

Die Unternehmensleitung benötigt für die Gestaltung des Kursprogramms Informationen darüber, in welchem Umfang die einzelnen Kurse einen Beitrag zur Deckung der fixen Kosten leisten.

Beispiel ▶ Ermittlung von Deckungsbeiträgen

Manuela Zukunft hat für die Geschäftsleitung die jährlichen Deckungsbeiträge der Kurse, die Pro-Fit derzeit anbietet, berechnet (Tabelle 11.5).

	Aerobic	Wirbelsäulen-gymnastik	Tai-Chi	Body Shape	Kraft-training
Erlöse	26.000,00 €	5.000,00 €	6.000,00 €	7.000,00 €	25.000,00 €
− variable Kosten	16.000,00 €	2.000,00 €	3.000,00 €	4.000,00 €	10.000,00 €
= Deckungsbeitrag	10.000,00 €	3.000,00 €	3.000,00 €	3.000,00 €	15.000,00 €
− fixe Kosten	10.000,00 €	5.000,00 €	3.100,00 €	3.200,00 €	9.000,00 €
Betriebsergebnis	0,00 €	− 2.000,00 €	− 100,00 €	− 200,00 €	6.000,00 €

Tabelle 11.5: Berechnung von Deckungsbeiträgen

Der Deckungsbeitrag des Kurses Wirbelsäulengymnastik beträgt 3.000,00 €. Zur vollständigen Deckung der fixen Kosten fehlen also 2.000,00 €. Die Unternehmensleitung beschließt, den Kurs künftig nicht mehr anzubieten. Die bestehenden Fixkosten von 5.000,00 € müssen dann jedoch von den anderen Kursen mitgetragen werden.

Kennzahlen

Zum Einstieg

Die Unternehmensleitung der Pro-Fit GmbH hat beschlossen, die einzelnen Bereiche durch Kennzahlen zu steuern. Die Auszubildenden diskutieren mit ihrem Ausbilder Max Richtig diese Neuerung. Sie sind sich sicher: Um mit Kennzahlen zu arbeiten, muss man Zahlen kennen. Aber welche?

► Was ist eine Kennzahl?
► Wie werden Kennzahlen gebildet und ermittelt?
► Welche Wirkung hat ihr Einsatz?

> Eine **Kennzahl** ist eine Information in Zahlen, die eine Aussage über einen betriebswirtschaft-
> lichen Sachverhalt ermöglicht.

Mithilfe von Kennzahlen können Unternehmensziele als messbare Größen dargestellt
werden. Darüber hinaus erlauben sie die Messung von Zielerreichungsgraden. Schaubild 11.12 fasst beispielhaft einige Kennzahlen zusammen.

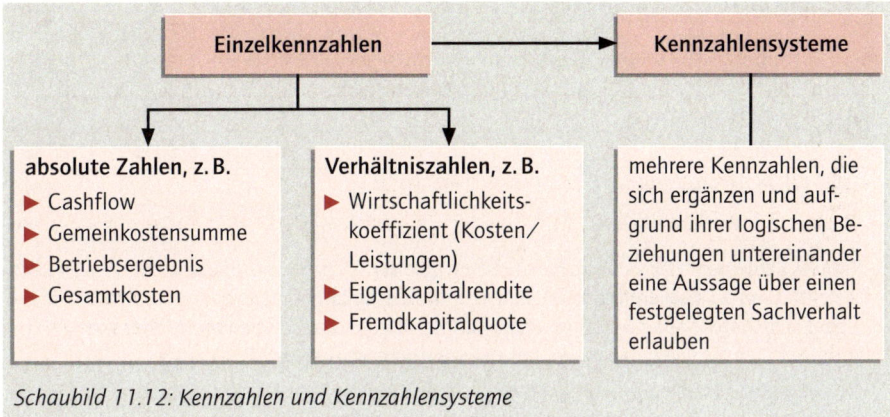

Schaubild 11.12: Kennzahlen und Kennzahlensysteme

Veränderungen der Kennzahlen müssen über mehrere Zeitabschnitte beobachtet werden, um brauchbare Erkenntnisse ableiten zu können.

Beispiel ► Kennzahlenblatt

Tabelle 11.6 gibt beispielhaft ein Kennzahlenblatt mit Kennzahlen aus den Bereichen Kosten-
und Leistungsrechnung, Personal und Buchhaltung wieder (zur Buchhaltung siehe Lernfeld 3).

Kennzahlenblatt					
Nr.	Kennzahl	1. Quartal	2. Quartal	3. Quartal	4. Quartal
	KLR				
1	Gesamterlöse	69.000 €	78.000 €	82.000 €	89.000 €
2	Gesamtkosten	65.300 €	79.000 €	76.000 €	80.000 €
3	Betriebsergebnis	3.700 €	– 1.000 €	6.000 €	9.000 €
3 a	BE pro Angebot, z. B. Krafttraining	4.000 €	3.000 €	3.500 €	3.900 €
4	Cashflow (Einzahlungen – Auszahlungen)	2.500 €	2.700 €	2.800 €	3.000 €
5	Summe der Gemeinkosten	48.000 €	50.000 €	52.000 €	54.000 €
6	Summe der Einzelkosten	17.300 €	29.000 €	24.000 €	26.000 €
7	Summe der fixen Kosten	30.300 €	34.000 €	35.000 €	39.000 €
8	Summe der variablen Kosten	35.000 €	45.000 €	41.000 €	41.000 €

Kennzahlenblatt					
Nr.	**Kennzahl**	**1. Quartal**	**2. Quartal**	**3. Quartal**	**4. Quartal**
9	Deckungsbeitrag pro Angebot, z. B. Tai-Chi	3.000 €	3.500 €	3.800 €	3.700 €
10	Break-even-Punkt, z. B. Body Shape	6	7	7	6
11	Wirtschaftlichkeitskoeffizient	1:1,057	1:0,987	1:1,079	1:1,113
12	Personalintensität (Personalkosten/Gesamtkosten)	80 %	78 %	79 %	81 %
	PERSONAL				
13	Fehlzeitenquote (Tage pro Mitarbeiter)	9	7	5	4
14	Zahl der Fortbildungstage pro MA	1	3	2	1
	BUCHHALTUNG				
15	Eigenkapitalquote	30 %	40 %	60 %	65 %
16	Fremdkapitalquote	70 %	60 %	40 %	35 %
17	Liquidität I	80 %	82 %	50 %	85 %
18	Eigenkapitalrentabilität	5 %	0	7 %	8 %
Tabelle 11.6: Kennzahlenblatt					

Wie die Zahlenreihe Nr. 2 zeigt, reichten im zweiten Quartal die Erlöse nicht aus, um die Gesamtkosten zu decken. Manuela Zukunft hat die Unternehmensleitung zeitig über diese bedenkliche Entwicklung unterrichtet. So konnten Gegenmaßnahmen eingeleitet werden, die im dritten Quartal wieder zu einem positiven Betriebsergebnis geführt haben.

Die Liquidität I (siehe Lernfeld 3, Jahresabschlussanalyse) hat im dritten Quartal nur 50 % erreicht. Um eine drohende Insolvenz abzuwenden, haben die Gesellschafter ihre Kapitaleinlage erhöht.

Soll-Ist-Vergleich

BASISWISSEN
Regelkreis des Controllings
Kapitel 5, Abschnitt 5.2.4

Zum Einstieg

Die Auszubildenden Peter und Susanne diskutieren über den Regelkreis des Controllings. Sie fragen ihren Ausbilder Max Richtig nach einem Instrument des operativen Controllings, das besonders die Analyse unterstützt.

▶ Was bedeutet „Soll", was „Ist"?
▶ Welche Funktion hat ein Soll-Ist-Vergleich?

Der Soll-Ist-Vergleich stellt die für einen Zeitraum geplanten Werte den realisierten Werten gegenüber. Planwerte geben an, welche Größen erreicht werden sollen. Realisierte Werte geben an, welche Größe tatsächlich erreicht worden ist.

Beispiel ▶ Soll-Ist-Vergleich

Manuela Zukunft hat ausgewählte Zahlen der Pro-Fit einem Soll-Ist-Vergleich unterzogen (Tabelle 11.7).

	2. Quartal 20..			3. Quartal 20..		
	Soll	Ist	Abweichung	Soll	Ist	Abweichung
Einzelkosten	21.000 €	29.000 €	8.000 €	23.000 €	24.000 €	1.000 €
Gemeinkosten (Budget)	49.000 €	50.000 €	1.000 €	51.000 €	52.000 €	1.000 €
Liquidität	90 %	82 %	8 %	90 %	50 %	40 %
Tabelle 11.7: Ausgewählte Positionen im Soll-Ist-Vergleich						

Die Unternehmensleitung lässt sich von den Abweichungen berichten und überlegt, welche Maßnahmen zur Korrektur notwendig und sinnvoll sind.

AUFGABEN

1. Beschreiben Sie die Aufgabe des operativen Controllings.
2. Welche zwei Größen werden durch ein Budget vorgegeben?
3. Erläutern Sie das Verfahren der Gemeinkostenwertanalyse.
4. Beschreiben Sie das Verfahren der Budgetierung.
5. Nennen Sie drei einzelne Größen, die in die Kostenplanung aufgenommen werden.
6. Nennen Sie je zwei Vor- und Nachteile der Budgetierung.
7. Berechnen Sie den Break-even-Punkt mit folgenden Daten:
   ▶ Der Erlös pro Angebot beträgt 2.300,00 €.
   ▶ Die variablen Kosten pro Angebot betragen 1.800,00 €, die fixen Kosten 4.000,00 €.
   ▶ Es werden drei Kurse angeboten.
8. Berechnen Sie den Deckungsbeitrag und das Betriebsergebnis für den Aerobic-Kurs mit den folgenden Daten:
   ▶ Die fixen Kosten belaufen sich auf 9.800,00 €.
   ▶ Die Erlöse summieren sich zu 23.100,00 €.
   ▶ Die variablen Kosten betragen 13.000,00 €.
9. Was ist eine Kennzahl? Welche Funktion hat sie?
10. Nennen Sie je zwei Kennzahlen, die absolute Zahlen und Verhältniszahlen sind.
11. Berechnen Sie mit den folgenden Daten die Personalintensität und die Liquidität I:
    ▶ Verbindlichkeiten aus Lieferungen und Leistungen 218.300,00 €
    ▶ Gesamtkosten   65.300,00 €
    ▶ Forderungen   25.100,00 €
    ▶ Bankguthaben   196.470,00 €
    ▶ Personalkosten   48.975,00 €
    ▶ Darlehen   85.555,00 €
12. Welche Werte werden bei einem Soll-Ist-Vergleich gegenübergestellt?
13. Diskutieren Sie Maßnahmen, die geeignet sind, die in Tabelle 11.7 dargestellten Abweichungen zu korrigieren.
14. Beschreiben Sie den Unterschied zwischen operativem und strategischem Controlling.

12 Personalwirtschaftliche Aufgaben wahrnehmen

12.1 Mitarbeiter in der Sport- und Fitnessbranche

Zum Einstieg

Die HSG Universität Greifswald e.V. beschäftigt fünf hauptamtliche Mitarbeiter. Einer von ihnen ist Klaus-Dieter Greffin, der die Geschäftsführung des Vereins innehat und außerdem dem geschäftsführenden Vorstand angehört. Die Verträge mit den Mitarbeitern werden abteilungsspezifisch geschlossen. Zum Beispiel wird in der Abteilung Taekwondo das Training von Honorartrainern geleitet. Das Vereinsleben innerhalb der Abteilung wird ausschließlich von ehrenamtlichen Mitarbeitern gestaltet. Sie unterstützen die Hauptamtlichen und die Honorarkräfte bei der Durchführung von Veranstaltungen und bei Fragen der Organisation innerhalb des Vereins.

Ohne ehrenamtliche Mitarbeiter wäre es in keinem Verein möglich, ein Vereinsleben zu gestalten und Trainings und Wettkämpfe zu organisieren. Im Grunde baut die gesamte Organisation eines Vereins auf dem Ehrenamt auf. Trotzdem hat sich in den letzten Jahren ein neuer Trend etabliert: Viele Aufgaben, die innerhalb eines Vereins anfallen, werden von hauptamtlichen Arbeitnehmern oder Honorarkräften erfüllt.

Die Mitarbeiter eines Vereins lassen sich in die drei in Tabelle 12.1 zusammengefassten Kategorien einteilen.

BASISWISSEN
Wer ist Arbeitnehmer im Sinne des Arbeitsrechts? Kapitel 6, Abschnitt 6.2.1

	Arbeitnehmer	Honorarkräfte	ehrenamtliche Mitarbeiter
Art der Arbeitsbeziehung	Mitarbeiter aufgrund eines Arbeitsverhältnisses; unterschieden wird nach ▶ Vollzeitkräften, ▶ Teilzeitkräften, ▶ geringfügig Beschäftigten und ▶ ABM-Beschäftigten.	freiberuflich tätig auf Honorarbasis	▶ unentgeltlich tätig ▶ bilden den größten Teil der Vereinsmitarbeiter
Rechtsgrundlage	Arbeitsvertrag	Dienstvertrag	Satzung (Wahlamt)
typische Aufgaben	▶ Mitgliederverwaltung ▶ organisatorische Aufgaben wie Planung und Durchführung von Wettkämpfen und sonstigen Veranstaltungen ▶ Presse- und Öffentlichkeitsarbeit	▶ Trainertätigkeit ▶ Presse- und Öffentlichkeitsarbeit (z. B. Erstellen von Websites)	▶ Trainer ▶ Betreuer ▶ Jugendleiter ▶ Helfer bei Veranstaltungen

Tabelle 12.1: Mitarbeiter in der Sport- und Fitnesswirtschaft

12.1.1 Arbeitnehmer und ehrenamtlich Tätige

Die zwei wichtigsten formalen Unterschiede zwischen Arbeitnehmern und ehrenamtlich Tätigen sind:

▶ Der Arbeitnehmer steht in einem Dienstverhältnis, dem ein Arbeitsvertrag zugrunde liegt, während die Stellung und die Aufgaben des Ehrenamtlichen auf seiner satzungsgemäßen Wahl beruhen.

▶ Der Arbeitnehmer bezieht für seine Tätigkeit vom Verein ein Arbeitsentgelt, während der Ehrenamtliche keine finanzielle Gegenleistung erhält.

Eine genaue Definition des Ehrenamtes gibt es nicht, jedoch wird zwischen dem echten und unechten Ehrenamt unterschieden.

> ▶ Beim **echten Ehrenamt** gibt es keinerlei Vergütung durch den Verein für die geleistete Tätigkeit. Nur nachgewiesene Kosten werden erstattet, die Tätigkeit wird im Rahmen der Vereinsorganisation erbracht, dient der Gesellschaft und nimmt einen mehr oder weniger großen Teil der Freizeit des Aktiven in Anspruch.
> ▶ Beim **unechten Ehrenamt** erfolgt eine pauschale Aufwandsentschädigung.

Pauschale Aufwandsentschädigungen unterliegen grundsätzlich der Besteuerung. Derzeit gilt, dass Übungsleiter aus ihrer Tätigkeit maximal 1.848,00 € pro Jahr steuerfrei beziehen dürfen. In diesen Betrag wird die Rückerstattung von Fahrtkosten (zum Beispiel zu Wettkämpfen) nicht eingerechnet. Werden zusätzliche pauschalierte Gelder, etwa für Unterkunft und Verpflegung, ohne Nachweis der tatsächlich angefallenen Kosten gezahlt, so sind diese steuerpflichtig. Letztendlich bedeutet dies, dass ein Aufwendungsersatz nur in engen Grenzen pauschal vergütet werden kann, ohne zugleich eine Steuerpflicht zu begründen.

QUELLE
§ 670 BGB

Rechtsgrundlagen für den Aufwendungsersatz ist der § 670 BGB. Dort heißt es: „Macht der Beauftragte (Ehrenamtlicher) zum Zwecke der Ausführung eines Auftrages Aufwendungen, die er den Umständen nach für erforderlich halten darf, so ist der Auftraggeber (Verein) zum Ersatz verpflichtet."

Beispiel ▶ Pflicht zum Aufwendungsersatz

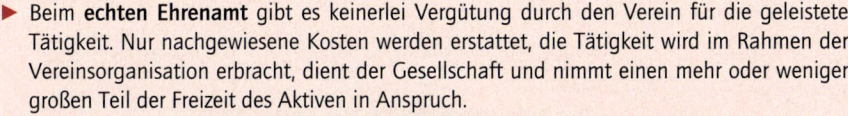
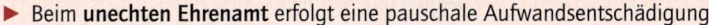

Tobias Melms fährt mit seinem privaten Pkw seine Tochter und drei weitere jugendliche Vereinsmitglieder zu einem Vergleichswettkampf nach Hannover. Er kann gegenüber dem Verein Reisekosten geltend machen. Den Zeitaufwand der Reise kann er jedoch nicht geltend machen, es sei denn, es bestünde eine besondere Vereinbarung mit dem Verein.

Grundsätzlich gilt: Vermögensopfer, das heißt Aufwendungen wie Reisekosten, Verpflegungskosten, Porto- und Telefonkosten werden ersetzt. Einen Anspruch auf Ersatz der aufgewendeten Arbeitszeit und Arbeitskraft kann auf der Grundlage des § 670 BGB nicht geltend gemacht werden.

Um die Ehrenamtlichen nicht zu verärgern, sollte der Verein die Frage der Besteuerung von Zahlungen an sie durch einen Steuerberater klären lassen. Weiterhin ist zu empfehlen, dass im Verein die Frage des Aufwendungsersatzes im Rahmen der Satzung oder der Finanzordnung geregelt wird. Alternativ dazu sollte mit dem ehrenamtlichen Mitglied eine gesonderte Vereinbarung getroffen werden.

Im Gegensatz zu den eingetragenen Vereinen gibt es in den kommerziell geführten Sporteinrichtungen keine Ehrenämter. Hier erfolgt die Erbringung der Dienstleistung über Arbeitnehmer oder Honorarkräfte.

AUFGABEN

1. Welchen Status haben die im Folgenden genannten Mitarbeiter? Sind sie Arbeitnehmer, Honorarkraft oder Ehrenamtlicher?

   a) Karl Krull absolviert eine Berufsausbildung beim SV Sportfrei Neuenkirchen e. V.

   b) Klaus-Dieter Greffin ist bei der HSG Universität Greifswald e. V. als Geschäftsführer angestellt.

   c) Tobias Melms ist Abteilungsleiter und Trainer der Abteilung Taekwondo der HSG Universität Greifswald e. V.

   d) Anne Räther hilft in ihrer Freizeit je nach Gelegenheit und Bedarf bei der Organisation von Sportveranstaltungen mit.

2. Wie wird ein Ehrenamt begründet? (Lösung auch mithilfe einer Internetrecherche möglich)

3. Wer kann Ehrenamtlicher werden?

4. Wie wird ein ehrenamtliches Mitglied berufen oder bestellt?

5. Wie wird ein Ehrenamt beendet?

6. Ist eine Doppelfunktion, das heißt der gleichzeitige Status als Haupt- und als Ehrenamtlicher, möglich?

12.1.2 Honorarkräfte und geringfügig Beschäftigte

In der kommerziellen Sport- und Freizeitbranche gibt es neben unzähligen freien Mitarbeitern, in der Regel als Honorarkräfte bezeichnet, auch eine große Masse von geringfügig beschäftigten Mitarbeitern. Angestellte Vollzeitkräfte mit voller Sozialversicherungspflicht bilden eher die Ausnahme.

Honorarkräfte

Honorarkräfte stellen ihre Arbeitskraft dem Träger für eine individuell vereinbarte Tätigkeit zur Verfügung. Der Vertrag wird auf der Basis des § 611 BGB (Dienstvertrag) geschlossen. Üblicherweise kann der Honorarvertrag nicht auf der Basis des § 631 BGB (Werkvertrag) geschlossen werden, da die Honorarkraft keine Erfolgsgarantie ihrer Tätigkeit geben kann.

Beispiel

Willy Meier und sein Frau Elsbeth nehmen an einem Tangokurs teil. Nach mehreren Stunden stellen sie fest, dass sie keine Fortschritte im Erlernen des Tanzes machen. Da der Tanzlehrer mit der Tanzschule einen Dienstvertrag geschlossen hat, ebenso wie die Tanzschule mit dem Ehepaar Meyer, haben letztere keinen Anspruch auf Rückerstattung des im Voraus gezahlten Kursbeitrags. Ein Werkvertrag wäre im Fall eines Tanzkurses nicht sinnvoll, da der Erfolg nicht allein von der Tanzschule und dem Tanzlehrer herbeigeführt werden kann, sondern darüber hinaus vom Einsatz und Talent der Schüler abhängt.

5622224

Geringfügig Beschäftigte

Geringfügige Beschäftigung tritt in verschiedenen Formen auf. Generell unterscheidet man aus sozialversicherungsrechtlicher Sicht zwischen

▶ regelmäßigen Tätigkeiten gegen geringes Entgelt;
▶ regelmäßigen Tätigkeiten gegen ein monatliches Entgelt von mindestens 400,01 € und höchstens 800,00 € (so genannte Gleitzone);
▶ kurzfristigen Tätigkeiten und
▶ geringfügig Beschäftigten in privaten Haushalten.

Arbeitsverhältnisse aus regelmäßigen Tätigkeiten gegen geringes Entgelt (so genannte Minijobs) liegen vor, wenn

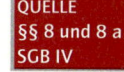

QUELLE
§§ 8 und 8 a
SGB IV

▶ die Beschäftigung auf ständige Wiederholung ausgerichtet ist und
▶ das Arbeitsentgelt monatlich 400,00 € nicht überschreitet.

Die Abgabenbelastung für den Arbeitgeber beträgt 30 %, zusammengesetzt aus einem Rentenversicherungsbeitrag von 15 %, einen Krankenversicherungsbeitrag von 13 % und einer Pauschalsteuer inklusive Solidaritätszuschlag und Kirchensteuer von 2 %.

Bei kurzfristigen Tätigkeiten wird unterschieden in

▶ Zeitgeringfügigkeit, das heißt Beschäftigung an nicht mehr als 50 Kalendertagen im Jahr, und
▶ Kurzbeschäftigung, das heißt Beschäftigung über nicht mehr als zwei Monate.

Geringfügig sind diese Tätigkeiten nur dann, wenn das monatliche Einkommen 400,00 € nicht übersteigt. Auf das Entgelt werden keine Renten- und Krankenversicherungsbeiträge erhoben, jedoch eine pauschalierte Lohnsteuer von 25 %.

Geringfügig Beschäftigte, deren Verdienst innerhalb der Gleitzone liegt, unterliegen der vollen Sozialversicherungspflicht. Der Arbeitnehmeranteil an der Sozialversicherung nimmt innerhalb der Gleitzone zu. Bei einem Entgelt von 400,01 € beträgt er 4,15 %, danach steigt er bis zur oberen Grenze der Gleitzone auf 20,85 %. Der Arbeitgeberanteil beträgt 21 %, die Besteuerung erfolgt gemäß dem Einkommensteuertarif.

Bei einer geringfügigen Beschäftigung in einem privaten Haushalt beträgt das monatliche Entgelt nicht mehr als 400,00 €. Die pauschale Abgabe des Arbeitgebers beträgt 12 %, zusammengesetzt aus einem Rentenversicherungsbeitrag von 5 %, einem Krankenversicherungsbeitrag von 5 % und einer Pauschalsteuer inklusive Solidaritätszuschlag und Kirchensteuer von 2 %.

AUFGABE

Diskutieren Sie die Frage, wann es sinnvoll ist, in einer kommerziellen Sporteinrichtung geringfügig Beschäftigte einzusetzen.

12.1.3 Befristete und unbefristete Arbeitsverhältnisse

Zum Einstieg

Nach dem Abschluss ihrer Ausbildung soll Anna Becker in den Betrieb ihres Arbeitgebers übernommen werden. Eigentlich möchte der Arbeitgeber Anna gerne langfristig an das Unternehmen binden, jedoch zögert er aus wirtschaftlichen Gründen, mit seiner ehemaligen Auszubildenden einen unbefristeten Arbeitsvertrag abzuschließen.

Für Beschäftigte in der Sport- und Fitnessbranche gelten die gleichen Bedingungen wie für die Arbeitnehmer in den übrigen Bereichen der Wirtschaft und des öffentlichen Dienstes. Das bedeutet, dass ein Arbeitgeber unter Umständen ein hohes Risiko eingeht, wenn er sich in einer wirtschaftlich unsicheren Situation an einen Arbeitnehmer langfristig bindet, da er gegenüber dem Arbeitnehmer nicht nur eine Fürsorge-, sondern vor allem auch eine Entgeltzahlungspflicht hat.

BASISWISSEN
Arbeits-
vertrag
Arbeitneh-
merschutz-
gesetze
Kapitel 1,
Abschnitte
1.3.5 und
1.3.6

Je nach Dienstleistungsangebot ist ein Unternehmen der Sport- und Fitnessbranche von aktuellen Trends und den allgemeinen Marktbedingungen und Strukturen abhängig. Zu den daraus folgenden wirtschaftlichen Unsicherheiten treten die gesetzlichen Gegebenheiten wie Arbeitnehmerschutzgesetze hinzu.

Viele Unternehmen entscheiden sich aus diesen Gründen bei der Neueinstellung eines Mitarbeiters zuerst einmal für einen befristeten Arbeitsvertrag.

AUFGABEN

1. Welche Gründe können den Arbeitgeber veranlassen, einen befristeten Arbeitsvertrag anzubieten?
2. Gibt es auch andere als wirtschaftliche Gründe, befristete anstelle von unbefristeten Arbeitsverträgen abzuschließen?
3. Welche Gründe gibt es für kleine Betriebe in der Sport- und Freizeitbranche, vorrangig befristete Arbeitsverträge zu schließen?
4. Welche Argumente sprechen dafür, mit Arbeitnehmern unbefristete Arbeitsverhältnisse zu begründen?

12.2 Personalbedarfs- und -einsatzplanung

Zum Einstieg

Aufgrund der Marketingmaßnahmen und der geänderten Beitragsstruktur ist die Zahl der Mitglieder bei der Alpha Sport Center GmbH enorm gestiegen. Um die Mitglieder besser betreuen zu können, überlegt die Geschäftsleitung, eine zusätzliche Stelle zu schaffen und mit einem Sport- und Fitnesskaufmann oder einer Sport- und Fitnesskauffrau zu besetzen.

BASISWISSEN
Personal-
planung und
-steuerung
Kapitel 6,
Abschnitt
6.4.3

Ein Personaleinsatzplan resultiert aus der Gegenüberstellung des aktuellen Personalbestands und des tatsächlichen Personalbedarfs für einen bestimmten Zeitraum. Grundsätzlich sollte eine stellenbezogene Betrachtungsweise durchgeführt werden, um einen Vergleich auf der Basis personalwirtschaftlicher Daten zu haben. Es gilt dabei zu unterscheiden nach dem strategischen Personaleinsatzplan und dem kurzfristigen (aktuellen) Personaleinsatzplan.

Der strategische Personaleinsatzplan bezieht sich auf den langfristigen oder dauerhaften Arbeitseinsatz, der aktuelle Personaleinsatzplan muss dem kurzfristigen Arbeitsanfall angepasst werden.

Beispiel ▶ Personalbestand – Personalbedarf – Personalplanung

	Leitung	Verwaltung und Einkauf	Buchhaltung	Marketing	Trainer
Personalbedarf	2	1	1	1	7
Personalbestand	2	1	0	0	7
Anpassungsbedarf	0	0	1	1	0

Tabelle 12.2: Personalbestand und -bedarf der Alpha Sport Center GmbH

BASISWISSEN
Stellenbe-
schreibung
Kapitel 1,
Abschnitt
1.1.3

Die in Tabelle 12.2 wiedergegebene Übersicht löst bei der Geschäftsleitung Überlegungen aus, wie die Anpassung des Personalbedarfs an den Personalbestand erfolgen soll. Bisher wurden die Buchhaltungsaufgaben teilweise von der Geschäftsleitung in Zusammenarbeit mit der Verwaltung erledigt. Bei den Marketingaufgaben verhielt es sich ähnlich. Dies hat in der Vergangenheit häufig zu Arbeitsüberlastungen und Frustration geführt. Nach einer Überprüfung der Qualifikationen aller Mitarbeiter kommt die Geschäftsleitung zu dem Ergebnis, dass nicht nur ein Sport- und Fitnesskaufmann, sondern zwei eingestellt werden sollen.

AUFGABEN

1. Erstellen Sie für die neuen Mitarbeiter anhand der Angaben im oben aufgeführten Beispiel eine Stellenbeschreibung.

2. Erstellen Sie eine Liste der Arbeitsaufgaben für die Stellen. Entscheiden Sie anhand Ihrer Unterlagen, ob wirklich zwei Neueinstellungen erforderlich sind. Gehen Sie davon aus, dass das Unternehmen rund 100 Dauermitglieder hat und dass die gesamte Buchhaltung intern erledigt wird.

3. Was verstehen Sie unter persönlicher Weiterentwicklung eines Mitarbeiters? Nennen Sie Beispiele.

12.3 Arbeitsvertrag

BASISWISSEN
Der Arbeits-
vertrag
Kapitel 1,
Abschnitt
1.3.5

Arbeitsverträge sind grundsätzlich formfrei, müssen jedoch mindestens bestimmte Inhalte umfassen wie zum Beispiel Beginn des Arbeitsverhältnisses, Art der Tätigkeit und Höhe des Arbeitsentgelts.

AUFGABEN

1. Erstellen Sie entsprechend den im Folgenden genannten Vorgaben fünf verschiedene Musterarbeitsverträge für einen Sport- und Fitnesskaufmann, der bei der Alpha Sport Center GmbH angestellt werden soll.

   a) Der Vertrag soll auf unbestimmte Dauer geschlossen werden.

   b) Der Vertrag soll auf unbestimmte Dauer geschlossen werden und lehnt sich an einen Tarifvertrag an.

   c) Der Vertrag regelt ein Teilzeitarbeitsverhältnis nach dem Teilzeit- und Befristungsgesetz.

   d) Der Vertrag regelt ein Teilzeitarbeitsverhältnis, wobei der Arbeitseinsatz auf Abruf erfolgt.

   e) Der Vertrag soll auf unbestimmte Dauer geschlossen werden und eine geringfügige Beschäftigung regeln.

2. Welche Inhalte müssen in einem Arbeitsvertrag mindestens niedergeschrieben sein?

3. Worin besteht der Unterschied beim Dienstvertrag nach § 611 BGB zwischen einem Arbeitsverhältnis und einem freien Mitarbeitsverhältnis?

4. Wie können Arbeitsverhältnisse beendet werden?

5. Welche Kündigungsarten werden unterschieden?

6. Erarbeiten Sie branchenspezifische Gründe für eine personenbedingte, eine verhaltensbedingte und eine ordentliche betriebsbedingte Kündigung. Berücksichtigen Sie die gesetzlichen Kündigungsfristen.

7. Unterscheiden Sie zwischen einem Aufhebungsvertrag und einer Kündigung.

12.4 Entgeltabrechnung

Zum Einstieg

Die Alpha Sport Center GmbH hat sich entschieden, eine Mitarbeiterin für die Buchhaltung einzustellen. Maria Steinhaus ist Sport- und Fitnesskauffrau und neben ihrer Trainertätigkeit als Tanzlehrerin arbeitet sie zu drei Vierteln ihrer Arbeitszeit in der Buchhaltung. Hierzu gehört auch die Erstellung der monatlichen Entgeltabrechnungen für alle Mitarbeiter der Alpha Sport Center GmbH. Markus Schmidt, Auszubildender im zweiten Lehrjahr, ist Marias Aufgabengebiet in der Buchhaltung für drei Monate zugeordnet, damit er sich mit dem Lohnwesen des Unternehmens vertraut machen kann. Maria erklärt ihm die verschiedenen Steuerklassen.

Die Einordnung eines Arbeitnehmers in eine Steuerklasse hat Konsequenzen für die Höhe der Lohnsteuer, die der Arbeitgeber direkt an das Finanzamt abführt. Tabelle 12.3 vermittelt einen Überblick über die Kriterien der sechs verschiedenen Steuerklassen des deutschen Einkommensteuerrechts.

5622228

Steuerklasse	Einordnungskriterien
I	alle Arbeitnehmer, die ▶ ledig oder geschieden sind; ▶ die zwar verheiratet sind, aber von ihrem Ehegatten dauernd getrennt leben oder deren Ehegatte im Ausland lebt; ▶ die verwitwet sind und deren Ehegatte vor dem 1. Januar 2006 verstorben ist
II	solche in Steuerklasse I genannte Arbeitnehmer, denen der Entlastungsbetrag für Alleinerziehende zusteht. Dieser Betrag beläuft sich zurzeit (Stand: Dezember 2007) auf 1.308,00 €. Voraussetzung ist, dass der Alleinerziehende mit seinem Kind in einer Haushaltsgemeinschaft in einer gemeinsamen Wohnung lebt.
III	verheiratete Arbeitnehmer, ▶ die nicht dauernd getrennt leben und im Inland wohnen, ▶ für deren Ehegatten keine Steuerkarte oder eine Steuerkarte der Steuerklasse V ausgestellt ist
IV	gilt für die in Steuerklasse III genannten Arbeitnehmer, sofern beide Ehegatten Arbeitsentgelt beziehen. Es besteht ein Wahlrecht zwischen den Steuerklassenkombinationen IV/IV und III/V.
V	Diese Steuerklasse tritt für einen Ehegatten an die Stelle der Steuerklasse IV, wenn der andere Ehegatte in Steuerklasse III eingestuft ist. Anmerkung: Wenn beide Ehegatten ein etwa gleich hohes Entgelt beziehen, ist es sinnvoll, sich für die Steuerklassenkombination IV/IV zu entscheiden. Weichen die Entgelte der Ehegatten erheblich voneinander ab, so sollte sich der geringer verdienende Ehegatte für die Lohnsteuerklasse V entscheiden. Grundsätzlich gilt hier die sog. 40-%-Regel, d. h., wenn sich das Entgelt der Ehegatten um rund 40 % unterscheidet, ist es sinnvoll, die Steuerklassen III und V (für das niedrigere Gehalt) zu wählen.
VI	gilt für Arbeitnehmer mit mehreren Arbeitsverhältnissen. Diese haben ihrem ersten Arbeitgeber (im Regelfall ist das derjenige, von dem er den höchsten Lohn erhält) eine Lohnsteuerkarte mit den Angaben und der Steuerklasse abzugeben, die ihrem steuerlichem Familienstand entspricht. Weiteren Arbeitgebern müssen sie eine Lohnsteuerkarte vorlegen, auf der die Lohnsteuerklasse VI bescheinigt ist.

Tabelle 12.3: Die Lohnsteuerklassen im deutschen Einkommensteuerrecht

Für jede Steuerklasse gelten ein gesonderter Einkommensteuertarif und gesonderte Frei- und Pauschbeträge. Diese Größen werden bei der Abfassung der Lohnsteuertabellen, die die Basis zur Lohnabrechnung bilden, berücksichtigt. Der Arbeitgeber ist an die Angaben auf der Lohnsteuerkarte gebunden, auch wenn diese falsch sein sollten. In einem solchen Fall müsste er den Arbeitnehmer zur Änderung seiner Steuerklassenzugehörigkeit an die Gemeinde verweisen.

Beispiel ▶ Monatliche Lohnabrechnung

Die Mitarbeiterin Anne Knuth ist ledig, 23 Jahre alt und hat keine Kinder. Dementsprechend ist sie in Steuerklasse I eingestuft. Anne Knuth ist katholisch, der Kirchensteuersatz beträgt in dem Bundesland, in dem sie wohnt, 9 %, ihr Bruttoentgelt beläuft sich auf 1.480,00 €.

Es gelten die folgenden Beitragssätze zur gesetzlichen Sozialversicherung:

▶ Krankenversicherung bei der Barmer Ersatzkasse: 14,4 % plus 0,9 % Sonderbeitragssatz
▶ Rentenversicherung: 19,9 %
▶ Arbeitslosenversicherung: 4,2 %
▶ Pflegeversicherung: 1,7 % plus 0,25 %, da älter als 22 und ohne Kinder

Anhand der Lohnsteuertabelle (Tabelle 12.5) lässt sich der Nettoauszahlungsbetrag berechnen. Hierbei ist zu beachten:

▶ Zur Feststellung der zu zahlenden Lohnsteuer wird in der Tabelle immer der dem Bruttoentgelt am nächsten liegende, höhere Betrag genommen. Bei 1.480,00 € brutto wird also der Wert 1.481,99 € ausgewählt.
▶ Basis zur Berechnung des Solidaritätszuschlags ist die zu zahlende Lohnsteuer.
▶ Die Beiträge zur Sozialversicherung werden mit Ausnahme der Sonderbeitragssätze zu je 50 % arbeitgeber- und arbeitnehmerseitig entrichtet. Basis der Berechnung ist das Bruttoentgelt.
▶ Sowohl für die Entrichtung der Sozialversicherungsbeiträge als auch für die Abführung der Lohnsteuer sind im Rahmen der elektronischen Datenübermittlung an den Sozialversicherungsträger und an das Finanzamt spezielle Formulare und Softwareprogramme verfügbar.

Tabelle 12.4 fasst die Ergebnisse der Lohnabrechnung im Fall von Anne Knuth zusammen.

Zeile	Bruttoentgelt	Arbeitnehmer-abzüge	Arbeitgeber-abzüge	gesamt
1	1.480,00 €			
2	KV	119,88	106,56	226,44
3	RV	147,26	147,26	294,52
4	AV	31,08	31,08	62,16
5	PV	16,28	12,58	28,86
6	Zwischensumme I (Zeilen 2 bis 5)	314,50	297,48	611,98
7	Lohnsteuer	120,25		
8	Kirchensteuer	10,82		
9	Solidaritätszuschlag	6,61		
10	Zwischensumme II (Zeilen 7 bis 9)	137,68		
11	Abzüge insgesamt (Zeilen 6 und 10)	452,18		
12	auszuzahlen (Zeile 1 minus Zeile 11)	1.027,82		

Tabelle 12.4: Beispiel einer Lohnabrechnung

MONAT 1 440,–*

Abzüge an Lohnsteuer, Solidaritätszuschlag (SolZ) und Kirchensteuer (8%, 9%) in den Steuerklassen

Lohn/Gehalt: I – VI (ohne Kinderfreibeträge) | I, II, III, IV (mit Zahl der Kinderfreibeträge ...)

Lohn/Gehalt bis €*	Kl	LSt	SolZ	8%	9%	Kl	LSt	0,5 SolZ	0,5 8%	0,5 9%	1 SolZ	1 8%	1 9%	1,5 SolZ	1,5 8%	1,5 9%	2 SolZ	2 8%	2 9%	2,5 SolZ	2,5 8%	2,5 9%	3 SolZ	3 8%	3 9%
1 442,99	I,IV	109,08	5,61	8,72	9,81	I	109,08	—	4,20	4,73	—	0,60	0,68												
	II	82,66	0,33	6,61	7,43	II	82,66	—	2,46	2,76															
	III	—				III	—																		
	V	350,16	19,25	28,01	31,51	IV	109,08	—	6,38	7,17	—	4,20	4,73	—	2,28	2,56	—	0,60	0,68						
	VI	376,—	20,68	30,08	33,84																				
1 445,99	I,IV	110,—	5,80	8,80	9,90	I	110,—	—	4,26	4,79	—	0,65	0,73												
	II	83,50	0,50	6,68	7,51	II	83,50	—	2,51	2,82															
	III	—				III	—																		
	V	351,16	19,31	28,09	31,60	IV	110,—	—	6,44	7,25	—	4,26	4,79	—	2,33	2,62	—	0,65	0,73						
	VI	377,16	20,74	30,17	33,94																				
1 448,99	I,IV	110,83	5,96	8,86	9,97	I	110,83	—	4,32	4,86	—	0,69	0,77												
	II	84,33	0,66	6,74	7,58	II	84,33	—	2,56	2,88															
	III	—				III	—																		
	V	352,16	19,36	28,17	31,69	IV	110,83	0,08	6,51	7,32	—	4,32	4,86	—	2,38	2,68	—	0,69	0,77						
	VI	378,16	20,79	30,25	34,03																				
1 451,99	I,IV	111,66	6,13	8,93	10,04	I	111,66	—	4,38	4,93	—	0,74	0,83												
	II	85,16	0,83	6,81	7,66	II	85,16	—	2,62	2,94															
	III	—				III	—																		
	V	353,16	19,42	28,25	31,78	IV	111,66	0,25	6,58	7,40	—	4,38	4,93	—	2,44	2,74	—	0,74	0,83						
	VI	379,16	20,85	30,33	34,12																				
1 454,99	I,IV	112,50	6,18	9,—	10,12	I	112,50	—	4,44	5,—	—	0,78	0,88												
	II	86,—	1,—	6,88	7,74	II	86,—	—	2,67	3,—															
	III	—				III	—																		
	V	354,16	19,47	28,33	31,87	IV	112,50	0,41	6,64	7,47	—	4,44	5,—	—	2,49	2,80	—	0,78	0,88						
	VI	380,16	20,90	30,41	34,21																				
1 457,99	I,IV	113,41	6,23	9,07	10,20	I	113,41	—	4,50	5,06	—	0,83	0,93												
	II	86,83	1,16	6,94	7,81	II	86,83	—	2,72	3,06															
	III	—				III	—																		
	V	355,33	19,54	28,42	31,97	IV	113,41	0,58	6,71	7,55	—	4,50	5,06	—	2,54	2,86	—	0,83	0,93						
	VI	381,33	20,97	30,50	34,31																				
1 460,99	I,IV	114,25	6,28	9,14	10,28	I	114,25	—	4,56	5,13	—	0,88	0,99												
	II	87,66	1,33	7,01	7,88	II	87,66	—	2,78	3,12															
	III	—				III	—																		
	V	356,16	19,58	28,49	32,05	IV	114,25	0,76	6,78	7,63	—	4,56	5,13	—	2,60	2,92	—	0,88	0,99						
	VI	382,16	21,01	30,57	34,39																				
1 463,99	I,IV	115,08	6,32	9,20	10,35	I	115,08	—	4,62	5,20	—	0,92	1,04												
	II	88,50	1,50	7,08	7,96	II	88,50	—	2,83	3,18															
	III	—				III	—																		
	V	357,33	19,65	28,58	32,15	IV	115,08	0,91	6,84	7,70	—	4,62	5,20	—	2,65	2,98	—	0,92	1,04						
	VI	383,16	21,07	30,65	34,48																				
1 466,99	I,IV	116,—	6,38	9,28	10,44	I	116,—	—	4,68	5,27	—	0,96	1,08												
	II	89,33	1,66	7,14	8,03	II	89,33	—	2,88	3,24															
	III	—				III	—																		
	V	358,33	19,70	28,66	32,24	IV	116,—	1,08	6,91	7,77	—	4,68	5,27	—	2,70	3,04	—	0,96	1,08						
	VI	384,33	21,13	30,74	34,58																				
1 469,99	I,IV	116,83	6,42	9,34	10,51	I	116,83	—	4,74	5,33	—	1,01	1,13												
	II	90,16	1,83	7,21	8,11	II	90,16	—	2,94	3,31															
	III	—				III	—																		
	V	359,33	19,76	28,74	32,33	IV	116,83	1,26	6,98	7,85	—	4,74	5,33	—	2,76	3,10	—	1,01	1,13						
	VI	385,16	21,18	30,81	34,66																				
1 472,99	I,IV	117,75	6,47	9,42	10,59	I	117,75	—	4,80	5,40	—	1,06	1,19												
	II	91,—	2,—	7,28	8,19	II	91,—	—	3,—	3,37															
	III	—				III	—																		
	V	360,33	19,81	28,82	32,42	IV	117,75	1,43	7,05	7,93	—	4,80	5,40	—	2,81	3,16	—	1,06	1,19						
	VI	386,33	21,24	30,90	34,76																				
1 475,99	I,IV	118,58	6,52	9,48	10,67	I	118,58	—	4,86	5,47	—	1,10	1,24												
	II	91,83	2,16	7,34	8,26	II	91,83	—	3,05	3,43															
	III	—				III	—																		
	V	361,33	19,87	28,90	32,51	IV	118,58	1,60	7,12	8,01	—	4,86	5,47	—	2,86	3,22	—	1,10	1,24						
	VI	387,33	21,30	30,98	34,85																				
1 478,99	I,IV	119,41	6,56	9,55	10,74	I	119,41	—	4,93	5,54	—	1,15	1,29												
	II	92,75	2,35	7,42	8,34	II	92,75	—	3,10	3,49															
	III	—				III	—																		
	V	362,33	19,92	28,98	32,60	IV	119,41	1,76	7,18	8,08	—	4,93	5,54	—	2,92	3,28	—	1,15	1,29						
	VI	388,33	21,35	31,06	34,94																				
1 481,99	I,IV	120,25	6,61	9,62	10,82	I	120,25	—	4,99	5,61	—	1,20	1,35												
	II	93,58	2,51	7,48	8,42	II	93,58	—	3,16	3,55															
	III	—				III	—																		
	V	363,50	19,99	29,08	32,71	IV	120,25	1,93	7,25	8,15	—	4,99	5,61	—	2,97	3,34	—	1,20	1,35						
	VI	389,33	21,41	31,14	35,03																				
1 484,99	I,IV	121,16	6,66	9,69	10,90	I	121,16	—	5,05	5,68	—	1,25	1,40												
	II	94,41	2,68	7,55	8,49	II	94,41	—	3,22	3,62															
	III	—				III	—																		
	V	364,33	20,03	29,14	32,78	IV	121,16	2,10	7,32	8,23	—	5,05	5,68	—	3,02	3,40	—	1,25	1,40						
	VI	390,50	21,47	31,24	35,14																				

Tabelle 12.5: Auszug aus der Lohnsteuertabelle 2007 (1)

1 529,99* MONAT

Abzüge an Lohnsteuer, Solidaritätszuschlag (SolZ) und Kirchensteuer (8%, 9%) in den Steuerklassen

Lohn/Gehalt bis €*	StKl	I–VI LSt	SolZ	8%	9%	StKl	LSt	0,5 SolZ	0,5 8%	0,5 9%	1 SolZ	1 8%	1 9%	1,5 SolZ	1,5 8%	1,5 9%	2 SolZ	2 8%	2 9%	2,5 SolZ	2,5 8%	2,5 9%	3 SolZ	3 8%	3 9%
1 487,99	I,IV	122,—	6,71	9,76	10,98	I	122,—	—	5,11	5,75	—	1,30	1,46												
	II	95,25	2,85	7,62	8,57	II	95,25	—	3,27	3,68															
	III	—	—	—	—	III	—																		
	V	365,50	20,10	29,24	32,89	IV	122,—	2,26	7,38	8,30	—	5,11	5,75	—	3,08	3,46	—	1,30	1,46						
	VI	391,50	21,53	31,32	35,23																				
1 490,99	I,IV	122,91	6,76	9,83	11,06	I	122,91	—	5,18	5,82	—	1,34	1,51												
	II	96,08	3,01	7,68	8,64	II	96,08	—	3,32	3,74															
	III	—	—	—	—	III	—																		
	V	366,33	20,14	29,30	32,96	IV	122,91	2,43	7,45	8,38	—	5,18	5,82	—	3,14	3,53	—	1,34	1,51						
	VI	392,50	21,58	31,40	35,32																				
1 493,99	I,IV	123,75	6,80	9,90	11,13	I	123,75	—	5,24	5,89	—	1,39	1,56												
	II	96,91	3,18	7,75	8,72	II	96,91	—	3,38	3,80															
	III	—	—	—	—	III	—																		
	V	367,50	20,21	29,40	33,07	IV	123,75	2,60	7,52	8,46	—	5,24	5,89	—	3,19	3,59	—	1,39	1,56						
	VI	393,50	21,64	31,48	35,41																				
1 496,99	I,IV	124,58	6,85	9,96	11,21	I	124,58	—	5,30	5,96	—	1,44	1,62												
	II	97,75	3,35	7,82	8,79	II	97,75	—	3,44	3,87	—	0,02	0,02												
	III	—	—	—	—	III	—																		
	V	368,33	20,25	29,46	33,14	IV	124,58	2,76	7,58	8,53	—	5,30	5,96	—	3,24	3,65	—	1,44	1,62						
	VI	394,66	21,70	31,57	35,51																				
1 499,99	I,IV	125,50	6,90	10,04	11,29	I	125,50	—	5,36	6,03	—	1,49	1,67												
	II	98,58	3,51	7,88	8,87	II	98,58	—	3,50	3,93	—	0,07	0,08												
	III	—	—	—	—	III	—																		
	V	369,50	20,32	29,56	33,25	IV	125,50	2,93	7,65	8,60	—	5,36	6,03	—	3,30	3,71	—	1,49	1,67						
	VI	395,66	21,76	31,65	35,60																				
1 502,99	I,IV	126,33	6,94	10,10	11,36	I	126,33	—	5,42	6,10	—	1,54	1,73												
	II	99,50	3,70	7,96	8,95	II	99,50	—	3,55	3,99	—	0,11	0,12												
	III	—	—	—	—	III	—																		
	V	370,33	20,36	29,62	33,32	IV	126,33	3,11	7,72	8,69	—	5,42	6,10	—	3,36	3,78	—	1,54	1,73						
	VI	396,66	21,81	31,73	35,69																				
1 505,99	I,IV	127,25	6,99	10,18	11,45	I	127,25	—	5,49	6,17	—	1,58	1,78												
	II	100,33	3,86	8,02	9,02	II	100,33	—	3,61	4,06	—	0,15	0,17												
	III	—	—	—	—	III	—																		
	V	371,50	20,43	29,72	33,43	IV	127,25	3,28	7,79	8,76	—	5,49	6,17	—	3,41	3,83	—	1,58	1,78	—	0,01	0,01			
	VI	397,66	21,87	31,81	35,78																				
1 508,99	I,IV	128,08	7,04	10,24	11,52	I	128,08	—	5,55	6,24	—	1,64	1,84												
	II	101,16	4,03	8,09	9,10	II	101,16	—	3,66	4,12	—	0,20	0,22												
	III	—	—	—	—	III	—																		
	V	372,50	20,48	29,80	33,52	IV	128,08	3,45	7,86	8,84	—	5,55	6,24	—	3,47	3,90	—	1,64	1,84	—	0,05	0,05			
	VI	398,66	21,92	31,89	35,87																				
1 511,99	I,IV	129,—	7,09	10,32	11,61	I	129,—	—	5,62	6,32	—	1,68	1,89												
	II	102,—	4,20	8,16	9,18	II	102,—	—	3,72	4,19	—	0,24	0,27												
	III	—	—	—	—	III	—																		
	V	373,50	20,54	29,88	33,61	IV	129,—	3,61	7,92	8,91	—	5,62	6,32	—	3,52	3,96	—	1,68	1,89	—	0,09	0,10			
	VI	399,83	21,99	31,98	35,98																				
1 514,99	I,IV	129,83	7,14	10,38	11,68	I	129,83	—	5,68	6,39	—	1,74	1,95												
	II	102,83	4,36	8,22	9,25	II	102,83	—	3,78	4,25	—	0,28	0,32												
	III	—	—	—	—	III	—																		
	V	374,50	20,59	29,96	33,70	IV	129,83	3,78	7,99	8,99	—	5,68	6,39	—	3,58	4,03	—	1,74	1,95	—	0,14	0,15			
	VI	400,83	22,04	32,06	36,07																				
1 517,99	I,IV	130,66	7,18	10,45	11,75	I	130,66	—	5,74	6,46	—	1,78	2,—												
	II	103,75	4,55	8,30	9,33	II	103,75	—	3,84	4,32	—	0,32	0,36												
	III	—	—	—	—	III	—																		
	V	375,50	20,65	30,04	33,79	IV	130,66	3,95	8,06	9,06	—	5,74	6,46	—	3,64	4,09	—	1,78	2,—	—	0,18	0,20			
	VI	401,83	22,10	32,14	36,16																				
1 520,99	I,IV	131,58	7,23	10,52	11,84	I	131,58	—	5,81	6,53	—	1,84	2,07												
	II	104,58	4,71	8,36	9,41	II	104,58	—	3,90	4,38	—	0,37	0,41												
	III	—	—	—	—	III	—																		
	V	376,50	20,70	30,12	33,88	IV	131,58	4,13	8,13	9,14	—	5,81	6,53	—	3,70	4,16	—	1,84	2,07	—	0,22	0,24			
	VI	403,—	22,16	32,24	36,27																				
1 523,99	I,IV	132,41	7,28	10,59	11,91	I	132,41	—	5,87	6,60	—	1,88	2,12												
	II	105,41	4,88	8,43	9,48	II	105,41	—	3,95	4,44	—	0,41	0,46												
	III	—	—	—	—	III	—																		
	V	377,66	20,77	30,21	33,98	IV	132,41	4,30	8,20	9,22	—	5,87	6,60	—	3,76	4,23	—	1,88	2,12	—	0,26	0,29			
	VI	403,83	22,21	32,30	36,34																				
1 526,99	I,IV	133,33	7,33	10,66	11,99	I	133,33	—	5,94	6,68	—	1,94	2,18												
	II	106,25	5,05	8,50	9,56	II	106,25	—	4,01	4,51	—	0,46	0,51												
	III	—	—	—	—	III	—																		
	V	378,50	20,81	30,28	34,06	IV	133,33	4,46	8,26	9,29	—	5,94	6,68	—	3,81	4,28	—	1,94	2,18	—	0,30	0,34			
	VI	405,—	22,27	32,40	36,45																				
1 529,99	I,IV	134,16	7,37	10,73	12,07	I	134,16	—	6,—	6,75	—	1,98	2,23												
	II	107,16	5,23	8,57	9,64	II	107,16	—	4,07	4,58	—	0,50	0,56												
	III	—	—	—	—	III	—																		
	V	379,66	20,88	30,37	34,16	IV	134,16	4,63	8,33	9,37	—	6,—	6,75	—	3,87	4,35	—	1,98	2,23	—	0,35	0,39			
	VI	406,—	22,33	32,48	36,54																				

Tabelle 12.6: Auszug aus der Lohnsteuertabelle 2007 (2)

5622232

Lohn/ Gehalt bis €*	Abzüge an Lohnsteuer, Solidaritätszuschlag (SolZ) und Kirchensteuer (8%, 9%) in den Steuerklassen																								
	I – VI					I, II, III, IV																			
			ohne Kinderfreibeträge					mit Zahl der Kinderfreibeträge . . .																	
								0,5			1			1,5			2			2,5			3**		
		LSt	SolZ	8%	9%		LSt	SolZ	8%	9%	SolZ	8%	9%	SolZ	8%	9%	SolZ	8%	9%	SolZ	8%	9%	SolZ	8%	9%
2 609,99	I,IV	431,33	23,72	34,50	38,81	I	431,33	19,69	28,64	32,22	15,84	23,04	25,92	12,16	17,69	19,90	8,66	12,60	14,17	3,21	7,76	8,73	—	3,39	3,81
	II	397,91	21,88	31,83	35,81	II	397,91	17,93	26,08	29,34	14,16	20,60	23,17	10,56	15,36	17,28	7,14	10,39	11,69	—	5,68	6,39	—	1,74	1,95
	III	161,16	—	12,89	14,50	III	161,16	—	8,53	9,59	—	4,66	5,24	—	1,29	1,45	—	—	—	—	—	—	—	—	—
	V	804,66	44,25	64,37	72,41	IV	431,33	21,68	31,54	35,48	19,69	28,64	32,22	17,74	25,81	29,03	15,84	23,04	25,92	13,97	20,33	22,87	12,16	17,69	19,90
	VI	836,83	46,02	66,94	75,31																				
2 612,99	I,IV	432,25	23,77	34,58	38,90	I	432,25	19,74	28,71	32,30	15,88	23,10	25,99	12,20	17,75	19,97	8,70	12,66	14,24	3,35	7,82	8,79	—	3,44	3,87
	II	398,83	21,93	31,90	35,89	II	398,83	17,98	26,15	29,42	14,20	20,66	23,24	10,60	15,42	17,35	7,18	10,44	11,75	—	5,74	6,45	—	1,78	2,—
	III	161,83	—	12,94	14,56	III	161,83	—	8,58	9,65	—	4,70	5,29	—	1,33	1,49	—	—	—	—	—	—	—	—	—
	V	805,91	44,32	64,47	72,53	IV	432,25	21,73	31,61	35,56	19,74	28,71	32,30	17,79	25,88	29,11	15,88	23,10	25,99	14,02	20,40	22,95	12,20	17,75	19,97
	VI	838,16	46,09	67,05	75,43																				
2 615,99	I,IV	433,16	23,82	34,65	38,98	I	433,16	19,79	28,78	32,38	15,93	23,17	26,06	12,25	17,82	20,04	8,74	12,72	14,31	3,50	7,88	8,86	—	3,48	3,92
	II	399,75	21,98	31,98	35,97	II	399,75	18,03	26,22	29,50	14,24	20,72	23,31	10,64	15,48	17,42	7,22	10,50	11,81	—	5,79	6,51	—	1,82	2,05
	III	162,50	0,10	13,—	14,62	III	162,50	—	8,62	9,70	—	4,76	5,35	—	1,37	1,54	—	—	—	—	—	—	—	—	—
	V	807,16	44,39	64,57	72,64	IV	433,16	21,78	31,68	35,64	19,79	28,78	32,38	17,83	25,94	29,18	15,93	23,17	26,06	14,06	20,46	23,01	12,25	17,82	20,04
	VI	839,41	46,16	67,15	75,54																				
2 618,99	I,IV	434,08	23,87	34,72	39,06	I	434,08	19,83	28,85	32,45	15,97	23,24	26,14	12,29	17,88	20,11	8,78	12,78	14,37	3,63	7,93	8,92	—	3,53	3,97
	II	400,58	22,03	32,04	36,05	II	400,58	18,07	26,29	29,57	14,29	20,79	23,39	10,69	15,55	17,49	7,26	10,56	11,88	—	5,84	6,57	—	1,86	2,09
	III	163,33	0,26	13,06	14,69	III	163,33	—	8,68	9,76	—	4,80	5,40	—	1,41	1,58	—	—	—	—	—	—	—	—	—
	V	808,41	44,46	64,67	72,75	IV	434,08	21,83	31,75	35,72	19,83	28,85	32,45	17,88	26,01	29,26	15,97	23,24	26,14	14,11	20,52	23,09	12,29	17,88	20,11
	VI	840,66	46,23	67,25	75,65																				
2 621,99	I,IV	435,—	23,92	34,80	39,15	I	435,—	19,88	28,92	32,53	16,02	23,30	26,21	12,33	17,94	20,18	8,82	12,84	14,44	3,78	7,99	8,99	—	3,58	4,03
	II	401,50	22,08	32,12	36,13	II	401,50	18,12	26,36	29,65	14,34	20,86	23,46	10,73	15,61	17,56	7,30	10,62	11,95	—	5,90	6,63	—	1,90	2,14
	III	164,—	0,40	13,12	14,76	III	164,—	—	8,73	9,82	—	4,84	5,44	—	1,45	1,63	—	—	—	—	—	—	—	—	—
	V	809,75	44,53	64,78	72,87	IV	435,—	21,88	31,82	35,80	19,88	28,92	32,53	17,93	26,08	29,34	16,02	23,30	26,21	14,15	20,59	23,16	12,33	17,94	20,18
	VI	841,91	46,30	67,35	75,77																				
2 624,99	I,IV	435,83	23,97	34,86	39,22	I	435,83	19,93	28,99	32,61	16,06	23,37	26,29	12,37	18,—	20,25	8,86	12,90	14,51	3,93	8,05	9,05	—	3,63	4,08
	II	402,41	22,13	32,19	36,21	II	402,41	18,16	26,42	29,72	14,38	20,92	23,53	10,77	15,67	17,63	7,34	10,68	12,02	—	5,95	6,69	—	1,95	2,19
	III	164,66	0,53	13,17	14,81	III	164,66	—	8,78	9,88	—	4,88	5,49	—	1,49	1,67	—	—	—	—	—	—	—	—	—
	V	811,—	44,60	64,88	72,99	IV	435,83	21,93	31,90	35,88	19,93	28,99	32,61	17,97	26,14	29,41	16,06	23,37	26,29	14,19	20,65	23,23	12,37	18,—	20,25
	VI	843,16	46,37	67,45	75,88																				
2 627,99	I,IV	436,75	24,02	34,94	39,30	I	436,75	19,97	29,06	32,69	16,11	23,43	26,36	12,42	18,06	20,32	8,91	12,96	14,58	4,06	8,10	9,11	—	3,68	4,14
	II	403,25	22,17	32,26	36,29	II	403,25	18,21	26,49	29,80	14,42	20,98	23,60	10,81	15,73	17,69	7,38	10,74	12,08	—	6,01	6,76	—	1,99	2,24
	III	165,33	0,66	13,22	14,87	III	165,33	—	8,82	9,92	—	4,93	5,54	—	1,53	1,72	—	—	—	—	—	—	—	—	—
	V	812,25	44,67	64,98	73,10	IV	436,75	21,97	31,96	35,96	19,97	29,06	32,69	18,02	26,21	29,48	16,11	23,43	26,36	14,24	20,72	23,31	12,42	18,06	20,32
	VI	844,41	46,44	67,55	75,99																				
2 630,99	I,IV	437,66	24,07	35,01	39,38	I	437,66	20,02	29,12	32,76	16,15	23,50	26,43	12,46	18,13	20,39	8,95	13,02	14,64	4,21	8,16	9,18	—	3,72	4,19
	II	404,16	22,22	32,33	36,37	II	404,16	18,26	26,56	29,88	14,47	21,05	23,68	10,86	15,80	17,77	7,42	10,80	12,15	—	6,06	6,82	—	2,03	2,28
	III	166,16	0,83	13,29	14,95	III	166,16	—	8,88	9,99	—	4,97	5,59	—	1,56	1,75	—	—	—	—	—	—	—	—	—
	V	813,50	44,74	65,08	73,21	IV	437,66	22,02	32,04	36,04	20,02	29,12	32,76	18,07	26,28	29,57	16,15	23,50	26,43	14,29	20,78	23,38	12,46	18,13	20,39
	VI	845,66	46,51	67,65	76,10																				
2 633,99	I,IV	438,58	24,12	35,08	39,47	I	438,58	20,07	29,20	32,85	16,20	23,56	26,51	12,50	18,19	20,46	8,99	13,08	14,71	4,35	8,22	9,24	—	3,77	4,24
	II	405,—	22,27	32,40	36,45	II	405,—	18,31	26,63	29,96	14,52	21,12	23,76	10,90	15,86	17,84	7,46	10,86	12,21	—	6,12	6,88	—	2,08	2,34
	III	166,83	0,96	13,34	15,01	III	166,83	—	8,93	10,04	—	5,01	5,63	—	1,60	1,80	—	—	—	—	—	—	—	—	—
	V	814,75	44,81	65,18	73,32	IV	438,58	22,07	32,11	36,12	20,07	29,20	32,85	18,11	26,35	29,64	16,20	23,56	26,51	14,33	20,85	23,45	12,50	18,19	20,46
	VI	846,91	46,58	67,75	76,22																				
2 636,99	I,IV	439,50	24,17	35,16	39,55	I	439,50	20,12	29,26	32,92	16,24	23,63	26,58	12,55	18,26	20,54	9,03	13,14	14,78	4,50	8,28	9,31	—	3,82	4,30
	II	405,91	22,32	32,47	36,53	II	405,91	18,35	26,70	30,03	14,56	21,18	23,82	10,94	15,92	17,91	7,50	10,92	12,28	—	6,17	6,94	—	2,12	2,38
	III	167,50	1,10	13,40	15,07	III	167,50	—	8,98	10,10	—	5,06	5,69	—	1,64	1,84	—	—	—	—	—	—	—	—	—
	V	816,—	44,88	65,28	73,44	IV	439,50	22,12	32,18	36,20	20,12	29,26	32,92	18,16	26,42	29,72	16,24	23,63	26,58	14,37	20,91	23,52	12,55	18,26	20,54
	VI	848,25	46,65	67,86	76,34																				
2 639,99	I,IV	440,41	24,22	35,23	39,63	I	440,41	20,17	29,34	33,—	16,29	23,70	26,66	12,59	18,32	20,61	9,07	13,20	14,85	4,63	8,33	9,37	—	3,87	4,35
	II	406,83	22,37	32,54	36,61	II	406,83	18,40	26,76	30,11	14,60	21,24	23,90	10,99	15,98	17,98	7,54	10,98	12,35	—	6,22	7,—	—	2,16	2,43
	III	168,16	1,23	13,45	15,13	III	168,16	—	9,04	10,17	—	5,10	5,74	—	1,68	1,89	—	—	—	—	—	—	—	—	—
	V	817,25	44,94	65,38	73,55	IV	440,41	22,17	32,25	36,28	20,17	29,34	33,—	18,20	26,48	29,79	16,29	23,70	26,66	14,42	20,98	23,60	12,59	18,32	20,61
	VI	849,50	46,72	67,96	76,45																				
2 642,99	I,IV	441,33	24,27	35,30	39,71	I	441,33	20,21	29,40	33,08	16,33	23,76	26,73	12,64	18,38	20,68	9,11	13,26	14,91	4,78	8,39	9,44	—	3,92	4,41
	II	407,75	22,42	32,62	36,69	II	407,75	18,44	26,83	30,18	14,65	21,31	23,97	11,03	16,04	18,05	7,58	11,03	12,41	—	6,28	7,07	—	2,20	2,48
	III	168,83	1,36	13,50	15,19	III	168,83	—	9,08	10,21	—	5,14	5,78	—	1,72	1,93	—	—	—	—	—	—	—	—	—
	V	818,50	45,01	65,48	73,66	IV	441,33	22,22	32,32	36,36	20,21	29,40	33,08	18,25	26,55	29,87	16,33	23,76	26,73	14,46	21,04	23,67	12,64	18,38	20,68
	VI	850,75	46,79	68,06	76,56																				
2 645,99	I,IV	442,25	24,32	35,38	39,80	I	442,25	20,26	29,48	33,16	16,38	23,83	26,81	12,68	18,44	20,75	9,15	13,32	14,98	4,91	8,44	9,50	—	3,96	4,46
	II	408,58	22,47	32,68	36,77	II	408,58	18,49	26,90	30,26	14,69	21,38	24,05	11,07	16,10	18,11	7,62	11,09	12,47	—	6,34	7,13	—	2,24	2,52
	III	169,66	1,53	13,57	15,26	III	169,66	—	9,13	10,27	—	5,20	5,85	—	1,76	1,98	—	—	—	—	—	—	—	—	—
	V	819,75	45,08	65,58	73,77	IV	442,25	22,27	32,39	36,44	20,26	29,48	33,16	18,30	26,62	29,95	16,38	23,83	26,81	14,51	21,10	23,74	12,68	18,44	20,75
	VI	852,—	46,86	68,16	76,68																				
2 648,99	I,IV	443,08	24,36	35,44	39,87	I	443,08	20,31	29,54	33,23	16,43	23,90	26,88	12,72	18,51	20,82	9,19	13,38	15,05	5,06	8,50	9,56	—	4,02	4,52
	II	409,50	22,52	32,76	36,85	II	409,50	18,54	26,97	30,34	14,74	21,44	24,12	11,11	16,16	18,18	7,66	11,15	12,54	—	6,39	7,19	—	2,29	2,57
	III	170,33	1,66	13,62	15,32	III	170,33	—	9,18	10,33	—	5,24	5,89	—	1,80	2,02	—	—	—	—	—	—	—	—	—
	V	821,08	45,15	65,68	73,89	IV	443,08	22,32	32,46	36,52	20,31	29,54	33,23	18,35	26,69	30,02	16,43	23,90	26,88	14,55	21,17	23,81	12,72	18,51	20,82
	VI	853,25	46,92	68,26	76,79																				
2 651,99	I,IV	444,—	24,42	35,52	39,96	I	444,—	20,35	29,61	33,31	16,47	23,96	26,96	12,76	18,57	20,89	9,24	13,44	15,12	5,21	8,56	9,63	—	4,06	4,57
	II	410,41	22,57	32,83	36,93	II	410,41	18,59	27,04	30,42	14,78	21,50	24,19	11,16	16,23	18,26	7,70	11,21	12,61	—	6,45	7,25	—	2,33	2,62
	III	171,—	1,80	13,68	15,39	III	171,—	—	9,24	10,39	—	5,29	5,95	—	1,84	2,07	—	—	—	—	—	—	—	—	—
	V	822,33	45,22	65,78	74,—	IV	444,—	22,37	32,54	36,60	20,35	29,61	33,31	18,39	26,76	30,10	16,47	23,96	26,96	14,60	21,24	23,89	12,76	18,57	20,89
	VI	854,50	46,99	68,36	76,90																				

Tabelle 12.7: Auszug aus der Lohnsteuertabelle 2007 (3)

AUFGABEN

1. Errechnen Sie mithilfe der Tabellen 12.6 und 12.7 die Nettogehälter in den beiden folgenden Fällen. Für die Sozialversicherungsbeiträge sollen die gleichen Parameter gelten wie die im Beispiel „Monatliche Lohnabrechnung" genannten.

   a) Willy Müller, Lohnsteuerklasse III, 37 Jahre, ein Kind, Bruttoentgelt: 2.609,00 € (Freibetrag in der Tabelle berücksichtigen!)

   b) Martin Pittner, 25 Jahre, Lohnsteuerklasse I, Bruttoentgelt: 1.500,00 €, Konfession: evangelisch, Kirchensteuersatz: 9 %

2. Beziehen Sie sich auf die Lohnabrechnungen aus Aufgabe 1 und errechnen Sie jeweils die Beträge, die der Arbeitgeber an den Sozialversicherungsträger und ans Finanzamt abführen muss.

12.5 Rechtliche Rahmenbedingungen von Arbeitsverhältnissen

> **BASISWISSEN**
> Der Arbeitsvertrag
> Kapitel 1, Abschnitt 1.3.5

Ein Arbeitsvertrag wird, bei vorliegenden übereinstimmenden Willenserklärungen, zwischen Arbeitgeber und Arbeitnehmer abgeschlossen. Arbeitsverträge sind im Sinne des § 611 BGB als Dienstverträge anzusehen, da arbeitnehmerseitig abhängige Arbeit geleistet wird und der Arbeitgeber sich zur Zahlung einer Vergütung verpflichtet. Arbeitsverträge sind bis auf wenige Ausnahmen, etwa im öffentlichen Dienst, formfrei. Sie können folglich entsprechend den Erfordernissen der Arbeitsaufgaben und im Sinne der betrieblichen Bedingungen formuliert werden.

Gesetzliche und tarifliche Bestimmungen sowie Inhalte von Betriebsvereinbarungen dürfen nicht zulasten des Arbeitnehmers unterschritten werden. Sie sind insofern als Mindestbestimmungen anzusehen.

Gemäß § 2 Nachweisgesetz muss der Arbeitgeber spätestens einen Monat nach Beginn des Arbeitsverhältnisses die wesentlichen Vertragsbedingungen schriftlich niederlegen, sie unterschreiben und das entsprechende Dokument dem Arbeitnehmer aushändigen.

12.5.1 Arbeitnehmerschutzgesetze

> **BASISWISSEN**
> Arbeitnehmerschutzgesetze
> Kapitel 1, Abschnitt 1.3.6

Zum Einstieg

Anna Willmann, Sport- und Fitnesskauffrau beim SuS Neuendorf, ist im sechsten Monat schwanger. Trotzdem soll sie am kommenden Sonntag am Leichtathletik-Sportfest des Vereins in der Turnierleitung mitarbeiten. Hierzu gehört neben allgemeinen Organisationsaufgaben auch das Führen der Wettkampf- und Siegerlisten. Nach Rücksprache mit ihrem Arzt teilt sie dem Arbeitgeber mit, dass sie aufgrund ihrer Schwangerschaft diese Aufgaben nicht wahrnehmen will. Der Vorstand des Vereins droht ihr mit einer fristlosen Kündigung.

In der geschilderten Situation nimmt Frau Willmann nur ihre Rechte als werdende Mutter wahr. Das Mutterschutzgesetz verbietet ausdrücklich Mehrarbeit, Sonn- und Feiertagsarbeit sowie Nachtarbeit für werdende Mütter. Weiterhin ist aufgrund der Strahlenbelastung die Arbeit am Personal Computer verboten. Sollte der Vorstand seine Drohung wahr machen und eine Kündigung aussprechen, dann muss Frau Willmann trotzdem innerhalb von drei Wochen nach Erhalt der Kündigung Klage beim zuständigen Arbeitsgericht einlegen. Unterlässt sie dies, so wird trotz Missachtung der gesetzlichen Verbote die Kündigung rechtswirksam.

Würde dieser Rechtsstreit tatsächlich vor dem Arbeitsgericht verhandelt werden, dann müsste das Gericht aufgrund der gesetzlichen Gegebenheiten zugunsten von Frau Willmann entscheiden.

AUFGABEN

1. Betrachten Sie nochmals die oben geschilderte Einstiegssituation:

   a) Aufgrund welcher Rechtsgrundlage weigert sich Frau Willmann, die geforderten Arbeiten zu verrichten?

   b) Hat der Arbeitgeber aufgrund seines Direktionsrechts das Recht, Frau Willmann zu kündigen?

   c) Welche Möglichkeiten hat Frau Willmann, sich gegen eine ausgesprochene Kündigung zu wehren?

2. Nennen Sie weitere Gesetze zum Schutz der Arbeitnehmerinnen und Arbeitnehmer. Erläutern Sie jeweils deren Geltungsbereich.

3. Wann beginnt die Laufzeit einer Frist?

4. Erläutern Sie das Günstigkeitsprinzip.

5. Wer ist schwerbehindert?

6. Für welche Berufsgruppen gilt das Beschäftigungsverbot an Sonn- und Feiertagen nicht?

7. Nennen Sie weitere Gründe für ein Beschäftigungsverbot für werdende Mütter.

8. Was ist eine Kündigung?

9. Erläutern Sie den Begriff des Kündigungsschutzes und nennen Sie Personenkreise, die arbeitsrechtlich besonders geschützt sind.

10. Nennen Sie weitere Gesetze, die sich mit dem Kündigungsschutz von Arbeitnehmern befassen.

11. Erläutern Sie anhand eines selbst gewählten Beispiels die Problematik einer außerordentlichen Kündigung.

12. Was ist eine Abmahnung? Welche Betriebe müssen keine Abmahnung aussprechen?

13. Unterscheiden Sie zwischen einer ordentlichen und außerordentlichen Kündigung.

14. Karl Schmidt ist seit zwölf Jahren bei der Sportimpex GmbH & Co KG beschäftigt. Er ist 34 Jahre alt. Aufgrund von betrieblichen Rationalisierungsmaßnahmen wird das Arbeitsverhältnis mit Herrn Schmidt fristgerecht gekündigt. Bei der Sportimpex GmbH & Co KG gibt es einen Betriebsrat. Welche Aufgaben hat dieser im Kündigungsverfahren wahrzunehmen?

12.5.2 Interessenvertretung der Arbeitnehmer

Zum Einstieg

Die Sportimpex GmbH & Co KG ist ein alteingesessenes Großhandelsunternehmen, das seit über 50 Jahren Sportvereine, Schulen und kommerzielle Sport- und Freizeiteinrichtungen mit jeglichen Sportartikeln beliefert. In Deutschland beschäftigt sie mehr als 50 Mitarbeiter (früher 120), die zur besseren Wahrung ihrer Interessen einen Betriebsrat gewählt haben. Aufgrund von Veränderungen in der Branche herrschen im Unternehmen seit Jahren Rationalisierungstendenzen. So wurde der Versand für viele Produkte ins Ausland verlagert und allen Mitarbeitern wurden mit der Begründung, dass dadurch Arbeitsplätze gesichert würden, Gratifikationen gestrichen.

BASISWISSEN
Interessenvertretung der Arbeitnehmer
Kapitel 1, Abschnitt 1.3.9

Was kann der Betriebsrat bei Rationalisierungsmaßnahmen tun? Wenn Maßnahmen wie die in der oben geschilderten Situation durchgesetzt sind, ist es meistens für die Beschäftigten zu spät. Der Betriebsrat hätte nach § 106 BetrVG einen Wirtschaftsausschuss bilden können, um die Verlagerung von Betriebsteilen ins Ausland frühzeitig zu erkennen. Zudem hätte der Betriebsrat nach § 111 BetrVG durch den Arbeitgeber über Maßnahmen, die betriebliche Änderungen bedeuten, informiert werden müssen. Wäre dies geschehen, so hätte der Betriebsrat die Möglichkeit gehabt, mit dem Arbeitgeber über Rationalisierungsschutzabkommen zu verhandeln oder aber im Fall von betriebsbedingten Kündigungen einen Sozialplan abzuschließen.

AUFGABEN

1. Nennen Sie die wichtigsten Aufgaben des Betriebsrates.
2. Was ist ein Sozialplan?
3. Wem dient ein Rationalisierungsschutzabkommen?
4. Warum werden eher ältere Arbeitnehmer geschützt als jüngere?
5. Welche Aufgaben hat der Wirtschaftsausschuss?
6. Die Sportimpex GmbH & Co KG stellt einen neuen Mitarbeiter ein. Der Betriebsrat wird nicht beteiligt. Ist dies zulässig?
7. Nennen Sie mindestens fünf Mitbestimmungsrechte des Betriebsrates. Prüfen Sie, ob diese Rechte in Ihrem Betrieb zur Geltung gebracht werden können.
8. Was sind Betriebsvereinbarungen? Wie kommen sie zustande?

12.5.3 Arbeitszeugnis

QUELLE
§ 113 Gewerbeordnung

Wurde das Arbeitsverhältnis beendet, so hat der Arbeitnehmer einen Anspruch auf die Ausstellung eines Arbeitszeugnisses. Auf Verlangen kann dieses Arbeitszeugnis auch auf die Führung und die Leistungen des Arbeitnehmers ausgedehnt werden. Es ist dem Arbeitgeber untersagt, Zeugnisse mit Merkmalen zu versehen, die den Zweck haben, den Arbeitnehmer in einer aus dem Wortlaut nicht ersichtlichen Weise zu kennzeichnen.

Beispiele ▶ Unzulässige Floskeln im Arbeitszeugnis

- ▶ „Er hat sich bemüht, immer pünktlich zu sein." – Damit wird ausgesagt, dass es dem Arbeitnehmer noch nicht einmal gelungen ist, pünktlich zur Arbeit zu erscheinen.
- ▶ „Er war immer mit Interesse bei der Sache." – Damit wird suggeriert, dass der Beurteilte sich zwar angestrengt, aber nichts geleistet hat.
- ▶ „Im Kollegenkreis gilt er als toleranter Mitarbeiter." – Diese Floskel kann so gedeutet werden, als sei der Beurteilte für seinen Vorgesetzten ein „schwerer Brocken" gewesen.
- ▶ „Er ist ein gewissenhafter Mitarbeiter." – Daraus könnte der Leser schließen, dass der Beurteilte immer zur Stelle war, wenn er gebraucht wurde, jedoch nicht immer brauchbar war.

AUFGABE

Recherchieren Sie unzulässige Formulierungen in Arbeitszeugnissen und erstellen Sie ein qualifiziertes Arbeitszeugnis für einen Mitarbeiter der Alpha Sport Center GmbH.

12.5.4 Tarifvertrag

Zum Einstieg

Markus Schmidt, Auszubildender bei der Alpha Sport Center GmbH, fragt seinen Geschäftsführer, warum es in der Sport- und Fitnessbranche keinen Tarifvertrag gibt. Er ist der Ansicht, dass sich viele Dinge, die einzelvertraglich geregelt werden, mittels eines Tarifvertrages leichter regeln ließen.

BASISWISSEN
Tarifverträge
Kapitel 6,
Abschnitt
6.2.2

Grundsätzlich gilt, dass in einem Tarifvertrag fast alles geregelt werden kann, was das Verhältnis von Arbeitnehmern und Arbeitgebern am Arbeitsplatz betrifft. Ein Tarifvertrag gehört zum kollektiven Arbeitsrecht und ist bindend für alle Mitarbeiter und Arbeitgeber eines Bereichs, einer Branche oder auch eines einzelnen Betriebes.

Besteht ein Tarifvertrag, so werden bestimmte Punkte wie Urlaub, Lohn/Gehalt und Arbeitszeit nicht mehr individuell vereinbart. Stattdessen dienen die kollektivvertraglichen Regeln als Vorgaben für die individuellen Beschäftigungsverhältnisse.

Tarifverträge können von Arbeitgebern, Arbeitgeberverbänden sowie den zuständigen Einzelgewerkschaften abgeschlossen werden. Einzelne Arbeitnehmer oder der Betriebsrat können keine Tarifverträge abschließen.

AUFGABEN

1. Nennen Sie übliche Inhalte eines Tarifvertrages.
2. Wer darf einen Tarifvertrag abschließen?
3. Prüfen Sie, ob es in Ihrem Betrieb sinnvoll wäre, einen Tarifvertrag zu haben.
4. Der DSSV bemüht sich seit Jahren um den Abschluss eines Tarifvertrages. Nennen Sie Gründe dafür, warum es in der kommerziellen Sport- und Fitnesswirtschaft in Deutschland dennoch immer noch keinen Tarifvertrag gibt. Wem würde ein Tarifvertrag Vorteile bringen?

Quellen zu Lernfeld 9

Billeter, R./Hoppeler, H.: **Biologische Grundlagen der Muskelkontraktion,** in: Komi, Paavo V. (Hg.): Kraft und Schnellkraft im Sport. Eine Veröffentlichung der Medizinischen Kommission des IOC in Zusammenarbeit mit der FIMS, Deutscher Ärzte-Verlag, Köln 1994, S. 51–73

Binkowski, H./Huber, G.: **Muskeltraining in der Sporttherapie,** Echo Verlags-GmbH, Köln 1989

Goldspink, G.: **Zelluläre und molekulare Aspekte der Trainingsadaption des Skelettmuskels,** in: Komi, Paavo V. (Hg.): Kraft und Schnellkraft im Sport. Eine Veröffentlichung der Medizinischen Kommission des IOC in Zusammenarbeit mit der FIMS, Deutscher Ärzte-Verlag, Köln 1994, S. 213–231

Hollmann, W./Hettinger, Th.: **Sportmedizin. Arbeits- und Trainingsgrundlagen,** 3., durchges. Aufl., Schattauer GmbH, Stuttgart/New York 1990 (4. Aufl. 2000)

Janda, V.: **Manuelle Muskelfunktionsdiagnostik,** 4., überarb. u. erw. Aufl., Urban und Fischer, München 2000

Klee, A.: **Haltung, muskuläre Balance und Training,** Thun, Frankfurt am Main 1994

Kuhn, W.: **Funktionelle Anatomie des menschlichen Bewegungsapparates. Ein kurzgefaßtes Lehrbuch für Sportpädagogen,** Hofmann Verlag GmbH & Co. KG, Schorndorf 1979 (3. Aufl. 1992)

Martin, D.: **Grundlagen der Trainingslehre. Teil 1, Die inhaltliche Struktur des Trainingsprozesses,** 2., verb. Aufl., Hofmann Verlag GmbH & Co. KG (Beiträge zur Lehre und Forschung im Sport, Bd. 63/64), Schorndorf 1979

Schmidt, H. u.a.: **Der Muskeltest nach Janda für die sportmedizinische Praxis,** in: Medizin und Sport, Jahrgang 23, Nr. 9 (1983), S. 271–278

Unger, E.: **Handbuch für Muskeltraining,** Meyer und Meyer Fachverlag & Buchhandel GmbH, Aachen 1995

Weineck, J.: **Optimales Training. Leistungsphysiologische Trainingslehre unter besonderer Berücksichtigung des Kinder- und Jugendtrainings,** 8., überarb. u. erw. Aufl., PERIMED-spitta, Med.-Verl.-Ges. mbH, Balingen 1994 (15. Aufl. 2007)

Wydra, G./Bös, K./Karisch, G.: **Zur Effektivität verschiedener Dehntechniken,** in: Deutsche Zeitschrift für Sportmedizin, Jahrgang 42, Nr. 9 (1991), S. 386–398